SEE WHAT YOU MADE ME DO

Power, Control and Domestic Violence

佳評如潮

「《當傷害以愛為名》是一本內容詳實、思想深刻且以解決問題為導向的報導文學。它所討論的議題必須受到嚴肅的對待……澳洲本年度最重要的非小說類作品。」——佐拉・西米克（Zora Simic），《澳洲書評》

「這本書誠實地面對問題；無論你在讀到某些故事的殘酷時有多不舒服，都請繼續閱讀。《當傷害以愛為名》是一本寫得非常好也研究得非常透澈的書，它對影響我們的複雜家虐問題提供了全新的見解。」——羅西・芭蒂（Rosie Batty，澳洲家暴社運人士）

「《當傷害以愛為名》震撼了我。一翻開書我就無法停止閱讀。它用一個很不一樣的方式讓我瞭解家虐這個複雜的問題。」——艾倫・范妮（Ellen Fanning），《The Drum》節目主持人

「一本非讀不可的書。每位澳洲人——男人、女人、醫療專業人士、社工、政客、老師及作家等——都該人手一本。」——《好讀雜誌》

「在我接觸這個議題這麼多年來，我從未讀過如此詳盡的研究……我敢說《當傷害以愛為名》在未來很長一段時間都將是人們瞭解家虐問題時必讀的重要參考著作。」——莎拉・道斯（Sara Dowse），《坎培拉時報》

「由澳洲最優秀的新聞記者之一所寫成的一部劃時代作品。」——尼克・費克（Nick Feik），《The Monthly》雜誌編輯

「全方位探討、內容詳實、文筆優美……獨特且強大的貢獻……《當傷害以愛為名》是一種行動呼籲，澳洲未曾有過如此明瞭、深刻且詳盡的作品。它的內容有別於政府或學術報告，而是真正地捕捉了家虐恐怖的刻骨感受。」——阿蕾西雅・西蒙茲（Alecia Simmonds），《雪梨書評》

「任何想要瞭解家虐模式及其因果的人，都應該讀這本書……你若以為家虐只會發生在『別人』身上，那麼它將讓你瞭解家虐其實是一種無所不在、有害且致命的行為，而每個人都可能有能力改變它。」——珍・吉爾摩爾（Jane Gilmore），《雪梨晨鋒報》

「潔絲・希爾是一位勇敢的女人。《當傷害以愛為名》給了我們一個機會——只是渺茫的機會——去改變我們對家暴原有的僵化思維。」——蓋伊・艾爾寇爾恩（Gay Alcorn），《衛報》

「以其所描繪諸多令人憤怒的故事和詳盡的第一手資料研究，本書對歷史、制度和政治的失敗進行了非常深刻的探討。但最令我震驚的是，她對男人在其中所製造的問題分析——我們的權利感，以及對自身的羞愧和失敗的男性氣概所產生的憤怒。」——菲爾・巴爾克（Phil Barker），「拒絕暴力」組織

目錄

作者序

我在本書中盡可能地用「家虐」這個詞取代「家暴」，我會這麼做，是因為在最惡劣的施虐關係中，肢體暴力很少、不重要或幾乎不存在。誠如在「開齋節社區服務」工作的雅絲茗・卡恩（Yasmin Khan）為著名的女性刊物《婦女議程》（*Women's Agenda*）寫過的一篇文章所說：「我們輔導過的許多婦女都向我保證說，她們沒有家暴的問題——『他從沒打過我。』——但透過更深刻的質疑和反思後，她們瞭解原來自己已經在微妙但同樣具傷害性且霸道的方式下受虐多年了。」卡恩已開始向有多年經驗的英國警察看齊，要以「家虐」取代「家暴」並與之對抗。「把語言改過來吧！」她寫道：「不要讓人們以為，只有在肢體暴力發生時，才算是嚴重的問題。」當我讀到卡恩的文章時，我當場愣住了，我立刻知道了——我們必須做出這個改變。為了體現此觀念，我重新編輯了本書中的許多地方，而誠如我傑出的編輯克莉絲蒂・茵妮絲威爾（Kirstie Innes-Will）告訴我的，我們的努力很值得。

在「記者來源的關係」中，經常會出現一種很明顯的權力失衡現象——記者對公諸於眾的訊息通常擁有絕對的權力。但我想替本書中所描述的倖存者翻轉此現象，並將權力還給他們。因為如果這個過程對他們而言不是一個正向的經驗，這麼做就毫無意義了。因此，我向我訪問的每一位倖存者保證，這是**他們的**故事，不是我的；這意味著，他們有機會檢視自己的故事、提出修改的建議或要求刪除某些內容——尤其在有安全考量之際。這個過程很艱辛，但絕對值得。能跟他們每一位合作，我深感榮幸。

我也在必要時於本書中略過幾個人的文化背景，這麼做是為了保護受害者，或是因為這些人是某家事法案裡的關係人（根據澳洲「家庭法律法」中的第一百二十一條，可能洩漏訴訟程序中某一方的任何事情都是違法的）。

在家庭法章節中所有的故事，都與成年和年幼的倖存者或受害者相關。與案例中的施暴者接觸當然不安全，然而，我已仔細檢視過他們的宣誓書，並盡可能地給予了公正的描述。

本書中的某些理念可能引發極大的爭議，對此我的態度一直很明確。雖然我有幸邀請到許多睿智的人協助我檢查書中的各個章節，但我仍需為可能的錯誤及不準確負責，讀者若發現文中有任何疑慮之處，也請與澳洲的布萊克出版社（Black.Inc）聯繫，我們一定會努力在未來的版本中修正。

前言

在維多利亞州二十四小時全年無休的家庭暴力熱線「Safe Steps」的辦公室裡，電話已經安靜了好一會兒。「電話不響的時候，我會變得很緊張。」其中一位工作人員說。這樣的情況很少發生，最忙碌的時候，「Safe Steps」每三分鐘就會接獲一通求助的電話。許多婦女會重複來電，根據統計，她們在決定永遠離開對她們施虐的伴侶前，平均會回到他們身邊七次。

「當你想到某位婦女已經要離開了，最後又決定回去，一定感到很挫折吧！」我說。

「不。」一位電話諮商師尖銳地答道：「想到保證會改過的男人又選擇再度施虐，才讓我覺得挫折。」

*

在我報導家虐事件一年後，我曾有一個可怕的醒悟。那是二〇一五年某個美麗的夏日夜晚，我在後院晾著衣服，四周熱鬧地響著果蝠的尖叫聲。空氣涼爽地拂過我的皮膚，我感到平安、滿足且安全。而當我拿著洗衣籃走向後門的階梯時，一個想法突然湧進我的腦海裡，其力量之大使我的眼睛感到刺痛。在黑暗中感到安全——即便在我家的後院——竟是一種**特權**。有多少婦女在她們家的後院裡從未感到過安全？有多少婦女在舉步走向自家後門的階梯時懷抱著恐懼？有多少婦女對當晚在床上可能發生的事必須堅強以對？有多少婦女每聽到葉子摩擦的沙沙聲就心跳加速，並因她們曾愛過的男人正在黑暗中的角落等待著她們而感到恐懼？

我們常提到黑街暗巷的危險，但事實上在全世界的每一個國家裡，「家」對婦女而言，才是最危險的地方。二〇一七年全球遭到殺害的八萬七千名婦女中，有超過三分之一（三萬名）死於其親密伴侶之手，而另外兩萬名則是遭到某個家人的殺害；在擁有近兩千五百萬人口的澳洲，每一星期就有一名婦女遭與之關係親密的男人殺害。這些統計數據告訴我們一件幾乎無法克服的事——婦女該畏懼的不是潛伏在黑暗中的怪獸，而是她們所愛上的那個男人。

*

這是一本有關愛、施虐和權力的書，它所探討的是一種在私領域和公領域都極為盛行的現象，而犯罪者則多半是能夠逃避審視的男人；它所提出的是我們通常不會問的問題，例如：「**他**為什麼要那麼做？」它要建議的是，我們應該將所有偏執的信念和臆測從裡而外地翻出來，並合力對抗我們這個時代最複雜也最迫切的問題。

在人類的歷史上，我們第一次鼓起勇氣面對家虐事件。這是一個激進的改變。在未來的歲月裡，二〇一四年可能成為西方世界終於開始重視男人對女人施暴一事的代表年份，但是，沒有任何地方如澳洲的全國人民一般，在該年的二月十二日對此類事件一夕覺醒。

那天，全澳洲的人看著一位孤獨的婦人，滿臉哀戚、眼神游移地面對著一群並不期待她會有什麼說明的記者。這位普通的婦人，站在澳洲一條普通的街道上，述說著她十一歲的兒子如何公然地遭到自己的父親殺害；她是一位十一年來，努力守護兒子的人身安全，並維持孩子對父親的愛的普通婦人。畢竟，這不就是她該做的事嗎？隱藏自己的恐懼並處理好風險，好讓孩子能有個父親？「沒有人比路克（Luke）的父親克瑞格（Greg）更愛他。沒有人比我更愛他。」羅西・芭蒂堅持道，為一位剛毆打完親生兒子並將之刺死的父親的愛辯護。在克瑞格的暴力下倖存的多年來，她曾不停地警告——克瑞格很危險，對她的兒子是一個不可預料的風險。然而，在法庭和警局裡，她的警告總是遭到忽視、打發，或是終於被相信並採取行動，但最後又消失在體制裡，如同在她之前的無數受害者。如今，她的預料成真了。事情不是發生在這類恐怖事件通常會發生的家門後，而是在一座公共的板球場，當著許多兒童和家長的面。「如果這件事能對人們有所啟發，我希望它可以給所有人一個警惕。」那天站在街頭的羅西・芭蒂說道：「每一個人都可能遭到家暴，不管你的房子多漂亮，或你有多聰明。家暴可能發生在任何人身上。」

在澳洲主流人士的眼中，芭蒂就是**每一個人**。她並非赤貧，也並非享有特權的富人，她就是廣大中產階級中的一員。當她拒絕離去、獨自安靜地哀悼時，她對行動的迫切懇求——失去兒子的巨大悲痛支撐著她——撕裂了人們的冷漠，迫使人們關注此議題。她的悲痛很純粹、無可責難，而每一個人都感受到了。作為一個國家，在路克・芭蒂死亡的那天，民眾恍然大悟了。在澳洲成立第一間婦女庇護所的四十年後，我們終於願意相信家暴的存在。曾遭到可敬的社會驅逐的倖存者，都受邀出來講述他們的故事，而我們也做好了傾聽的準備。我們**需要**瞭解。

很難說是什麼原因，在這麼多的悲劇和幾十年的倡議後，一宗謀殺案件竟成了一個決定性的引爆點。或許，路克的謀殺事件發生在一個關鍵時刻——當時，全世界的倖存者都拋開了恥辱，並要求他們的發聲需要被聽到。二〇一四年四月，白宮決定介入經常發生性侵且犯罪者多半無罪開釋的校園。「我們都知道許多校園不安全。」當時的副總統喬・拜登（Joe Biden）說道：「學校及各大學不能再視而不見了。」一個月後的五月，艾略特・羅傑（Elliot Rodger）仇視女性的瘋言瘋語轉成了憤怒的謀殺。他在加州大學附近殺死了六個人並傷害了另外十四個人，而遭羅傑殺害的男人比女人多。他或許有精神疾病，但不可否認他是因仇視女性而引發了殺機。在他令人毛骨悚然、長達一百三十七頁的自白書裡，他咒罵那些拒絕與他發生性關係的「蕩婦」，以及那些企圖奪走他**正當權利**的男人。「女人不會圍著紳士轉，她們喜歡的是大男人。」羅傑寫道：「現在妳們知道誰是大男人了吧！賤人們！」

羅傑的世界觀並非僅專屬於像他這樣孤獨的瘋子，這樣的觀點在他經常瀏覽的網路論壇及所屬的男權團體裡不斷地被附和與鼓吹，它在網上被酸民們透過強暴和暴力的威脅強加在女性身上。對全世界的婦女而言，看到這種熟悉的恨意轉變成謀殺，是壓垮駱駝的最後一根稻草。「#YesAllWomen」的主題標籤成了一個集合點，帶出了一百多萬條訴說著恐懼、騷擾、威脅和暴力等相關的貼文。同年年底，潔納依・帕默（Janay Palmer）遭到其身為國家橄欖球聯盟明星球員的未婚夫雷・萊斯（Ray Rice）公然毆打，該事件引爆了另一波網路上與家暴有關的表白，主題標籤為「#WhyIStayed（我為何留下）」。「我一輩子等的就是二〇一四年所帶來的一切。」美國女作家蕾貝嘉・索妮特（Rebecca Solnit）寫道：「對女人及女權主義而言，它是個分水嶺，過去我們拒絕接受對婦女氾濫的各種施虐，如性侵、謀殺、毆打、街道上的騷擾及網路上的威脅等等。」

在澳洲，於公共場所遭到殺害的路克震醒了人們的漠然，驚人的統計數據因而被揭露。在維多利亞州（也就是路克居住且身亡的地方），警察光是在二〇一三年至二〇一四年間就接獲了六萬五千多次的家虐事件報案（五年內增加了百分之八十三）；澳洲的警察每兩分鐘就要處理一宗案件。[1]

沉迷於伊斯蘭恐怖主義的澳洲媒體，竟任由如此龐大的犯罪浪潮持續洶湧，並幾乎未曾給予任何報導；大眾一頭霧水。這怎麼可能是真的？原因為何？針對婦女的暴力怎麼會如此猖獗？

---

1 澳洲全國的警察每年處理的家暴案件超過二十六萬又四千件（每兩分鐘便有一宗案件）。

＊

家虐將我們的社會劃開了一道很深的傷口。每四位澳洲婦女中就有一位曾經受虐。[2]因受到毆打而住院的婦女中，有近百分之六十是因為家虐；企圖自殺的婦女中，幾乎每五位就有一位是因為家虐；在原住民婦女急驟升高的入獄人數中，有百分之七十至九十曾是家虐的受害者。綿延不絕的婦女與孩童從這個逐漸擴大的傷口中逃出家門，在二〇一五至二〇一六年間，有十萬五千六百一十九個人（其中有百分之九十四是婦女與兒童）說，家虐是他們向遊民服務中心求助的原因。我們雖然看到了無所不在的家虐衝擊，卻很少追根溯源並回到傷害開始之處。我們只看到了毀滅性的後果——遊民數目增加、婦女入獄人數攀升等——然後納悶著「事情是如何落到這個地步」？

我們也許能夠**理智地**理解家虐可能發生在任何人身上，但許多人依然無法想像它正影響著身旁所熟悉的人——即使證據就擺在眼前。「婦女服務網」的全國主席茱莉·歐柏琳（Julie Oberin）經常從她在維多利亞州所教導、滿懷抱負的志工們的口中聽到：「一開始她們會說：『我不認識任何曾受過家虐的人。』但到了第三週，我們就會聽到披露了。她們會說：『原來我的童年是一種家虐童年，但從未有人將它宣之於口。』有一位婦女說：『我打電話給我姊姊，我跟她說，妳深陷在一個家虐的關係中，他控制著妳所做的每一件事與妳去的每一個地方，妳需要協助。』」**察覺家虐**的過程有一個很大的障礙，因為我們總是聚焦於**某些人**身上，卻不瞭解這個問題早就在整個社會中根深柢固。

由於只聚焦在**某些人**身上，導致我們相信只有某種類型的婦女才會遭到家虐，像是貧窮、脆弱、患有精神疾病或處於受害者心態的婦女等等。同時，某些婦女的家虐代表性也被高估了，例如原住民、身心障礙者或非法移民、童年曾受虐的人、兒童及住在內陸的婦女等等。在澳洲的偏遠地區，肢體暴力的案件數量比城市的高，而相較於城市的婦女，偏遠地區的婦女想要脫身更難。然而，當警察和受害者的支持者表示，家虐會影響任何一個人時，他們並非在捏造事實。在所有與家虐受害者相關的重要文獻中（有好幾千篇論文），沒有任何一位研究者能夠歸結出一種「受害者類型」。誠如其中某篇論文所闡述的：「沒有任何證據顯示，一位婦女的身分、她所扮演的角色、其所言所行、個人資料或性格特點等，能夠一貫地影響她受到自己親密關係者施虐的機會。」在一位世故且老練的施虐者手上，即便是最有安全感且心智堅定的女人，也可能被踐踏成連她自己都完全無法辨識自己原來面目的人。

善意的人常說，我們應該停止使用像「家虐」或「家暴」這樣的字眼，因為這樣的語言隱含著粗暴的事實，只需以表達真相的語彙取而代之即可，例如襲擊、恐怖主義或暴力等等。但該建議並未抓住問題的重點。家虐不光是暴力而已，它比暴力還要可怕，它是一

---

2 「每六位中就有一位」是二〇一二年由「澳洲統計局個人安全調查」所做的統計。但是正如澳洲「國家婦女安全研究局」所指出的，該數據**不完整**，因為它只計算了遭到丈夫或同居人施暴的婦女人數。「國家婦女安全研究局」所使用的統計數據（「每四位中有一位」）則包括男女朋友及約會關係，而這個數據「比較能夠準確地呈現此一問題的嚴重性」。

種奇特的現象，在該現象中，施虐者會利用其伴侶的愛、信任及隱私——最深處的渴望、羞恥和祕密等——作為他們施虐的藍圖。

我們也常說家虐是一種罪行，但這也不完全正確。罪行是一種刑事案件——假如你被襲擊了，你可以報警並說明該襲擊，而家虐中當然也存在著刑事的罪行，但其最惡劣之處卻難以在提告記錄上呈現。警察的筆錄可能永遠無法具體地描述一位受害者最可怕的經驗，而法官也可能永遠無法理解。家虐是一種恐怖且緩慢發展的語言，受害者可能會因為一個瞥視、一個嘲諷的語氣或冰冷的沉默，而感到喘不過氣，因為那些都是受害者能夠敏銳捕捉的訊號（如同動物能夠意識到暴風雨即將降臨那般），這些訊號會告訴他們，危險已經靠近或已經包圍了他們。

對許多受害者而言，肢體暴力所造成的傷害可能是最輕微的。未曾受過肢體攻擊的受害者幾乎都曾表示，他們真希望對方能直接暴打他們一頓，或做任何能讓施虐「成真」的事情。

畢竟，要求你的女朋友不能再與她的家人見面，並不是一種罪行；告訴她應該如何穿衣、如何打掃屋子或在超市只能購買哪些東西，並不是一種罪行；讓你的妻子相信她自己沒有價值或讓她覺得不應該把孩子丟給你照顧，並不是一種罪行；捏造不曾發生的事，也不是一種罪行，儘管你一次又一次成功地破壞了她對「真實」的瞭解。你不會因為使某人眾叛親離而遭起訴，然而，這些卻都是發出家庭謀殺警訊的控制型行為，等罪行真正發生時都為時已晚。

過去幾十年來，專家們都認為這類持續性的創傷可能會產生一種精神囚禁，使受害者在這種囚禁中掙扎著定義自己的「真實」。在施虐的環境中，較小的攻擊和羞辱會頻繁地發生，變得如同呼吸一般自然的存在。縱使我們可以找到一個可靠的方式將這種行為定罪，但倖存者又該如何證明自己在很多方面都被困住了——即使在世人的眼中，他們大可一走了之？

對親朋好友而言——尤其是那些未曾體驗過家虐的——這些都令人不解。那些聰明又獨立的女人為何選擇留在視她們如糞土的男人身邊？為何某些女人在逃離後仍會回到施虐者身邊，甚至要求他們的接納？為何一位大家公認的好男人會在家拿刀捅老婆？如果在思考女人的行為的同時思考男人的行為，那麼，一位對自己伴侶施虐的男人為何不直接離開，甚至要在她離開後殺死她？**他**為何要留下來？

這些情況都令人不解。更叫人困惑的是，施虐者通常會全心全意地相信自己才是受害者，並且會向警察陳述理由，即使他們全身血淋淋、傷痕累累的伴侶就站在他們的身後。他們跟其他的男人不一樣，因為他們只不過是在為自己辯護而已。

就是這樣矛盾的思維讓一位施虐者能夠說——並相信——對女人施暴是不對的。在史提芬・皮特（Steven Peet）因殺害艾德琳・威爾森芮妮（Adeline Wilson-Rigney）和她的兩名子女安柏（Amber）與柯瑞（Korey）而遭到逮捕的前四個月，他曾在臉書上分享一則貼文：「你動手打女人的那一天，就是你不配當男人的那一天。」也許他在分享那則貼文時是真的如此認為。如果我們想對抗家虐，我們就必須先釐清這些難解的矛盾。

時下經常聽到男性政客和商界領袖們發出類似「真正的男子漢不會打女人」的言論，但他們仍迴避了家虐的根源——男人會打女人，並不是因為社會告訴他們可以這樣做。男人會打女人，是因為社會告訴他們，**他們有權控制一切**。事實上，社會告訴他們，如果他們無法控制，他們就不會成功——他們不會有女人、不會有錢，且將容易屈服於暴力並受制於其他男人。社會說如果他們無法像個「真正的男子漢」主張自己，他們最終便將一文不名、孤苦無依。將這些信念內化的男人不一定會成為施暴者——其中有些人因此功成名就，有些終其一生都在與這些信念拉扯，而有些則會以自殺了結，並認為自己失敗了；但對於其中的某些男人而言（那些病態且自以為是的），在家裡隨心所欲便是他們身為男人的權利。社會學家伊凡・史塔克（**Evan Stark**）寫道：「處理控制，比阻止男人施暴更困難。」因此，男性領袖們宣稱的「真正的男子漢不打女人」，不過是說說罷了。然而，當他們自己就是那種觀念的典範時，他們該如何誠實地對抗「男人應該控制」這樣危險的準則呢？

＊

以前家虐只是別人的事，現在，它是每一個人的事。政府花了不少錢，以提升人民對此事的覺知——企圖顛覆我們從小就被灌輸、與暴力和不尊重相關的觀念。這項投資的回收很緩慢，這是經過幾個世代才發生的變化，需要長期的抗戰。

然而，出人意料的是，當男性暴力越被關注——被「#MeToo（我也是）」運動放大——施暴者便變得更加危險。在全澳洲的許多家庭裡，男性施虐者——因為婦女受到所有的關注而沒人理會**他們**所受的苦——會將他們受辱的憤恨全都發洩在他們的女友與妻小身上，那股強烈的反彈既真實又暴烈。當我拜訪位於墨爾本的「Safe Steps」求助熱線辦公室時，當時的主席安妮特・吉萊斯琵（Annette Gillespie）告訴我，毆打事件的頻率和嚴重性都增加了，而來電求助的受害者都紛紛表示，宣傳運動使他們的施暴者更易怒。「婦女們來電說，**能否請你們不要再在電視上宣傳了？能否不要再討論家暴的事情了？因為他只要一看到那些廣告，就會發瘋。**」

＊

在本書中，我會將重點聚焦於男性對婦女的施暴上，因為無論是數量或嚴重性，男性對女性的暴力都是最危險的。但是，施虐並非異性戀男性的專利，而他們也並非唯一會對親密伴侶施虐的人。女同性戀者也會受到家虐（且通常沉默、不為人知），其頻率可能高達百分之二十八；女同性戀者的伴侶會讓她們相信，如果她們報警便會遭到社區的驅逐、會因同性戀關係帶來恥辱，或遭到警察的嘲笑。男同性戀中也有家虐的情形，他們可能會因為其伴侶威脅要將他們的性向或感染愛滋病的事情披露而屈服。由此看來，同性戀伴侶之間的虐待，同樣也是由造成男性對女性施暴的父權體制所導致，父權體制的中心理念——異性戀主義及恐同症——長期被奉為圭臬。家虐成了一種權力與掌控的模式，而權力的不平衡並不僅限於異性戀關係。正如美國學者克萊爾・倫澤蒂（Claire Renzetti）所說，同性關係中的施暴者依舊是在一個權力不對等的位置上施暴；權力差異越大，身心虐待的嚴重性也越大。不過，在異性戀關係中，也有少數的男性遭受家虐，如同女人，他們也常懷抱著幫助自己伴侶改變的渺茫希望，並且因為害怕自己一旦離去就無法保護孩子而被困住。

人們近年來對家虐的覺醒將我們推入一個黑暗的事實——有成千上萬的人一直都在對他們自稱關愛的人施加虐待、痛苦，或甚至變態的折磨。過去我們就曾經面對這樣痛苦的覺醒，在二〇〇〇年中期，我們從原以為兒童只會遭到少數壞神父的性虐待，到後來我們確認了兒童強姦犯原來不只橫行於教士團體裡，他們甚且還受到梵蒂岡制度性的保護。如今面對家虐，我們來到了一個類似的時刻。就權力與問責而言，這是一個歷史性的改變，但這個改變很脆弱，想要使其牢不可破，我們需要勇氣與決心。借用領先全球的創傷專家茱蒂絲·赫爾曼（Judith Herman）的話：「我們忍不住想要站在施暴者這邊。施暴者所要求的只是我們的無所作為。而受害者——相反地——則會要求旁觀者分擔其痛苦。受害者要求我們採取行動、全心投入和永遠銘記。」我們如果畏縮且認為那樣的要求太困難，那麼家虐這個問題便可能再度從人們的視線中消失。

家虐非常令人困擾，然而其中所蘊含的自我認知——如何與他人產生聯繫、如何付出愛、如何管理自己等——也令人嚮往，這就是為何我花了四年的光陰仍沉浸其中的原因。我自身並未遭遇過家虐，但在努力瞭解它的過程中，我對自己、人際關係、社會、權力與正義等也有了很多的體悟。

在以下的章節裡，我們將穿越一個特殊的景觀——從施暴者與受害者混亂的心理，到卡夫卡式家庭法系的荒謬。

透過倖存者和施暴者的眼睛，我深入了家虐的駭人煉獄。而現在，便是我們見識隱藏於其中的真相之時。

第一章　施虐者手冊

問問當事人：
「在妳的生命中是否有人讓妳害怕？或控制妳的所言所行？」
問這兩個問題保證比問她們與暴力相關之事，
更能使她們深刻地覺醒。

——伊凡・史塔克，《脅迫型控制》（*Coercive Control*）

那是一個閃亮的週六午後，地點在雪梨繁華熱鬧的貝拉維斯塔區裡。住在這裡的居民虔誠且富有，該區的街道乾淨無暇、屋宇宏偉。在某一棟豪宅外，一堆家居用品遮住了修剪得整齊漂亮的草（由於位於郊區，這樣的景觀很平常）。四周看起來有人煙，但街道上空無一人。

除了一位瘦小的男人。他穿著一件過大的白色背心，整個人正要探入一輛車裡。看到我靠近，他揮著手說：「我兒子要賣他的車，所以我正在把值錢的東西拆下來。」羅伯・桑納西（Rob Sanasi）得意地揮舞著一個電子標籤。

我們走進位於車道底端的屋子裡。我看見一位高䠷優雅的金髮婦人和兩位二十多歲的傢伙，他們在廚房裡笑著討論著週末的計畫。羅伯和他的太太黛博・桑納西（Deb Sanasi）以及他們兩名已成年的孩子住在一起。

黛博開始燒水，羅伯則取出幾盒餅乾，其中一盒已經打開過了。「噢，不好意思，」他抱歉地說：「有人很大方地把這半盒放回去了。」

黛博站在廚檯後大笑道：「留著半盒你就不用感到愧疚。」

羅伯聳聳肩，笑咪咪地說：「沒錯，這是這戶人家的怪癖。」

孩子們揮手道了再見。新的餅乾和茶水準備好了。我們在廚房的桌邊坐下來，開始談起羅伯和黛博的家虐史。

羅伯從二〇〇六年開始說起，當時的情況很糟——他的生意在走下坡，而他的家庭生活一塌糊塗。「黛博和我……唉，當我說黛博和我吵架時，其實是我單方面吵得比較凶，但看起來好像是**我們**在吵架。我記得有一次我開車在高速公路上，心情很糟。事實上，那一天我在心裡想著：『今天可能就是我生命中的最後一天。』」

羅伯是虔誠的基督徒，當時開著車的他正想要去撞樹。接著他打開了一卷錄音帶，裡面錄的是某教會牧師對著一大群信徒所做的布道會。「他剛好說了一些話……他說：『你愛自己的孩子嗎？』我在車裡回答：『是的，當然愛。』然後他說：『你願意為他們而死嗎？』我說：『當然，我願意。』然後他說：『這裡是澳洲，你可能永遠都不需要為他們而死。但假如你願意為他們而死，你為什麼不能為他們改變呢？』當我聽到這句話時，我就想，哇！說得真好！」從那一刻起，羅伯說他瞭解了他必須尋求諮商輔導。

黛博搖著頭說：「我可以插話嗎？羅伯會去尋求諮商輔導，是因為我開始上班。他在我們的關係裡一直很強勢，但其實我們雙方都還沒真正明白羅伯對我的控制究竟到了什麼程度，直到我做了一件他無法控制的事——我開始上班不到三個星期，羅伯就精神崩潰了。他瘦了十五公斤，患了焦慮症並且恐慌發作；他服用贊安諾上癮，還有自殺傾向……這些逼得他不得不尋求諮商協助。他那時一團糟。」羅伯沉默地點頭。

在第一次輔導時，羅伯說諮商師問了他一連串的問題，像是：「你會大聲咆哮嗎？你會吼叫嗎？你會摔東西嗎？你會用難聽的話罵你太太嗎？你會飆髒話嗎？你會搥打東西嗎——不是她，是**東西**——」「我的腦袋不停地滴答響。」羅伯回憶道：「之後諮商師走向他辦公室的一個檔案櫃，抽出一張上面印著**暴力循環**的A４紙，然後將那張紙重重地拍在桌子上說：『這就是你所做的事。這就是我們所稱的家暴。』」

「那是我的第一次輔導。然後他說：『把這張紙帶回去，跟你的太太一起討論上面的問題。』而我的反應是，**這並不是一個好主意，對吧？**」

羅伯並沒有肢體暴力的行為，但他的所作所為就是一個典型的施虐者——他經常批評並脅迫妻子，他試圖阻止她去工作，不准她探視自己的家人或朋友，並完全掌控他們共有的銀行帳戶。他的脅迫和批評並不總是明顯，有時羅伯會用幽默的方式貶低她。但不論以什麼方式，它所發出的訊息總是一樣的：「他比她重要，而她的功能就是伺候他。」羅伯唯一不典型之處在於，他並非是「被迫」尋求諮商。

一開始，羅伯將那張紙藏了起來。「後來我就想，**喔，我就不經意地把它拿出來吧**……但當我把它拿出來後，情況卻變得更糟糕，因為黛博忽然明白我們發生了什麼事。那就好像……我們兩個都茅塞頓開。」

我問黛博當她看到那張紙時，心裡有何感受。「我記得的其實是羅伯對我說的話。他說：『我們的關係已經出現了所謂的家暴問題，而我所使用的暴力類型叫做情感虐待，也就是說，我沒有用拳頭毆打妳，而是用情感毆打妳，以便能夠繼續控制妳。』」

黛博很震驚。就她的理解，所謂的家暴應該是「某個傢伙在週五的晚上到酒吧廝混，然後醉醺醺地回家把老婆打了一頓」。這種事情在她所居住的昂貴社區裡是不會發生的。（在那之後，黛博發現，原來她並不是該社區或甚至那整條街的特殊個案。她後來告訴我，我之前在她家隔壁草坪上看到的那堆東西是她鄰居的——她的鄰居在逃離會施虐的丈夫前，將它們棄置於該處。）

在經過幾乎十年且密集的輔導後，羅伯和黛博如今的婚姻關係非常幸福。他們也經常輔導家虐案的受害者和施虐者——黛博會提供私人諮商，而羅伯的服務則較不正式，男性施虐者偶爾會向他尋求忠告。

黛博說施虐者有一個共同的特點，那就是，他們彷彿都研讀過某種家虐指導手冊。「他們都有相同的策略。例如，他們可能不會對妳說：『我不准妳跟朋友見面、不准培養興趣，或不准跟妳的父母在一起。』他們會直接把話說得很難聽，像是：『妳為什麼要跟他們碰面？我不覺得他們對妳有什麼好處。』而最終女人便走不出門，因為她們不想要吵架。事情慢慢地變成了那樣……女人的世界變得越來越小。施虐者變成了妳的認知，以及判斷任何事情的依據（這是必然的結果），這就好像是一種邪教，因為基本上妳的思想都是對方灌輸的。」

「他們彷彿全都上過某種施虐課程，」羅伯說：「他們全都會這麼做。」

＊

你只要跟某位曾經輔導過倖存者或施虐者的人聊聊，他們一定都會告訴你同樣的事情——虐待的發生幾乎總是照著同樣的腳本走。這個現象真的很令人困惑，為何來自全然不同文化背景的男人都知道如何使用相同的壓迫技巧？

這是我們最近才開始研究的課題。家虐可能跟親密關係同樣古老，但我們在一九七〇年代成立了婦女庇護所後才真正開始瞭解它。當數以千計的婦女逃到這些臨時庇護所時，她們抱怨的不只是瘀青的眼睛和暴躁的脾氣而已。她們所描述的故事充滿了不可思議的殘忍和暴力，以及聽起來彷彿精心策劃的控制行動。問題逐漸明朗——雖然每個女人的故事不一樣，但她們包羅萬象的敘述卻有著古怪的相似之處。正如某間庇護所的社工所形容的：「到後來我只要聽到前半段的故事，就可以想像它的後半段。那種感覺真叫人毛骨悚然，就好像那些傢伙曾經坐在一起，然後共同決定要如何行動似的。」

在一九八〇年代初期，專家們注意到另一個特殊的現象，那就是，受害者們的故事不僅有著古怪的相似之處，它們也和一群似乎不相關的倖存者——遣返的戰俘——的故事很類似。借用一個在冷戰時期發生的故事來論述這本與家虐相關的書似乎有點奇怪，但是，這正是我們現代人對家虐理解真正開始的地方，在南北韓邊界的一座小鎮裡。

*

一九五三年九月二十四日，韓戰正式結束了，而遣返戰俘的大規模任務也持續著。在幾輛俄製敞篷卡車的後方，有二十三名美國戰俘正被趕進位於南北韓邊境板門店的戰俘交換營區裡。在這座位於農村的營區裡，幾個月來都瀰漫著一種一觸即發的憤怒，因為從北韓營區遣返的戰俘敘說了令人震驚的殘暴故事。但這天，當卡車駛近時，美方的觀察者注意到那些戰俘似乎有些不同。他們看起來晒黑了，而且健康，身上穿著有墊肩的藍色中國制服，每個人的胸前還別著畢卡索畫的和平鴿。

當卡車在尖銳的剎車聲中停住時，那些戰俘高聲地笑著，並向他們的擄獲者揮手道別。「老傢伙，咱們北京見。」其中一名戰俘一邊說，一邊隨著大夥兒爬下卡車。在轉向靠攏過來跟他們打招呼卻驚住的眾人時，那些戰俘握緊拳頭並高聲吼道：「明天，國際蘇維埃將團結全人類！」然後，他們沒有走向自己的同袍，而是轉向另一邊，往中國共產黨投奔而去。

這些令人震驚的變節只是冰山的一角。在北韓的營區裡，美國戰俘以前所未有的熱忱與敵軍合作。他們不僅告發了自己的戰俘同伴，成千上萬的戰俘甚且對殘暴的酷刑做出了假供，並在收音機的廣播裡歌頌共產主義的優點、譴責西方資本主義的缺失。在歷史上，被俘的士兵從未如此公然地背叛自己的國家。

對美國而言，這是一場噩夢。究竟是什麼使得他們的公民向那惡魔般的信條叛逃？報紙瘋狂的報導表示，共產黨以一種稱為「洗腦」的尖端武器——某種控制心智的新方法——蠱惑那些戰俘，這項武器能夠在人腦裡產生一塊空白，並將新的思維、記憶和信念等植入。這並非偏激的陰謀論，因為政府裡最高階的官員，包括中央情報局的領導人，全都深信不疑。到了一九五〇年代中期，人們對「洗腦」的歇斯底里沸騰到了最高點。

一位服務於美國空軍的社會科學家艾柏特・拜德曼（Albert Biderman）不相信這一套，他認為所謂的「洗腦」應該就是大量的宣傳，其中並沒有太多的科學技術。但華府的妄想症達到了顛峰，便派遣拜德曼去探查如此多訓練有素的美國空軍與共產黨合作的真正原因。

在與遣返的戰俘做過深入的訪談後，拜德曼的懷疑獲得了證實——那些戰俘的順從並非是因為對方使用了什麼神祕難解的新技術；反之，管理北韓營區的中國共產黨所使用的只是古老的「脅迫型控制」，基本上是採用一種「簡單易懂且能夠讓一個人的身體與道德力量崩解」的觀念。這並非新觀念，但過去從未有人將之運用在作戰上，而這也是為何美國軍人如此缺乏抵抗力的原因。[3]

拜德曼闡明，「脅迫型控制」最重要的基本元素有三種：「依賴、衰弱和恐懼。」為了達到此效果，擄獲者運用了八種技巧：「孤立、壟斷感知、誘發衰弱或枯竭、培養焦慮與絕望、恩威並施、展現全能、屈辱以及要求執行瑣碎任務。」拜德曼的「脅迫圖」指出，乍看下各自獨立的殘酷行為，彼此其實有著錯綜複雜的關聯。因此只有當這些行為被放在一起檢視時，「脅迫型控制」的全貌才能被顯現。

在拜德曼的「脅迫圖」裡並未有「肢體虐待」這一項，雖然它經常被使用，但在獲得俘虜的順從時，真正的暴力「並非一個必要或特別有效的方式」，而技巧老練且經驗豐富的審問者也通常會避免使用它。他們只需要灌輸俘虜對暴力的恐懼即可，而在該過程中，他們會用「含糊的威脅暗示他們會隨時採取激烈的手段」。中國的共產主義者和德國人或日本人不一樣——他們並非只是想要殘酷地對待他們的俘虜或使他們操勞致死，他們想要控制的是他們的心靈。

當拜德曼發表他的研究後，人們都感到不可思議。人真的那麼容易就被控制嗎？他確定他沒有任何遺漏嗎？但拜德曼對自己的發現很堅持，他寫道：「也許共產黨再無其他層面，能比採取這些技巧更徹底地披露其對真理和個人的不尊重。」[4]

一九七〇年代，當許多婦女開始逃到新成立的庇護所求救時，她們會談起自己與親朋好友的隔離、被指導應該如何行事、被輕視、控制、性侵，以及受到死亡威脅等。雖然肢體暴力相當普遍，而且極端時可能很變態，但倖存者都堅稱，肢體暴力並非是虐待中最可怕的部分——有些婦女甚至未受到任何的肉體虐待。黛安娜・羅素（Diana Russell）在其劃時代的巨著《婚內強姦》（*Rape in Marriage*）一書中，列出了互相對照的兩張圖表——拜德曼的「脅迫圖」和「家庭施虐者的慣用技巧」，而這兩張圖表所羅列的事項幾乎完全相同。其中唯一的不同之處在於，北韓的擄獲者是策略性地部署他們的技巧，而行使家虐的丈夫們則似乎是無意識地複製了「脅迫型控制」的一切。

在一九七三年時，國際特赦組織將拜德曼的「脅迫圖」納入該組織的《酷刑報告》（*Report on Torture*）裡，宣稱說那些技巧都是酷刑與脅迫的慣用工具。誠如哈佛精神科醫

---

3 美國戰俘在營區裡因為自己的某些行為而受到輕視、羞辱（這是家虐受害者相當熟悉的一種情境）。媒體無情地毀謗他們，說他們得了「放棄症」或有一種「在攻擊下便輕言放棄、接受死亡的傾向」。根據某些輕率的評論家之言，那些軍人是因為受到二次大戰後年輕人安樂生活的影響而變得軟弱，或因為有霸道的母親而變得柔弱。

4 「脅迫型控制」並非只是共產主義者的狂想。在二〇〇二年時，美國的軍事教練使用了拜德曼的「脅迫圖」來訓練他們在關塔那摩灣的審訊者，以培養其「脅迫的運用技巧」，而該監獄也因此惡名昭彰——剝奪睡眠、延長限制及「曝光」等。令人注意的是，美國軍方似乎未料到，這些技巧後來竟因為能夠誘導出假供而成名。「脅迫型控制」的技巧一直被施用在關塔那摩灣的一小群罪犯身上，直到二〇〇五年國會下達禁令才終止。（史考特・薛恩〔Scott Shane〕，〈美國審訊者被授以中國的脅迫型控制技巧〉，《紐約時報》，二〇〇八年七月二日。）

生兼創傷專家茱蒂絲・赫爾曼後來所論述：「那些讓一個人能夠奴役另外一個人的脅迫方式，都非常一致。」在家虐的情況中，「脅迫型控制」的效果是一樣的——施虐者變成受害者生命中「最有權力的人」，而受害者的心理則是由施虐者的行為與信念形塑而成。家虐犯者不需靠肢體暴力來維持其權力，他們只要讓受害者相信他們有能力施虐就夠了。當威脅直指受害者的所愛之人時，威脅便特別有效，赫爾曼寫道：「例如，受虐婦女經常表示，她們的施虐者曾威脅要殺害她們的子女、父母或任何給予庇護的朋友，如果她們企圖逃家的話。」這種威脅的氛圍足以讓受害者相信：「她們的施虐者是全能的，抵抗沒有用；而自己的生命全都有賴於施虐者的寬容，而那寬容只有在受害者絕對服從時才能獲得。」

在今日，多虧有赫爾曼、路易斯・歐康（Lewis Okun）和伊凡・史塔克這類先鋒專家的研究，我們得以瞭解家虐中的慣用技巧與任何涉及囚禁交易的人——綁架犯、人質劫持犯、皮條客、邪教領袖等——所使用的手段基本雷同，同時，家虐受害者並非特別軟弱、無助或自作自受的人。面對「脅迫型控制」的慣用手法，家虐受害者們的反應與訓練有素的軍人並無不同。

事實上，對家虐受害者而言，她們的抵抗甚至比其他囚徒的還要難。人質通常對擄獲者毫無所知，且通常會將對方視為敵人。但正如赫爾曼所述，家虐的受害者並沒有這項優勢，她們是在「被追求時，逐漸成為對方的俘虜」。在她們察覺自己已被恐懼和控制困住之前，將她們與施虐者綁在一起的是愛，而讓她們在對方說絕不會再虐待自己時便原諒對方的也是愛。施虐者很少是純粹的暴徒或虐待狂——如果他們是，受害者反而容易及早避開或瞭解。反之，施虐者也可能是一個非常可愛、仁善、迷人且溫暖的人，他們也有自己個人的痛苦和困惑要掙扎。而這就是那個女人所愛上的男人。

受童話故事和好萊塢電影的影響，我們已習慣於將家虐的警兆——痴迷、嫉妒與占有欲等——詮釋為熱情而非危險的訊號。在這個「熱情」開始蛻變成虐待和霸道行為之前，受害者已經對施虐者產生刻骨的關注，且會淡化並原諒他的行為來保護他和他們的愛；如果她想要抵抗、拒絕受虐於他，那麼她就必須做出與陷入情網的人們背道而馳的事。正如赫爾曼所述：

> 她不僅需要避免對施虐者發展出同理心，也需要壓抑自己對他已經產生的愛戀——儘管施虐者會勸她說，只要再一次犧牲、再一次證明她的愛，她就能終結虐行並挽救他們的關係，她都非這麼做不可。由於大多數的女性會從維持關係的能力中衍生出自己的驕傲與自尊，因此施虐者便經常會藉由訴求她最珍惜的價值來欺騙她。而受虐婦女通常會在逃離施虐者後透過勸說再度回到施虐者身邊，這種事一點都不奇怪。

我們對家虐應該感到驚訝的，不是受虐婦女竟要花那麼長的時間才能離開，而是她們竟然能秉持著那樣的精神與毅力活下去。

施虐者的施虐程度因人而異，從甚至不知道自己會施虐的愛家男人，到用恐怖主義統治自己伴侶的控制大師都有。不管控制是施虐者的目標或只是施虐的結果，施虐者都會使用類似的方式，只是程度不同而已。

*

有些施虐者完全知道自己在做什麼，他們的施虐手段經過深思熟慮且富有策略性。很少人會看到比在「澳洲佬愛說笑」群組中的兩個臉書使用者更惡劣、更昭彰的交流訊息。其中一位說：「偷偷地將她的自信和自尊削弱到她必須依賴你生存的地步，然後再威脅說會因為她太過依賴而把她甩掉。」另一位說：

住的地方絕對不能有任何的手機或室內電話，汽車必須是手排的，還要經常跟鄰居吵架，警察則必須固定賄賂！在認識的頭六到八個月裡要好好表現，讓她以為自己找到了真命天子。在她投入感情並產生依賴感後，你就可以開始作怪，因為她現在只是個地攤貨，而且已經放鬆了警惕。奉上誠實的忠告——絕對不可以把她介紹給你的朋友，因為他們可能會為了英雄救美而搞砸你的爽計畫。一次又一次地給她建議指導，這樣的力量足以消磨她的意志力，而不管她有多強大的動能，她最後都一定會跪下臣服！因為那是她們的天性，還有，喔，她們會一次又一次地犯同樣的錯誤。誘騙她們入局是男人們最好玩的遊戲。

然而，絕大多數有施虐傾向的男人懶得如此費心費力地策劃這樣的戰術，他們會偶發地、自然地重塑「脅迫型控制」的技巧。這或許是家虐最令人困惑的面向之一——無論施虐者是一位狡猾的神經病或一位受到病態嫉妒折磨的「正常」男子，他們最後幾乎都會使用相同的基本手段來操控自己的伴侶。

這並不表示所有的家虐都是一樣的。我們將在第三章仔細地討論這個問題，但現在，我們先用這個方式來思考它——家虐的程度有一個關於權力與控制的普表，在其頂端，施虐者會管理著受害者的生活、阻止她們與家人或朋友見面、追蹤她們的行動，並強迫她們遵循一套奇特的規則。這種虐待叫做「脅迫型控制」（偶爾也稱為「親密恐怖主義」）——也就是拜德曼最先識別出來的那種壓迫。在此，我們可以同時鑑定出兩種親密施虐者，一種是會算計的施虐者，他們會有意識地操控並貶低自己的伴侶以便支配她；另一種則是情感上需要依附他人的偏執狂，他們的控制欲會與時俱進、變得越來越強，因為他們害怕自己的伴侶會離去，而這兩種施虐者都符合「脅迫型控制者」的定義。在權力與控制普表的較底端，我們看到的則是對控制伴侶不那麼堅決的施虐者，他們被稱為「不安型反應者」。接下來讓我們先檢視「脅迫型控制者」的問題。

脅迫型控制者（COERCIVE CONTROLLERS）

根據伊凡・史塔克（推廣此術語的美國社會學家）的論述，「脅迫型控制」的施虐者會將他們的家庭「變成一個小型的父權結構，並且有其一套完整的準則或法規、尊重之儀式、執行之模式，以及制裁和禁地等」。受虐者通常會與自己的親屬、朋友和其他支持者隔離開來，並「時常被剝奪金錢、食物、溝通或交通管道，以及其他存活之資源」。這種控制暴力在權力不平衡的歷史中根深柢固，而這也是為何在異性戀伴侶中，施虐者幾乎全都是男性的原因。「想要把現代女人當作他們的私有財產，現代男人就必須有效地與歷史潮流對抗。」史塔克寫道：「將女人貶抑到一個已經被文明進步所廢棄的服從位置上……就如過去多年來許多施虐者向我闡述的，如果女人仍然接受『屈服就是上天所賜予的命運』，那麼根本就不需要這麼多男人來策劃各種控制其女性伴侶的複雜手段。」從其所能取得的資料推斷，史塔克估計，有百分之六十至八十的受虐婦女曾遭受過某種「脅迫型控制」的虐待。

「脅迫型控制」是一種非常特別的暴力。脅迫型控制者並不僅是為了傷害、羞辱或懲罰其伴侶而虐待她們，也不僅是為了在當下奪取權力或在吵架中贏得優勢而訴諸暴力；反之，他們會使用特殊的技巧——孤立、監視和情感操縱等——以剝奪受害者之人身自由並削弱她們的自我意識。史塔克解釋道，「脅迫型控制」的目的就是「全然的操控，而非只是為了在某件特別的事情上贏得順從」。在其他家虐的情況中，受害者也許會感到屈辱、憤怒或無助，卻不一定會真正地畏懼其施虐者，但「脅迫型控制」不一樣，它是一種透過「恐懼」以便全盤操控受害者的施虐戰術。

湯姆（Tom）是一位典型的脅迫型控制者。他在梅莉莎（Melissa）十七歲時與她相遇，認識不到半年，他就堅持要與她結婚並搬到他的農場居住，那裡離梅莉莎的家人很遠。在承諾給她一個快樂的田園生活後，湯姆卻開始變得善妒、暴力且愛掌控。當他想要懲罰梅莉莎時——因為她不聽話或任何他自己想出來的理由——他就會揪著她的頭髮，將她拖在地上拉扯得團團轉。梅莉莎只要提到想出門，他就會發飆。「我被困在那裡。」梅莉莎告訴我：「我沒有朋友，也沒有家人，我根本就住在牢籠裡。」湯姆嚴重地削弱了梅莉莎的自尊，讓她覺得除了與湯姆在一起之外別無選擇；她也害怕如果她企圖離開，湯姆可能會使出極端的手段。每次衝突過後，湯姆就會像過去很愛她時那樣跟她道歉和保證，告訴她，自己需要她的幫助才能變成一個好人，說他只會在她**激怒**他時毆打她。

在接下來的十三年裡，他們生了兩個孩子。每當梅莉莎懷孕時，湯姆就會停止他的暴力行為並扮演起「保護者」的角色。「如果我沒有好好吃東西，他就會強迫我進食。」她說：「即使我都快吐了，他仍然會逼著我吃，跟我說：『我不想我的孩子有任何差錯。』」

梅莉莎在難得的一次進城之行中結識了一位朋友，某天，梅莉莎告訴湯姆說她計劃要跟那位朋友去看電影；梅莉莎說她在這十三年內，從未與自己的女性朋友出去玩過。湯姆立即暴怒，咬牙切齒地對她吼道：「妳他媽的哪裡也不准去！」生平第一次，梅莉莎勇敢地面對湯姆。「我說：『我不管你多咬牙切齒，我告訴你，我星期五要出去。我是你的妻子，不是你的女兒。』」那晚，當梅莉莎看完電影回來，她被湯姆鎖在門外。

有一次，當梅莉莎再度決定出門時，湯姆的反應比過去更加暴烈。他控訴她有了外遇，並猛力毆打她、將她撞到牆上去。這一次，梅莉莎反擊了。「我忽然湧起了一股力量。」她說，臉上帶著一抹蒼白的微笑。「我跳起來，把他揍得翻過電腦桌去。他非常震驚，他想不到我竟敢那麼做。我跟他說：『你敢再打我試試看。你敢再碰我、推我或踢我一次，我就跟你離婚並離開你。』」

接下來的三年湯姆都不曾再打過梅莉莎，當他再度動手時，她離開了。

不安型反應者（INSECURE REACTORS）

不管從哪個方面看，所有的家虐都與權力有關，但並非所有的施虐者都會實施嚴格的控制策略。在權力與控制普表的較低層，我們看到的是那些並不會全然欺壓自己伴侶，卻會在關係中使用情感或肢體暴力來獲取權力的男人。他們可能會在某次爭論中採取這種方式以便在當下獲得優勢、獲得他們認為自己與身俱來該有的對待與特權，或驅除自己心中的羞愧與挫折等。（這些是女人也會犯的家虐行為，我們將在第七章探討此問題。）伊凡・史塔克稱此為「簡單型家暴」，但這並非表示此種家暴不危險——男性不安型反應者最後也可能殺害自己的伴侶。

蘇珊・潔拉蒂（Susan Geraghty）從一九八〇年代起就開始教授「男子行為改變課程」。她說，不管在哪種文化裡長大，這些男人的態度都一樣。「其中作祟的就是自以為是的心態，也就是——如果我不能隨心所欲、你不贊同我，或事情不照著我的方式來，那我就有各種權利來展現我的不悅或懲罰你。」然而，這些也都是最能夠面對自己行為的男人。潔拉蒂輔導過的男子都是自願前來——不是因為法庭的命令——而他們通常不是脅迫型控制者。「就很大程度而言，」她解釋道：「這些人都是在暴力環境中長大、有著難以置信的與親密相關的問題，且從未學會溝通的技巧。他們在其中所感受到的挫折感很深。」

三十幾歲的尼克（Nick）是位粗壯的男人，他是一位典型的「不安型反應者」。當我在他與妻子安妮（Ani）及兩個兒子同住的家裡碰面時，他還在家暴令的限制下。一年前的某個深夜，他與安妮爆發口角，而盛怒的他將安妮從床上抓起來摔到地上去。安妮的尖叫聲驚醒了他們的大兒子，孩子跑進父母的房間，發現媽媽趴在地上大哭。

當晚，安妮報了警。當警察正要將尼克塞進警車時，他轉過頭對其中一位警察說：「我不是罪犯。」那是尼克第一次對安妮動粗，他當然不認為自己是個會虐待妻子的丈夫。然而，尼克很快就會瞭解，那天晚上他不但犯了罪，而且多年來，他一直都在對自己的妻子施虐。

在當地規劃的一個「男性行為改變課程」裡，尼克與他同組的其他男士都驚訝地發現，原來語言上、情感上、心理上，甚至財務上的虐待都算是家虐。「我其實並不知道構成家暴的元素有哪些，很多人都不知道。也許其中最關鍵的就是語言——貶抑性語言，讓這個課程裡的男人真正醒悟過來的可能就是這一點。」他說：「我敢跟你保證，有百分之九十五的男人根本就不瞭解家暴的真正含意是什麼。」

尼克也許符合了不安型反應者的特徵，但他並不典型，因為他是極少數願意努力改變的男人之一。當我遇見他時，他正努力地要與安妮和解，而他說安妮也願意再給他一次機會。但是，重獲她的信賴比他所預期的困難。「最近她還說：『我害怕你。』這句話對我打擊很大，我真的很難過。我覺得那好像在提醒我：「繼續加油吧。」可能需要十年的時間……也許要一輩子。她可能永遠都會害怕我，而那才是真正讓我難過的地方。」

＊

如果施虐者完全符合某一種特徵，那麼家虐的管理與監督就會容易許多。很不幸地，事情沒那麼簡單，因為這兩組之間的界線很模糊，而且很容易越界。例如，不安型反應者可能會轉變成脅迫型控制者，而脅迫型控制者也可能會假裝——尤其在法庭上——自己只是過度反應，就像不安型反應者。有些施虐者則兩種特徵都不符合，尤其是那些由精神變態導致的虐待。儘管有這些不確定性，但瞭解「並非所有的家虐都是一樣的」卻至關重要。

我們經常吵架：這算家虐嗎？

一般的爭吵與家虐之間的界線很難定義，大部分的人都會跟他們所愛的人爭吵，嫉妒、說出後悔的話，甚至吼破了屋頂……都是伴侶之間很正常的事。在一個健康的關係中，雙方都會做權力協議，關於錢、家事分擔、人情往來、子女照顧及性愛等，雖然在某個特定的領域裡，其中一方可能會擁有較多的權力，但整體而言，權力會在雙方之間理性地被分配。在其中一方會施虐的關係中，權力爭鬥也會發生，但我們若以動畫的方式將他們呈現，施虐者的體積便可能會被描繪成比受害者大上一倍。局外人（例如警察）在看到一對伴侶爭吵時，很容易就會判斷他們的暴力是互相的，但這是一個危險的錯誤。只要有嚴重的權力不平衡存在，「較小」的那一方——也就是受害者——就會永遠處於劣勢，無論他們吵得多厲害。沒錯，施虐者還經常會將情況弄得好像自己才是受虐者似的。

那麼，我們該如何判斷？有一個簡單的測試，就是當某一方使用暴力、威脅或脅迫性舉動以贏得凌駕另一方的權力時，該關係中的衝突就成了家虐；另一個測試則是，受害者通常會懼怕其伴侶，但該懼怕可能不會立即產生。有些受害者一開始會覺得困惑，甚至憤怒。懼怕需要一段時間的醞釀，有時不知不覺地——就如某諺語說的，如「溫水煮青蛙」那般。

權力建立的藍圖

借用拜德曼的脅迫圖，我將簡述所有施虐者（無論成長於哪種文化或信條）都會使用的基本技巧及其不同程度的使用。[5]在每一種技巧下，我也含括了一些普遍的手段和行

5 其伴侶為不安型反應者的婦女，只會識別其中的某些（非所有）的技巧。那是因為她們的施虐者所要的並不是全然地操控她們，因此不會使用脅迫性控制者的所有技巧。不過，其他那些只能識別少數技巧的受害者，可能正處於「脅迫型控制」的早期階段，即使她們與自己的伴侶已經共同生活多年。

為，但這絕不是一張詳細的清單。隨著每一種新技巧的使用，「脅迫型控制」的束縛會更加強化，並隨著時間過去而變得更加嚴密。壓垮受害者的是這些技巧的累積效應，而非只是孤立的單一事件而已。受虐婦女留下來的時間越久，她想要離開施虐者的決定就會變得越困難，也越危險。

建立愛與信任

家虐的第一階段是愛、信任與親密的發展。最先將受害者與其施虐者綁在一起的就是愛，讓她原諒他並為他找藉口的也是愛。

信任是「脅迫型控制」的基本元素。在北韓的營區裡，共產黨最「陰險」也最有效的手段就是虛假的情誼。「當美國軍人被中國人俘虜時，他們會拍著他的肩膀，熱切地跟他握手。敵人會自我介紹說他們是美國的『工作者』之友……而這種情誼的展現會讓多數的美國戰俘完全地卸下心防。」北韓的擄獲者會裝出很友善的樣子，他們深知在營區中等待的戰俘那種心理的恐懼。但是，家虐者——除了那些一開始就打算施虐與利用的人之外——通常不會懷著為了控制女人的明顯目的而去引誘她。當一位男性施虐者說他愛他的新伴侶時，他可能是認真的，但它不是「非施虐者」所感受的那種愛，他的愛會被他所深信的某種權力感來給予定義並扭曲。長期輔導男性施虐者的諮商師藍迪·班克勞馥特（Lundy Bancroft）闡述道：「當一位有施虐傾向的男人感受到在他人心中稱之為愛的那種湧動時，他主要感受到的，可能是要妳貢獻妳的生命、不受外界干擾地來讓他快樂，以及因為妳的陪伴而讓他人欣羨的那種欲望……對愛的困惑再加上施虐心態，就是許多殺害自己伴侶的施虐者會荒謬地宣稱『他們是因為愛得太深才鑄下大錯』的原因。」

無論那個愛是真的或是編造的，受害者都會被哄入一種安全感中。而一旦她們鬆懈心防並建立信賴，施虐的過程便可以開始了。

孤立

在拜德曼的脅迫圖裡名列第一的就是**孤立**。受害者只要維持著有意義的社會與情感連結，施虐者對她的影響就會被稀釋。為了成為她生命中最有權力的人，他必須消滅她外在的支持來源，並讓所有質疑他所作所為的人被消音。

以下是潔思敏（Jasmine）和尼爾森（Nelson）的例子。潔思敏認識尼爾森時剛從學校畢業，他是她的第一個男朋友。潔思敏在天主教家庭中長大，青少年時期大部分都跟媽媽和姊妹們在一起。她承認當時的她實在太天真——已經十七歲的她，以為自己所需提防的男人只有陌生人。剛在一起時，尼爾森告訴她，她不應該穿白色的褲子，因為她的內褲會隱約透出來，讓她看起來像個風騷的女人。她很感謝他的忠告，她當然不希望自己看起來像個蕩婦。而當他說穿洋裝容易引起壞男人對她的覬覦時，她雖然覺得那麼說有點過火，但也同意不再穿那些洋裝——畢竟他的年紀比較大，還曾世界走透透，知道人心的險惡。

才不過幾個月，尼爾森那些「有助於她」的建議就鞏固成了牢不可破的準則，規範了她所有能做的事和能見的人。尼爾森表示，她不應該常常跟姊妹們見面，而她的男性友人也是一個問題——他擔心她會禁不住誘惑而跟他們發生性關係。一開始，潔思敏覺得受寵若驚。他真的想要完全擁有我，她這麼想。她想得沒錯。不久，他就威脅要傷害她所認識的男生，並強迫她打電話給她的男同事們，說她恨他們。而那只是剛開始而已。潔思敏並不知道，尼爾森正在按部就班地孤立她。

與戰俘不同的是，家虐的受害者是逐步被孤立的，而施虐者的手段似乎沒什麼傷害性。施虐者可能在地理環境上孤立自己的伴侶，例如搬遷到遠離她的家人和朋友的地區，以便限制她的行動與監督；他也可能用較微妙的方式孤立她，例如趕跑那些支持她的親友——他會讓她想見他們一面難如登天、說服她說他們對她毫無助益，或在她的親友面前舉止惡劣以致她的親友不再來探視她。而親友們見她不願離開這樣不良的關係後，可能便會在疲憊且沮喪之下，漸漸地不再試圖與她聯繫。如此一來，他們剛好幫了施虐者一個大忙。

如果受害者與自己的父母關係不佳，施虐者還可能跟他們沆瀣一氣，而由於她的親人會站在施虐者那邊並支持他，使得受害者因此變得更加孤立。一位叫做泰芮（Terri）的倖存者告訴我：「當他努力與我的親人重建固定的來往時，我說服自己對方真是個好男人，因為他努力地要修補並強化我與家人的關係。但現在我相信，他在我母親身上嗅到了志同道合的氣息，母親基本上成為了他虐待我的共謀。」

有時受害者仍會出現在公開場合，而在全世界的人們眼中，她的關係則會看起來很完美。這種情況多半是因為她拒絕告訴他人自己遭受虐待——由於愧疚、懼怕或想要保護自己的伴侶——而自己將自己孤立。施虐者不需要將她完全孤立才能顯現其「脅迫型控制」的效果，他所需要的只是破壞或消滅她的支持聯繫即可。

如果施虐者不顧受害者的心意而硬要孤立她，他有可能採取極端的手段，例如藏起她的汽車鑰匙、偵聽她的電話與訊息、威脅或攻擊她的親友等。而他可能會將自己的占有欲解釋為對她熱愛的象徵，或乾脆控訴她撒謊。受害者切斷自己與他人的關係，是能夠證明愛並緩和對方嫉妒的唯一方式。

壟斷感知

在受害者與其親人朋友隔離後，施虐者就能夠**壟斷她的感知**。在北韓的戰俘營裡，該效果透過肉體隔離與其他的感官手段達成——將戰俘維持在全然的黑暗或強光中，並限制其行動；關鍵是要將戰俘的注意力固定在他當下的困境上、促進他的內省，並打擊他所有顯示出不順從的行動等。但家虐者很少如此明確，反之，就像魔術師耍花招那般，施虐者會將其伴侶的注意力從**他的**虐待導向**她的**過錯——若非她如此做，他也不會這麼做。這可能對她的覺知產生很大的影響，尤其他似乎對親朋好友都很關愛且悉心照顧（這樣的施虐者很多）。換言之，如果他只攻擊她一人，那一定是因為她激怒他了。

當她努力要弄清楚自己到底做錯了什麼時，他便會在完美的偽裝下開始行動。他會告訴她應該見什麼人、應該如何舉止——畢竟，他只是努力在幫助她克服自己的過錯，並成為一個更好的人罷了。

一旦對方反抗，施虐者就會改變策略。他可能會試圖說服她，她不應該見某些人或做某些事，因為他需要她專注的對待——也許他需要她幫助**他**變成一個更好的人；也許他受過創傷且感到困惑，而她是唯一能夠幫助他的女人，因為她才是堅強的那一個；也許為了能夠幫助他，她也需要修正自己的過錯，因為她的過錯似乎越來越多了。

隨著時間過去，她的歉疚變成了羞愧，而當羞愧感根植後，她不僅會覺得自己所做過的某些事是錯的，她甚至還會開始覺得自己很壞。而這感覺會將她跟自己的本能（她已經不再能被信賴的本能）切割，並讓施虐者的意見變得更為重要。從此，羞愧感會盤旋而上，每一次施虐者讓她做出違背她自己本能的事時（例如與親愛的家人或朋友疏離），她的羞愧感就會加乘。而她越感覺羞愧，她對施虐者的依賴就會越深，也越不可能向外尋求協助。畢竟，誰會願意幫助像她這樣子的人呢？

漸漸地，施虐者會引導受害者遠離其真實的世界，並進入他為她所描繪的現實版本。由於越來越被孤立，過去親友們對她身處險境的提醒也慢慢地消失了——的確，她可能因為曾抨擊所有試圖質疑她的關係的人，而將他們都趕跑了。

隨著虐待的程度升級，她會開始尋找線索來解釋他的行為。不可能**全都是**她的錯，那他為什麼會這樣呢？當我們試圖理解為什麼男人會虐待他們的伴侶時，她也提出了這些相同的疑惑——他是有精神病嗎？是因為酗酒嗎？因為藥物濫用嗎？或只是因為壓力太大？他的所作所為，一定是有原因的。

她所找到的線索變成了藉口。他會那麼容易嫉妒都是因為他那個賤人前女友背叛了他的緣故。他不喜歡自己出去，是因為他的保護欲太強了。他的脾氣是很壞，但誰心中沒住著一個魔鬼呢？他只是需要一個好女人來幫他克服這些問題罷了……她會編造出這些藉口，是因為自己所愛的男人竟**選擇**殘酷地虐待她，而這對她而言是幾乎無法理解的事情，對我們也是。於是她開始尋找能夠幫助他的方式——這不就是女人應該為男人做的事嗎？照顧他。教他如何當個溫柔的男人。教他如何愛。但她越是替他承擔施虐的責任、越試圖幫助他，她自己就會陷得越深。

「一開始，妳並不知道它的本質。」法蘭西絲（Frances）解釋道。她在與一位有施虐傾向的伴侶共同生活十七年前，在墨爾本是一位很成功的表演者。「它就像是一種異常的行為，接著變成**許多**更異常的行為。直到很長一段時間後，它才會形成一種模式……妳會納悶自己是不是快要發瘋了……妳就像是在愛麗絲的夢遊仙境裡，不知道什麼才是真的。」

施虐者最熟練的花招，就是讓他的虐待變得無形。

造成衰弱與疲勞

北韓戰俘營裡的擄獲者很擅長**製造衰弱與疲勞**。「共產黨善於利用受害者對其自身情況的不明。」拜德曼闡述道：「欺瞞、哄騙、混淆受害者，是很重要的手段。陷於困惑中的戰俘必須耗費巨大的心力在區別事實和虛構上——在兔子洞裡掉落得越深，就越心力交瘁——最後，擄獲者很容易就能幫他定義他的真實。」

這個過程被家虐者複製了，而我們用了一個不同的術語來形容它：「煤氣燈下（也就是**認知操控**）。」「煤氣燈下」指的是一位施虐者有意識地否認、捏造並操控情境，使其伴侶懷疑她自己的記憶和認知；當她越來越困惑和焦慮時，她就會開始相信他對事情的解釋可能比她自己的可靠。該術語來自一九四四年英格麗・褒曼（Ingrid Bergman）所主演的電影《煤氣燈下》（*Gaslight*），在該片中，女主角受其施虐者操控，並逐漸地相信自己的神智不正常——他藉由在她的環境中製造細微的改變來達到目的，例如將煤氣燈調暗，而當她注意到時，他不但否認做了那個動作，還堅稱她弄錯了，最終甚至說她瘋了；由於她可能神智不清，他便說服她出門或有訪客不安全，因為她會幻想不真實的事情。

以下是家虐倖存者泰芮所描述的一個「煤氣燈下」事件，當時她與她的施虐者才剛開始約會：

當時我們在散步，他用手在我背後推了一下，結果我就摔到了地上。我很確定他推了我，因此控訴了他的行為，但他否認且態度非常和藹親切。雖然我真的很確定自己是被推倒的，但我無法將那種事跟眼前這個迷人、充滿關切的男人連在一起。雖然困惑，但我選擇相信他。我記得我問自己，他為何要把我推倒。怎麼會有人做這種事呢？而由於我無法明白為何會有人做這種事，於是我說服我自己，我所認知的事實（也就是，我是被推倒的）是錯的。在我們之間，「粉飾」這種事很早就開始了。

「煤氣燈下」在家虐情況中十分普遍。凱伊．舒巴克（Kay Schubach）曾在雪梨富饒的東岸從事藝品經銷，她曾與一位非常危險且迷人的施虐慣犯交往兩個月，在那段期間，該男子無情地耍弄著她的認知。「我的鑰匙明明放在某處，但下一瞬間它就不見了；我的錢包裡明明有五十元，然後也突然間不見了。『妳一定是丟在哪裡了！』他說：『妳瘋了嗎？妳的腦袋就是不管用。妳這人是怎麼回事？』他總是讓我覺得被冒犯。到最後，我覺得自己快要發瘋了。」凱伊的施虐者賽門．洛威（Simon Lowe，在二〇〇九年因性侵並攻擊另一位女子而被判處十二年徒刑）告訴她說，有鑑於她的焦慮與糊塗，她應該去看他的醫生並請他開藥。後來，當她決定離開他時，賽門便威脅說他手上有她曾經使用抗憂鬱症藥物的處方單，如果她敢控告他，他便會在法庭上用那張處方來破壞她的可信度。

其他技巧還有對疑似背叛的冗長審問，以及剝奪睡眠等五花八門、或甚至更微妙的手段。「他所做的一切都是為了把我的事情弄得困難重重。」泰芮說：「我的兩個女兒患有亞斯伯格症。而我的二女兒小時候有常規和次序的問題——她需要吃晚餐、洗澡，然後睡覺，一定要遵守那個次序。於是，每次一吃完晚餐，他就會去洗澡，一直洗到熱水器裡的水用光。我曾問他，可不可以讓我先放一些水到浴盆裡，但那樣做就破壞他的詭計了。我當時因為太疲憊而沒看懂他的伎倆。」這些都是尋常的把戲，例如，施虐者可能會傳一封充滿愛意的簡訊給伴侶，然後再斥責她以同樣的愛意回應；或者，他可能一連好幾天（甚至幾個月或**幾年**）一語不發，讓她覺得膽顫並納悶自己究竟做錯了什麼。他不可預測的回應讓她整日如履薄冰，無時不刻保持著高度的警惕，並謹慎地根據他的需要來調整自己的行為，以防遭到更進一步的虐待。由於必須隨時注意其施虐者的情緒狀態，使得受害者精疲力竭。

施虐之繩在不知不覺中編織得如此緊密，以至於受害者根本無法向外人——無論是朋友或警察——描述究竟發生了什麼事。除非施虐者很粗暴、笨拙，並在她身上留下了施虐證據，否則她無法證明他的暴力。在缺乏證據的情況下——只有她對他的**言語**指控——受虐者的遭遇聽起來總是很瘋狂，令人難以置信。

要求執行瑣碎任務

為了培養順從的習慣，施虐者會開始要求受虐者執行瑣碎的任務，而那些要求可能會遵循著某種主題——例如不准穿性感的服飾或與其他男人講話——並且獨斷且肆意。受害者的行為舉止都必須符合施虐者的規定，但那些規定不僅經常改變，還經常自相矛盾；為了避免懲罰，她必須將它們謹記在心。這會讓受害者處於高度的警覺狀態中，並訓練有素地專注在如何預期並順從施虐者可能做出的要求上。為了達成期望，她的認知必須隨時與他的保持一致，如此她才能看懂他的眼神並在他發出下一個要求前就準確地預測。只有她的順從才能預防他對她、她的親友或寵物的傷害，而這些要求所造成的勞心勞力會逼得她離自己的心意及需要越來越遠，使她更深陷於他為她編造的虐待圈套裡。

潔思敏的生活便受到尼爾森徹底控制，即便她只是走開幾分鐘，都得向他報告自己的所在；即使她在家，她也需要拍照向尼爾森證明她當時在哪間房間裡；如果她買錯了洗髮精、以錯誤的方式看著他，或用錯了講話的語氣，她都會受到無情的批評和詆毀。尼爾森不斷告訴她：「妳就是個婊子，我當然會把妳當婊子對待。」

社會學家伊凡・史塔克對這類直逼戀物癖程度的規則設定，有詳盡的描述。「給受虐婦女設定的規則，從地毯應該怎麼吸（要看得見吸塵器經過的痕跡）、床單離地板的高度，到每晚替丈夫準備的洗澡水溫度等都有。由於設定這些規則的唯一目的，便是要求受虐者的服從，因此它們也會不斷地重新被制定。」

身處一個規則不斷變化的環境，受害者會覺得自己彷彿活在一個平行宇宙裡。她會將所有的精力都用在規避懲罰和調整自己的行為以符合對方的期待，而她也許也會因為太過專注於順從（並因此精疲力竭），而沒想過自己正在遭受虐待。誠如泰芮所陳述：「在處理我的兩個女兒，和努力避免各種真實的或虛構的事情所導致的報復之間，我太疲憊了，因此我連自己的生活過得如履薄冰都不知道。每一刻都是熬過去的。」

展現全能

在北韓的戰俘營裡，擄獲者會展現他們對戰俘命運的宰制，藉此證明他們無所不能。在家虐中，施虐者的全能會以數種方式展現，並讓受害者覺得——無論自己怎麼做，都不可能逃離。

在許多控制的關係裡，受害者都被冷酷地監視著。由於自我感退化，使得受害者絕大部分的「真實」都被施虐者占據並由對方定義。如果她身處自己覺得安全的地方——職場、教堂或超市——他便會侵入那些領域（例如不斷打電話或傳簡訊），而她若不回應就會遭到懲罰。「如果我們把施虐關係拍成慢動作影片，」史塔克比喻道：「他們就像是在跳一支古怪的舞蹈——受害者會跳出自主性的動作，而施虐者則會『無孔不入地破壞』它們。」隨著時間過去，她可能會開始相信她的伴侶恐怕是無所不能的，而且沒有任何外在的權威（不論是警察或法庭）能夠保護她的安全。就像在北韓的戰俘營裡，施虐者創造這樣的印象有一個明確的目的，那就是要說服受害者：「抗拒是沒有用的。」

有些施虐者「無所不知」的能力很令人讚嘆，他們會知道她所瀏覽的網站、有誰來電、每天上下班的路線等。如今要擁有如神一般的能力很容易，從網上就買得到——有一種頗受歡迎的電話 app，一年不到三百美元的費用，安裝後不會出現在主螢幕上，因此使用者看不到；一旦有了這個 app，施虐者就可以取得那支電話的簡訊、通話記錄、照片、郵件、聯絡人及瀏覽記錄等，他們甚至可以封鎖打出或打進的電話號碼，並從遠端刪除那支電話上的一切。而多虧了它內建的定位系統，受害者的電話還變成了一個跟蹤裝置，跟蹤狂可以坐在電腦前，在街道圖上看著她從一個地方移動到另一個地方。

除了形體的監視外，施虐者也可能會選擇展現其具有掌控受害者之生死的能力，最能證明此種能力的就是「勒殺」的動作。從施虐者用手掐住受害者脖子的那一刻起，他便全然地控制了她，她無法回嘴，也無法尖叫。施虐者可以稍微放鬆他的手指，讓她喘口氣，然後再度掐緊她來延長他的攻擊，甚至也可能勒緊她，直到她昏死過去。他可能在這麼做的同時，一邊斥責她所做過的一些錯事，或者他也可能只是為了給她點顏色瞧瞧，讓她知道他想殺她是易如反掌的事。「勒殺」是一種極端的暴力手段，而且甚少留下痕跡（沒有瘀青的眼眶，也沒有血淋淋的鼻子）。事實上，在警察到達前，整個情況看起來反而是——**他**才是受到暴力攻擊的人，因為受害者在喘不過氣來時，通常會奮力撕咬、抓傷其施虐者。

研究顯示，超過百分之六十五的家虐受害者曾經歷過「近乎致命的窒息」。一位來自昆士蘭州的倖存者回憶說：

> 他第一次對我施暴時，我完全猝不及防。那是一個劇烈且恐怖的經驗。他忽然對某件事情暴跳如雷。什麼事我已經忘了，但我記得他的手緊緊地勒住我的脖子。我記得自己喘不過氣來，記得當時的恐懼，我也記得他在我快要昏迷時盯著我眼睛的樣子。他會在我快要陷入黑暗前放鬆手上的壓力，讓我能夠吸入一點氧氣，以便他可以再度開始那個過

程……如此反覆幾次，就好像貓玩弄老鼠那般（給它留著一口氣，那個遊戲才可以玩久一點）。我不記得之後發生了什麼事。我只記得自己嚇呆了，覺得自己深陷泥淖。我要他走開，我叫他馬上走開，但他拒絕。我能怎麼辦？

傳統上，「勒殺」被歸類為輕微攻擊[6]，但它其實比拳打腳踢更殘酷也更危險，賓州大學的研究者曾將它比作逼供犯人用的水刑。它所造成的傷害可能非常嚴重，受害者可能會在幾天或甚至幾星期後因內傷而死亡。「勒殺」是未來謀殺的一個警訊——會用「勒殺」手段的施虐者，最後殺害自己伴侶的可能性比一般施虐者高了八倍。

恩威並施

「脅迫型控制」的關鍵就在於恩威並施。在北韓的戰俘營裡，擄獲者們都是變臉大師。「在不同的時間和地點，為了達到目的，他們可能會笑咪咪地擺出一副『我是和善體貼的大好人』模樣；面對另外一些人時，則肆意且赤裸裸地展現其殘酷……許多人覺得他們多變的能力，簡直堪比快速變裝藝術家。」當拜德曼寫下這段文字時，他腦中所想的當然不是家虐的事，但他也無法更恰當地形容家虐者反覆無常的個性了。除了極端的情況（殘酷無情的虐待）外，施虐者有時也會誠懇示愛、贈送禮物、展現仁慈及表達悔意等，而這就是我們所熟知的「暴力循環」——緊跟著家暴爆發後的是一段後悔期，然後是承諾、追求，以及一個虛假的蜜月期，直到關係又逐漸緊繃，並再度展開監督控管，最後迎來另外一次的大爆發。在虛假的蜜月期間，施虐者可能覺得自己的愛意都是真的，但是這個獎勵階段——就像此循環的其他每一部分——都只是為了維持他對受害者的控制。

那一段時間的仁慈（不論多短暫），都能再度將受害者與其施虐者緊緊地綁在一起。她會想起自己當初所愛上的那個男子，受其矇騙並卸下心防與之分享許多事情——內心的祕密、渴望，甚至裸照等——而施虐者將來都可能利用這些來對付她。受害者相信，只要她改變自己的行為並創造完美的環境，那麼他就不會再虐待她了。她重新開始尋找讓他爆發的原因，並更加努力地去順從他的要求，以便延長和諧相處的時間，並獲得她最嚴酷的批評者的讚許。

在攻擊過後，施虐者的一個小小的善良舉動，都能夠引發受害者深深的感激。凱伊．舒巴克曾遭受其施虐者可怕的攻擊，對方一邊開車沿著大馬路狂飆，一邊用力捶打她的頭。當她哀求他送她就醫時，他在他們的公寓前猛然煞車，並命令她「不要再丟人現眼了」。上樓後，他繼續斥責她，但是忽然之間，他的態度變了。「他會鎮靜下來。」凱伊說：「而妳就會覺得自己再度安全了。然後他會說：『喔，妳先冷靜一下。我給妳泡一杯薄荷茶。沒事了，一切都很好。』在這之前，妳都快崩潰了，於是在聽到他這麼說後，妳就真的潰堤了。妳開始哭泣，而他會安慰妳，讓妳躺下來，並幫妳泡一杯茶。他會說他很抱

6　二〇一六年時，昆士蘭州的律法將非致命的勒殺改為獨立犯罪，最高可求處七年有期徒刑。在接下來的十二個月裡，有將近八百人因此罪行而遭到起訴。

歉，他不知道發生了什麼事，然後就會改變話題。看到他又是那個溫暖且親切的人，並且將妳從邪惡中拯救出來，妳其實會覺得很感激。」

誠如赫爾曼所分析的，這種「仁善的」對待，比讓受害者僅僅只是感受貶抑和懼怕，更能有效地破壞她們的心理抗拒。「施虐者的目的，不僅是要對其受害者灌輸對死亡的恐懼而已，還有對容許她們活下去的感激……在幾輪死亡的緩刑後，受害者會反過來弔詭地視其施虐者為救世主。」

由於對方的慈悲，受害者的心態會從懼怕轉為寬心，甚至欣慰。「為了妳自己的安全和生存，妳會努力適應他們的所作所為。」舒巴克解釋道：「當他對妳很好時，妳會非常感激，妳會因為他施恩於妳，而不可思議地愛著他。」

*

這就是控制型施虐者最終所尋求的——心甘情願、忠心耿耿的順服者。她會因其施虐者所設定的邊界如此明確而更愛他，而當她不服從時，也能夠預料懲罰。幾個世紀以來，這只是父權社會裡男人的基本期待。在一八六九年時，英國哲學家兼女性主義學者約翰・史都華・彌爾（John Stuart Mill）就曾描述過暴君的心態。「男人要的不僅是女人的服從而已，他們也要她們的感情。」他在《女性的屈從》（*The Subjection of Women*）一書裡寫道：「所有男人，除了極端殘酷的那些之外，都渴望從與其關係最親密的女人身上獲得一個心甘情願而非受迫的奴隸，不僅是一個奴隸而已，還是一個自己最喜愛之人。因此，男人會盡其所能地奴役女人的心。」在《一九八四》（*Nineteen Eighty-Four*）這本小說裡，喬治・歐威爾（George Orwell）也賦予了他筆下的「老大哥」這種相同的熱烈渴望：「我們並不滿足於消極的順從，也不屑最卑下的屈服。當你們最終投降時，那必須是出自你們的自由意志。我們不會因為一個異教徒的抵抗而摧毀他……我們會讓他改變信仰，我們會擄獲他的內心，我們會重塑他。我們會燒光他內在所有的邪惡與幻想；我們會讓他效忠，不是表面上的，而是真正的內心與靈魂的投誠。」在北韓的戰俘營裡，共產黨的審問者也是在尋找這種全然順服的形式，他們會告訴戰俘說：「你沒有正確的態度。我是在努力幫助你採納正確的態度。你必須改變你的態度。」正如赫爾曼所述：「這種能夠全然控制另一個人的欲望，是所有暴政的共同點。極權政府要求其受害者認罪並在政治立場上歸順。奴隸的主人要求他們的奴隸對主人感恩戴德……家虐犯則要求受害者犧牲所有其他關係，來證明其全然的服從與忠誠。」在絕大多數色情行業所塑造的權力動態，正是這種對於「全然控制」的幻想。「此幻想之情趣吸引了無數正常得不得了的男人，培養出一個龐大的色情工業，女性與兒童在其中被真實而非幻想地凌虐。」

但臣服並非女人的天性，它也完全違背了我們在婦女解放上好不容易掙得的不凡成就。那也是為何施虐者——尤其是脅迫型控制者——不再只是毆打其受害者而已的原因。如果他們想要複製那些古老的屈服與奉獻的條件，他們就需要創造一個「脅迫型控制」的環境。

值得注意的是，許多施虐者並不一定會意識到自己正在籌劃一場控制與踐踏受害者的戰略。冷酷且心機重的脅迫型控制者都擁有一種強烈的主導感，以及與之相應的強烈的暴力傾向（不管是肉體或心理層面）；在他們身上，控制體系是有意識且永遠存在的。但是，被病態的偏執與嫉妒吞噬的脅迫型控制者，比較會自發性地創造這些技巧，而不安型反應者則較不熱衷於策略性行動——他們會在控制體系裡進進出出，就像是在切換頻道。一旦重獲控制，他們就會對該控制體系放手，並覺得自己與受害者的關係恢復了。然而，無論施虐者是有策略地施虐或只是一時衝動，他們通常都有一個共同點——超膨脹的權利感。

＊

在拜德曼的脅迫圖上還有另外兩種技巧：「威脅與屈辱。」

威脅

隨著虐待的情況越趨嚴重，施虐者會開始利用威脅來培養受害者的焦慮和絕望，以防受害者企圖離開或尋求協助。

在北韓的戰俘營裡，擄獲者會用死亡、無止盡的隔離與審問，以及傷害其家人等來威脅戰俘。在家虐中，施虐者的威脅同樣恐怖——他們的威脅不僅讓受害婦女不敢逃離，還讓她們覺得即使逃離了，自己也絕不可能安全。

在潔思敏和尼爾森的案例中，尼爾森的「脅迫型控制」的劇烈程度已達到了薄情寡義的段數。在潔思敏生下小女兒後不久，尼爾森就強迫她與嬰兒睡在屋外的車子裡，只有少數夜晚為了命令她做家務或提供性服務才讓她進屋。一整晚，尼爾森會不斷打電話查勤以確定她沒有跑回娘家，那是他所不容許的。如果潔思敏不服從，就可能會有這樣的結果——不但她自己和嬰兒會被殺掉，她的家人也活不了，而她的寶貝貓咪也會被殺掉。至此（從她十七歲開始），潔思敏已經忍受「脅迫型控制」八年了。

施虐者可能會發出誇大的威脅，但許多人也很清楚自己權力的極限，並小心不授人以柄。傷害親人或朋友有警察介入的風險，而傷害或殺死家庭寵物則風險較少。在對一百多名有家暴史的澳洲婦女所做的一項研究裡，有超過一半的婦女說她們的寵物也受到了凌虐，其中包括了一隻因為「歌唱得太多」而被砍頭的小冠鸚鵡、一隻被用繩子吊死的貓、另一隻被放進微波爐的貓，以及其他被射死、刺死、踢死或摔死的寵物。目前與年輕原住民在黑德蘭港當馴馬師的家虐倖存者金姆・珍朵（Kim Gentle），在某天回家時得知，她的施虐者——與虐待凱伊・舒巴克的施虐者同一人——把他自己送給她的小狗丟下了懸崖。為什麼？因為她愛那隻小狗勝過愛他。

並非所有的施虐者都如此粗暴。有一些比較鬼祟，例如會在受害者的汽車剎車器動手腳，或剪斷電話線等；還有一些則會藉著傷害自己或自殺的威脅來剝削受害者的忠誠和同理心。無論施虐者用什麼方式，受害者最終都只會覺得——不管終不終止這段關係，她們都沒有安全可言。如同舒巴克形容的：「那就好像妳跟一位刺客同處在一個屋子裡。你知道有人隨時會衝出來傷害妳。妳不知道何時、何處或以何種方式，但妳確定它遲早會發生。」

屈辱

在北韓戰俘營裡，使戰俘受屈辱的方式有很多種——妨礙個人衛生，讓戰俘處在汙穢的環境中；實施貶損尊嚴的懲罰，如羞辱和嘲笑；不給予任何隱私等。重點就是要將一個人貶低到「如畜生的程度」並「讓抗拒的代價比投降更傷害個人自尊」。

在家虐中，**屈辱**則有著惡劣的針對性。跟其他的擄獲者不同，施虐犯對其受害者的懼怕、祕密和不安全感等有著親密的認知，而他會利用這些來鍛鍊他對受害者的嘲笑跟侮辱。

屈辱性的評語對一個人的心理可能產生嚴重的影響。施虐者通常會告訴其伴侶說，她們沒有價值、愚蠢、沒人愛……而在一段時間後，女人便會開始相信那些話。「多年來，幾乎每位受虐者都曾對我說過類似這樣的話：『就算每天揍得我鼻青臉腫，那些瘀青頂多兩個星期就消失了。最傷人的是那些話，妳永遠忘不了。』」澳洲「性侵與家暴救援中心」的主任凱倫・威莉絲（Karen Willis）說：「事實上，在我們所有的諮商與創傷治療中，有百分之九十九都與扭轉那些語言的影響有關。」

讓我們回到潔思敏和尼爾森的案例。在兩人分開幾個月後，尼爾森開始哄勸潔思敏回去；他說沒有她，他的日子過得很慘。想到他們也許可以「重新來過」，她同意了。然而沒多久後，當潔思敏透露她在他們分開期間曾有過一個男朋友時，尼爾森就抓住了機會。他不再叫她的名字，改叫她「婊子」。在他們的小女兒出生後，尼爾森最大的決心，就是讓「婊子」成為那孩子學會的第一個字。

屈辱並非都如此公然。威莉絲描繪了一個典型的情境：「你跟幾個朋友在一個派對裡，你們一邊開玩笑一邊大笑，玩得很開心。這時你耳邊響起了一個呢喃聲：『他們不是在跟你一起開玩笑，他們是在嘲笑你，因為你是一個白痴。』」

有時候屈辱的行為非常過分，簡直到了沒人性的地步。伊凡・史塔克表示，來尋求他協助的婦女中，有的「曾被迫在地板上吃飯、帶著狗鍊、想吃飯時得學狗叫或跪著求情」。在許多這種令人作嘔的情境裡，施虐者和受害者雙方在其親朋好友的眼中都是友善且正常的人。正如美國哲學家大衛・李文斯頓・史密斯（David Livingstone Smith）所強調的：「你不需要是個瘋子或怪獸才會剝奪他人的人性，你只需要是一個普通人就行了。」

施虐者屈辱其受害者最強烈的手段之一，就是透過「性」。倖存者經常陳述她們被其伴侶脅迫進行令她們覺得丟臉、屈辱或痛苦的性行為，有些則根本是被強暴。來自墨爾本的愛蓮娜（Eleanor）是三個孩子的母親，她在整個婚姻過程中持續受到丈夫的強暴。她回憶第一次發生時，她丈夫走進房間大聲地宣布他們要做愛，而當愛蓮娜告訴他不想要時，他卻用力壓在她的身上、扯掉她的內衣褲，並把手摀住她的嘴以阻止她尖叫出聲。「我幾乎無法呼吸。」愛蓮娜說：「好幾分鐘後他才完事。我哭著對他說：『你怎麼可以對我做這種事？』他翻過身去，用一副好像很噁心的樣子看著我。」之後，愛蓮娜勇敢地面對丈夫，並要求他道歉。「他說：『為什麼？那是我這六年來最棒的一次性愛。妳越掙扎，我就越興奮，我覺得爽斃了！』我記得我差點吐了。」愛蓮娜說。

有些施虐者不把受虐者屈辱到完全絕望的地步不會滿意。赫爾曼闡述，在這種極端的案例中，當受害者「被迫違背自己的道德原則並背棄自己的基本人倫依附時」，施虐者的屈辱大計便完成了。就心理層面而言，這是所有「脅迫型控制」技巧中最具破壞性的手段，因為已經屈服的受害者會厭惡自己。而當屈服於脅迫的受害者開始加入犧牲他人的行列時，淪落到此地步的她就真正的「殘破不堪了」。

這樣的犧牲可能會禍及受害者自己的孩子，而她可能會被迫忽略他們，例如泰芮的情況。「我如果被他看到我跟大女兒相處，他就會拿她出氣。我不得不忽略她以保護她。」有時她可能會對孩子做出嚴厲的懲罰，希望如此孩子就不會在他們父親的手上吃更大的苦頭。

在以下這個罕見且坦率的自白中，一位施虐者描繪了孩子可以如何被利用來屈辱一位母親：

我當著她的面強暴她的女兒——我的繼女們。我逼她看著！每次我看到她把頭轉開，我就威脅要殺死她和那兩個女孩。我手上握著我那把已上膛的手槍，那就是我叫她們往東她們不敢往西的手段。我不是為了性才那麼做。我對她的女兒們沒有欲望，真的。我就是要讓她覺得可怕，看著我強暴她的女兒，而她自己卻無法保護她們。我就是要她變得悲慘。我要她懷疑自己是否配身為人母，要讓她覺得自己是一個壞母親。所以，我就送給她身為人母所可能感受到的最大失敗。

受到凌虐的母親經常會冒著生命危險去護衛自己的孩子，但有些可能因為受到如此徹底的控制而容許（或促使）其施虐者虐待自己的小孩，或甚至因為孩子為自己辯護而懲罰他們。「到這個地步，」赫爾曼說：「受虐婦女的道德淪喪便完成了。」

*

在郊區的豪宅中、在偏遠的農場上，或在市中心的公寓裡，來自不同背景的女人都可能遇到施虐的男人。也許經過了幾個星期、幾個月或甚至幾年，該男人的施虐傾向才會冒出來。當這種事情真的發生時，每個女人都有自己留下來的理由——堅強獨立的女人，會相信自己是唯一能夠幫助他擊敗內心惡魔的人；在暴力環境中長大的女人，可能覺得自己不配擁有較好的人生；從施虐關係中解脫的女人，可能因此想要在另一個男人身上尋找保護；有宗教信仰的女人，會相信婚姻是神聖的；來自外國的女人，會受到如果離開便會被驅逐出境的威脅；下定決心的新手媽媽，堅持絕不走上自己父母婚姻失敗的老路；而第一次陷入情網的女人，則渴望取悅且願意改變。當一個女人終於看清自己所面對的威脅時，她可能已經沒有選擇而只能留下，因為離開不是不可能，就是已經變得太危險。

第二章　地底下

她在街上遊蕩，看著商店的櫥窗。
在這裡，沒有人認識她。
沒有人知道，當門關起來時，他對她做了什麼事。
沒有人知道。

——貝絲・布蘭特（Beth Brant），〈野火雞〉（*Wild Turkeys*）

在雪梨的某間咖啡館裡，有三位婦女正親密地交談著，其中兩位傾身向前並將手臂靠在桌上，專注地看著面前那位看起來快五十歲的女人。「他一直打我，一直打，打得我遍體鱗傷。」她說，帶著俄國口音。「他還把她關在籠子裡！」那個「她」是他們的女兒。她說在婚姻結束後，她的前夫帶他們的小女兒去動物園，然後把她放進動物園欄裡拍照。「她回來後身上有三處傷痕，這裡、這裡，還有這裡。」「這太可怕了！」其中一位朋友說。那位婦人搖搖頭。「那算什麼。還有更厲害的。」她回答道，坦率但並不刻薄。「妳有的只是痛苦、痛苦、痛苦，但是……」那婦人頓住了，整張桌子安靜無聲。「然後他的新老婆……她拿走了一切。」她說：「她做得好，做得太好了。」兩位朋友異口同聲地說。

另一間在國王十字區的咖啡館——我當時正用筆電寫作，一位年輕女子緊張地靠過來問我說，我是否能用藍牙跟她的電腦連線。當她看到我臉上的困惑時，便向我道歉。她對被駭客入侵有點疑心疑鬼，因為她身為警察的前男友一直在跟蹤她。她必須在不同州裡遷徙以擺脫他，但她害怕他會利用關係找出她的所在地。

我曾陪一位需要保護令的朋友上法庭。她的伴侶某晚脅持了她跟他們的孩子好幾個小時，嘲謔她並要求她做他的奴隸。當她後來得知，她那幾個美麗的孩子的父親，竟然也曾對其他幾個女人施暴時，她幾乎崩潰。

另一位老朋友跟她的母親在遭到父親毆打後一起逃家，並且在我這裡躲了一個星期。她父親有一把手槍，而他把妻子逃家歸咎於女兒的慫恿。夜晚時，我們都要一再地確認門窗是否鎖好。

我過去以為自己並不認識任何曾受過家虐的人，但現在，我知道我大錯特錯。現在，我發現我的周遭，到處都有家虐的痕跡。

＊

多數受屈辱且控制的婦女不為人知，就好像住在地底下。她們走在孤立的道路上——在大街、辦公室、學校操場或購物中心等地方——沒有人看見。她們就在我們之中（可能是我們的姊妹、母親、朋友或同事等），而她們是我們永遠都不會遇見的女人。我們無法想像她們的生命。根據統計，我們至少都認識一位住在這個地底下的女人，因為那裡已經成了一個數量驚人的婦女住所。根據澳洲「國家婦女安全研究局」的統計，有幾乎兩百二十萬位在世婦女[7]曾在其生命中的某個時刻住在那個地底下；有些則永遠都不會離開。

我們都以為家虐是某種在「緊閉的門窗後」所發生的事，但它其實就在我們周遭發生，我們只是不知道它的面貌罷了。四十五歲的露易莎（Louisa）是一位有三名十歲以下孩子的母親，她所遭受的家虐固定會在超市陌生人的面前上演。週末時，她的伴侶會指定她可以購物的地點，然後要她在購物完後在那裡等，而他則會去看他的姪子踢足球。在結束購物後，露易莎會跟那一整推車的貨物在超市裡等著，直到他來了以後，他會開始一樣樣地檢查那些貨物，把每一樣她**不許**買的東西挑出來，例如溼紙巾。「他會當著眾人的面

7　這是我們在家虐比例上做得最好的統計數據，計算了從十五歲起曾遭到現任或前任伴侶至少一次暴力行為的婦女人數，但它並不能顯示這些婦女之中有多少人還在持續受虐中。

說：『妳買這個有什麼用？』讓我覺得很尷尬、很丟臉，我總是處在恐懼中。」她說：「我很害怕，因為他的行為很難預料，而且控制欲很強。我想逃走，但不知道能去哪裡，**這實在太荒謬了。怎麼說……這不正常吧？這正常嗎？**」

有時候最粗暴的家虐行為就在我們眼前發生。前維多利亞州「警察家庭與性暴力單位」主任兼警探司長羅德・喬烏寧（Rod Jouning），曾告訴我一宗發生在維多利亞州某郊區足球場上的驚人攻擊事件。有位男子帶著老婆、小孩跟他的夥伴們在那裡觀賞球賽，在天色漸晚時，他的妻子走過來跟他說他們該回家了，這樣孩子才能準時上床睡覺。「那位男子轉過來說：『妳竟敢在我的同伴前不尊重我！』然後就開始痛毆她。」喬烏寧說：「他打碎了她的眼眶和下巴，然後一手抓著她的頭髮，一手抓著她的腿，把她拖向他們的車子。從頭到尾沒有一個人干預。」

當然有的人會干預——通常冒著自己生命的危險。在二〇一七年的某個午夜，下班在家的女警史蒂芬妮・柏克絲基（Stephanie Bochorsky）正穿著睡衣看電視，忽然間，她聽到隔壁傳來令人毛骨悚然的哭叫聲。當她跑出去時，她看到一位穿著粉紅色浴袍的婦人站在車道上尖叫著，史蒂芬妮問她發生了什麼事，那位婦人哭喊道：「他在我的孩子身上點火！」史蒂芬妮吩咐那位婦人趕緊打電話報警，並且不讓別的人靠近，接著便衝進屋裡去。屋內很詭異，靜悄悄地瀰漫著一股汽油味。看到其中一間房間發出不尋常的紅光時，她走過去，目睹三歲的密凱拉（Mikayla）站在娃娃床上，整個頭顱已經被火焰吞噬；孩子沒有尖叫，只是一臉震驚地搖晃著頭。史蒂芬妮抓起一張毯子蓋在那個小不點的頭上，把火熄滅。忽然間，小女孩的父親艾德華・約翰・赫伯特（Edward John Herbert）從她的身後冒出來——一個全身刺青、赤裸著身體的大塊頭，他兩眼空洞，正因嗑藥而發著神經——他正在把汽油淋在他七歲大的女兒塔莉亞（Tahlia）的頭上。當他看到史蒂芬妮時，只對她說了一句話：「妳他媽的怎麼不把衣服脫光？」史蒂芬妮立即行動。「你給我滾遠點！」她吼道，接著一手抱起密凱拉，一手拉住塔莉亞的睡衣領子，三個人一起逃到了室外。

史蒂芬妮不知道的是，赫伯特當時正握著一把屠刀，而他六歲的兒子也在屋子裡。後來，赫伯特告訴他的一位鄰居說，他在自己的女兒頭上放火，是因為她「太他媽的可愛了」。「別擔心。」他補了一句：「我是不會把我的兒子燒掉的。」多虧了史蒂芬妮跟另一位鄰居丹尼爾・麥米倫（Daniel McMillan，他把赫伯特擊退了），三個孩子都活了下來；密凱拉全身燒傷達百分之十三。赫伯特最終以兩起企圖謀殺罪遭到起訴，並被求處十七年徒刑，法庭駁回了他有關精神障礙的辯護。

我並非無端分享這些故事，也並非是為了驚嚇讀者。我分享它們，是因為它們描繪了日常的恐怖。「#MeToo 運動」藉由告訴人們什麼是性騷擾及其所造成的創傷，將我們從麻木不仁中驚醒。假如我們也想要在家虐事件中體會其中真正的感受，我們便需要加倍地強化自己。

在地底下發生的事情多數只留在地底下，不見天日，但民眾卻能在法庭裡瞥見家虐的驚人事實。

＊

在雪梨的市郊，每隔兩週的星期四，地底下的人們便會湧上人行道。在隔週一次的公聽會上，人們會三兩成群地擠在殖民時期留下的肯頓法院四周的小路上。有些人會抽著菸打發時間，有些人會玩著手機，有些人則會與四處走動宣導的「婦女家暴法庭宣導服務處」支持者進行嚴肅的交談。看著那些群眾，我的胃裡翻騰著一股焦慮感。每個人看起來都那麼**正常**。除了脖子上的一些刺青外，那些男人跟其他男人幾乎沒什麼差別。如果你跟這些傢伙中的其中一位約會，要怎麼知道他未來是否會虐待妳？

肯頓區是雪梨市發展快速的區域之一，但它看起來仍然像是一座古老的鄉間小鎮——它的農地綿延至乳牛牧場橋跨越尼皮恩河之處，街道兩旁聳立著十九世紀的古建築。這裡（如同某街邊標誌所示）是「這個國家財富的誕生地」，也是歐洲早年的殖民者屠殺達拉瓦爾族跟貢東古拉族、將他們從這個獵物豐盛之地驅逐並引進有利可圖的綿羊、小麥和葡萄的地區。如今此地仍然富裕，多數居民為白人。隨著人口成長，家虐事件也跟著增加——從二〇一七到二〇一八兩年之間，警方接獲的毆打案件就增加了將近百分之四十五。

今天，法官要處理的案件有超過六十件。我跟隨在「婦女家暴法庭宣導服務處」位於麥克阿瑟區的辦公室的主任譚雅・懷特豪絲（Tanya Whitehouse）身後，陪她四處巡視。她是肯頓區的居民，她與她勞累過度的工作夥伴們都是當地家虐受害者在黑暗中的明燈，她們幫助那些受害者處理法案和社福程序的繁瑣，並竭盡所能地讓她們感到安全與支持。「人們說，**喔！肯頓是一座可愛的小鎮，這裡沒有家虐這回事**。」譚雅搖頭並諷刺地說：「這裡**當然有**一大堆狗屁倒灶的家虐事件！」

一位警察從法庭走出來，喊道：「皮爾森先生（Mr Pearson）。」一位穿著黑色長外套的壯漢抬眼看向他，點點頭並隨他走進去。

法庭內坐滿了人。支持者和警察站在法官席的下方，手裡緊抓著資料夾，審視著坐在他們面前大約六十位男女的面孔。皮爾森先生獨自坐在法庭前的一張椅子中，彎腰駝背、垂著頭。法官望著他面前的那一大疊記錄，開始唸著警察所做的事故報告。

「皮爾森先生下班後回家。」他開始唸，聲音不帶感情。「他上樓走進他妻子的臥室，身上沒有穿衣服。他的妻子俯身睡著，他把手放到她的雙腿之間；她驚醒過來，轉向他。接著他把她的內褲扯掉並試圖扳開她的雙腿。她踢他並尖叫著要他住手。他繼續用力地將她的雙腿拉開，而她則用雙手遮著自己的私處，繼續尖叫著要他住手。最後，他們的一個孩子聽到母親的尖叫聲，跑進了臥室。」

聽到這裡，整個法庭的人似乎都屏住了氣息。這位坐在大家面前的男子是否傷害了自己的孩子？接下來的事情可能壞到什麼程度？我感覺自己的下巴繃緊，忽然間我甚至有一種錯覺——如果我們能絕對安靜地坐著不動，也許就可以改變該事件的過程，並保護那個孩子。

法官繼續唸。「孩子問：『怎麼了？』他告訴他兒子：『沒事。』」法官吐了一口氣。「然後他問他的妻子：『妳是怎麼回事？為什麼不讓我碰妳？』她哭泣著，難過地說：『我不想做，我不想要你，你走開。』」

這一段涉及個人隱私，實在不適合唸給一屋子的陌生人聽。皮爾森先生安靜地坐著，一動也不動，聽著法官繼續唸出接下來發生的事。

皮爾森先生指責妻子，說她「在外面有別的男人」，說她只是在利用他。當她起身打包東西時，他奪過她的袋子，走出她的房間去穿衣服。當他的妻子走出臥室時，他已等在外面。他再一次地指責她，說她利用他賺錢。當她叫他走開時，他摑了她兩個耳光，她因此摔倒在地上。她高聲求救並哭喊道：「叫孩子們過來！」皮爾森居高臨下地看著她，警告她：「別做蠢事，否則我殺了妳。」當她試圖往前門逃去時，他從後面抓住她並將她推倒在地。皮爾森鄙視地看著她，譴責她說謊，控訴她跟她的家人耗損他的財產。她奮力地爬到室外去，在外面抽菸。她叫他走開。他警告她別大聲叫囂，因為「鄰居會聽到」。

法官繼續唸出恐怖的細節。「然後他從口袋裡掏出一把刀朝她揮舞。那是一把黑柄、長三十公分的廚刀。他叫她閉嘴——『我不想聽見妳講話。別以為我不敢動手』——然後拿刀指著她的肚子。她說：『求你別殺我。我不想孩子們受苦。你剛剛做的事情已經很過分了。』他對她說：『閉嘴。我不想聽見妳講話。』他喊了一個孩子的名字：『你要去哪裡？你開門做什麼？』她說：『別殺我。我想聽孩子們的聲音。我要看看孩子們。』她被他押上樓去——他走在她的後面，抓著她背後的襯衫，押著她一起上樓，手裡仍握著那把刀。他們走進他的臥室，他關上門，說：『如果警察來了，我會把妳砍成兩半，我會割破妳的喉嚨，然後隨便警察要把我怎麼樣。如果他們用槍射殺我，我也不在乎。』他不斷看向窗外、握著刀，說道：『我有一把槍，我可以把我們全都殺了。如果妳敢逃跑，我會找到妳，我會把妳殺死。』他的妻子哭泣著，覺得自己死定了。他不斷用刀指著她。警察來了，敲門。他說：『什麼事？』警察叫他開門。他把手指放在自己的嘴唇上，警告她不准發出聲音，然後他掀開床墊，把刀藏在下面。當警察問他話時，他說：『我只是想跟我老婆做愛。她睡著了。我剛上完晚班回來，我只是想要做愛。我是男人，你們懂的。』」

放下手中的報告時，法官停頓了一下。他掃過法庭上那一排排嚴肅的面孔。「這些都是嚴重的罪行。」他說：「足以讓罪犯入獄幾年。」

但家虐案件中最可怕的莫過於現實狀況——以及法庭為難的立場——例如法官唸給大家聽的皮爾森太太的一封信。她說，他們有七個子女，且他們已經結婚二十二年了。她是一位全職主婦，而他是家裡唯一的經濟支柱。在該事件發生前，他一直待她「有如皇后」，她一次都未曾被無禮地對待過；他是一位「有愛心、有禮貌且勤奮工作的男人」，對有需要的人也樂於伸出援手；他一直做著兩份工作，時常睡眠不足，但她從未聽他抱怨過。她來自一個破碎的家庭——她知道當一家人離散時，對孩子會造成多大的傷害，而生活又會有多艱困。她的孩子們現在心情「很混亂、很難過」，其中幾個還因此患了飲食失調症。「受害家屬的願望很明顯。」法官說：「他們希望全家能繼續在一起。」

在這種情況下，怎麼做才是**對的**呢？儘管法官如此解釋，但光從那封信來看，沒人敢說皮爾森太太的願望就是全家能夠繼續在一起。從單一案件的角度來看，我們也不可能知道那個男人到底有多危險。他真的莫名其妙地就從待她「有如皇后」的人，忽然變成一個會打妻子且威脅要殺害她的人？似乎不可能。她是在他的監視下寫下那封信的嗎？也許。但此時此刻，我們不可能知道。更重要的是，她能有什麼選擇呢？假如她選擇離開，她要如何扶養孩子？他的威脅將來會不會成真？她與孩子們的安全能確保無虞嗎？

在這種情況下，法官該怎麼辦？把皮爾森關起來，讓他的妻子和七名子女失去經濟來源？假如他入獄，她的安全就無虞了嗎？或許他會在幾個月或幾年後出獄，然後去找她報復？

法官深吸一口氣。「有鑑於他之前從未有過犯罪記錄，而且他已經在接受心理輔導，並已在上精神健康教育課程；此外，他有全職的工作，而他的妻子也已表達需要經濟支持以扶養他們的七名子女，我決定讓他以一個密集的懲教令來代替入監。」他請皮爾森先生起立。「你要行為端正。」法官告誡他，說道：「你將會接受藥物與酒精的固定檢測，你在服刑期間每個月要做三十二小時的社區服務，同時，你也要積極地參與矯正犯罪行為的各種活動。你瞭解你的服刑條款了嗎？」

皮爾森先生用安靜的聲音說：「是的，庭上。」

＊

這些女人是怎麼回事？她們為何不乾脆離開？要是有人這樣對待我，我馬上就掉頭走了。多數人在聽到家虐故事時，都有這種本能反應。我們總是相信自己會立即行動，並且能預測即將發生的事；我們認為自己比那些最後被家虐關係困住的婦女要好得多；我們認為自己較聰明、較堅強也反應較快。我們絕對不會被困住。不像**那些女人**。

但請回想一下，當妳原諒那些踐踏妳的情人或不顧自己的判斷而信賴他們的時刻。為了那麼做，妳必須相信他們身上較良善的那部分（妳所愛上的那部分），而犯錯只是對方一時糊塗而已。也許妳真的跟他分手了，卻又因為他們的哀求與承諾（或純粹因為妳自己對他們的想念）而與其重修舊好。信賴他們，妳或許對了，但也可能錯了。家虐的受害者也是如此。唯一的差別在於，她們的洞察不僅會受到愛情與性吸引力的蒙蔽，也會因為屈辱與控制的影響而陷入混亂。

我們會對那些地底下的婦女驟下判斷，是因為我們認為她們的行為不理性。一個聰明且獨立的女人，竟會堅持跟一個會對她動粗的男人在一起，**這沒有道理**；她在離開後有很大的可能會回到他的身邊，**這沒有道理**；一個女人在被她的伴侶強暴後仍然渴望他的愛，**這沒有道理**；一個女人竟然會跟一個會對孩子施虐的父親在一起、置其子女於險地，**這沒有道理**。

也許這些道理妳真的都能理解。也許妳會嘲諷那些問說「女人為何不乾脆離開」的女人，並提醒她們說：「妳難道不知道對一個女人來說，**離開**是最危險的事？」然而，若我們願意誠實面對，即使最富同理心的那些人（包括我自己），有時也不禁會對受害者的行為感到困惑（且深感挫折，如果她們是自己的親人）。即便是住在地底下的女人，有時也會對其他受害者驟下判斷。家虐倖存者凱伊・舒巴克有一次出席其施虐者的審判，作為其受害者之一出庭作證。「我坐在那裡，心裡想著，這個笨女人，她怎麼會讓那種事情發生？妳知道的，就像，喔天哪，她為他懷孕了兩次，而她仍然回到他的身邊去，一次又一次地回去，如此持續了好幾個月……她怎麼會那麼笨？然後，我恍然大悟。那不就是我的故事嗎？一字不差！」凱伊也曾為同一個男人懷孕過，她也曾在他的暴力攻擊後原諒他。「他告訴她，她又老又醜又笨，已經過了賞味期；說他要立案控訴她，要讓大家都知道她的精神有問題，要找一大堆目擊者來證明他身上的抓傷和疤痕都是她造成的……一模一樣的話。」

即使做過同樣的選擇，但凱伊的衝動必須歸咎於我們在這個文化裡都習於採取的立場——在過去的幾十年裡，家虐受害者總是受到大眾的譴責、司法體系的詆毀，並被精神科醫生視為疾患處理。現在，當我們多數人目睹暴力關係時，卻只看到兩個合理的選擇：「如果妳的伴侶虐待妳，妳應該離開。如果妳不離開，那麼妳顯然有問題。這是『常識』，對吧？」

但何謂「常識」？它並不是一套像十誡那般刻在石頭上傳承給我們的神聖規範。「常識」是透過學者、電影製片人、說故事的人、專家與**文化**等，為我們一磚一瓦地堆砌而成的東西。與受害者相關的每一種陳腔濫調——從女人的被虐狂到習得性無助等——都是由某人發明後，再將之編入那些所謂「正常」或「不正常」的結構裡。追溯這些「常識」的源頭，可以看到譴責受害者的那種危險邏輯如何扎根，以及它實際上有多**不合邏輯**。

但在那麼做之前，讓我們先從一個即便我們當中最富同情心的人，都可能經不起其考驗的故事開始。

*

潔思敏（我們在第一章已讀過她的部分故事）在十七歲時認識了她的伴侶尼爾森，兩人在一起超過十年，而在此過程中，尼爾森的「脅迫型控制」升級至近乎情緒變態的驚人程度——除了強迫潔思敏與他們剛出生的小女兒睡在車上之外，他還固定外出找女人，並在回來後逼迫潔思敏觀賞他與那些女人的性愛影片。有一天，在尼爾森又一次出遠門後，潔思敏發了封簡訊給尼爾森最要好的朋友大衛（David），請他過來，而大衛則將該訊息轉傳給了尼爾森。幾天後，當潔思敏到機場去接尼爾森時，他在車子裡猛烈地攻擊了她。

後來尼爾森承認了幾項罪行，他承認在開車回家的路上，在車裡多次猛擊潔思敏的頭部，也承認在回家後，用膠帶將她綑在臥室的一張辦公椅上，並在他們十八個月大的女兒露比（Ruby）面前（尼爾森刻意讓她坐在床上以便觀看）繼續凶狠地毆打她。當潔思敏哭喊著求饒時，尼爾森抱起露比，然後拿起一把武士刀壓在孩子的胸口，並告訴潔思敏，她當婊子的懲罰就是看著她的女兒死掉。在無法動彈及極度恐懼下，潔思敏暈了過去，而當她醒來後，尼爾森逼她吃掉自己手機的SIM卡，並把她的手機摔爛在地上。他拆掉潔思敏手腕上的膠帶，叫她進去他的房間並把衣服脫掉，隨即以肛交的方式強姦她。當他完事後，他說：「妳想當個下流的婊子，我就把妳當個下流的婊子對待。」然後他把她拖到露比的房間，叫她照顧女兒；他丟給她一條麵包，鎖上門，警告她在他回來前最好老實待在屋裡。潔思敏用一把剪刀撬開了門，逃出屋外，然後開車到父母與親友住的地方；其中一位親戚幫她拍下了她遍體鱗傷的照片。

潔思敏向警方舉報了攻擊事件，但未有進一步的動作；兩個月後，她又搬回去跟尼爾森同住。他們在分居期間甚至交換曖昧露骨的簡訊，潔思敏還拍了自己的色情影片給尼爾森，告訴他，自己有多愛他。他們又共同生活了五個月，直到二〇〇八年一月。尼爾森發了幾封威脅簡訊給潔思敏，搗毀他們女兒的房間，並將她們母女趕出家門。幾個星期後，潔思敏搬到一個新住所，而尼爾森也被迫遷離原來的住處，於是潔思敏讓他暫時住在她的地方直到他找到新家為止。但是，後來當潔思敏要求他離開時，他卻拒絕了；即便她不讓他進屋裡睡，他也會睡在屋外的一輛小貨車裡，並哀求潔思敏讓他進屋。最後，潔思敏心軟了。

當潔思敏搬到另一個住處時，尼爾森也搬了進去。他們並未睡在同一間臥室裡，但潔思敏繼續做著所有的家務事並照顧家裡。此時，潔思敏真的想要分手了，但每當她提起這件事，尼爾森對她的控制就越嚴厲——有一天他甚至在白天時將她鎖在家裡，並在出門上班時把她的車鑰匙帶走。

在二〇〇八年十二月（離之前的攻擊事件大約十八個月後），尼爾森終於同意搬出去。但才過了幾天，當潔思敏正請人幫忙裝置監視器時，尼爾森突然出現在她家——他抱起露比就走，並告訴潔思敏，她再也見不到自己的女兒了。潔思敏嚇壞了，簡直要發瘋，她直接跑到警察局，要求他們幫她把女兒找回來。但警察告訴她，沒有家事法庭的法令，他們無法介入。當聯邦警察在一星期後拿到家事法庭法官所開的法令並將露比帶回來時，小女孩還穿著被帶走時所穿的那件衣服，且頭髮幾乎結成了塊狀。當潔思敏將她放在客廳時，三歲大的露比——一向愛笑愛玩的她——拒絕說話，並且「發出小動物的叫聲」，在客廳的地板上拖著自己的雙腿爬行。「我永遠無法忘記那一幕。」潔思敏說。她與尼爾森的關係終於畫下句點。後來她又花了八年在家事法庭上爭取女兒的唯一監護權——即使尼爾森當時已經因為攻擊她們而入獄服刑——現在，潔思敏終於擁有露比的唯一監護權。

＊

潔思敏的故事在你的心中喚起了何種感受？同情、悲傷、挫折、憤怒或憎惡？你能瞭解她為何回到尼爾森的身邊嗎？即使在他邪惡地攻擊她並威脅要殺死他們的女兒之後？**你覺得她為什麼留下來？**

二十世紀（直到一九七〇年代末期）的人們，在聽到潔思敏的故事時的反應可能相當一致——絕大多數的人會將她視為受虐狂。當時專家的共識是，家虐受害者都是冷感、控制欲強的被虐狂，他們暗地裡其實喜歡被虐待。

我們並非一直如此看待倖存者。在十九世紀末時，家虐的受害者不是被虐狂，她們是屈服於粗暴、酗酒成性的丈夫的可憐蟲。[8]然而，這類多少帶有同情的觀點，也只有在女人願意閉嘴並接受自己的命運時才存在。在一九三〇年代，當女人開始控訴她們的丈夫有暴力行為時——嚇死人，甚至還以此訴請離婚——她們就不再是可憐的對象了，她們成了對神聖的家庭產生威脅的人。

提供一個新理論——女人會留在其施虐者身邊，是因為她們**喜歡**被虐待。針對這個宏大的「被虐狂」理論，我們可以遙寄吾等的感激給西格蒙德・佛洛伊德（Sigmund Freud）先生，他宣稱——且有很長一段時間被相信——他找到了驅使人類行為的基本力量。佛洛伊德表示，所有的女人——因為缺乏陽具而比較不足，且因為男人擁有陽具而嫉妒——與生俱來便有受虐傾向，且總是無意識地尋求被懲罰。這並非只是一個為了爭得首要地位的理論，因為佛洛伊德的理論在當時就是主要典範。一九四四年時，心理分析家海倫・多依齊（Helene Deutsc）在她的著作《女人的心理》（*The Psychology of Women*）中擴展了佛洛伊德的理論，將被虐狂列為女性的三大特質之一，另外兩個則是「被動性」和「自戀」。

在一九四〇及一九五〇年代，當佛洛伊德的理論處於顛峰時期時，社工人員們也逐漸相信，受虐婦女實際上會**尋找**那些會對她們施虐的男人，而這個觀念則受到暴虐的丈夫們特別熱烈的支持。在一九六四年影響深遠的研究《毆妻者的妻子》（*The Wifebeater's Wife*）裡，三位精神科醫生為了瞭解受害者的家庭生活而訪談了三十七位施虐者。那些暴力男的回應讓這三位專家獲得的結論是，雖然他們的妻子可能會抗議丈夫的虐待，但她們其實暗地裡想要被虐待；事實上，丈夫們的暴虐「也許」有助於妻子們處理她們對「『自己的』控制、去勢行為裡展露的強烈敵意」所感受到的愧疚。

「譴責受害者」的無恥現象一直支配著大眾的思維，直到第二波女性主義湧進一九七〇年代之時。心理學家寶拉・凱普蘭（Paula Caplan）在其暢銷書《女人的受虐狂及其迷思》（*The Myth of Women's Masochism*）中，對佛洛伊德及與其持有相同論調者發出了強烈的抨擊。她強調，女人並非天生的受虐狂，她們只是在文化的薰陶下養成了那些看起來像是受虐狂的行為，因為「理想的女人」是一個會為了造福他人而犧牲自己所需的人。「女性一旦養成了無私、善撫育且擁有無盡耐心的個性時，其行為便容易被貼上受虐狂的標籤。」凱普蘭寫道。在接受《紐約時報》的訪談時，她說女人會留在其暴虐的丈夫身邊並非她們喜歡被虐，而是因為各種不同的原因，包括懼怕因離開而遭到懲罰等。還有一個理由是，她們希望愛情最終能占上風。「有些受虐婦女很脆弱，以至於綁住她們的不是虐待，」凱普蘭說道：「而是她們暴虐的丈夫偶而表達的愛。」她的「革命性主張」便是：「如同男人，女人也一樣渴望快樂。」

到了一九八〇年代，當暴虐男人的意見不再被作為支持數據時，「受害者有被虐狂」的這個觀念便完全被摒棄了。當研究者開始詢問受害者有關她們自身的經驗時，一個又一個的研究都得出了相同的結果：「女人很少招惹攻擊，且幾乎沒有能力預防攻擊的發生。」

---

8 然而，這些可憐蟲卻經常被法庭斥責，說她們「激怒」了自己的丈夫。

在今日，只有傻瓜跟騙子會被人們用三字經嚴厲的唾罵，然而，「受害者有被虐狂」的這個觀念卻仍然陰魂不散。有百分之五十一的澳洲人相信，只要女人**真的願意**，她們絕大多數一定都離得開一個暴力的關係；這個數據裡的某些人相信，如果一個女人沒有離開，那一定是她自己想留下來——也許她私底下喜歡那些吵吵鬧鬧，也許她有受害者情結、在被虐時會感到性興奮等等。這些假設絕對是錯誤的。陷在暴力關係裡的女人所面對的現實比我們想像的還要複雜許多。

同樣陰魂不散的還有另一個理論——無助的受害者因其伴侶的暴力而變得無能為力。就像家虐海報上典型的中產階級白人婦女，她們總躲在角落裡瑟瑟發抖，而她們的丈夫則握緊著拳頭，陰森森地籠罩在她們的上方。心理學家麗諾爾・沃克（Lenore Walker）在她的書《受虐婦女症候群》（*The Battered Woman Syndrome*）裡塑造了這個形象，這本如里程碑般的著作幾乎在一夜之間就將受害者的典型形象，從有被虐狂的女妖怪變成了無助的小女孩。沃克的書宣稱，「受虐婦女」有一種奇特的症候群，而其中的主要特徵就是「習得性無助」。沃克從心理學家馬丁・塞利格曼（Martin Seligman）所做過的一個實驗裡得出此結論，該實驗將一隻狗關在籠子裡，並在不可預期的間隔裡給予電擊，一段時間後，那隻狗不再試圖逃走了，反之，牠變得「乖巧、被動且順從」。而家虐的受害者同樣也被「虐待的循環」制服——一開始是緊張的醞釀，然後是猛烈的暴力階段，接下來是一段懊悔、關愛跟保證不會再犯的「蜜月期」，再逐漸到另一個醞釀階段與另一次爆發……不斷循環。隨著此循環不斷重複，女人的抵抗動機便會被逐次削弱；她們會變得被動，相信自己因為「太笨了而無法學習改變」，並且容易患上憂鬱症和焦慮症。「她們之所以繼續留在施虐者身邊，」沃克說道：「是因為她們看不見自己有逃走的機會。」

沃克所形塑的「無助的受害者」形象將大眾的受害者，從被鄙視扭轉為被可憐的形象，但這麼做的結果，卻創造了另一種刻板印象，且仍舊是一種將受虐歸咎於受害者的印象——正是受害者的被動性，迫使施虐者去虐待她。沃克表示：「施虐者在顯然被動接受其暴虐行為的促使之下，不會試圖控制自己。」在一個控制的關係裡，受害者可能因自尊心遭到如此嚴重的貶抑及踐踏，以致她們連從事簡單任務的能力也失去了；她們甚至可能開始相信施虐者告訴她們的話——沒有他，她們根本無法存活。但是，受害者之所以被困，並不僅是因為她們不知道如何逃脫，大多數受害者其實都曾不斷地以自己的方式對付並抵抗她們的施虐者。

儘管與受害者深陷其中、活生生的現實不符合，沃克的「習得性無助」理論卻盛行了二十幾年，直到今日仍廣泛地受到引用。對此，加拿大籍的家庭治療師艾倫．維德（Allan Wade）解釋道：「沃克的暴力理論之所以如此盛行，正是因為它未能以任何有意義的方式質疑現狀。」

*

最能揭露「習得性無助」背後之迷思的，莫過於「斯德哥爾摩症候群」，據說在女人身上經常診斷出「對自己的擄獲者滋生感情且不信任權威」的症狀；這是人們在描述家虐受害者的精神狀況時經常使用的經典隨興臺詞，但它也是某些心理學家至今仍然嚴肅以對的診斷術語。「斯德哥爾摩症候群的一個典型例子就是家庭暴力。」牛津大學心理學家珍妮佛・懷爾德（Jennifer Wild）說道：「當一個人——通常是女人——對其伴侶有依賴感並留在他身邊時。」

然而，斯德哥爾摩症候群是一個可疑且沒有診斷標準的病理學，它不但充斥著仇女情結，並且奠基於一個謊言。發明這個詞的心理學家尼爾斯・貝傑羅特（Nils Bejerot）從未跟那位他下診斷的女子談過話，也從未費心地問她為何信任她的擄獲者勝過權威，更重要的是，在引發此症候群的那宗瑞典銀行劫案期間，貝傑羅特就是那位率領警方回應的心理學家，而他**正是**克莉絲汀・安瑪克（Kristin Enmark）——第一位被診斷出斯德哥爾摩症候群的女子——所不信任的那位權威。

一九七三年的某個早晨，詹恩・歐爾森（Jan Olsson）走進位於諾爾姆斯托格廣場的一間銀行，然後劫持了當年二十三歲的安瑪克跟其他三位職員作為人質。在接下來的六天裡，這宗膽大妄為的搶案成為媒體爭相報導的轟動事件；瑞典從未發生過這樣的事情，警方也從未處理過類似的案件。

由於未受過人質談判訓練，警方的反應從一開始就很笨拙。起初他們誤認了歐爾森的身分，然後，他們以為找到了他的弟弟，於是便派遣那位少年在貝傑羅特的陪同下進去銀行談判，結果歐爾森對那位少年開了槍。雖然歐爾森越來越焦躁，但他的同夥克拉克・歐洛夫森（Clark Olofsson；歐爾森對警方提出的第一個要求就是將他從監獄釋放）要那幾個人質放心。「克拉克握著我的手，安慰我。」安瑪克在二〇一六年回憶道：「他說：『我會看著詹恩，不會讓他傷害你們。』我不能說他讓我感到安全，因為那個形容不實際，但我當時選擇相信他。當時對我而言，他的意義很深刻，因為他讓我覺得有人在關心我。但那不是愛情。從某方面來說，他給了我一種**安心**，以及**很快就會結束了**的希望。」

警方未曾給過人質這樣的希望。安瑪克要求與貝傑羅特講話，但他拒絕了。在一次從銀行直播的訪談裡，她對當局發飆：「警方根本是在玩弄我們的生命。他們甚至不願跟我講話，如果發生了什麼事，死的人是我。」隨著時間過去，安瑪克意識到他們倖存的機會越來越渺茫，因此她決定親自採取行動。她打電話給瑞典總理歐洛夫·帕姆（Olof Palme）並懇求他，讓她跟另一位人質一起陪同劫持者離開銀行。「我完全相信克拉克和那位劫匪。」她告訴帕姆：「我並不絕望。他們未曾傷害過我們分毫。相反地，他們對我們非常客氣。但我想告訴你，歐洛夫，我害怕的是警方會展開攻擊並導致我們的死亡。」但帕姆拒絕讓她離開銀行，並告訴她說，他們不可能屈服於罪犯的要求。最後，帕姆對她說：「不，克莉絲汀，妳不能離開銀行。能夠死在自己的崗位上，妳應該感到高興。」安瑪克聽了很驚恐，她告訴帕姆說：「我不想當一位死掉的英雄。」

最後，警方以催淚瓦斯襲擊，並讓劫持者在街道上來回遊街示眾，接受民眾的歡呼和戲謔。安瑪克冷眼旁觀，對這樣的耀武揚威感到憤怒不已。當警方請她躺在擔架上時，她拒絕了，她說：「六天半前我是走著進來的，現在我要走著出去。」

在廣播節目裡，安瑪克嚴厲地批評警方，並特別點名貝傑羅特。貝傑羅特並未跟安瑪克談過話，一次都沒有，但他在回應中卻以自己捏造的一種症候群評論表示，安瑪克的言論不過是「諾爾姆斯托格症候群」（後改名為「斯德哥爾摩症候群」）的產物罷了。安瑪克對警方所感受到的害怕是非理性的，貝傑羅特解釋說，這都是因為她對其劫持者所產生的情感或性依戀所造成的。[9]貝傑羅特張口即來的診斷搔到了瑞典媒體的癢處，他們覺得安瑪克很可疑，因為她「看起來不像受過創傷的人該有的樣子」。「雖然難以接受，」一位記者寫道：「但對她，我能夠想到的形容詞是『精力充沛且機警』。」她的澄澈，很顯然地證明她有病。

四年後，當安瑪克被要求解釋當年的舉動時，她很憤慨。「沒錯，我當時很害怕警方。這有什麼好奇怪的？害怕那些到處都是——在公園裡、在屋頂上或在街角後——穿著裝甲背心、頭盔，還帶著武器且隨時準備開槍的人，這很奇怪嗎？」

在二〇〇八年，一項檢視與斯德哥爾摩症候群相關之文獻的報告顯示，當年大部分的診斷都是出自媒體而非心理學家或精神科醫生；那些文章基本上都缺乏研究根據，即便有，那些薄弱的學術研究對於該症候群也從未達成過共識，更別說建立診斷標準。曾與安瑪克做過密切諮商的艾倫．維德說，斯德哥爾摩症候群是由一位有明顯利益衝突的精神科醫生（其本能就是要讓質疑其權威的女人閉嘴）所創造出來的「迷思」，目的就是為了「質疑女性暴力受害者的供詞」。

*

在一九八〇和一九九〇年代，斯德哥爾摩症候群、受虐婦女症候群及習得性無助等，成了家虐專家跟律師們眼中的主要典型。受害者的形象就是純潔、膽怯與順從——大家所熟知、在角落裡瑟瑟發抖的女人——這個「真正受害者」的刻板形象直到現在仍在整個西方世界裡堅定地存在於法庭。她最好要是一位「中年、勞工階級的白人婦女，要是一位好母親與勤勞的主婦，同時曾盡一切可能地去安撫她的施虐者，並從刑事司法體系取得保護」。當受害者未能符合此一形象時——假如她很「難纏」、有酒癮或藥癮、會使用暴力來防衛自己和孩子，或展現了創傷的混亂效應等——那麼法庭可能會判她與施虐者同罪，或甚至比施虐者更重的罪。反之，司法官員也可能會歧視一位看起來堅強且獨立的女人，因為他們深信真正的受害者是脆弱且無助的，而能力和堅強顯然無法與此形象畫上等號。除非受害者的故事符合了「善良的女主角與無惡不作的壞男人」這樣的標準劇情，否則司法體系便不知該如何處理了。

但事實上，那些住在地底下的女人（就跟克莉絲汀・安瑪克的斯德哥爾摩一樣），都不斷地以各種策略尋求自己的安全，而這方面的研究已有確切的成果。「倖存者理論」是對德州五十間婦女庇護所裡的六千名婦女所做的一項研究，這項研究發現，那些婦女跟

---

9 安瑪克能夠與銀行劫匪建立個人關係的悟性，在劫持危機解除後被歐爾森證實。他說，在劫持的頭幾天，他可以很輕易地殺掉人質，但他們活下來了，因為他們不但很合作，而且開始互相瞭解。

「無助」兩字正好相反，她們大多數在阻止暴虐的努力上，一直都秉持著非常堅強且果決的態度；隨後的其他研究也顯示，受害者不僅都很堅毅、有複雜的應對策略，且還經常尋求協助。為了離開，這些女人所必須克服的障礙並非心理上的，而是社會性的。在一件又一件的案例裡，拖這些女人後腿並讓離開變得困難重重的，反而是國家當局——尤其是警方跟社福制度。

在整個十九跟二十世紀，雖然父權制的精神病學世界都把受害者描繪成瘋狂、惡劣且可悲的女人，但是住在地底下的那些婦女們卻都在做著她們一直都在做的事——竭盡所能地防衛自己。琳達・戈登（Linda Gordon）曾對一八八〇年到一九六〇年間的「社會功能檔案記錄」做過調查，她發現類似的故事一再地出現——一個機敏的女人，即使社會未能給予任何協助，她也能反抗，有時甚至擊敗了她的施虐者；那些地底下的女人從未因為虐待而感到滿足，在面對虐待時也從未消極過。

我們很少聽到女人的反抗，但女人每天都在奮鬥、反擊，即使會面臨可怕的結果。「我會反駁。」倖存者妮可・李（Nicole Lee）說：「妳每天都戰戰兢兢，並且逐漸感到一種精疲力竭——然後有一天他把一個髒盤子留在桌子上，妳終於忍不住說：『你他媽的可不可以把那個盤子順便放到洗碗槽裡？』然後就在妳想著『**我幹麼要那樣說**』的時候，那個盤子已經朝妳砸過來了。妳奮力地反擊，喊到：『**你滾開，住手！**』但是體力與體型的不平衡——面對那個男人，我壓根就沒有保護自己的機會，一點都沒有。我試過了。」即使在女人覺得自己投降了的同時，她們仍然隨時在做著存活所需的算計。誠如某位倖存者所描述的：「我在認識我丈夫之前，從來不曉得什麼是策略。是他教會了我策略。有關生存的策略。」

抵抗是人的本能。在北韓的戰俘營裡，戰俘即使在「體力與道德感」降到最低點時，仍然保有抵抗的意志力（即使必須巧妙地行使）——就像那位幫共產黨製作宣傳影片，但卻暗示他是在「開玩笑」的美國軍官。即使是那些看起來像投降的協定，也經常經過精心地計算。在戰後變節向中國共產黨投誠的某些美國士兵，便是基於策略考量而如此行事，他們害怕自己的合作跟受逼的供詞會讓他們在回美國後入獄，於是，變節——美國人將之歸因於洗腦的一種舉動——是他們覺得可以保有自身自由的唯一方式。

同樣地，女人也可能以不易察覺的方式來反抗其施虐者，且經常為了某些策略的原因而留下來。我最常聽到的一個理由便是，她們害怕施虐者跟她們爭奪監護權，以及可能會發生意想不到的事。倖存者泰芮說：「我覺得我能夠盡自己所能保護孩子的唯一方式，就是等她們長大到能幫我出庭作證。我的大女兒在很小的時候就曾陪我上法庭訴請『擺脫他』。我跟她解釋，最好的結局可能就是她們必須每隔一週的週末跟他在一起，而且沒有人來監督或管束他的行為。我想我永遠都無法忘記當她明白那意味著什麼時，臉上所顯露的表情。」

只要我們一直將經歷過家虐的婦女描繪成消極且無助的形象，她們就更難將自己視作受害者。誠如妮可・李所說：「人們所呈現的受害者，一直都是一個在角落裡瑟瑟發抖的女人。我以前看到那種畫面時就會想，**那些可憐的女人沒有做錯，根本不應該受到如此對**

待。但我呢？我當時應該閉上我這張臭嘴。我不應該激怒他。但我們必須讓人們看到事情的真實面貌。我們所描繪的一直都是惡人跟無助的受害者，但他們並不是惡人——可能是你的同事、住在隔壁的傢伙，或某個在大街上從你身邊走過的人——他們只是一般人。我只是一個努力想要保護自己的女人，而他只是一個想要行使權力與控制的人。」

＊

一旦釐清了所有這些不足以採信的理論，就不難理解為何有些女人會留下了；即便潔思敏回到尼爾森身邊的理由很複雜，也並非無法理解。在經歷車子裡的那次攻擊後，她並沒有馬上提出控告，因為她害怕尼爾森會傷害她，或用傷害露比的方式懲罰她；在那次攻擊事件後，她離開了兩個多月，並開始建立了一些獨立性。然而，就在她的人生要重新起步時，她開始接到尼爾森朋友打來的電話和簡訊，表示自她離開後，尼爾森就常有自殺的念頭。潔思敏為他感到難過，以為他終於學到了教訓，他也許會變成一個「他一直承諾可以成為的那種好男人」了。尼爾森知道如何抓住她的要害，他不斷告訴她，露比不能在沒有父親的環境裡長大，因為他知道潔思敏的親生父親在她很小的時候離開她，而那讓她很痛苦。

最主要的是，在極度的「脅迫型控制」下生活了十年，潔思敏也承受著複雜的創傷之苦。她未曾有過沒有尼爾森的成人生活，她從中學一畢業就跟尼爾森在一起了。「我沒有自信——我不知道離開他後如何生活。」她說：「我腦袋裡有一個意象，就好像一張蜘蛛網。你就吊在蜘蛛網的外面，但你的安全是在那張蜘蛛網**內**。而我就在那張蜘蛛網的外面晃來晃去，找不到依附之處。」

潔思敏所形容的「蜘蛛網」是地底下的婦女們一次又一次使用的比喻。凱瑟琳·克爾克伍德（Catherine Kirkwood）稱之為「凌虐之網」，在她訪談三十位受虐婦女後所寫成的書裡，她闡述道：「情感虐待的陰險和力量，與蜘蛛網的無形、效力和目的很類似。如同蜘蛛網，家虐的構成元素也互相交織，其中沒有任何一束蜘蛛絲可以在不顧及其他束的支持與彼此的強化下被單獨考量；至於在那個網內……為了改變所做的掙扎，非常複雜。」

當一個女人遭受過極度的「脅迫型控制」和性虐待後，她的真實就會變得嚴重扭曲。除了他們的女兒外，尼爾森是潔思敏真正唯一固定相處的人；他的虐待變成了她的世界。當潔思敏第一次離開尼爾森時，她重新獲得了一些失去的清明。「我開始出發、努力且堅持——我事實上是個人！我可以自己做決定，我有了一個人生！我離開他越久，就越怨恨他以及他曾經對我做過的事。」她說：「但那時我仍然愛著他，而且很氣他。我想要他成為那個他多年來所承諾的人……我想我愛的是那個他曾承諾的形象，妳明白我的意思嗎？我只是想要他當個丈夫、一個供應者——那個會照顧我的男人。唉，算了吧！」她笑著說：「我很開心我現在能夠照顧自己。」

*

假如「愛著一個會虐待妳的人」這種事讓妳的腦袋打結，不妨想想看「親密」會對我們產生何種影響。當我們陷入情網時，成為「一體」的可能性會讓我們激動不已——在生命中擁有了一個真正的伴侶、一個比我們自己更瞭解我們的人、一個能夠接受並喜愛我們的缺點與弱點的人。為了發展這種親密感，我們會將自己沉浸在對方的生命中，並與之分享我們內心裡最不為人知的祕密和害怕。暴力關係也不例外。事實上，除非那個女人是被迫或被安排到那個男人身邊，否則家虐也**需要**親密關係的灌溉才能茁壯。一旦親密關係建立了，施虐者就擁有了他所需的一切能來控制其伴侶——深刻的信賴、對她的缺點和弱點的奇特洞察，以及她對自己所愛之人「是那個**真正的**他，而**暴虐的**他只是一個需要解決的問題罷了」的信念。

施虐者最惡名昭彰的就是他們在建立第一階段親密關係時的積極，倖存者經常將之形容為「愛情轟炸」。在該階段，兩人之間會充滿火花與各種承諾。倖存者常常回憶道，被一個比任何人都對妳更熱情、更感興趣的人追求，讓她們神魂顛倒。當倖存者的支持者萊絲莉・摩根・史坦娜（Leslie Morgan Steiner）剛認識她的伴侶時，對方很崇拜她。「從來沒有人像康納（Conor）那樣對我身為作家跟女人的角色有著堅定的信念。他也藉由分享自己的祕密在我們之間創造了一種神奇的信賴氛圍——他從四歲開始，就不斷受到他的繼父殘暴的虐待。」史坦娜說：「在那之前，若有人告訴我這個聰明、風趣、敏感又傾慕我的男人，有一天會規定我是否能夠使用化妝品、我應該穿什麼長度的裙子、我應該住在哪裡、應該做什麼工作、應該與什麼樣的朋友交往，或應該如何安排耶誕假期等，我一定會笑死。因為一開始，在康納的身上完全看不出一絲暴力、控制或憤怒的跡象。我不知道原來家暴關係的第一階段，就是引誘並迷惑那個受害者。」

分享祕密及吐露親密的細節，便是會將我們與伴侶綁在一起的「真情表白的行為」。分享私房話讓我們變成施虐者的同盟，也讓我們投入他們為克服自身「困境」並開發出其最佳性格而踏上的旅程。這種結盟正是施虐者所需的保護，它會讓受害者們相信，他們的暴虐只是一個他們終將克服的「難題」而已。

在所有「脅迫型控制」或虐待的情境裡，培養信賴都是第一個構成的要素。回想那些用香菸跟仁善之話語哄騙美國士兵，讓他們生出同袍情誼的中國擄獲者，當他們後來交替使用仁慈和懲罰時，戰俘們已逐漸感到困惑且摸不清方向。想像一下，對家虐的受害者而言，那是什麼感覺——她們以為自己完全瞭解這個人，他們曾經一起做過人生計畫，他們可能已經有了孩子……在虐待模式啟動前，施虐者不僅已經是家庭的一部分，甚至也已經是**她們生命中**的一部分。意識到她們同床共枕的人（那個她們放進心裡的人），事實上對她們（甚且可能對他們的孩子）是一個致命的威脅，那個過程不僅令人痛苦、懼怕，甚至令人難以置信。[10]

10 對那些曾受男性伴侶虐待的婦女而言，「事情又發生了」的瞭然實在令她們厭煩——那是一種這個世上沒有好男人，且她們註定要一再忍受相同經驗的感覺。

＊

在一個女人開始衡量究竟要留下或離去前，她必須先體認到自己是一個家虐的受害者。這對某些讀者而言可能有點奇怪，受虐者怎麼可能不知道自己正在受虐呢？但事實上，受害者可能要經過幾個月或幾年後才會逐漸瞭解，原來自己伴侶的各種「難搞」行為是家虐。當黛博・桑納西的丈夫羅伯・桑納西（在其諮商師的嚴格建議下）告訴她，他的控制和貶抑性行為是一種家虐時，她上網去查詢了什麼是「情感虐待」。「然後我真的看到了一系列的行為模式。」黛博說道：「我竟然在電腦上的一張清單裡看到了我的整個人生。」她非常震驚。「那時候我想，我是一個聰明能幹的女人……我怎麼可能處於一個施虐關係中而不自知？」

倒不是她們不曉得自己遭到了惡劣的對待，她們只是沒有將之與「虐待」聯想在一起而已。萊絲莉・摩根・史坦娜曾在「TED talk」裡解釋自己為何會跟康納在一起許多年，即使他虐待她。「就算他拿著上膛的手槍對著我的腦袋、把我推下樓梯、威脅要殺了我們的狗、在我在高速公路上開著車時將車鑰匙拔出來、在我穿好衣服準備去工作面試時將咖啡渣倒在我頭上……我一次都未曾覺得自己是一個受虐待的妻子。反之，我覺得自己是一個堅強的女人，愛著一個深陷困境的男人，而且是這個世界上唯一能夠幫助他面對其內心惡魔的人。」

女人在體悟到自己是家虐的受害者之前，多半認為自己只是另一個處於艱難關係中的女人罷了——儘管是一個比大多數關係都更艱難的關係。通常，她們已經在那個關係裡投注了許多時間和精力，且愛的是一個她們自認比誰都瞭解的人。多數女人不會想放棄，除非到了毫無轉圜的餘地。

這使家虐成了「脅迫型控制」中最陰險也最危險的一種形式——在違背自己意願下遭劫持的人質，通常會迫不及待地想獲得釋放，如此才能回到原來的生活，但在家虐中，囚禁受害者的關係卻是她們的人生，而她們會竭盡所能地——忽視自己的痛苦與憂傷——去保有它。

美國某項針對一百多位女性受害者所做的研究，便證明了此一觀點。凱撒琳・費拉洛（Kathleen Ferraro）和約翰・強森（John Johnson）發現，繼續留在暴力關係中的女人，會用以下六種方式來合理化自己的受虐：

1.**「我可以幫助他」**：心靈受過創傷的施虐者，需要一個堅強的女人來幫助他們。誠如美國作家阿里・歐文（Ali Owens）所寫的：「偶爾——通常在一個特別殘酷的事件後……他會承諾說，他會去接受心理輔導並努力改變自己……在那些時刻裡，他看起來彷彿是一個迷失且身心俱損的孩子，而我替他感到心疼。我如此愛他，以至於比起他在我身上所造成的痛苦，他的痛苦更令我難過。」

2.**「那不是真正的他」**：若不是因為這個或那個問題，他不會虐待我。那些問題可能是濫用藥物、酗酒、精神疾病或失業等……數不盡的各種原因。只要那個「問題」解決了，他的虐待就會停止了。她們也許有時候對了，但更多時候其實錯了——就算說好的那個「問題」解決了，虐待還是會持續下去。

3.**「努力遺忘比較容易」**：被伴侶刻意傷害——這個事實如此不可理解，以至於有些女人根本不願承認。她們的注意力會轉向「回歸常軌」，即便身上傷痕累累，但生活的常規很快就會取代被施虐者攻擊所留下的那些奇怪且令人困惑的記憶。

4.**「我也有錯」**：有些女人相信，只要她們能想出辦法並改變自身的行為——變得更被動、更乖巧、對伴侶的需要更敏感等——那麼虐待就會停止了。

5.**「無處可去」**：對許多女人而言，離開根本不可能。沒有地方可去，沒有錢……有些女人甚至認為再也沒有別的人會愛她們，並覺得孤單一人很可怕；對另一些人而言（尤其那些來自貧窮或暴力背景的），這個世界很危險，留在其暴虐的伴侶身邊反而讓她們相對感到安全。

6.**「至死不渝」**：有些女人下定決心無論如何都要忍受自己所處的暴虐關係，因為她們將之視為自己的責任——對上帝或對家庭的傳統觀念。由澳洲廣播公司所做的一項調查顯示，許多信仰團體的宗教領袖們仍然鼓勵女人留在暴力關係中、拒絕給予宗教離婚的管道，並阻止她們離開婚姻關係。想要離開施虐者的女人會受到威脅，如逐出社區或遭到來世的懲罰等。

女人可能會花好幾個月、好幾年，或甚至一輩子，為自己所受的虐待找藉口。為了分散自己對那個無法忍受的現實的注意力，她們可能會轉而向藥物或酒精尋找慰藉，患上飲食失調症、自殘，或染上賭癮等任何可以讓她們身心靈逃避的東西。殘酷的是，當她們真的試圖離開時，這些問題都可能會讓她們的證詞失去朋友、家人跟法庭的信任。

只要受害者持續合理化自己所受的虐待，她們通常就會拒絕協助、在伴侶受審時撤回證詞，或抗拒朋友及家人試圖讓她們明白她們真正處境的努力，這對關愛她們的人而言非常艱辛和痛苦。但在這個過程中有一個我們必須知道的重點——根據哈佛精神科醫生茱蒂絲·赫爾曼的闡述，那些看似固執或天真的表現，其實都隱含著一個精密的應對機制。「被囚禁的人在改變意識上會逐漸熟能生巧。」她寫道：「透過解離的練習、自主思考的壓抑、貶低和偶爾的完全否定等，受害者逐漸學會了如何改變那個無法忍受的現實。」赫爾曼將這種心理策略稱為「雙重思想」，這個向喬治·歐威爾借來的術語所形容的是：「腦海裡能夠同時擁有兩種互相違背的信念，並同時接受它們。」「雙重思想」不僅是受害者用來應對困境的某種機制，它也幫助他們生存——為了規避懲罰，受害者需要進入其施虐者的腦袋裡，如此才能夠周密地順應施虐者感到憤怒之事，並調配安撫他的方式；隨著時間過去，當虐待的狀況加劇時，施虐者的觀點則變得更為重要，直到最後，受害者可能會開始透過施虐者的眼睛，而非用自己的雙眼來觀看這個世界。這麼做並不是因為無助，而是因為受害者若想自保或保護孩子，就必須永遠比對方更早一步。

但「雙重思想」（及使其更鞏固的合理化行為）其實很脆弱。假如與暴力相關的某件事情改變了——例如虐待加劇，或被某位外人目睹了——受害者便可能驚醒過來，並用新的眼光來審視自己的情況。朋友與親人所能夠提供的最佳協助，就是給予受害者不帶判斷且無條件的支持，即使受害者試圖將他們推開；跟親朋好友的連結，是受害者所能擁有的最佳保護。

當然，有時激化改變的因素很直接——受害者可能只是獲得了離開所需的錢、住處或保護而已；有的則只是終於絕望，認知到改變的承諾終將只是空談，對事情能有所轉圜的信念也蕩然無存，使得受害者可能（終於）不得不承認自己是家虐的受害者。有些女人體認了自己所受的虐待並離開施虐者，然後過著快樂的新生活。有些則可能在施虐者經過特別的情緒輔導並改變自己的行為後，與其重新過著快樂或至少平靜的日子。但如果施虐者堅決繼續虐待受害者，那麼無論什麼都不能保證她的安全——受害者的去留，跟一個堅決要懲罰並控制她的男人無關。

莎拉（Sarah）最明白何謂家虐。她是一間創傷醫院的醫生，每天都要面對傷痕累累的家虐受害者。[11]她回憶自己曾處理過的特別案例：「一位二十幾歲、剛生產不久的女人被送進急診室來。據說她的伴侶用一支鐵鎚攻擊她。她的整個頭部都是傷，我還記得當時我努力地想知道為何她的臉和頭骨上有那麼多深且刻意造成的刺穿性傷口。那狀況令人心碎——她的預後很不樂觀。我想她大概不太可能恢復意識。」

莎拉自己的未婚夫卡爾（Carl），則是在發現她懷孕後的第一天突然變成了暴力男。「忽然之間，我那個迷人且充滿魅力的伴侶——一個會常常調侃自己的人——變成了一個我不認得的人。」她說：「憤怒、權利與尖酸刻薄的話……我不知是從何而來。」更令人困惑的是，在那之前，卡爾一直都是女性平權運動的積極支持者。「他以前真的很尊重我的高學歷跟獨立性。」她說：「但在我懷孕後，一切都變了——他要我把所有的專注力都放在他的身上。他試圖控制我的衣著、我的舉止、我去的地方、我該怎麼整理家裡、我何時可以見我的家人和朋友……他耽溺於各種瑣碎的事情，從我吃的東西到什麼時候拉起百葉窗等等。」

在莎拉生下他們的女兒愛麗絲（Alice）後，情況變得更加危險。愛麗絲的健康不佳，出生後第一年就曾數次進出醫院，且需要持續監控其呼吸狀況。「那段時間我的壓力很大，每天都必須小心翼翼，一邊努力安撫他，一邊費心照顧呼吸有困難的小嬰兒。」莎拉經常要到加護病房去探視愛麗絲的那段時期，卡爾變得更加乖僻。「有時候他會阻止我幫愛麗絲叫救護車。有一次他甚至堅持說愛麗絲沒有生病，然後將她的呼吸監控器關掉。如果他覺得我沒有把孩子的頭部支撐好，他就會馬上拍照以證明我不稱母職，而且還會故意擠壓我的胸部，讓我沒有足夠的乳汁可以餵孩子。我每日都過得戰戰兢兢。當他在家時，我會盡可能地讓愛麗絲不要哭，因為只要她一哭，他就會暴躁到有如發生空襲警報。」莎拉知道自己受到虐待，因此直截了當地尋求協助。「我對我們之間所發生的事直言不諱。他在我懷孕期間攻擊了我幾次，我都有告訴我的家庭醫生和婦產科醫生。」她

11　身為一位女性健康專家，莎拉是某個有著超高家虐比率的團體的會員之一。最近在維多利亞州所做的一項研究發現，女性醫療人員中有將近百分之四十五（驚人的比例）在成年時期曾遭受過其伴侶或某親人的虐待。

說：「婦幼保健護士知道，愛麗絲所住的醫院的社工知道，我們的朋友和家人也都知道。大家都知道。我告訴了每個人。那時他接受了家暴專業心理醫生的輔導，也去看了關係諮商師。我努力幫他尋找各種協助。然而，雖然這些專業人員說他有在進步，但事實上他的行為卻持續惡化。」

當我請莎拉描述幾件卡爾曾經對她做過的事時，她的語氣很淡然。「他對我做過很惡劣的事。他在我臨產時強暴過我兩次，並在我產後把我外陰切開的縫合線撕掉，因為他不想要我復原。在愛麗絲誕生後，他會在我半夜睡著時在我臉上射精把我嗆醒。那時我還在給愛麗絲哺乳，因此我會在下一次哺乳前安靜地到浴室去，迅速地將臉上、鼻孔裡與頭髮上的精液清洗掉。反抗他太危險了，因為我們的床邊總是放著一支棒球棒。」如同在「脅迫型控制」裡常見的，卡爾的暴力只是他想要操控莎拉的其中一部分行動。「他會把我擠出的乳汁倒掉，並控制我能夠給愛麗絲多少的乳量。他也曾威脅要『敲碎狗的腦袋』，或終止愛麗絲的個人健康保險。而當我在醫院照顧愛麗絲時，他叫了性服務者到家裡，然後在我回家時命令我馬上換洗床單。」

儘管劣跡斑斑，莎拉仍然很堅決——她要盡一切努力把卡爾變回她在懷孕前所認識的那個男人。就像精神病護理人員對待病人一般，她會管理他的每日常規以確保他不會有太大的壓力，並幫他安排他所需要的各種協助。「他每天都會上健身房，我會親自幫他準備每一餐。」她說：「我以為只要我負責所有照顧孩子的任務，並且鼓勵他繼續去看心理醫生，情況就會改善。」但無論莎拉怎麼做，卡爾對她的凌虐卻只是更加嚴重。

某一晚，澳洲廣播電視臺的《問與答》（*Q&A*）播放了一集有關家暴的特別節目。卡爾爆發了。「他看了那集節目後大發雷霆，在屋裡走來走去、破口大罵，堅稱那年死掉的女人都該被殺，在她們生命中的那些男人才是真正的受害者。」第二天，莎拉向警方請求建議，並致電卡爾的心理醫生——一位家暴專家——告知他卡爾的反應。「他只是說，他覺得很多男人看到那集節目都會有牴觸，因此卡爾的行為並不是那麼地不正常。」

但接下來一週，卡爾的態度越發惡劣，直到有一天晚上，當七個月大的愛麗絲特別難哄時，卡爾開始對著莎拉咆哮。愛麗絲放聲大哭，於是卡爾便跳下床跑進嬰兒房。「我聽到嬰兒床的圍欄被打開，然後聽到『砰』一聲！」莎拉說：「我看向床邊的嬰兒監視器，看到卡爾整個人跳進了嬰兒床。他蹲著抓住愛麗絲的上身，非常用力且快速地上下搖晃孩子，大吼著：『閉嘴！閉嘴！閉嘴！』我奔進嬰兒房，把孩子從他的手上奪下來。」卡爾很難為情地從嬰兒床上下來，並在回到自己的床上前承認自己「做錯了」。莎拉嚇壞了。因為擔心愛麗絲可能會顱內出血，她於是偷偷地報警；就如同她後來在受害人影響陳述書裡所描述的，在救護車到來前的那幾分鐘「冗長、艱辛且可怕地緩慢」。「我最大的恐懼之一，就是那幾分鐘可能是我能夠跟愛麗絲在一起的最後時刻，如果她真的有致命的顱內出血……我在心中暗自跟我的寶貝說再見，告訴她一切都會好好的，而且不管發生什麼事，我都全心全意地愛她。」當莎拉抱著愛麗絲時，她堅強地做好承受卡爾另一次襲擊的準備——如果他發現她叫了救護車，他一定會發飆，甚至可能會試圖傷害或殺掉她們母女倆。這並非杞人憂天，因為莎拉內心深知，若非她阻止卡爾搖晃愛麗絲，他一定會將孩子搖到失去意識為止。

在卡爾攻擊愛麗絲前，莎拉已經承受其虐待長達十六個月了。在莎拉向警方陳述事發經過時，愛麗絲被送到醫院檢查，那個過程讓孩子的視力暫時受損。「愛麗絲被單獨留在醫院的一張嬰兒病床上，房間很吵雜，而她看不見。當我知道情況並找到她時，她正哭得聲嘶力竭，幾乎無法安撫。她很絕望地揉著自己的眼睛，並試著用她的小手碰觸我的臉。好幾天後她才逐漸復明。有一段時間她都不願爬動。」經過二十四個小時幾乎讓人心碎的疑慮後，醫生終於確定愛麗絲沒有顱內傷害。「那一刻，天空似乎明亮了些。我對全知全能仁慈的上帝也有了一絲信心。」

因為對愛麗斯的攻擊，卡爾被控了幾項罪行，包括危害他人生命之行為、嚴重傷害及不法襲擊等，但他的判決很輕微。「法官為他安排了一個改造方案[12]……他只要保持良好的行為九個月，並完成『男子行為改造課程』即可。但不到兩個月，卡爾就觸犯了良好行為的規定，並被第一期的改造課程開除。」在破壞改造方案的條件後，卡爾承認自己遭控的幾項罪行。法庭認其有罪，但未定讞；他被罰鍰三百五十元澳幣。

如今莎拉雖已脫離跟卡爾的關係，卻持續承受著來自卡爾的虐待，而且現在的狀況反而變得完全不可預測。「當我跟他住在一起時，我能知道他在我身上可能造成的風險程度，或者說，我至少有能力預測那個風險，因為我可以看到他並做風險評估。但現在，我不知道。」莎拉一直處在不知道卡爾會做出什麼事的恐懼中。他對莎拉和愛麗絲曾造成巨大威脅，她們母女為此曾在短短十二個月內搬進「危機住所」五次。如今，她們住在一個保密的地方；縱然如此，警方仍然提醒莎拉，她應該預設卡爾知道她們住在哪裡。

莎拉不上班時，她大部分的時間和金錢都花在處理卡爾對她們的持續虐待上。「我現在最重要的事情就是保護我女兒的安全。當我把愛麗絲送到托嬰中心時，他們會啟動一個警方與托嬰中心討論過的安全計畫。現在我的手上同時有五宗訴訟案在進行，每天都會接到新的律師信，或必須送出新的文件及宣誓書之類的東西。」卡爾的持續虐待讓莎拉——一位曾經很成功的醫生——如今過著一貧如洗的日子。「我手上有一張清單，上面羅列著在我住家附近發送日用品或免費食物的所有地方，我每個月都會輪流到不同的地方去領取東西。如此我才能存下訴訟費。我沒有資格接受法律援助，因為我有工作，但其實我如果完全靠社會福利過活，狀況反而會好很多。」

儘管情況這般特殊，莎拉仍然給卡爾每週一次接近愛麗絲的機會，見面的地點會選在公開場所，由莎拉的父母監督著。跟她在他們關係存在的期間一樣，莎拉會處理父女互動時的所有細節，盡可能地確保女兒的安全。「我會待在外面監視唯一的出口。見面的時間只有一小時，愛麗絲的尿布換過了，她被餵飽也睡好了——每件事情都妥當了，如此一切就不會有問題。」透過監督下的探視，卡爾扮演了他完美的父親角色。「愛麗絲生日時的那次探視，卡爾帶來了一個蛋糕、一張桌布、許多禮物跟辦派對用的裝飾品。卡爾幫愛麗

12 改造方案通常判給輕罪犯——只要罪犯努力完成包括輔導與社區服務等要求，就可免於刑事司法體系之懲處。如果他們恪遵改造方案的條件，就不會留下該次犯罪的記錄。

絲換了幾次衣服，看起來就像是他曾不只在一個場合探視女兒。他還拍了很多照片。他這樣做都是為了維持他是一位優良父親的形象給外界看。」

莎拉被這個危險的情況困住了，因為如果卡爾想爭取愛麗絲的監護權，狀況可能會變得更糟糕。「專家曾提醒我，假如他去上了一個短期的育嬰課程，並在專業人士一段時間的監督下進行探視，家事法庭就可能會准許他在不受監督的情況下去探視愛麗絲。」卡爾表現得很好。他很迷人，在公共場合看起來就像是一位寵愛孩子的父親，但私底下，莎拉知道他在任何時刻都可能失控。

面對可能必須讓愛麗絲單獨見她父親的威脅，莎拉曾嚴肅地考慮過回到卡爾身邊，因為她覺得那是唯一能夠確實保護女兒的方式。「如此他就得透過我才能接觸愛麗絲。如果他獲得不需監督的探視機會，那後果根本就……」她的聲音突然變小，彷彿接下來的話太駭人，說不出口。「我真的很擔心愛麗絲可能會喪命，如果她單獨跟卡爾在一起的話。我知道他對愛麗絲會行使致命的暴力行為，我曾親眼目睹並感受過他的衝動攻擊。也許第一次時不會發生，但一定會有個導火線——孩子會哭、會鬧脾氣或發生什麼使他爆發的事。我最害怕的就是她會像妲爾西・富里曼（Darcy Freeman）那樣，被她的父親從西門大橋丟下去。」她說：「沒有人可以要求一位父母，將他（她）的孩子交給一個曾經差點殺害他們的人。」莎拉現在甚至更警惕，因為她覺得卡爾對愛麗絲可能造成真正的危險，這對她來說是一個盲區。「我們在一起時，我從未料想過他會攻擊愛麗絲……當時我知道我會成為他恐怖行徑的受害者，但我從未想過受害者竟然會是我們的女兒。」

雖然有過這樣慘痛的經驗，莎拉卻非常樂觀。「妳瞧，我有了愛麗絲！從某個角度而言，我很感激他。我並沒有花很多時間去生氣或怨恨他，因為那樣做沒有意義。我真的是一位很好的媽媽，而且我喜歡當媽媽。基本上，那是現在和將來對我而言唯一重要的事情……從很多方面來看，我非常幸運，但我現在的生命全都是為了活下去在奮鬥。眼下所及，沒有盡頭。而且還有一個更大的隱憂——事情恐怕只會變得更糟。」

莎拉想要人們理解，離開對她而言有多困難。「若不是卡爾攻擊愛麗絲，我是絕對不會離開他的。」她堅持說：「他幾乎每天都對我進行性攻擊。那時我下班後經常不敢回家……有時候，我甚至說不上出我在害怕什麼。在離開卡爾的前幾個月，我跟愛麗絲在經過家庭暴力熱線『Safe Steps』的評估後，被判定為『需要立即保護』的層級，而全國家庭暴力熱線則告訴我要離開。但話說回來，離開感覺就像是放棄，而我不是一個輕言放棄的人。不管他如何對我，我都要努力保護我的家庭。我很固執。我當時想——**這個，我做得到**。**這個，我能夠忍受**。因為，那時的我是可以被犧牲的。」

如今，莎拉隨時保持在備戰狀態中，她的車子裡總是放著一個急救包。「我們活在當下，沒有一個明確的未來，但有一個可以盡可能自保的安全計畫。到目前為止我處理得很好，這個認知讓我充滿力量。而那個讓我能夠應付這一切的小人兒無時無刻都在，她在我的身邊，抱著我的腿或坐在我的肩膀上。她是這個世界上最美麗的靈魂。她喜歡粉紅色，她會用她的手指畫畫，用黏土做餅乾、恐龍、湯瑪士小火車與彼得兔等。我每天都活在恐懼中，怕哪一天她的未來會被她的親生父親奪走。我無法想像沒有她的日子。」

地底下的女人基本上沒有區別，但對某些女人而言，她們所陷的泥淖更深，也更難脫離。在這個地底的深處，女人不僅被她們的施虐者欺壓，也受到種族偏見、貧窮、恥辱、跨性別恐懼症、身分不確定及殘疾等的聯手壓迫。

＊

家暴部門的宣導人員長期以來一直想讓大眾明白，不是只有貧窮的女人會慘遭家虐，任何人都會。在扭轉這個觀點上——早在一九七〇年代便已開始——他們已獲得了不凡的成就。如今，「典型的」受害者形象是中產階級白人婦女。人們鼓吹決策者將之想像為他們自己的朋友、姊妹或女兒，因為她們是決策者們可能願意花錢去保護的人。[13]但自從這個「值得被尊重的」受害者形象被創造以來，「家虐並不會公平地影響所有女人」這樣的建言，幾乎已經成了禁忌。誠如雷伊・古德瑪克（Leigh Goodmark）教授所述：「『每個女人都可能是受害者』的宣導術語，已經把人們對邊緣化婦女的關注，更推向了『如何處理家暴之政治辯論』的邊界之外。」

雅絲茗・卡恩對地底下最深層地區之受虐婦女的問題瞭若指掌。身為「開齋節社區服務」的主管，卡恩對來自不同文化及語言背景的昆士蘭婦女而言，就是她們的救生索。當我訪問她時，她正忙著在幫薇薇安（Vivian）——一位遭到其澳洲籍老丈夫尼爾（Neil）「脅迫型控制」的斐濟女人——申請居留簽證。

卡恩說，事情本來進行得很順利，直到其中一位居留審議委員質疑該關係之合法性。

卡恩被激怒了。「我說：『妳的意思是，從二〇一五年來到這個國家並住在同一棟該死的屋子裡，不算有關係？他們還生了一個孩子，妳怎麼能否認他們之間的關係？』」但那位審議委員並不滿意。「而真正令人失望的是，」卡恩說道：「那個女人——生活優渥、高薪、金髮碧眼——轉向這位申請者，這位全身緊密包裹著的穆斯林婦人，對她說：『妳為什麼會認為這段關係可以持續，既然他來自跟妳不同的宗教和文化背景？』」卡恩不吃這一套。「她可曾對她那些白人同胞問過那種話？像是：『你都這麼老了為什麼還要跑到國外去找一個四十歲的斐濟女人？就為了要照顧你的老年生活？』」顯然沒人問過尼爾這樣的問題，因為當薇薇安回到家後，尼爾跟她說：「跟我講電話的那個女人很客氣。我會叫她取消妳的簽證和護照。」

尼爾是一位六十幾歲的澳洲白人，自從背部受傷後，就一直依賴著勞工賠償保險金過生活。過去四年來，薇薇安簡直就是他的囚犯。他不讓她走出家門，不給她錢用——當她需要衛生棉或內衣褲時，她也只能請他幫她買。在尼爾攻擊薇薇安後，她很勇敢地報警，然後警方打給雅絲茗，因為她就是那個人們會打電話請她處理類似案件的人。

幫薇薇安申請居留證是一場艱辛的戰爭，因為尼爾把他們在一起拍的所有照片都燒掉、刪除，也毀掉了她核實自己主張時所需的一切文件。「他是澳洲人——他知道這個國家的體系，也知道如何利用它。」卡恩說。醫生已做過評估，他們的孩子可能患有嚴重的

13 這個手法——突顯受壓迫的好女人——在人權行動主義中很常見，最顯著的就是美國民權運動裡的「可尊重性策略」。

病症，但薇薇安沒有那個評估的記錄，因為尼爾已經把它撕毀了。現在，卡恩必須請醫院提供她那個記錄，也需要仰賴她在澳洲聯邦警署的人脈，幫她取得薇薇安和尼爾一起出國三次的證明。回斐濟對現在的薇薇安而言，是難以想像的事情：「那孩子是澳洲公民。如果回到斐濟，他就無法獲得所需的醫療照護。他們必須留在澳洲。」

過去五年來，卡恩一直在幫助像薇薇安這樣的穆斯林婦女（主要來自印度次大陸）逃離家虐。這樣的婦女為數不少，目前澳洲的女性人口中，有超過六十萬人來自印度次大陸的國家。我們並沒有數據顯示這些婦女中在澳洲受過虐待的比例，但我們知道它是一個嚴重的問題——在二〇一七年，「澳洲性侵犯與家庭暴力救助服務」的主管告訴特別廣播服務公司（SBS），他們所接獲的求助電話中，有印度背景的婦女人數僅次於生於澳洲的女性公民。

五年前，卡恩跟她的組織搬進了布里斯本的市議會社區會堂，以提供家虐協助服務。該組織的成員全都是志工，包括卡恩自己，其營運資金靠的是小額捐款。某教會團體每個月會捐給他們一百五十元澳幣作為每個星期天使用該會堂的租金，這筆錢可以幫他們付電費和電話費；而其他的一切支出，則全都靠他們自己。

卡恩說話的語速很快，且天生有偵測廢話的敏銳度。她的父親是澳洲的第四代甘蔗農，母親則有著純正的巴基斯坦血統。她對澳洲的體制知之甚詳，對於她幫助的婦女所需面對的文化問題，也有深刻的瞭解。「許多施虐者並沒有使用很多暴力，」她說道：「那些女人的老公可能會將一杯熱茶砸在她們的頭上，但卻不會搧她們一耳光；大多數是威脅行為和限制她們的社交。」這些女人可能都會自己賺錢。「她們全都上過美容課程，可以在家裡幫客人挽面或修眉——當然，賺的錢都歸他。」那些丈夫的標準人設就是色情成癮，而且會帶其他女人回家。

宗教虐待也很普遍：「通常是『妳不可以戴頭紗』或『妳必須戴頭紗』。」再來就是獲准「宗教離婚」的這個問題——也就是民事離婚中的分手過程，必須獲得某教長或宗教團體的准許。「她必須去請示一位跟她沒有聯繫、但可能跟她丈夫有聯繫的教長，並對他解釋一切。那些教長根本就是窺淫狂：『喔，把細節說給我們聽。他有對妳做那種事嗎？他對妳做過幾次那種事？』然後他們會說：『呃，這個……我們必須打電話給他，聽聽他怎麼說。』」卡恩說：「但事實上，你不需要聽他怎麼說，尤其當他對她一直持續性地施虐和忽視時。伊斯蘭教其實很簡單。在《可蘭經》裡說，如果兩個人合不來，那麼就友善且公平地分開。」

但是，虐待這些婦女的不只是丈夫，也可能是男方的家人——通常是與她和她的丈夫住在一起的某位家人。在印度社區裡，「嫁妝虐待」是一個嚴峻的問題，二〇一八年參議院還曾為此展開調查。這是一種特別令人髮指的家虐模式，新郎的家人會在初始的嫁妝後要求一筆額外的給付；他們通常會劫持新婦以向其娘家勒索贖金，如果不給，丈夫就會不斷毆打她。在澳洲，「嫁妝虐待」與一系列的自殺和謀殺案有關聯。參議院調查委員建議，將「嫁妝虐待」法定為家庭暴力的一種形式（歸在「經濟虐待」的大範疇下），並改變澳洲的移民程序來保護那些拿臨時簽證的婦女，以及為可能遭受傷害的婦女特別成立一個新的簽證種類。

這些就是卡恩每天都在面對的棘手且複雜的問題。她利用自己的影響力和人脈來幫助這些婦女應對這個國家錯綜複雜的制度。「我處於一個有特權的位置，而我很謹慎地使用它，但對那些真正在受苦的女人，我一定會全力以赴。昨天，我才跟移民署的國家經理談了很久，我跟他說：『這裡有幾個被忽視的案例。』現在，我們正在努力處理其中幾個。我不是心理學家，我不是來提供輔導的。但我有我所需的人脈和支持機制，能夠幫助婦女們應對這個體制裡的層層困難。」

*

在更深層的地底下，有著另一群我們不願意談到的女人，她們處於嚴重的劣勢，其中有許多一輩子都活在暴力、忽視和虐待中。雖然家暴部門不承認「暴力產自貧窮」這個觀念，但研究確實顯示，貧窮的婦女受其影響的比例特別高。「英國犯罪調查」發現——對英格蘭和威爾斯的人際暴力所做的全國電腦化調查提供了「至今最可靠之成果」[14]——貧窮家庭的婦女遭受家暴的可能性比一般婦女高出三倍。分析這些結果的英國研究人員重新提出了早就被女性主義者否認的解釋：「當施暴者在就業環境中因無法建立權力而受挫，或因金錢匱乏而產生壓力和挫折時，都可能加強他們使用暴力的傾向。」

對這些被男人鎖定為攻擊目標的女人而言，要找到一個安全的地方很難，或者說，要想像有這樣一個安全的地方很難。原住民作家梅莉莎・盧卡申蔻（Melissa Lucashenko）在她那篇討論住在布里斯本洛根市「黑帶區」（該地聚集了一百五十多個族群）婦女的文章裡，曾對此做過很尖銳的闡述——她所訪談的三位婦女都曾受過「父母和伴侶的暴力與精神疾病的嚴重侵擾……她們三位都公然敘述或強烈暗示，她們曾在孩童時期至少遭過一次猥褻或（及）性侵。」

黑髮、大眼睛、苗條的塞爾瑪（Selma）今年二十七歲，她有四個小孩，都還不到十歲；那個仍然被她稱為伴侶的男人（孩子們的原住民父親）曾坐過幾次牢，而現在則因安非他命上癮住在康復中心。塞爾瑪一家是在南斯拉夫爆發戰爭時逃來澳洲的難民，她從小就在嚴重的暴力環境下長大，成年後，當她發現自己是一位家暴受害者時，她覺得「非常羞辱」。為了避免家人發現，也為了保護患有精神疾病的弟弟（怕他會介入而遭致傷害），塞爾瑪孤立了自己。有一天，大腹便便的她回去看媽媽，她回憶道：「我忘了昨天他才用棍子毆打過我，我的兩腿後側有很粗的黑色鞭痕，臉上的黑眼圈也很明顯。我那時已經懷孕八個月了，我撐著挨打是為了保護自己的肚子，而我忘了那些傷痕還在。那就像，**昨天是昨天，今天是今天**那般。我記得我母親臉上震驚的表情。我感到非常羞愧，覺得自己實在太軟弱了。因為我一直覺得，自從來到這個國家後，我就沒有人可以依靠了，

14 在此調查中，家庭暴力包含了非軀體的虐待和威脅，而這些都是「脅迫型控制」的共同特徵。然而，負責此調查的單位——國家統計局——也承認它仍然不是測量「脅迫型控制」（英國在二〇一五年已將之判定為犯罪行為）的一個準確方式。從那時起，國家統計局便開始嘗試不同的方式，以找出能更精準地測量出「脅迫型控制」有多普遍的方式。

而自己也一無是處。」如同許多在貧窮、疏離、酒癮、藥癮和虐待中掙扎求生的婦女般，塞爾瑪也從身為母親的經驗中擷取了勇氣與力量。「到最後我根本什麼都不怕了，因為他能做的都做過了，他還能做什麼？」她告訴盧卡申蔻：「前幾天他才拿著一把斧頭追我……我實在受夠了。我跟他說：『有種你就殺了我，你這個人渣。你若是個男人，你就殺了我，讓我解脫。』」塞爾瑪的伴侶被她的狠話嚇住了，不過雖然他不敢再追殺她，卻仍然敢繼續毆打她。

儘管活在赤貧、暴力跟撫養孩子的壓力下，塞爾瑪仍克服了大麻癮並報名了職訓課程。她繼續抵抗丈夫的暴力並竭盡所能地保護孩子，直到有一天，孩子的學校跟她說，她最大的孩子（才七歲）竟然說他希望自己死掉。接下來的三天，塞爾瑪瘋狂地完成自己的職訓作業，然後「跳上車，拋下一切，毅然決然地離開了。沒錢、沒有住處，還有一輛隨時會拋錨的破車……一無所有」。當盧卡申蔻訪談她時，塞爾瑪正帶著孩子過著赤貧的日子；她每天挨餓，晚餐經常只有幾片麵包和一點奶油果腹，她說：「因為害怕有原住民血統的孩子會被當局帶走安置，我給四個成長中的兒子吃雞肉和米飯。我不認為別人能夠理解，連基本溫飽都無法提供給孩子是一種多艱困的狀況。如果我能夠賣掉手機以換取孩子能夠參加遠足的機會，我一定會馬上那麼做，反正也沒有人會打電話給我。沒有錢加油，就哪裡也去不了；沒有錢，就什麼事都不能做，只能呆坐在家裡。」但塞爾瑪仍然懷抱著希望，當盧卡申蔻問她對未來是否有任何夢想時，塞爾瑪令她驚訝地引用了馬丁・路德・金恩博士（Martin Luther King Jr）的話：「**如果你不能飛，那就跑；如果你不能跑，那就**

走；如果你不能走，那就爬。」她希望她的孩子們能讀完高中，而她自己則想要去上大學，然後在家暴中心工作，如此她便能夠幫助其他受虐的婦女。

像塞爾瑪這樣有著切身體驗的女人非常清楚，暴力會因貧窮而直接加乘。「貧窮會引發你對另一方的怨恨，它會在你微不足道的生命裡引發怨恨。就算你看起來『自由了』，但也並沒有真正的自由。因為你根本沒有選擇。」

*

然而，即便是最有錢的家虐受害者，也可能沒有取得金錢的管道。施虐者一般都會控制銀行的帳號，因此逃家的婦女經常口袋空空或頂多只有幾塊錢。許多中產階級婦女（例如莎拉），在離開伴侶的過程裡耗資巨大，到最後幾乎一貧如洗。據估，離開一位施虐伴侶平均要花一百四十一個小時和一萬八千元澳幣；如果施虐者想要透過司法體系控制受害者，費用甚至可能飆升到幾十萬，其中若還牽涉到子女的監護權，那花費恐怕就無法估算了。打家庭法案官司很容易陷入錢坑，而且，即便你「贏了」，你仍然必須付自己的官司費用。

維多利亞州最近所做的一項家虐調查顯示，女人害怕離開其施虐者的首要原因就是窮困，而這遠遠超出她們對軀體暴力的害怕。對此，有兩個孩子的蘇菲（Sophie）有很典型的評述：「我最終離開了那個關係，但我當時帶著一個一歲和一個兩歲的孩子，銀行裡不到兩元，這狀況把我自己都嚇傻了。一位朋友匯給我一百五十元澳幣救急……離開前我記得身上全部只有十五元，而且他還停用了我的信用卡。」

絕大多數的家虐受害者——高達百分之八十至九十——都曾經歷過財務虐待，這是一種控制跟剝削的虐待形式，通常會使受害者陷於赤貧。艾琳（Erin）跟她暴虐的丈夫約翰（John）生了兩個孩子，她每天都勤奮地工作，在照顧小孩和全職工作間蠟燭兩頭燒，以致差點精神崩潰，最後住進了醫院。為了給約翰能夠創業的自由，艾琳負擔起了一切的家計，貸款、日用開銷……家庭的每一分花費都由她的薪水支付。然而，在目睹一個人自殺與另一個人企圖自殺後，艾琳覺得自己需要休息，而這意味著他們的日常生活必須縮衣節食地仰賴約翰微薄的收入。艾琳得向約翰乞討生活費，即便是購買最基本的日用品，同時，每次購物時都必須先寫下購物清單讓他核准；有一次艾琳牙齒發生膿腫，但他拒絕給她看牙醫的錢，還逼迫她去向自己的父母要錢。而當艾琳終於想到能安全離開他的辦法時，他開始拒絕支付撫養小孩的費用。艾琳在訴諸法律時發現了令她震驚的事——在她勤奮工作到差點將自己累死的那一段期間，約翰的生意每年都賺進了二十五萬元澳幣。在他要求她寫購物清單、拒絕幫她付牙醫費用，並逼迫她向他乞討加油的錢的那段期間，他竟然有著那麼多的收入。

會對女人施加財務虐待的施虐者有三種：控制型、剝削型和陰謀型。控制型和剝削型——這是最普遍的兩種——會利用這種方式來滿足他們在關係持續期間的所需，而剝削只是他們控制其伴侶的一系列手段之一。另一方面，陰謀型則不是為了愛情而進入一段關係，他們的目的純粹就是要掠奪女人的金錢和資產，在得逞後就會離開。三十八歲的艾瑪

（Emma）是一位美髮師，她與一位陰謀型伴侶在一起七年，最後失去了所有的積蓄和美髮事業。「我的財務狀況原本很穩固，並過著我一直想要的隨心所欲的日子……直到大約七年前，我認識了一個男人並與他同居……到了後來，我只要問及他的狀況，他便會暴跳如雷。那時候，他已經榨乾我的錢了，他不斷賭博並在各種方面剝削我……最後我什麼都沒有了，除了一身債務。我失去了我的房子、我的事業，還有大部分的朋友。」

多數人都有規避衝突的本能，而此本能正是財務施虐者用來隱藏其行為的掩護。在許多案例中，女人會乾脆避免談及金錢，以免雙方吵架或打架，或甚至引發更糟的情況。四十歲的警察局調查員珍妮佛（Jennifer）解釋道：「多數時候我不會碰觸與財務相關的話題，因為對我來說，他就是一座火山，隨時都會爆發，而天曉得最後他會做出什麼事來。」

財務虐待所造成的傷害可能會很深遠地影響一個人的生命歷程。五十三歲的蘇珊（Susan）有四個孩子，而她的伴侶曾明確地警告她，她若膽敢離開他，他一定會透過司法體系「毀滅」她。「他擁有我們所有的資產，他也告訴親友們說他絕對不會放過我。」她說：「他說了……他會利用官司摧毀我的財務狀況，因為我負擔不起訴訟費。截至目前我已經花掉了六萬五千元澳幣。」

儘管老掉牙的性別刻板印象認為男人「天生」比較會處理金錢，但事實上，在家虐關係中的婦女不僅能夠在刻薄的預算比例下照顧家庭，甚至還能在離開後展現出不可思議的金錢管理才能——即使在面對其施虐者所施加的昂貴且折磨人的法律虐待之際。

不管我們將那些住在地底下的受虐婦女的情況描述得多清楚，大部分的人們仍然會抗拒瞭解它。這樣的抗拒不但深刻且出自本能，因為我們不想知道將我們與自己伴侶如此幸福地聚在一起的力量，竟然也可能成為我們最大的單一威脅。我們需要相信愛，我們也需要相信任何對我們自身福祉的威脅，都是來自於某個我們不認識的人。我們堅持問這樣的問題：「她為何不乾脆離開？」因為，如果我們可以將「她們」歸類為一群不合邏輯的人，就能夠較容易地將「我們」和「她們」區分開來。「家虐可能發生在我們任何人身上」的事實太可怕了，因此我們不願相信。

＊

然而如同上述，要瞭解受害者的行為並不難。在我寫作本書的幾年間，我發現最令人困惑的其實是那些我們**不會問**的問題：「**他**為何留下？」為何這些對其伴侶似乎有深仇大恨的男人不僅留下，甚至還拚命地阻止其伴侶離開？他們究竟為什麼這麼做？施虐者想要權力跟控制這樣的理由是不充分的，他們**為何**想要權力跟控制？

這些問題將帶領我們進一步探索此一複雜且難懂的議題。

第三章　施虐者的心智

落到這個男人手上，我有如置身煉獄。
我希望人們瞭解，被困住是多麼容易的事。
我因恐懼、絕望及全然的無力感，而無法動彈。
我希望人們不要再問：「她為什麼留下？」
請開始問：「他為何那麼做？」

——倖存者，昆士蘭

有些東西我們一旦讀過後，就會希望我們從未讀過。每一次我下筆描述一段暴力的故事時，我都會遲疑。我不想在沒必要的情況下干擾讀者，而我也很痛苦地意識到，許多人將來可能也都會體驗到屬於他們自己的恐懼。我不敢輕率地寫下這些故事，但是，我必須將它們寫下，因為只要我們繼續將家虐隱藏在「強暴」和「攻擊」這樣的罪行大傘下，我們就永遠無法探測其真正的、內在的恐怖。我們需要勇敢地直視這個現象，因為暴力事件中的基本事實——拳打腳踢、耳光、威脅與強暴等——所能透露的其實很少，真正的魔鬼藏在細節中。

在我聽過或讀過的幾百則倖存者的敘述中，以下這位來自昆士蘭某婦女的故事深深地印在我的腦海裡。「我的頭痛死了！」她開始道：「他用力扯我的頭髮，我的頭髮大把大把地掉下來……我不停尖叫，但沒有鄰居幫我報警。當我大聲求救時，他摀住了我的口鼻，於是我暈過去。當我醒來時，他便爬到我的身上要與我性交。我大喊：『**住手！你弄痛我了，我無法動彈，你弄傷我了！**』我大聲哭泣，而他只是咆哮著：『**閉嘴，閉嘴！我只不過把妳當作洩慾工具，閉嘴，妳這個婊子。**』我求他**住手**，而他說：『**我這麼做是因為我愛妳。**』顯然他不會住手。我又暈了過去……而當我再度醒來時，他大吼要我起來，因為他必須出門工作了。」

我這麼做是因為我愛妳。讓我不斷思考的就是這句話。這個男人的「愛」為何變得如此危險、如此變態？

對多數讀者而言，這場攻擊裡的暴力和瘋狂不僅陌生，而且駭人。然而證據顯示，這樣的情境日日夜夜都在上演著，在郊區的房子裡、在城鎮的校園裡、在市區的公寓與豪宅裡……那些施虐者之中有傑出且成功的男人、有工作穩定的男人、有精神不正常的男人、有酗酒成習的男人、有為了微薄收入而賣命工作的男人、有要自己的伴侶去賺錢並做所有家務的男人、有說他們愛自己伴侶的男人、有說他們認為男女應該平權的男人、有認為多數女人都是求著被強姦的蠢婊子的男人，也有完全看不出有虐待傾向的男人。就如同會成為受害者的女人有千百種，男性施虐者中也沒有所謂的典型。

那麼，家虐是怎麼發生的？為何這麼多不同種類的男人，都會虐待他們大聲言愛的女人？

這個問題的答案取決於你所提問的對象。

讓我先說明白——虐待行為的解釋並非一門精確的學科，它是一場不同理念的戰爭，在我們才剛開始畫出的版圖裡互相博弈著。從學者們嚴肅對待家虐以來——大約有五十年的時間——勢均力敵的各學派便競相提出不同的意見來闡述它。

如同前文所述，當我們將「家虐」視作一種同質的現象時，我們其實犯了一個可怕的錯誤。這兩個字所涵蓋的行為模式——從冷酷且有系統的，到隨意且反應式的——很廣，施虐者可能會使用可預期的行為跟策略（彷彿都研讀過「施虐者手冊」一般），但其施虐的強度與理由卻有很大的差異。一個有反社會人格並剝削其伴侶的金錢與勞力付出的控制者，跟一個因病態的嫉妒且害怕伴侶會棄他而去而控制她的男人，是很不同的；若再加上其他變數——如精神疾病和藥物濫用等——就會再呈現出另一種狀況。

這就是為何研究者會試圖將施虐者的行為歸納為幾種明顯的類別，這些類別——用學術術語來說——就是我們所知的**類型學**，是從凌亂的施虐行為中提取出清晰且明顯之模式的一種嘗試，截至目前為止的成效不錯。在一項接著一項的研究中，專家們找到了非常類似的方法來描述不同「類型」的施虐男。我們很想將這些類型視作一種「診斷」——喔，他絕對是這種，不是那種——但在開始前，我們必須注意，即便是定義出這些類型的學者們也都曾表示，要將個別的施虐者確切地放入某一種類型是不可能的。正如我們在第一章所述，有些男人在一開始看起來像某一種類型，但後來卻又演變成了另一種，而有的則可能是幾種類型的混合體。雖然這些分類無法完全劃分出男性暴力的狀況，但它們是目前我們手上所有的最佳指南。

*

一九九五年時，兩位華盛頓大學的心理學教授在他們的研究成果中有驚人的發現。當時，約翰・卡德曼（John Gottman）和尼爾・傑克布森（Neil Jacobson）博士試圖解開長久以來令研究者們困惑的謎題：「為何有些男人會對女人施暴？」為了尋找答案，他們邀請了兩百對夫妻（伴侶）到他們的實驗室——暱稱為「愛的實驗室」——以觀察他們的爭吵模式。他們在那些夫妻的身上連接了測謊機以記錄他們的生理反應，如心律、呼吸及血壓等，然後，他們請那些夫妻吵架。

某個週六的深夜，他們正在處理六十三對夫妻的數據，而這六十三對夫妻中的男人都有控制型行為及肢體和情緒暴力的歷史，他們都是脅迫型控制者——設法操控其受害者的方式包括孤立她們、微觀管理她們的行為、羞辱並貶低她們的人格、監視她們的行蹤，以及給她們創造一個充滿困惑、矛盾與極度威脅的環境等。

那些數據顯露了一個卡德曼和傑克布森未曾預料的現象——通常人們爭吵時，會有多種體內反應，例如心律變快或血壓升高等，而這也顯示在從絕大多數的男人身上所採集的數據（約百分之八十）。然而，另外百分之二十的男人，他們的生理反應卻呈現了一個完全相反的結果——當他們對伴侶變得具侵略性時，他們的心律反而變**慢**了；從外表上看起來，他們跟其他的男人同樣憤怒、情緒激動，但其實他們的內在卻非常鎮靜。事實上，當他們用言語凌虐其伴侶時，他們的測量數據顯示出，他們比起先前當兩位博士請他們閉上眼睛放輕鬆時，**更感到平靜**。

卡德曼和傑克布森一次又一次地重播那些錄影帶，仔細檢視這兩組明顯不同的男人如何吵架，以及他們的方式之間的差異。每一個行為和生理反應——從不經意流露的厭惡到溼冷的手指，再到高聲嘆氣等——全都被仔細地編碼並記錄。最後，從這些詳盡的資料組裡，兩位博士歸納出了兩種圖像：「眼鏡蛇」和「鬥牛犬」。

眼鏡蛇

他們觀察到這一組人數較少的男人（爭吵時的內心很平靜），對自己的伴侶較具侵略性，甚至有虐待狂傾向。他們的行為類似眼鏡蛇，會打量他們的受害者，然後在快速展開攻擊前變得非常專注。由於內在處於平靜的狀態，眼鏡蛇會維持絕對的掌控，他們能夠迅速且殘酷地對待其受害者。而他們也很少有情緒依賴的跡象，有些甚至會逼得他們的妻子不得不欺瞞他們。研究者表示，對他們的伴侶而言，他們很可怕，「但同時也很迷人」。

喬治（George）就是一個眼鏡蛇型的男人。他喜歡用挖苦人的黑色幽默擾亂他人的心神，是一位冷漠且按部就班的施虐者，會用駭人的方式操控他的妻子薇琪（Vicky）。以下是卡德曼和傑克布森對他們生活中的典型場景的描述：

喬治跟幾位朋友在外喝酒到三更半夜才回家。進門後，他看到薇琪和他們的小女兒克莉絲蒂（Christi）在分吃一塊披薩。薇琪很生氣他的晚歸，因此在他進門時便不理睬他。她的沉默激怒了喬治，於是他大聲地對她吼道：「妳有什麼不滿嗎？」薇琪繼續保持沉默，因此喬治不爽地用拳頭猛烈捶打披薩，並把薇琪撞倒在地。接著，他又抓住她的頭髮在整個屋子裡拖行，最後把她推倒在地，並將披薩吐到她的臉上。他痛毆她，並大聲咆哮道：「妳這個婊子！妳毀了我的一生！」薇琪表示那樣的爭吵她已習以為常，她這樣形容：「凶暴、惡劣且猝不及防！」

喬治並不在意那場攻擊，他覺得沒什麼大不了，並說他不記得細節了，「因為它不重要」。除此之外他還說：「她是個婊子，所以活該！」卡德曼和傑克布森寫道：「喬治在情感上並不依賴薇琪……但是，很奇特地，他的確需要她。我們覺得……他對她的需要很幼稚，他彷彿需要知道自己有能力控制她。擁有這項能力對他而言很重要，也許是因為他小時候很無力。」喬治喜愛對某個人擁有駕馭能力的感受，但在情感上，他並不喜愛薇琪本人——她可以是任何人，只要是某個他能夠控制的人即可。

鬥牛犬

在這項研究中，絕大多數脅迫型控制者的言行模式差異頗大。當他們吵架時，他們的心律會升高，他們的怒氣會逐漸醞釀，並在一段時間後變得更跋扈且危險，最終陷入一種無法冷靜下來的憤怒狀態。在尋找另一種類比動物時，卡德曼和傑克布森發現這類施虐者很類似以好鬥而惡名昭彰的鬥牛犬，因為他們的敵意會慢慢累積到展開攻擊。與冷酷且迴避性的眼鏡蛇迥異的是，鬥牛犬不但依賴成癮、非常沒有安全感，還因病態的嫉妒和偏執而性格扭曲。

言語溫和且深富藝術氣息的唐恩（Don）就是典型的鬥牛犬型施虐男，他對其妻瑪莎（Martha）嫉妒成狂，並深懼她會拋棄他。他痛恨自己對她的依賴，以及因她而變的脆弱感。唐恩並非百分之百的壞，他喜歡買禮物給瑪莎，並帶她上昂貴的館子。但自從結婚後，唐恩的暴力便幾乎成了每日上演的戲碼，且懊悔的蜜月期也越來越短，後來他甚至連道歉都懶得費心了。唐恩是一位典型的脅迫型控制者，他固執地監視瑪莎的行蹤，並且不斷地打電話查勤。

唐恩不像喬治那般迷人且有魅力，事實上，當他與瑪莎初識時，他就把自己孩童時期的可怕經驗——經常受其身為牧師的父親羞辱與毆打——坦率地告訴瑪莎，這讓瑪莎很驚訝。一開始的時候，他對瑪莎殷勤且溫柔，而當唐恩的暴力開始浮現時——一般都很短暫——他會對自己的行為羞愧不已並誠懇地道歉，然後又回到先前對她的寵溺，直到暴力再度發生。起初，瑪莎會回擊並要唐恩為自己的暴力負責，但隨著他的虐待行為越趨頻繁且嚴重，瑪莎對他也越來越感到畏懼，並因長期維持和平而精疲力竭，最終躲進了高度警惕的狀態之中；瑪莎毫無喘息的空間，她全部的心力都耗費在處理唐恩的反覆無常上。根據研究者所述，他的情感需求「是隨時隨地的……他需要瑪莎幫他填補一個永遠無法填補的空虛」。唐恩對「與他人產生連結」有一種迫切的需要，但是在一個因虐待而使得情感的親密變得麻木的家庭裡，他們的關係很快便到達了「唐恩唯一能夠與瑪莎產生連結的方式就是透過暴力」的程度。在他們加入實驗前，唐恩每天都在毆打、羞辱並虐待瑪莎，而她也完全沒有反抗的餘地——即使她努力地安撫他（例如求他：「現在先不說這個好嗎？」），他也會暴跳如雷地控訴她，說**她**在虐待他。唐恩的公開面貌很不一樣，他在面對醫生時看起來「溫柔且和藹」；在訪談中，他堅稱自己才是受害者，而非瑪莎——「她喜歡激怒我，然後在我反應時，推卸責任。」

卡德曼和傑克布森發現，這是兩組脅迫型控制者之間的主要差別之一——如同許多鬥牛犬，唐恩「不知道自己很危險」；反之，像喬治這類的眼鏡蛇，則很清楚自己是個危險分子，只是他們不在乎。

差異

從他們對每一對夫妻的觀察以及與他們的訪談中，卡德曼和傑克布森列出了這兩種基本類型的脅迫型控制者之間的差別。眼鏡蛇通常是衝動的享樂主義者，受到一種病態的權力感侵蝕，他們虐待並控制其伴侶以便自己能隨時隨地隨心所欲；他們對親密關係沒有太大的興趣，也無懼被拋棄，他們只對其伴侶所能提供的利益——性、金錢與社會地位等——感到興趣，他們是為了立即的滿足跟能夠支配他人的快感而與某個女人產生關係。眼鏡蛇型施虐者最有可能是那個會在警察到來時，鎮定地去開門的那個人，同時還會愚弄警察使其相信真正有問題的是他那個激動、歇斯底里的老婆，而不是他。根據統計，眼鏡蛇男也是最有可能患有反社會人格障礙的那種人，有反社會人格或精神疾病的眼鏡蛇男比較不會受到愧疚、懊悔或同理心等情緒干擾。另外，他們也最有可能有過問題嚴重的童年，曾受過父母（或至少其中一位）的虐待或忽視，研究者們推測，這些童年時期的經驗也許曾讓這些眼鏡蛇男們對天發誓「這輩子絕不會再讓任何人控制他們」。在此研究中，相較於鬥牛犬中的百分之五十一，有高達百分之七十八的眼鏡蛇男成長於暴力環境中。

喬治來自一個雙親離異的家庭，成長期間同時受到父母雙方的毆打與忽視；他的母親是一位性工作者，而喬治經常受到她顧客的性虐待。身為柔弱且依賴的幼童，又處於令人恐懼的環境中，喬治逐漸學會了在陷入壓力狀態中時如何冷漠以對，例如，當他的母親打他時，他會在腦海中「離開那個場景」（稱為「解離」的過程）。薇琪瞭解喬治曾受過的傷害有多深，而且如同其他許多對其施虐者全心奉獻的女人，她也下定決心要當那個療癒他的女人。然而，她的奉獻對喬治而言只不過是另一個娛樂之源罷了，正如他們在實驗室裡吵架時，他對她大聲嘶吼的話：「難道妳不明白？它只是一場遊戲！生命只是一場遊戲！」

喬治及其他眼鏡蛇男的暴力通常比鬥牛犬男的暴力更加危險，有百分之三十八的眼鏡蛇男曾用武器威脅其伴侶，而鬥牛犬男只有百分之四。在他們加入實驗室的前十二個月裡，喬治曾反覆威脅要殺了薇琪，並曾多次對她拳打腳踢、推她，以及勒住她的喉嚨令她無法呼吸而昏迷等。事實上，有百分之九的眼鏡蛇男曾刺傷或槍傷自己的伴侶，但沒有一位鬥牛犬男曾做過類似的事。不過，這兩組中的絕大多數男人都曾使用劇烈的肢體暴力對付其伴侶，包括毆打及勒喉等。

眼鏡蛇男通常難纏或嚇人，相較之下，鬥牛犬男多半就是那種鄰居和親友們會眾口交譽的「好男人」——很少外人有機會看到他們的黑暗面，因為他們的虐行只會在親密關係中展現。但他們的控制欲絕不亞於眼鏡蛇男，他們的嫉妒通常會上升到一種偏執的地步，而且有本事將最不可能的跡象轉化成對方背叛的證據；他們就是那種一旦受傷便很可能會在伴侶離開後跟蹤她們，甚至殺害她們的那種男人。「雖然從短期來看，離開鬥牛犬男比離開眼鏡蛇男安全，」研究者解釋道：「但從長期的角度來看，事實上離開鬥牛犬男可能更危險。」眼鏡蛇男對追逐較不感興趣，但如果他們的伴侶試圖暴露其真面目或離開——例如，女人若威脅說要報警或控告他們——他們就會變得非常危險。對眼鏡蛇男而言，關係的重點在於控制，而不在於那種會讓鬥牛犬男發狂的不安全感；如果他們的伴侶離開了，但並未披露他們的虐行，那麼眼鏡蛇可能就只會去尋找下一個獵物而已。

在最初的研究後兩年，卡德曼跟傑克布森再度訪談了他們的實驗對象。那些鬥牛犬型施虐者的婚姻狀態都非常不穩定，幾乎有一半結束了，但分居或離婚的眼鏡蛇男則一個都沒有。據研究者推測，這是因為與眼鏡蛇男結婚的女人都太畏懼他們了，根本不敢離開。

當我跟卡德曼討論這項實驗時，電話線另一端的他正在西雅圖。他跟他的妻子茱莉·卡德曼（Julie Gottman）博士在該地率領著世界知名的卡德曼學院，提供「以研究為基礎」的關係課程與夫妻心理治療。卡德曼在他的「愛情事業」裡已經經營了四十多年，他最早是在美國領先群倫的技術學校——麻省理工學院研究數學，後來因為僅靠著觀察一對夫妻談話一小時便能預測其婚姻是否能維持十五年（成功率高達百分之九十四）而成名（當然還有其他許多因素）。時至今日，他的研究成果依舊是許多心理治療師在瞭解婚姻和離婚時的主要資料來源。

卡德曼在談到這項實驗時——這是他過去二十五年來所執行的數百項實驗之一——仍然充滿熱忱與對細節的記憶，彷彿成果是昨天才剛出爐似的。「令我們驚奇的還有另外一件事，」他說：「在經過一段時間後，暴力會逐漸減少。因此我們便以為，**喔，也許這個問題遲早會自行解決！**但我們錯了——施虐者一旦震懾住受害者，他們就不需要再使用那麼多的暴力來獲取掌控。例如，那個傢伙只要迅速轉過他的頭——眼鏡蛇也是這麼做的，牠們會迅速轉動牠們的頭、吸一口氣，然後怒視對方——便能提醒其伴侶他們是有能力瞬間變臉的……如此就足以讓她們乖乖守規矩。」我問他，這是否就是某些受害者在法庭上提到創傷很深的部分原因，因為施虐者會發出那種微妙的訊號來威嚇她們，但卻沒有其他人看見他們的所作所為？「妳說對了。」卡德曼回答道。

他們在這些脅迫型控者的身上還注意到一件事：「這種人都認為自己懷才不遇。」卡德曼說道：「例如，我們的研究對象中有個傢伙是鬥牛犬男，他非常篤定他一定會因為自己的錢幣收集而聞名國際。他自認為有足以成名的原因。他們全都有這種人格特質——『我是一個未被挖掘的天才。這個世界對不起我，因為人們看不見我偉大的才華。』——他們會讓女人相信並支持他們，相信他們應該成為名人。然而現實中，很多這種傢伙都不太成功。」

然而卡德曼補充，那些很成功的傢伙才**真正恐怖**。「他們不是罪犯，也不是魯蛇。」他說道：「他們是總裁、警探、法官或企業家等，例如剛從白宮辭職的傢伙羅伯．波特（Rob Porter；前川普白宮祕書），就曾對三個女人行使暴力。這些傢伙真的很恐怖，因為當女人離開時，他們會費盡心機地報復，不摧毀那些女人的生活絕不罷休。所以，你不要以為鬥牛犬男和眼鏡蛇男都是犯了法的失敗者，他們當中的許多人非常成功。我想我們的總統就是其中之一。」

*

卡德曼跟傑克布森所識別出的這兩種基本類型，一次又一次地被人們看到——被其他研究者，以及那些輔導施虐者的人。安德烈・馮・歐天納（Andre Van Altena）在新南威爾斯監獄裡輔導暴力犯已有二十多年的經驗，他是個塊頭很大的傢伙，大部分的成年歲月裡，他都在讓這個國家裡最危險的男人們承認自己的暴行跟矯正他們的行為。這麼多年來，他說，他也觀察到了這兩種明顯的類型——依賴成癮的男人（也就是鬥牛犬男）「通常就是那些極度喜怒無常、充滿敵意、需要很多支持且要求支持的人」，這些人跟比較「會算計、能自制的罪犯」很不一樣。而這些罪犯——卡德曼和傑克布森所稱的眼鏡蛇男——馮・歐天納將之形容為「極端分子」，這些傢伙患有反社會人格障礙，如心理變態或反社會人格等，他們通常會規避這個課程。「其中有一些人會告訴你，他們對自己想要與之產生關係的人，是有選擇性的。他們會尋找那些他們能夠侵犯也能夠對付的人，並找機會控制她們。」

「這些傢伙對其受害者沒有同理心、沒有關注……為了想辦法讓他們來參加治療課程，我都想要撞牆了。事實上，他們常會跟協調人串謀，並代表其他人發言。」想要引起他們的同理心或愧疚感，根本是在浪費時間，即便他們顯露出一點點的愧疚或同情，那也通常是一種策略；這些罪犯比較需要一對一的輔導，而任何能夠吸引他們做出改變的，都必須與其自身利益有關——例如，他們知道自己會受到什麼制裁嗎？他們真的想不斷地被送回監獄嗎？他們難道不能做更聰明的事？而能促使他們改變的動機就是自由、意欲追求的生活品質，以及所處之社群對他們的期待等。

*

卡德曼跟傑克布森的研究提出了兩種類型的脅迫型控制者，大組的叫做「鬥牛犬」，這類人的怒氣和敵意會慢慢地累積，然後爆發；小組的叫做「眼鏡蛇」，他們看似總是能掌控一切，即便看起來氣得發狂。當鬥牛犬戰鬥時，他們的心律會上升；當眼鏡蛇戰鬥時，其心律會下降。

其他研究者對這兩種類型的描述一般而言都贊同，但後來的研究卻無法完全重現那個結果。有項研究倒是成功地重現了心律的分別（參加研究的施虐者中有百分之二十顯示心律下降），但對於那個結果與男人暴力型態的關聯卻做出了不同的結論。當我問卡德曼為何他的研究結果從未被重現時，他認為那是不同的研究方法使然。「如果沒有我們實驗室所擁有的那種高科技設備，就很難複製出相同的成果。」他說：「那包括了非常先進的觀察測量器——檢視臉部表情、身體反應及研究對象如何互動等。」

其中一位嘗試複製卻失敗的領先研究者，就是印第安那大學的心理學教授艾咪・霍茲華絲—門羅（Amy Holtzworth-Munroe），她在男性施虐者的類型上有著截至今日最聞名的闡述。霍茲華絲—門羅說，雖然她覺得她在心律研究上所得出的結論可能有問題，但她一直沒有足夠的研究基金來做進一步的調查。她的研究結果所能支持的就是——那兩種基本類型〔眼鏡蛇型（冷漠且心機深）和鬥牛犬型（偏執且易反應）〕跟她所識別出的類型很相似。

霍茲華絲—門羅於一九九四年發表了她如今仍聞名業界的論文，比卡德曼和傑克布森的成果還早一年。當時的家虐研究者們才剛開始瞭解，並非所有的家虐犯都是一樣的。門羅檢視了三個不同的要素：

1. 虐待的嚴重性和次數。
2. 施虐者對外人是否會行使暴力，或是否曾有犯罪史。
3. 符合某些人格障礙的行為特徵，如心理變態或邊緣人格等。

「當我們把它們放在一起時，我們得出了三種類型。」住在美國中西部的霍茲華絲—門羅在電話上說道：「我不喜歡為他們取名字，但這些已經是固定的名字了。」

第一種——「經常暴力且反社會」——基本上就是卡德曼和傑克布森所定義的眼鏡蛇男。這些男人不光僅會對其伴侶造成威脅而已，他們還具有犯罪的本質，也可能對公眾造成威脅。他們也是最可能有過暴力童年的施虐者；他們的性格衝動，雖然對女人抱持著敵對的態度，但一般而言，他們對誰都有敵意，並且習慣暴力行事。這些人就是典型的反社會人格者、心理變態者及邪惡的自戀狂，或者說，儘管這些人嚴格來說不算是人格障礙者，卻表現得很像是。

林特咖啡館遭持槍歹徒曼恩・哈隆・莫尼斯（Man Haron Monis）劫持的案件，就是一個典型的「經常暴力且反社會」犯罪者的例子。性格浮誇且有幻想症的莫尼斯是一個居家型的大男人，他先是虐待他的妻子，然後在他們離婚後，安排他的新女友去殺害她。二〇一四年十二月，當他在雪梨馬丁廣場的林特咖啡館劫持了十八位人質的同時，他也正在等候謀殺前妻的審判，並因性侵數位前來幫他做「靈療」的女子而遭起訴。

家虐和大規模槍擊案之間的關聯如今在美國已很明確，大規模槍擊案（其定義為槍殺四個人以上）在美國已經變得很普遍，平均十天之中就有九天會發生。從二〇〇九年到二〇一六年間，美國的大規模槍擊案中，有超過一半以上都是從謀殺一位親密伴侶或家庭成員開始的。而許多大規模槍擊犯也都有家虐史，包括歐馬爾・馬丁（Omar Mateen；在佛羅里達州奧蘭多市的一間同志酒吧裡槍殺了四十九個人並射傷五十三個人）；穆罕默德・拉胡瓦傑・布哈勒（Mohamed Lahouaiej-Bouhlel；在法國巴士底日開著一輛卡車衝進人群並槍殺了八十幾個人）；以及小羅伯特・路易士・迪爾（Robert Lewis Dear Jr.；在科羅拉多的一間計畫生育診所槍殺三個人）。正如蕾貝嘉・崔斯特（Rebecca Traister）在《紐約雜誌》（*New York Magazine*）裡的報導所描述：「比起任何特殊的宗教或意識形態，恐怖攻擊的犯罪者有一個普遍的共通點，就是家虐史。」

第二種類型則與鬥牛犬男有相互的關係，霍茲華絲—門羅稱之為「焦躁且邊緣型」（她已警告過我們了，這些名字並不動聽）。這種類型的人通常只會對伴侶施虐，而那也是為何鄰居及親友們對他們的虐行都感到難以置信的原因。成長時期的創傷通常會讓他們對被拋棄充滿恐懼、依賴成癮，並且有病態的嫉妒，其中許多甚至幻想他們的親密關係，能幫他們驅散自孩童時期以來折磨他們的不安全感和無價值感。「他們很擔心會失去那種關係，因此，他們對自己的妻子可能到處亂搞或離開他們的蛛絲馬跡——即使沒有任何合理的理由——都高度警惕。」霍茲華絲—門羅說：「我們不確定他們之所以使用暴力是因為他們想要控制自己的伴侶，或是因為他們情緒太過失調，以致他們根本無法控制自己的混亂跟憤怒。」這類情感過度依賴的男人，也是那種最可能在殺害了自己的伴侶後自殺的人。

霍茲華絲—門羅的第三種類型稱為「僅限於家庭之施虐者」（亦即在第一章裡簡單描述過的「不安型反應者」），「僅限於家庭之施虐者」並不是脅迫型控制者。基本上，他們的暴力是對挫折感、憤怒，以及出自生活中的壓力源的一種表達，他們的暴虐及造成暴虐的情緒會在表達後消失，然後他們又會回歸正常，直到下次爆發。當他們表示懊悔時，通常都是真心實意的，而他們也比較願意參加並完成治療課程。但即便如此，這些最願意接受療程的男人，也經常被發現他們並不樂意改變。

霍茲華絲—門羅說，在這三種類型中的「僅限於家庭之施虐者」最難以理解——其他也需要在生活裡應對壓力的男人不見得會虐待其伴侶，但這些人為什麼會呢？「也許是因為文化因素，也許是因為藥物濫用——我們不知道。」她所能說的就是，這些人因壓力而引發的虐待通常與其他風險因素相對應，例如成長於家虐環境或溝通技巧欠佳等。但其中另有一現象——跟其他兩種類型不同——就是這些男人並沒有明顯地仇視女人，就像其他無暴力傾向的男人。當我們談到男人為何對女人施暴時，這應該是一個需要考量的重點；我們將在本章的稍後論及。

＊

這些類型之間並沒有嚴格且堅固的邊界。一個現在符合「僅限於家庭之施虐者」描述的男人，並不意味著不會在一段時間後發展成一個脅迫型控制者。

「類型」可能一勞永逸地成為一股強大的勢力。誠如珍恩・旺曼（Jane Wangmann）教授在其論文中所述：「它們提供了一個重要的見解，並且能點出：『暴力之使用是否因脅迫型控制而起，是一次性或導因於衝突……這個人是否會在家庭以外的場景使用暴力，以及是否有其他有助於我們瞭解此人為何使用暴力的重要因素（例如心理方面）等。』而這會衍生出龐大且複雜的相應措施，以應對不同的施虐者——第一，它告訴我們，用千篇一律的方式矯正不同類型之施虐者註定會失敗；第二，它有助我們設計出更符合受害者所需的干預手段；第三，它也有助我們在家庭法案的訴訟裡做出較佳的判決。」

但是，這些分類也可能造成諸多傷害，正如旺曼教授所述，專家們都很關注該如何運用它們，且其中大多數都強調了一個問題：「這樣的分類大致上能夠讓受害者更加安全嗎？」例如，假設在家庭法庭上，法官相信某位父親只是一個「僅限於家庭之施虐者」（但事實上是一個脅迫型控制者），而判給了他探視孩子的權利——也因此對孩子及其母造成更大的風險——那該怎麼辦？

霍茲華絲—門羅對於自己的分類竟遭到司法體系的誤用，也感到相當無奈。「舉個例子，有人告訴我，某法官竟然在法庭裡做出這樣的決定——『喔，你是僅限於家庭型的人』以及『喔，你是邊緣焦躁型的人』——然後基於那些類型做出判決。這真令人哭笑不得。即便是我都不會那麼做！」她苦笑著說：「除了極端的案例外，你不會看到『喔，那絕對是這種類型』的人。它們其實都有更複雜的層面，並沒有一目了然的面貌。」

*

為了讓讀者更瞭解這些分類可能有多含糊，我們先來看看有關二十一歲的英國白人男子葛倫（Glen）的故事。葛倫在少年時期就曾多次進出監獄，罪行包括縱火、竊盜、襲警、企圖搶劫、攻擊、攜帶武器及偷竊等。他在差點勒死自己的女友蜜雪兒（Michelle）後，很快就向專家尋求協助，他跟蜜雪兒在一起已經三年，雖然雙方都很暴力，但葛倫說那是他曾有過最好的關係。葛倫說他從未毆打蜜雪兒，即便當她毆打他時。但他曾在兩人劇烈爭吵時，把他們養的幼犬摔到屋子的另一邊去，並在她對他拳打腳踢時勒住她的脖子。

在與葛倫談到蜜雪兒時，研究者瑪莉—露易絲・蔻爾（Mary-Louise Corr）可能會下結論說，由於雙方都無法控制自己的暴怒，因此這是一個很不穩定的關係。但是，葛倫雖然對蜜雪兒沒有明顯的暴力傾向，卻有著超強的控制欲，就跟他與其他前兩任女友在一起時一模一樣。在探究了葛倫的另外兩段關係後，研究人員發現了一個模式——無論跟哪任女友在一起，葛倫只要看到她們穿著暴露的衣服或引起其他男人的注意，他就會「暴跳如雷」，而他處理偏執的方式永遠都是「守在她們身邊，不讓她們離開自己的視線一步」。他說：「因為我總是很偏執，我就是想看著、想著她們到底想胡搞什麼。我會逼她們去換衣服，告訴對方：『妳最好乖乖地給我換一套，不然我就親自幫妳換。』」當研究人員請葛倫多談一些他跟其他女友相處的情況時，葛倫的回答揭露了一個非常暴力的歷史——某晚，他的前女友凱倫（Karen）叫他到酒吧的外面等她，他就用頭撞她的肚子、把食物摔到她臉上，並把一杯飲料倒在她頭上，因為「她竟敢在他的夥伴們面前讓他看起來像個笨蛋」。而當凱倫聽到他告訴前女友他仍然愛她後而威脅要離開他時，葛倫就勒住她的脖子脅持她，並以幾乎殺了她的行為作為反擊：

我勒住她的脖子，把她甩到床上去，然後把門關上。我表哥跟他的女友當時也在屋內。我把門關上，告訴他們說「一個都不准離開」。然後我叫我的另外一位表哥來找我。當他過來時，他繞到屋後去，我走到窗口對他說：「去加油站給我弄一些汽油過來，我要把他們都燒了。」但他最後並沒有去買……然後，我記得我開始毆打她之類的……因為我壓力大時會焦慮症發作……然後我的焦慮症就發作了，於是他們叫了救護車。然後，我也對救護車人員展開攻擊。

當蜜雪兒威脅說要離開他時，葛倫的反應也很暴力，只是方式明顯不一樣：「她想要離開，所以我就勒住她的脖子。但是當我勒住她時，我其實很難受，因此忍不住哭出來。接著我坐回去，試著跟她說話。」

葛倫解釋說，他的暴力並非源自於一種義憤填膺式的憤怒，而是因為覺得不受尊重和被羞辱而做出的反應：「我是偏執狂，我總會胡思亂想，如果我覺得我想的是對的，那我就會傷害她們或攻擊她們之類的。或者，她們如果想殺我威風、嘲弄我，那我也會做出傷害她們的事來。」葛倫大部分的童年都在被羞辱、被屈辱和被拋棄的感覺中度過，他的父母在他兩歲時便分手了，而他的生父因為太常進出監獄，以至於葛倫幾乎不認識他。在他的記憶中，父親並未毆打過母親，但母親後來的一任男朋友會揪著她的頭髮毆打她。在葛倫的家中，暴力是家常便飯，他跟他的哥哥一天到晚打架——有一次，在葛倫大約七歲的時候，他哥哥因為對他猛烈地拳打腳踢而差點打爆他的盲腸，以致他必須緊急送醫。在葛倫稍大一些後，他哥哥則常會做一些事情來讓他變得「更厲害些」，例如唆使他忽然攻擊街上的陌生人之類的。當葛倫透露他哥哥在他讀小學時，曾當著他的面自慰時，葛倫被送到了寄養中心，而他哥哥則因此入獄；當葛倫告訴他母親，他在六歲時曾被某位親戚性虐待時，他媽媽「氣瘋了」，並且拒絕相信他的話。

檢視葛倫的家虐史，你會如何將他歸類呢？假如你只檢視他跟蜜雪兒的關係，那麼——如同研究者瑪莉—露易絲・蔻爾和大衛・嘉德（David Gadd）所指出的——你就會將這個在壓力下訴諸暴力的人定義為典型的「僅限於家庭」類型，而葛倫對暴力的態度更會進一步地確認此定義——當蜜雪兒攻擊他對感情不忠時，他會克制自己且從未毆打她，因為他說，「會對女人動粗的男人都有病」；葛倫與其女友的暴力是雙向的，而他們之間也不曾出現過嚴重的權力不平衡。嘉德與蔻爾表示，基於此關係模式，警方的確曾將葛倫評估為「僅限於家庭」的類型，但當你檢視葛倫與他的其他女友的歷史時，一個較具威脅的「脅迫型控制」模式就浮現了，而葛倫也因此顯得較危險。「葛倫曾犯過勒殺、以頭撞擊、劫持人質及死亡威脅等罪行，而這些記錄將他放到了暴力頻譜最危險的那一端，」嘉德與蔻爾闡述道：「並顯示他有能力做出絕不正常的行為。」

葛倫及其他許多跟他一樣的男人的例子，對那些自以為基於施虐者在某一關係中的行為便能將之歸類的專家而言，都應該是一個足以警惕的故事。

我們應該如何善用這些分類呢？我們也許無法自信滿滿地將施虐者歸類為某個類型，但瞭解其共通層面至少有助於我們明白，這個世界上不是只有一種施虐者。

然而，當我們疑問，這些男人的感覺與行為模式源自何處時，我們卻發現我們以為的那些原因更不可靠了。

＊

說到這裡，我們應該退一步提醒自己——我們努力想要瞭解的這個有機體有多複雜且隨機。借用諾貝爾獎得主神經生理學家約翰・埃寇斯爵士（Sir John Eccles）的一句話：「大腦如此複雜，連自己的想像力都把它弄得跌跌撞撞的。」我們在說的是一個擁有八百六十億個神經元的體系，而其中的每一個都能與其他神經元形成大約五千個突觸（兩個神經元之間的相接處），意思就是，位於我們兩耳之間的這一坨鋼盔狀的水脂肪和蛋白質，能夠產生出幾千億萬個突觸連接。它們塑造了我們的本體，從我們味覺、性格、喜惡、對環境的反應，以及我們是否有暴力傾向等。

這些突觸的結構由基因、荷爾蒙、經驗及文化等所形成，神經科學家可以觀看這些神經通路的活動，但他們無法將之放進一個培養皿中，然後創造出一個意識的樣本來；意識的形成之處，即便是神經科學家都找不到。神經元的活動是如何讓我們知道我們是有意識的人類？人類的行為為何會在自我犧牲的行為和虐待狂的行為之間來回擺盪？我們的心智和行為可能會根據我們腸子內的細菌而改變嗎？（加州大學的科學家已開始在這方面做研究。）若是有其他隨機的因素又會如何呢？例如，根據研究，童年的主要遭遇會導致暴力犯罪行為的增加？

我們有各種理論可以協助拼湊出這個複雜的圖像，但是就科學的層面而言，我們無法**證明**它們。我們甚至無法確切地說「自我」是什麼。

我們就是要在這個無情且虛幻的領域裡，去尋找這個緊要問題的答案：「男人為何會對女人施暴？」

＊

自一九七〇年代起，這個爭議性的問題激發了一連串的知識爭奪戰，我可以用一整個章節來討論那些宣稱能夠解釋男性暴力的各種模式[15]，但讓我們先集中在其中兩個較顯著的模式上——「女性主義」模式及「心理病理學」模式。在這兩個模式中聲音較尖銳的擁護者皆堅稱，他們知道男性虐待女性的**真正**原因，而且也只有他們知道如何阻止其暴行。

那麼，他們的理論是如何建立起來的呢？

都是心智的問題

謹遵「心理病理學」模式的研究者強調，家虐根植於精神疾病、藥物濫用、童年創傷且與性別或父權體制沒有太大的關係；事實上，許多研究者認為性別根本就是一個不相關的干擾因素。「以性別作為門徑的研究，從未獲得有科學根據的成果。」迪肯大學「暴力防治與成癮研究」教授彼得・密勒（Peter Miller）在接受《旁觀者》（*The Spectator*）的訪問時如此告訴記者：「真正的關鍵在於那些侵略成性的人的心理素質有所謂的『黑暗三要素』——自戀、精神變態和馬基維利主義。這些要素在男女兩性裡都能找到。」跟「女性主義」模式——該模式問的是：「男人為何會毆妻？」——不同的是，「心理病理學」模式的研究者所問的是：「**這個**男人為何會毆妻？」一個會施虐的男人其身上一**定**有某種足以讓人辨識的問題，因為他展現出跟一個「正常人」之心智基本上不相容的異常行為。「心理病理學」模式首要尋找的就是障礙、疾病或成癮症等明確的跡象，如果這些不存在，它就會去尋找其他的因素——童年時期的虐待或忽視，或其他足以區別出施虐者的特徵，如自戀、不成熟或虐待狂等。換言之，從一個嚴格的「心理病理學」觀點視之，只有「生病」的人才會傷害自己聲稱愛護的人。（有些精神科醫生甚至可能相信，如果找不到任何病因，那麼這個人或許並沒有施虐的問題，而是受到了不實指控。）

要如何矯正這個「生病」的施虐者呢？「心理病理學」模式的研究者提出的答案是「認知行為治療」，這種治療法能夠辨識、質疑並最終改變那些扭曲且導致施虐者施虐的思維過程。此治療法可以一對一或小組進行，治療師或協調人在療程中會教導施虐者有關溝通與憤怒管理的新技巧，並傳授他們互動之策略，例如，如何運用令雙方冷靜的「暫停」時間。該改變模式背後的理念就是，既然施虐者已經「學會了」如何施虐，那麼他們也能夠「解除」他已經學會的東西。

正如大家所預期的，對家虐犯者的研究的確顯示出人格障礙的發病率高於平均水平。尤其是所謂的「反社會型」障礙，例如反社會人格、精神變態與邊緣人格等。但迄今，「心理病理學」模式所認為「施虐行為可以像病原體那般被測知」的觀點，已經被證明是錯誤的。

---

15 舉個例子，有一個新達爾文觀點——特別受到男權運動者的追捧——堅稱，對女人行使暴力是一個自然的進化特徵，因為男人會本能地採取必要的措施以留住其女性伴侶，並控制她們繁殖的方式；這無法改變，它是**自然的**。然而，施虐者顯然忽略了此進化論點中的備忘錄，因為他們的暴力通常是在其伴侶**懷孕時**開始發作或加劇的。正如家虐專家唐納・杜登（Donald Dutton）及其論文的共同作者蘇珊・葛蘭特（Susan Golant）所闡述的：「為何致力於傳遞自己基因的男人，會危害自己的後代及其未來後裔的源頭？」說得好，為何？

美國施虐行為專家艾德華・岡道夫（Edward Gondolf）為「心理病理學」模式做了一個測驗，他在四座城市裡對八百四十位施虐者進行了調查，並發現只有一小群施虐者是醫學定義上的「障礙」（其中多數是自戀或反社會行為）；在岡道夫的研究裡，絕大多數的施虐者並不比一般人「有病」。[16]至於「暴力是男孩們在童年時期習得的一種行為」的這個觀念，也已被其他的研究證明該理論並不完整。成長於暴力家庭的男孩，比起非成長於暴力家庭的男孩，**確實**更有可能成為施暴者。但是，某篇對多重個案研究所做的審論卻顯示，在「孩童時期經歷暴力」與「成年後變成施虐者」之間，只有一個「弱到中等」的關聯。

有多年輔導經驗的「男性行為改變」協調員藍迪・班克勞馥特在其暢銷書《他為何那麼做？》（*Why Does He Do That?*）裡表示，人們相信施虐者的思想一**定**有障礙，這點完全不奇怪。「當一個男人的臉因痛苦和憤恨而扭曲時，他看起來是有點瘋狂。」班克勞馥特寫道：「當他的情緒忽然從興高采烈轉成具攻擊性時……也難怪他的伴侶會懷疑他的精神是否出了問題。」但是，班克勞馥特所輔導過的絕大多數施虐者，都是他所認為的**正常人**：「他們的心智運作合乎邏輯，他們理解因果關係，而他們也沒有出現幻覺。他們對大多數生活狀況的感知都相當精確，他們的工作表現獲得讚賞，他們在學校或訓練課程裡成績優良，而且，除了他們的伴侶和子女外，沒有人會覺得他們有任何問題。」根據班克勞馥特的解釋，施虐者真正的不健康之處在於其價值體系，而非心智。

藉由單純的「心理病理學」來檢視家虐的研究方法已不再獲得人們的信賴，但其影響仍然非常大。過去十五年來，該模式已逐漸支配了美國對家虐研究的公共政策，這對我們其他人而言是一個問題，因為在這個政策改變前，美國是大多數優良研究產出的地方。如今，該研究基金的絕大部分已經乾涸，它不再資助家虐專家，而是轉而投注在人格障礙的研究上。「我們已經很久沒有新的研究案了。」約翰・卡德曼說：「現在要從聯邦政府獲得家虐的研究補助幾乎不可能，如今人們認為所有的問題都在大腦內，因此專家們已經不再研究兩個人之間的關係。」霍茲華絲—門羅也注意到了這個趨勢，她說：「在這條路上的某處，許多資助機構的態度變了，他們現在主要想做的是《精神疾病診斷與統計手冊》（*Diagnostic and Statistical Manual of Mental Disorders*）裡的診斷。[17] 依我之見，對暴力的研究無庸置疑地將會越來越少。」

對我們而言，最簡單的方式就是相信「家虐犯之所以會施虐，是因為他們病了，且顯然與正常的男人不同」，然而，我們卻不能規避「暴力與虐待狂的行為可能來自正常的心智」這個令人不舒服的真相。在漢娜・鄂蘭（Hannah Arendt）指出阿道夫・艾希曼（Adolf Eichmann）——納粹大屠殺的執行者，曾被六名精神病醫生證明為「正常」——性格上

---

16 令岡道夫驚訝的是，幾乎沒有證據能證明「創傷後壓力症候群」是其中一個顯著的因素；在其研究對象中，只有百分之十的施虐者顯露出「創傷後壓力症候群」、衝動性或邊緣人格障礙的徵狀。即便是各種精神疾病，例如精神分裂症（一直被認為與攻擊行為有關），也只存在於非常小的比例的暴力犯罪者身上。

17《精神疾病診斷與統計手冊》是精神病學界的聖經。它定義精神疾病並給予分類，其既定目標則在於改進診斷、治療及研究等。

「邪惡之平庸」的五十多年後，我們仍然難以相信，心理上平庸的男人能夠犯下極度殘酷的虐待狂暴行。

笨蛋，問題在於父權體制

對恪遵「女性主義」模式的學者而言，「心理病理學」理論只是一具用來保護父權體制的特洛伊木馬。他們的懷疑是可以被理解的，因為幾乎整個二十世紀，精神病學的領域都被具有仇女情結的人物所支配，他們將施虐者的暴行歸罪於受害者，且通常將受害者錯診為受虐狂及歇斯底里症患者。根據「女性主義」模式的理論，家虐是父權體制的自然副產物；在這個體制中，男性認為自己有權力支配、不尊重及羞辱女人。該模式指出，施虐者的個人歷史並非其虐行的決定因素，病理、教養、藥物濫用，或甚至階級等，都可能影響男性施虐者的行為，但它們卻不是**成因**。

我們可以用一個比喻來思考「女性主義」模式。假設施虐者是一間房間，惡劣的性別態度和信念——例如「女人屬於這間房間」、「真正的男人不哭」或「女人經常捏造虛假的受暴記錄來懲罰男人」等——就是這間房間的地板，而這面施虐者的「地板」上可能堆滿了笨重的家具，如酗酒、藥癮、虐童、失業或精神疾病等等。在每一間「房間」裡的這些家具，都會讓該房間看起來很獨特，而有時這間房間裡的東西會擁擠到讓你幾乎看不見它的地板，但那面地板——奠下這個男人的期待與行為之基礎的性別刻板印象——卻仍然存在，它就是所有家具擺放其上的地方。

在過去幾十年的研究裡，此觀點不但受到專家們的詳盡闡述，並且被應用到庇護所、醫院和法庭裡的受害者身上，而其中心主張（認同死板的性別刻板印象的男人比較可能虐待其伴侶）也受到這幾十年來的研究之支持。一項又一項的研究發現，如果男人有以下幾個狀況——第一，被社會化成死板的性別角色；第二，相信男人天生較優越；第三，覺得自己的男性氣概或權威受到威脅，尤其當女人沒有遵從其性別角色的期待時——該男人就比較容易虐待其伴侶。對於如何矯正這些男人，「女性主義」模式的態度很明確——首先，這些男人必須為自己的施虐行為負責，然後他們必須認知到，男性特權和權利是父權體制中一個廣泛且具破壞性的部分。[18]

輔導受害者和施虐者超過三十幾年的凱倫·威莉絲是家虐部門的傳奇，她在我開始做家虐研究時，曾跟我闡述過「女性主義」模式的要點。當我們坐下來談話後，我便鎖定了一個問題：「為何男人還在做這種事？」威莉絲解釋道：「我們知道那些會對自己的伴侶施虐的男人並不是因為他們瘋了、有憤怒管理的問題或諸如此類的事情，而是因為他們喜歡權力和控制。他們想要傷害、羞辱、支配女人。他們認為自己有權利全然且絕對地控制一切，而所有的事情都得以他們為中心。家裡的其他成員有絕對的責任和義務隨時隨地維持他們的愉悅，並滿足他們的任何需要。」

18 在澳洲，男性行為改變課程通常會結合來自「心理病理學」模式的「認知行為治療」，和由「女性主義」模式所推動的性別教育。

「但這樣的權利感來自何處呢?」我問:「為何需要控制?」

威莉絲沒有遲疑。「喔,還不都是老掉牙的父權體制在作祟。」她回答:「這就是社會體制的一部分,在這個體制裡的男人擁有權力地位,而女人則被視為二等公民。大多數的男人在其一生中都會以絕對道德的方式來對待婦女和孩童,但父權體制所給予**某些**男人的,卻是他們自認為『可以使用權力和控制及舉止霸道』的許可……他們位於啄食順序的頂端,而他們家中的女人和子女都應該屈從於他們。」

在提倡者幾十年來不屈不撓的宣導下,這是澳洲最有權勢的人——從總理到警察局長們——近年來所採取的解釋。不同於美國(美國的公共政策與「心理病理學」模式緊密結盟),澳洲的權威人士全都贊同一個觀點——家虐是一種文化現象,起因於死板的性別規範和性別不平等。前總理馬爾柯姆・特恩布爾(Malcolm Turnbull)當年的論述就是基於這樣的思維:「不尊重女性不一定會導致暴力,但所有針對女性的暴力都始於不尊重女性。」該觀點也是澳洲政府終結家虐的國家策略——「國家計畫,二〇一〇至二〇二二:減少針對女性與兒童之暴力」——的理論基石,該計畫所開出的矯正處方就是「性別平等」與「改變社群態度」,其基本論調則是:「除非我們改變態度、縮小性別工資差距,並取得較大的性別平等,否則家虐問題將會持續惡化。」

當「女性主義」學者在一九七〇年代開始發展這套理論時,他們所做的不僅是改革人們對於「男人對女人施暴」這個問題的瞭解而已,他們對幾十年來的那些精神科醫生——在缺乏證據下持續堅稱,家虐是被虐狂婦女想要丈夫虐待她們所被激發的一種反應——也豎起了中指。當這些精神科醫生願意費心去檢視真正的施虐者時，他們卻轉向了一個最簡化的結論——男人的虐行是一個生病、有障礙的心智的產物。正如最近形成的「婦女庇護運動」高聲呼籲的：「問題不在於病理，而在於社會！」數百年來一直被容許、被鼓勵的行為，哪裡有什麼「障礙」呢？

「女性主義」模式是如何被建構起來的？正如我們所預期的，脅迫型控制者——鬥牛犬男跟眼鏡蛇男——在仇女情結及死板的性別刻板印象的測量表上通常得分很高，他們是最危險的施虐者，而在庇護所和其他緊急救助中心工作的倡導者們輔導人數最多的，就是他們的受害者。但是，當我們看向「權力和控制頻譜」較低的那端時——也就是「僅限於家庭」的施虐者（我亦稱之為「不安型反應者」）——許多研究卻顯示出了非常不同的結果。這些施虐者對女人的仇視程度並不比非暴力男性多或少，同時，他們也比較沒有任何類型的精神障礙。他們通常不是最危險的施虐犯，但他們**確實**有施虐行為，且仍然會對其伴侶造成嚴重的威脅。對於他們的行為，我們該如何解釋？

中間地帶

讓我們暫時回到葛倫的故事（那個在二十一歲前曾經虐待過三任女友的英國年輕人）。我們要如何解釋他這麼做的原因？專家建議了幾個可能性——葛倫對其女友的穿著如此在乎，是因為他仇視女性、覺得自己有權力控制她們，或是他的行為受到了與親密關係相關的不安全感（源自其充滿困擾及暴力的童年）所驅使？當葛倫期待他的女友調整她們的行為來安撫他的偏執時，是否抱持著仇女情結？或者他是在抓緊自己童年時從未有過的那種關愛？他常幻想他的女友欺騙他，是因為他覺得自己有權力擁有她們，還是因為他的信賴感在童年時期經常被打碎而導致？最有可能的答案是「以上皆是」。如果不透過性別**和**心理學的理論檢視他的行為，我們便無法真正瞭解葛倫為何會有施虐問題，或找到可以幫助他改變的最佳方針。

我花了許多年的時間，努力想要理解「施虐的心智」並試圖給予詮釋；過去四年來，我一直在傾聽勇敢的倖存者們描述自身不可思議的慘痛經歷。我曾耗費無數的時間研究男人對女人傳統上的支配，以及我們的父權體制自多少個世紀以來持續忽視的家虐問題（或甚至持續為其尋找藉口）。我曾因為對此種不公不義的憤怒而多次近乎崩潰，後來，我轉過頭並透過**施虐者**——將他們視作也是擁有自身需要及敏感度的複雜人類——的眼睛來檢視家虐；這對我來說仍然很困難，有時候我覺得自己快要生病了。對某些讀者而言，這可能也很痛苦，或甚至令人憤怒，但我們非做不可。因為搞清楚造成男人施虐的原因究竟何在——以及如何防範並阻止它的發生——是刻不容緩的事，正如知名暴力專家詹姆士·吉利根（James Gilligan）所言，譴責暴力「就跟譴責癌症或心臟病一樣」，與問題本身並不相干。

這也是犯罪學家麥可·梭特爾（Michael Salter）感到憂心的事情，梭特爾的研究主要在於「男人對女人及兒童的暴力」，他也曾與政府機構共同制定多種減少家虐的政策。過去幾年來，他看到了大眾對男性施虐者的討論變得越來越狹隘。「我們已經開啟了新自由女性主義的暴力分析模式，該理論的假設是施虐者沒有深度，他們只是被電視、色情刊物及文化等所書寫的平面而已。」他說：「我認為家虐的民粹主義論述已經完全變成了一場爛秀。而我們這些在自己的研究中，能夠看得見它一點複雜度的人都已經縮回腳步、閉上了嘴巴。」這個狹隘的方式所提出的解決方案是「改變人們的性別歧視及支持暴力的態度」，然而它的問題在於未能切中要害。「從這些自由女性主義原理出發的處理方式都行不通。根本行不通！在這時候，我們為什麼不能轉過頭來承認——那些傢伙是有內心世界的？」

這個越來越狹隘的方式有一個特別古怪的地方，那就是梭特爾所提的「轉過頭來」，事實上是由「女性主義」模式之男性改革行為的共同創造者在大約二十年前提出來的。已逝的傳奇人物艾倫．潘思（Ellen Pence）是領先全球的行為改革模式「杜魯斯模式」的共同設計者，她也是「女性主義」模式（該模式主張男人之所以虐待女人，是因為他們想要權力和控制）中最具影響力的倡導者之一。然而在世紀之交時，她卻改弦更張地表示，嚴格的「女性主義」模式並不完整，而且對某些男性施虐者而言，一點都不準確。所有的施虐者都是受到一種對權力的需要或渴望之驅使，這個理念「並不符合我們所輔導過的許多男性和女性的生活經歷」。潘思在一九九九年時寫道：「我發現我所訪談過的男性中，有許多並未明確表達一種意欲控制其伴侶的強烈渴望。雖然我不斷利用每一個機會對團體輔導中的男人指出他們只是在否認，但事實上，我跟許多同事都觀察到，他們當中幾乎沒有人曾經表達過這樣的渴望。」請注意，潘思談的是——是什麼讓施虐者覺得受到**驅使**。她並不是說施虐者並沒有在尋求控制其伴侶的權力，而只是說，獲取權力並不是他們覺得驅使自己施虐的原因。

潘思說，有很長一段時間，當她與同事在做團體輔導時，他們都認為那些男人的觀點無足輕重。那些施虐者會否認、淡化並合理化自己的虐行，對於其虐行背後的原因，他們所能說的大概都只是另外一個藉口而已。「如同我們所批評的那些男人，我們將分析縮小到一個心理學上的普遍真理——施虐是受到對權力的需要或渴望所激發。就像治療師堅稱它是一種憤怒控制的問題，或法官想要視之為酗酒問題……我們的理論跟我們所輔導的人的真實經驗之間的不同，也未曾令我們卻步。」

藉由將男性施虐者構陷為沒有深度的控制狂，潘思及其團隊將他們縮小成父權體制裡的小步兵——這個控制女人的古老體系裡的沒有臉孔的執行者。潘思寫道：「這個方式將複雜的社會關係縮小成了口號，像是：『男人這麼做是為了權力，男人這麼做是為了控制，男人這麼做是因為他能夠這樣或那樣……』」但是在回到個別的案例時，潘思及其同事們卻瞭解，他們必須對他們的方式做一個徹底的改變。他們開始構思一個能夠應用到**所有**暴力關係的家暴概念——家暴源自於某些人認為自己能夠凌駕於其親密伴侶之上的權利感，是一種由社會所形成且連結至父權體制的權利感。

一旦做了這個改變，潘思就看清了「不同的施虐者需要不同的治療」。在暴力隨意發生的關係裡——且不是較廣泛的控制體系中的一部分——治療施虐者的藥物上癮或精神疾病真的**能夠**終止其暴力，這是可能的。然而，這樣的治療並不足夠，因為若是一個脅迫型控制者同時有酗酒問題，僅僅讓他戒酒清醒並不能讓堅決控制伴侶的他終止其虐行。此外，想要讓眼鏡蛇類型的施虐者透過團體治療來獲得改變也沒有意義，因為他們對於改變「格外地抗拒」，而且對受虐者通常沒有感到愧疚或懊悔的能力。這些男人需要一個完全不同的方式。

潘思雖然承認男性暴力的多樣性，但她並未捨棄權力與控制的「杜魯斯理論」。毫無疑問地，許多施虐者想要權力與支配，而且覺得自己有擁有這些的權利。但女性主義對於男人為何施虐的慣常答案——因為男人想要權力與控制——本身並不夠充分。比較有趣的一個問題是：「男人為何**要**這個權力與控制？」還有：「他們為何要採取如此極端且破壞性的方式來獲得它？」

*

在一九七〇年代時，「女性主義」運動有一個明確的目標，便是要確保家虐成為一個連結「針對婦女之暴力」與「一個體制化的男性權力與特權的歷史」這兩者的政治議題，該方式已經讓此運動（以及我們的社會）有了相當長遠的進步。如今，他們對男性為何施虐有較複雜的理解，也在針對男性心智的運作上，給了我們深刻的見解。畢竟，最早告訴男人父權體制對他們也是有傷害的——因為他們所以為的控制與物質成就，其實是犧牲了他們豐富的感情生活所換取的虛假承諾——正是「女性主義」的學者們。沒錯，最早研究男性氣概，並闡述我們現在對男性內在感情生活大部分認知的，也是女性主義的學者們。「在一九七〇年代，」梭特爾說：「『女性主義』的心理分析就在檢視與男性相關的各種議題，例如男人的軟弱和依賴、他們對基本需要無法被滿足的高度敏感，以及他們對於在人際關係中被擊垮和背叛的憂慮等。這些方式現在常被抨擊為『反女性主義』，當然，它們不是——這是『女性主義』的基礎研究，而且在一九八〇年代時，它對於男性暴力的理解深具洞察。」

社會對男性氣魄的傳統概念（尤其是男性的權利），正是男性之所以會對女人施虐的關鍵，這一點無庸置疑。很顯然地，男性施虐者會在他們的關係中奪取權力並控制。但是，我們要回答的還有其他許多問題——男人有哪些不同的理由來解釋自己對控制伴侶的需要？這些男人到底在想什麼，使得他們竟然會想要破壞自己伴侶和子女的生活，甚至到連**自己的**生活都要摧毀的地步？我相信在我們對家虐問題的公開討論裡，這些都是被忽略的關鍵部分。

我們稍後會再進一步地討論父權體制，以及它如何影響那些創造出一個施虐心智的力量。但既然我們想要理解的是**心智**，我們也需要仔細檢視人類內心裡某些黑暗的角落。

只有結合「女性主義」與「心理學」兩者之觀點，我們才能開始真正理解男性對女性施虐的現象，並找到有效終結它的方式。

＊

小說家瑪格麗特・艾德伍（Margaret Atwood）有一句經常被引用的話——它讓我以一個全新的眼光來看待男人施虐的心智——她說：「男人怕女人嘲笑他們，女人則怕男人殺了她們。」艾德伍說她的這一句話，是衍自她在自己的朋友和學生之間所做的非正式調查。「我在我所教授的一門詩歌專題課裡問了幾位女學生：『女人為何覺得受到男人的威脅？』她們回答：『她們害怕遭到殺害。』」我問了我的一位男性友人：『男人為何覺得受到女人的威脅？』而他則告訴我：『他們害怕女人嘲笑他們，那會破壞他們的世界觀。』」

我們可以嘲笑這種對比且藐視男性自尊的脆弱，同時對於男人竟只關注這些瑣碎之事（而女人卻有真正令其恐懼之事）的可悲感到憤怒。或者我們也可以嚴肅地看待——有鑑於這些脆弱的男性自尊有多具破壞性——男人為何如此害怕被嘲笑？

我因此開始研究羞恥，以及「受辱之憤怒」。

第四章　羞恥（共同作者：大衛・霍勒 David Hollier）

在羞恥與無恥之間，有一條使我們轉向的中軸線；位於此兩極的都是最極端、最凶惡的類型。無恥與羞恥：暴力之源。

——薩爾曼・魯西迪（Salman Rushdie），《羞恥》（*Shame*）

尼爾・韋伯斯戴爾教授（Neil Websdale）是一位家暴警探，作為亞利桑那州旗手市「國家家暴死亡評估行動」的主任，他的主要工作就是重建家庭命案發生前的那幾天和幾個月間所發生之事。為了找到謀殺案件是如何發生及其發生的原因，韋伯斯戴爾同時透過受害者的眼睛——藉由她所遺留之證據和來自親友的證詞等——以及謀殺者的眼睛來檢視那些案件。他也採用了歷史學的角度——調查殺人犯的生活，有時甚至到監獄去訪查他——來辦案，這並不像是警方的調查（瞭解謀殺案以便設計出也許能阻止類似案件再度發生的死亡評估）。韋伯斯戴爾是第一位承認自己的工作並不精確的專家，他說：「女人及其家庭成員會將祕密帶進墳墓裡，跟犯罪者一樣。我們所面對的都是那些揮之不去、無法解釋的原因。」

在研究犯罪者幾十年後，韋伯斯戴爾說，沒有一個標準模式能真正符合他所做的觀察。在他檢視過的幾百位殺人犯中，他未曾看過僅被一種權力及控制欲驅使的男人，也未曾發現統一的障礙或精神疾病。但是他的調查卻一次又一次地將他帶回一個反覆出現的要素——羞恥，他說：「這些傢伙中有許多人給我一種他們很羞恥的感覺，且其中絕大多數人的生命歷程都沉浸在羞恥感裡——尤其是受損的男性氣魄。」

為了寫他的書《滅門的心》（*Familicidal Hearts*），韋伯斯戴爾曾對六十七位曾殺害自己親人的脅迫型控制者進行詳細的研究，他對那些人的生活及其殺人動機的分析，非常有助於我們對男性施虐者的瞭解；儘管這些男人對其家人行使了極大的控制，但他們事實上卻並未顯得很強大。「當然，透過對其所愛的人行使暴力、威嚇及灌輸深刻的恐懼，他們取得了一個短暫的優勢。」正如藍迪・班克勞馥特所描述的，他們也因「獲得了各種服務、付出和特權」而明顯取得了利益——絕不妥協後的豪華享受、對財務的控制、以自己的需要為優先及家人的伺候等——但他們的虐行並非僅受到對權力與特權之渴望的驅使。驅動他們施虐的那個因素深埋在他們內心，對親密與歸屬無法滿足的渴求，透過與另一個強大的情緒（羞恥）的連結而在其內心突變成了暴力行為。

要男人承認自己長期以來深埋心底的羞恥太痛苦了，更別說要將它說出來。當他們的羞恥被觸發時（我們很快就會探討到它的方式），他們能夠凌駕那個無法忍受的痛苦的唯一方法，就是用一種權力感去擊垮它——即使只是短暫的時間——於是他們因此透過突然攻擊、凌虐、控制或恐嚇自己所愛的人來完成這個需要，而這就是「受辱之憤怒」的破壞力量。

「受辱之憤怒」的概念是由美國心理分析家海倫・布洛克・露易絲（Helen Block Lewis）於一九七一年所創，在女性心理分析學者屈指可數的年代，露易絲是當時心理學領域的先鋒。她是第一位使用臨床方式研究「羞恥」與「愧疚」的學者，並為大眾引進一個新理念——某些男人會使用「受辱之憤怒」來保護自己免於無力和欠缺的感受，他們會藉由歸咎他人而重獲一種權力感，並避免那股無法忍受的羞恥感。想像一下校園霸凌時，年長的男孩對年幼的男孩說：「剛剛那句話你再給我說一遍試試看！」這就是校園版的因妻子膽敢挑戰他而毆妻的男人。露易絲出生並成長於紐約，身為一位堅定的女性主義者的她，將羞恥視為一種隱藏在抑鬱、執迷、自戀和偏執背後的「潛伏情緒」。羞恥是「潛伏者」，即使在治療室裡，它也是一個實質的禁忌；在她對數百個小時的治療課程所做的研究裡，露易絲發現，心理分析師很少與其治療對象探討羞恥，反之，當面對充滿羞恥感的治療對象時，這些心理分析師也只是簡單地（且錯誤地）將他們診斷為邊緣人格或自戀型人格障礙。這樣的問題一直存在。19

正如羞恥與暴力專家詹姆士・吉利根所指出的，那就好像我們對羞恥感到如此地**羞恥**，以至於我們根本無法開口討論它。

讓我們先釐清幾個與羞恥相關的基本原理。第一，患有反社會人格障礙的施虐者，如心理變態或反社會病等——也就是被識別為「眼鏡蛇」的那一群——並不會受到「受辱之憤怒」的驅使。在韋伯斯戴爾的案例評估和訪談裡，他發現患有反社會人格障礙的施虐者「似乎比較沒那麼脆弱跟依賴，比較少有被拋棄的焦慮感和被排斥的敏感，且明顯有比較嚴重的自戀、浮誇及情感疏離等問題」。事實上在韋伯斯戴爾的訪談裡，還曾有冷酷的罪犯將自己的謀殺行動形容為一場「超越」或「靈性」的經驗；不管羞恥是否在這些男人的罪行裡扮演了某種角色，它都需要更多的研究來給予證明。心理變態者**能夠**感受同理心跟羞恥，但他們的感受並非自發性的，而且也不會被那些感受淹沒。正如某位被診斷為心理變態者的人所描述：「在一個有十個刻度的示數盤上，假如大多數人對某種情緒的感受介於七跟八之間，那麼我的感受就是在零與二之間。」

羞恥不是愧疚，愧疚是我們做了某件壞事或辜負了某人時的一種感受。當我們覺得愧疚時，我們可以道歉，而如果我們獲得了原諒，我們也許就能夠免除自己的愧疚感。但是，沒有人能夠免除你的羞恥，這部分得靠自己，因為羞恥不僅是我們做了壞事時的一種感受而已，它是一種無法言喻的（且通常是深埋的）感受，像是「我很壞」、一種我「沒人愛」也「不可愛」的感受。「羞恥有何要求？」露易絲問：「要求你變成一個較美好的人，不要太醜、不要太笨、不要失敗？都不是。在當下唯一與它相稱的感受就是讓自己不存在。人們的確經常這樣說——我好想鑽進一個洞，我好想以穿過地板，我好想死。那是一種非常尖銳的痛苦。」要擺脫羞恥感並非易事，它就像化學燒傷般一直存在。

在暴力分子身上，「愧疚」與「羞恥」所產生的效果完全相反。許多針對德國和美國已定罪之罪犯所做的研究顯示：「愧疚比較可能說服犯人在將來避免犯罪行為，而羞恥……卻會引發一種想要攻擊『不正當的情感痛苦和社會指責』的渴望。這只會導致更多的壞行為，不會更少。」

在審視男性的羞恥及「受辱之憤怒」的破壞力量前，讓我們先花一點時間探討羞恥。羞恥是每一個人都必須處理的感情（即便是心理變態者，對其效應也是抿緊嘴巴的），我們回應羞恥的方式跟我們的成長、文化背景，以及——首要也最重要的——我們的性別，息息相關。

雖然我們的文化很擅長尋找各種複雜的方式來讓我們感到羞恥，但重要的是，我們應當瞭解羞恥本身並不是一種習得的情感。它是我們與生俱來的九種基本「感受」（affect）

---

19 二〇一二年，一項針對臨床醫生所做的調查發現，羞恥很容易在治療課程裡「被忽視或被積極地規避」。

之一[20]，在心理學上與憤怒、悲傷、恐懼、欣喜、期望、詫異、避味（避開不好的味道）及憎惡等處於同一等級。例如，一個想要媽媽抱的孩子，如果他的母親沒有接受他的要求，那麼他就可能展現出典型的羞恥反應——他的身體會萎頓下來，把臉轉開並垂下眼，不看媽媽的臉；因為想要與媽媽接觸的強烈渴望被拒絕了，他產生了一種羞恥的感受。

對羞恥的瞭解為什麼很重要？因為它告訴我們羞恥具有演化的目的。它的存在並不是為了讓我們變得悲慘，它對我們在群體裡的生存十分重要。加州大學的研究專家表示，就像痛苦的存在是為了預防我們破壞自己的組織，「羞恥的功能就是要預防我們破壞自己的社會關係，或者說，要激勵我們去修復它們」。當我們是群居的獵人時，我們賴以生存的就是社群的接納——讓我們所隸屬的那個小團體裡的其他成員重視我們，願意與我們分享食物、保護和照顧等。羞恥是一種有助於我們調整行為的情感，讓我們能夠權衡自己行動的可能後果，因為錯誤的權衡可能導致我們被驅逐、傷害或甚至喪命。

在當今，如果你遭到自己的社群驅逐，你不太可能會死。但是，在我們所愛並信任的人眼裡成為一個令人厭棄的人，那種恐懼仍然非常劇烈。為了保護自己免於受辱或被驅逐，我們會保存內心那些會讓我們被喜愛或厭惡的行動記錄。這就是為何家虐的受害者經常會守住自己曾受虐的祕密，而曾在兒童時期被性虐的受害者，也可能在幾十年後才敢對他人透露，因為人們害怕自己因此遭到族群的蔑視，而這樣的恐懼劇烈到使他們覺得有必要埋藏自己的遭遇。

在現代世界裡，引發羞恥的行為清單已呈幾何級數成長，對女人而言，羞恥的可能源頭種類繁多且千變萬化。現代文化讓女人有如走在鋼絲上——要性感但又不能**太**性感，要聰明但又不能令人生畏，要有主張但又不能堅持己見——儘管尚未做出任何錯事，只要稍稍落到不被接受的那一邊，妳**就**已經錯了。即便是情緒化（照理說是被認可的女性特質）都可能成為女性天生有缺陷的明證，能證明女性天生就不理性，並且不值得在權力地位上委以重任。引發女性羞恥感的原因如此之多，以至於要避開它們根本不可能。「對女性而言，」專研羞恥與脆弱的知名學者布芮妮・布朗（Brené Brown）說：「羞恥就是，妳什麼都得做並且什麼都得做得完美，同時還千萬不能讓他們看見妳的辛苦。」

另一方面，男人的羞恥則建構於一個牢不可破的原則——不可以軟弱。成為一個男子漢，就是成為一個強壯、有權力且能掌控的人；軟弱、脆弱與依賴都會打破男性氣概的第一條準則。對某些男人而言，些許情緒上的波動都可能令人難以忍受，使得他們非得立即驅逐它不可，而他們通常會藉由將之歸咎於某人或某事。在這種痛苦的時刻，他們也可能感受到一種迫切的「被照顧」需求，該需求甚至需要由他們正在攻擊的那個人來滿足。

一個人越是一絲不苟地認同嚴格的性別規範，他（她）就越可能在違背那些規範時感到羞恥。不論男女，對羞恥感的反應都可能很極端，只不過男人和女人對羞恥的反應方式還是有些區別。

---

20 由心理學家塞爾文・湯姆金斯（Silvan Tomkins：在羞恥的研究領域裡最具影響力的學者之一）所定義的基本感受。根據湯姆金斯學院的研究，「感受」是一種架構人類的「與生俱來的生理反應」，這九種感受從我們出生起，便與我們同在；它們有助於我們生存。

*

羞恥不能作為男性施虐的藉口。許多男人即便本身強烈地感受到羞恥或嫉妒，也不會以暴力或虐待的方式來反應。就像那些曾在孩童時期遭過虐待、羞恥或忽視的男人，通常會在長大後發誓絕不會重蹈自己父親或母親施暴的覆轍——他們會在自己的伴侶和子女身上實踐關愛與溫柔，並因此贏得自己的驕傲；也有些男人會花費時間和精力處理自己深沉的羞恥和憤怒，以避免在最後把自己的痛苦發洩在他人身上。

然而，施虐者在面對自己的羞恥感時，卻選擇了抵抗最少的那條路。他們不僅不承認自己的無力感及獨自忍受著不安，反之還會指責別人，並且如同校園霸凌那般，訴諸暴力以獲取一種虛假且多半短暫的權力和驕傲感。婦女及兒童在那些拒絕處理自身痛苦和挫折的男人手上，承受著恐怖的虐待——有時甚至導致死亡。

抵禦羞恥是一種基本的人性本能，因為羞恥就其性質而言是一種難以容忍的感受，但是正如治療師們不斷重複指出的：「造成一切問題的根由並非我們對羞恥的感受，而是我們回應它的方式。」每個人回應羞恥的方式差異極大，著名的美國精神科醫生唐納德·納坦森（Donald Nathanson）在他於一九九二年出版的書《羞恥與驕傲》（*Shame and Pride*）裡區別出四種人類對羞恥的反應，分別為退縮、自我攻擊、逃避與攻擊他人；而當羞恥感襲來時，這四種反應又各自「隱含著數不清的方式」。藉由「退縮」來回應羞恥的人，可能會垂眼看著地上或完全逃避與他人接觸，而驅使「退縮」回應的其實是畏懼——因為害怕他人看到自己曾經歷的羞恥而遭蔑視。事實上，退縮是處理羞恥最勇敢的方式，傾向於退縮的人，是最可能在不傷害自己或他人的狀況下進行羞恥的處理，並度過它所需的情緒的人。

另一個反應就是「自我攻擊」——為了掌握自己所感受到的懲罰而否認或摧毀自己，較輕微的狀況是幽默的自貶（在別人開口前搶先調侃自己），然而當羞恥感難以抑制時，反應就會變得劇烈，可能導致自我厭惡或甚至自戕。

對羞恥的四種反應中，最無形的也許就是「逃避」。這在極端的案例裡是自戀者的領域，他們會架構自己的整體認同與生活風格，以逃避任何可能的羞恥感。如果你覺得羞恥跟自戀是對立的兩端，不妨想想自戀者本身的矛盾性——不論他們有多浮誇、多愛引人注意、高自尊多無懈可擊等，自戀者總是不斷地在他人身上尋求認同與奉承，而且，即便最微不足道的挑戰或羞辱都會引發他們凶猛的反應。這並不是一種自信且強大的性格類型，反之，正如露易絲所述，這是一種想逃避根深柢固的羞恥感與無價值感的性格。而這也是自戀型男人特別危險的原因，當他們準備建構自己的整個性格——他的傲慢、極度的自戀和浮誇等——以作為抵禦其羞恥感或愧疚感的防火牆時，對於那個威脅要推倒該牆並暴露其真面目的人，他們可能會做出什麼事呢？

而第四個（也是最後一個）對羞恥的反應——「攻擊他人」——在所有反應中最具破壞性。攻擊他人能夠抹除羞恥感，並以驕傲取而代之，儘管那種驕傲感很短暫，且攻擊的行為本身可能使人**更**感羞恥。

在此，我們將瞭解羞恥最具破壞性的形式——「受辱之憤怒」。正如納坦森所述：「多數人會發現這些就是我們社會中真正危險的人，因為沒有人能夠真正成功地逃避羞恥，因此我們在生活中都冒著受其憤怒波及的風險。這些必須攻擊而非退縮的人，把我們的公共領域變成了他們行凶的個人地盤。」

＊

藉由攻擊來回應羞恥的通常是男性，這讓我們不得不提出這個問題：「為什麼？」而這個答案最常總結於兩個字：「睪酮。」一般而言，會說明睪酮（在男人身上的量遠大於在女性身上的）就是「侵略荷爾蒙」，而它就是男人為何比女人暴力的原因。結案。

然而，如果你們一直都這麼認為，那麼現在就是我們重新開審男性暴力案的時候了，因為**造成**暴力的不是睪酮。慢著，我聽見你們在說：「睪酮與暴力有關聯，此觀念的背後一定是有什麼說法吧？」答案……是，也不是。

全球生物學及神經醫學的領先專家之一羅伯・塞波斯基（Robert Sapolsky）在衡量睪酮於男性暴力中所扮演的角色時，列出了其基本重點——當睪酮在面對挑戰激升時，它並不會**促發**侵略行為。「反之，」塞波斯基寫道：「它會促發為了『保持地位』所需的任何行為。」換言之，睪酮不是一種**侵略**荷爾蒙，它是一種**謀求地位**的荷爾蒙，而雄性靈長類動物會透過侵略來維持其地位。塞波斯基問道：「但如果護衛你的地位所需的是要展現出和善的樣子，你會怎麼做呢？」我們因此知曉了生物反應如何被我們身處的文化所塑造。例如，當某個男人真的相信其地位會在他成為「世界馬桶清洗冠軍」時提升，那麼他的罣酮水平便會在他跪在馬桶前賣力洗刷時變得洶湧。塞波斯基說：「問題不在於罣酮可以提升侵略程度，問題在於我們獎勵侵略的頻率。」

而如今對於男性而言，讓他們顯得擁有至高地位的，或許就莫過於「一切盡在掌握中」的樣子。

＊

詹姆士・吉利根的大半輩子都在北美及英國各地的監獄裡輔導暴力犯，在他輔導過的幾千名罪犯中，吉利根發現了一個共通的元素。「這些暴力犯有一種普遍的狀況，那就是他們都保有一個祕密。一個內心深處的祕密。而那個祕密都會讓他們覺得羞恥——一種深刻、長期性且尖銳的羞恥。」吉利根自己的父親就是暴力分子，而他的妻子則是女性主義界的「搖滾巨星」兼倫理學家和心理學家的卡洛・吉利根博士（Carol Gilligan）。吉利根對於多數自己輔導的囚犯及精神病患，在描述他們為何攻擊或殺害某人時經常會提到的一個相同理由，感到印象深刻，他說：「他們會一次又一次地回答說：『因為他不尊重我。』」事實上，那些囚犯頻繁地提到這個理由，到最後他們乾脆用一個簡略的俚語表達：「他不鳥我。」

從犯罪者的角度檢視羞恥與暴力之間關聯的學者不多，而吉利根是其中最受尊敬的一位。在輔導暴力犯將近四十年的時間裡，他得出了一個相當令人信服的理念：「所有的暴力皆始於羞恥。」事實上，暴力的目的就是為了消除羞恥，並以驕傲取代之。

羞恥是一個很少人理解的概念，因此吉利根列出數十個同義字，包括「被侮辱」、「被打臉」、「不被尊重」、「被貶謫」、「被貶抑」、「被詆毀」、「被揶揄」、「被欺負」、「被奚落」、「被嘲弄」、「被排斥」、「受挫」、「易遭受輕蔑」和「羞辱」等；「丟臉且被當作微不足道的人」、「感到自卑」、「無能為力」、「不能勝任」、「軟弱」、「無知」、「可憐」、「醜陋」、「不重要」、「無用」、「沒有價值」與「失敗者」等等。吉利根表示「羨慕和嫉妒」是羞恥的兄弟姊妹，因為它們都會引發自卑感，並使羞恥更加深植於心。羞恥占據了人類經驗的核心，以至於我們能用來形容它的字眼多如牛毛。

如同吉利根所輔導過的暴力犯，家虐犯者對於別人「不鳥他」超級敏感，並經常將其伴侶無害的行為詮釋為一種刻意為之的人身攻擊；「國家男性諮商服務熱線」的電話諮商師一天到晚都會聽到犯事者發出這類的控訴。我與一群電話諮商師在他們的總部碰面——為免工作人員被情緒不穩的罪犯找上門洩憤，因此總部的地址並未公開——電話諮商師表示，男人會打求助熱線，通常是因為他們的伴侶早就催促他們這麼做，或已經給他們下了最後通牒，而典型的通話內容如下：「我剛剛跟我老婆吵架，我對她有暴力的行為。我不確定我為何動手，或發生了什麼事。我老婆一直跟我說我有問題，並給我這個號碼……情況越來越糟，我剛剛忍不住炸了。我現在心裡很亂，不知道該怎麼做。」

然而，還有更多的電話是從總部打出去的。這裡的電話諮商師會打電話給最近因家虐罪行而遭起訴的男人，他們的號碼會由警察提供給求助熱線。蓋伊・潘納（Guy Penna）

是此求助熱線的組長，而他聽過全世界所有的藉口。「我輔導過一些有暴力事件的傢伙（已經報了警的），他們表示一切都起因於他們的伴侶把垃圾桶放到外面去的方式。『沒有直接放到路邊，沒有遵守規矩。』」

家暴的真正原因幾乎從未出現在警察的報告裡。「有時你得在一會兒後才能搞懂事發的原因，那原因可能是：『喔，她三週前對我母親不尊重。』」諮商師布雷特・湯姆林森（Brett Tomlinson）補充道：「或是，『四個月前她跟她的閨密出去玩，而且沒有跟我道歉，我到現在還耿耿於懷。』」

這些都是荒唐又可笑的新聞頭條——類似「男子因妻子烤焦吐司而殺害她」——背後真正的故事，就像二〇一三年，名人主廚奈潔拉・勞森（Nigella Lawson）在倫敦高檔餐廳內被她的藝術收藏家丈夫查爾斯・薩奇（Charles Saatchi）公開勒喉的事件。勞森後來在法庭作證表示，當時她注意到他們鄰桌有一個「可愛的寶寶」坐在嬰兒車裡，於是便隨意地跟薩奇說她很期待能成為祖母。而在聽到她這麼說之後，薩奇竟勒住她的喉嚨，並咆哮說：「我是妳唯一應該關心的對象——我也是唯一可以給妳快樂的人。」但他對媒體卻表示，那起事件只是他們之間一個「開玩笑的小爭執」。

吉利根寫道，暴力男會因「為如此瑣碎的理由感到羞恥」而更感羞恥，並進而想將這種羞恥感隱藏到內心深處；如此一來，該羞恥感就更不可能被承認，而更可能以暴力的方式顯露。潘納說電話諮商師們最常聽到的一句話就是「她激怒我」。「如果你不贊同我，如果你沒有百分之百支持我所說的一切與所做的一切……你就是在挑戰我。」他描述許多來電男性的心態：「如果你挑戰我，那麼你就是在傷害我並攻擊我。」他們認定自己的世界觀就是唯一的觀點，而任何對該觀點的挑戰都會造成混亂並需要他們有所反應，就像是被壓迫時的反彈。

羞恥會讓我們嚴重扭曲他人對我們的所言所行。誠如緬因大學的茱蒂絲．葛拉罕（Judith Graham）所述：「一個困於羞恥的人會聽見人們話中的嘲弄，即使其中沒有嘲弄；一個困於羞恥的人，會失去辨別自我內在的無價值感和日常事件之間的能力。」他們把自己視為「被嘲弄的對象」。在施虐者的心智裡，他們都覺得自己多少曾受過其伴侶的羞辱——不管真相有多荒謬。這也是為何施虐者常認為自己才是受害者之故。

既然已經遭到攻擊，他們便認為自己有權利反擊，或是設計出一套更加嚴密的控制策略來阻止其伴侶再次傷害或不尊重他們。正如吉曼．基爾（Germaine Greer）在她的文章〈談憤怒〉（*On Rage*）裡所闡述：「一個有血氣的男人，不應該溫馴地接受他人的侮辱與貶抑。他不應該讓那些他認為做了壞事或不義之事的傢伙逃掉。他會要求審判並以自己的判斷來採取行動。」

男性施虐者的受害者心態有時令人驚奇。為了寫作博士論文，蜜雪兒．瓊斯（Michelle Jones）訪談了六十六名同意參加一場為期十二週的「行為改革課程」的南澳男子，而其中一名叫做彼得（Peter）的男子，將他在課程裡所學到的各種虐待，扭曲成自己就是受害者的證明。瓊斯寫道：「彼得說他是性暴力的受害者，因為他的伴侶拒絕跟他發生性關係。」

會施虐的男人——其中有許多曾被起訴過——在致電「男性諮商服務專線」時通常會打受害牌。雷特・湯姆林森說那些電話通常都有很鮮明的腔調：「女人打電話來是想終止暴力，而男人打電話則是想表示自己是受害者——他們希望她們受到懲罰。這其中的差異很大。你從人們的腔調就可以聽出來——她們通常會對自己即將說出來的話感到抱歉，她們不想讓他們太難看，只想要暴力終止，但男人打電話來則會說：『我是受害者，她應該受到懲罰。我可以把她送到哪裡去？』」

對麥特・波爾頓（Matt Boulton）而言，不被尊重是引發他暴力的主要燃點。「我以前不明白『尊重』是必須靠努力贏得的東西，我就只是把它視為我的權利之一。」波爾頓回顧自己經常施虐的那一段期間，當時的他有很深的不安全感。「我們二十歲時就結婚了。我離開父母後就直接進入了婚姻生活。我不知道怎麼當個丈夫，也不知道當個男子漢的真正意義為何。回想起來，那時的我就只是一個小男生，被困在一個成熟的男性軀體裡。就跟許多傢伙一樣，尤其在那個年紀。」而當他開始覺得自己並未獲得「應該」擁有的無條件尊重時，他便開始「踩過線了」。他漸漸開始「拔高聲音，叫罵詛咒」，情況隨著每一次衝突一點一點地加劇，直到最後訴諸肢體暴力。「一開始的程度也不嚴重……可能就是把門關上，說：『不行，我們現在就把事情說清楚。』也可能用力捶打牆壁、摔東西、限制她的行動之類的。」現在，波爾頓在南昆士蘭州的許多教堂裡開辦他個人稱作「斷路器」的行為改革課程，為志願前來處理自己的暴行的男性提供諮商與輔導。「我們所面對的是一個全國性的流行病，」波爾頓說道：「而我們還沒有足夠的專家來處理它。」在課程一開始時，他會請學員們描述他們為何覺得需要控制自己的伴侶。而波爾頓一次又一次地聽到相同的回應。「如果一個傢伙曾經被強烈地控制過——可能是霸凌、成長於暴力環境中或性虐等——這些都可能讓他產生一種想法：『我絕對不要再被控制。從今以後，我要當那個控制的人。』」

但是，這些男人中有許多也都如嬰兒般地需要著他們伴侶的愛——驅使其控制型虐待的一種脆弱感及依賴感。由於長期在新南威爾斯監獄進行「男子行為改革課程」，安德烈・馮・歐天納經常輔導在生命中歷經掙扎的男性施虐者；他表示，當這些男人終於找到一個接受他且愛他的人時，他們並不會很快地放棄暴虐的行為。「他們的害怕是：『如果我放下對這個人的控制，那麼她就會離開我。我會被拋棄，而我知道那是什麼滋味。我會丟臉，因為她會勾搭上其他人。』因此，為了預防這種事情發生，他們必須緊緊抓住對方。要把其他混蛋都趕得遠遠的，並把她藏在自己的羽翼下，以免她跑出門去。然而，當他們抓得那麼緊，使對方覺得窒息，並且稍有差池就要對對方施暴……對方就不會再像以前那樣愛他們了。」

這種依賴感和無力感——最能引發男性羞恥的強烈因素之一——經常（當然並非總是）可以追溯到施虐者的童年，而且並不需要是一個特別充滿凌虐的童年。作者唐納・杜登和蘇珊・葛蘭特在其暢銷書《施暴者的心理概況》（*The Batterer: A Psychological Profile*）裡指出，有兩種最常導致男孩長大後成為暴力男的親本類型，一種是冷漠且拒絕他的母親，另一種則是會羞辱他的父親。對男孩而言，這些類型的撫育可以輕易地畫出一個未來軌跡：

有一種人內心的羞恥找不到表達的出口，直到一個親密的關係建立，而隨之披露的還有危及其內心平靜的脆弱情感，以及多年來小心畫出的面具。那張面具也許是一個「硬漢」，也許是一個「冷靜的人」或者是一個「紳士」。不管他為自己畫的是何種面具，都無關緊要。現在，有個女人威脅要走到後臺去看他卸妝後的真面目和他的羞恥。然後，令他自己驚訝的是，他開始憤怒。他覺得有時是惱怒，有時像狂怒。他很震驚也很驚訝。憤怒過後，他可能會立即道歉並感到羞恥，但是他無法承受那個情緒；那種感覺太痛苦，讓他憶起那些多年來深埋的傷害。於是，他將一切歸咎於她。假如這個情況重複發生在他與不只一個女人之間，那麼他就會從歸咎於她變成歸咎於「她們」。他個人的這些問題會在一個不斷進化的仇女情結裡找到藉口……這時，這個男人便具有了親密暴力的能力。這個世界沒有女人能夠拯救他，雖然有些會想盡力。

當男性施虐者成長於一個暴力的童年時（從小目睹父親毆打並羞辱母親），他們會做的不僅是重複習得的行為而已，反之，正如杜登與葛蘭特所述：「虐行是一種習得自我維護的手段。為了保持其不穩定的自我概念之完整，男性施虐者會對暴力上癮。他感到強大且完整的唯一時刻，就是當他行使暴力時。」心理分析家埃里希・弗洛姆（Erich Fromm）說得更直接：「想要對一個活生生的人擁有絕對且無限制的控制……就是要將無能轉變成萬能。」

*

凱文（Kevin）很小就在父親的教導下學到了羞恥。由於家裡的農場很偏遠，他沒有去學校，而是由父親在家為他授課。身為浸信會的傳教士（兼有推銷員、警察及軍人的背景），凱文的父親很嚴厲。他會因為不誠實而受到父親鞭打，或因為沒做家務事而受到嚴酷的斥責和貶抑。十九歲的凱文在汽車旅館的房間裡勒死了他的未婚妻喬安娜（Joanna），調查員在房間裡發現他留給父親的一張小紙條，上面寫者：「我很抱歉總是讓你失望。但是我愛你。」

尼爾・韋伯斯戴爾教授是評估該謀殺案的小組成員之一，而以下的細節皆來自韋伯斯戴爾的報告。這是一個稀有的法庭分析，因為它包括了犯罪者的觀點。此報告描述了一個年輕人，他在一個苛刻的南方家庭作風的規範下成長，卻未能「符合」該規範對男子氣概的期待。在青少年時期，這個年輕的小農工就因為摔馬而跛腳並一直受到羞辱，也因為自己個子矮小而常感困窘，他的同儕也因為這樣總是作弄與嘲笑他。十四歲時，他開始跟啤酒和威士忌展開了一段「毀滅性的關係」，而這也違背了他父親嚴格的告誡——他告誡自己的子女，酒精飲料都「來自惡魔」。沒多久，他就開始闖禍、惹麻煩，像是打架、駕駛超速、酒駕被捕等。凱文因自己的失敗而憤怒，雖然他看起來好像很容易相處（也會吹噓自己在床上有多厲害），但他其實非常孤立，並且容易發怒。為了紓解自己，他會拿起他的十二口徑霰彈槍，走到較遠的草地去，然後「對著水槽之類的目標亂射一通」，或「把某個東西——不是某人——痛敲一頓」。

凱文並沒有特別仇視女性的態度——沒錯，事實似乎正好相反——從小就被教導「不能打女人」的他，對女性朋友總是很照顧。正如他一位童年時期的朋友寫給法官的一封信所說：「凱文會送我回家，這樣我就不用自己一個人走回去……他一直都很紳士。每次我們出去玩，凱文一定會幫我付帳，不管是什麼。」

然而，這個騎士精神的背後卻隱藏著某種黑暗的東西。這種固執且保護性的男子氣概在極端時——女性通常會貪圖的一種特質——可能展現出某種跟殘暴的仇女心態同樣具破壞性的東西。正如在維多利亞州「對暴力說不」單位工作的羅德尼・弗萊斯（Rodney Vlais）所闡述的，男性施虐者常常將「盡職保護」作為其施虐的理由。「我們不能理所當然地以為男人都不在乎其伴侶及家人的安全。」他說：「是的，有些男人誠然不在乎，但對其他男人而言卻是：『我的任務就是保護妳。』然而，以一種超級男子氣概的保護型式則是：『**我守護家人免於外界之危險，我守護家庭的財務狀況**。』如果女人因為違抗他而妨礙了他所認定的保護，那麼他就會採取另一種態度，一種他相信她需要被導回正軌的手段——而那也是為了她的安全考量。」假如她拒絕他的保護或甚至用違抗羞辱他，那麼她便冒了成為另外一種類型的女人的風險——一個沒有任何安全保障的婊子，不管她有何遭遇都是活該。

有騎士精神的凱文不顧父親的反對加入了空軍，在那裡他遇見了喬安娜，她是一個獨立且有野心的女人，而她加入空軍是為了「看這個世界」。凱文理想化了喬安娜——她比他能幹、兩性經驗比他豐富、性格也比他成熟——害怕她會看見他的軟弱、他的缺乏價值，然後離開他。在一個月的熱戀後，凱文跟喬安娜求婚，而當她同意後，他便開始催促她訂下婚期，擔心她很快便會發現他的不成熟以及「不是很能幹」。這些性格特質在他人眼裡並沒有很明顯，許多人形容凱文是一個隨和的「好人」。不過，喬安娜的一個朋友確實曾瞥見過他的黑暗面——她形容說，凱文很「緊繃」，並且曾在解釋他為何想要成為空軍的一名技術講師時，告訴她「挑釁別人、對他們大聲吼叫，就是他想做的事情」。

其實警訊很早就出現了。凱文非常嫉妒喬安娜的前男友，有一次還因此把她推撞到牆上去，另一次則是對她大聲咆哮、用髒話咒罵她。大約在謀殺案發生的前三星期，喬安娜的室友聽到她對著凱文嘶吼道：「你敢再這樣抓我的臉，我就要你好看！」當她問喬安娜是否還好時，喬安娜跟她抱怨說，凱文「太幼稚了」。

另外，凱文還有酗酒的問題。喬安娜勸他去上戒酒課程，但之後卻又買了烈酒給那個未成年的憲兵，以便她和凱文可以在周末時離開基地，到外面去飲酒狂歡。那倒不是說喬安娜被凱文迷住了，正如韋伯斯戴爾所闡明的，喬安娜「很清楚自己想從那個關係獲得什麼，她對自己所不能容忍的事情也很堅持」。

目擊者後來見證表示，這樣的自信及情感力量，可能是致使凱文決定勒死喬安娜的原因之一。在謀殺發生的前一天，喬安娜和凱文住進一間汽車旅館，要在那裡飲酒做愛。但喬安娜警覺到凱文飲酒太過量、企圖把她關起來及情緒很不穩定等。當晚，凱文因飲酒過量而昏厥，使得他們美好的晚間計畫也因此泡湯，於是第二天他們大吵了一架。喬安娜告訴凱文，她不想嫁給一個酒鬼，並把訂婚戒指拔下來扔到凱文身上。凱文後來跟監獄的精神科醫生說，當他們大吵時，「憤怒竄過我全身，我捏緊了拳頭，兩條腿變得麻木」。因為宿醉，凱文吐了一地。喬安娜不想付清潔地毯的費用，於是打電話給她的朋友瑪莉（Mary），請她帶地毯清潔劑到汽車旅館來。當兩個女生把地毯清洗好後，喬安娜便問躺在床上半睡半醒的凱文，她是否可以跟瑪莉出去吃午餐。凱文語帶諷刺地同意了，於是兩個女生便離開了。

出門後，喬安娜告訴瑪莉說，她計畫跟凱文分手，而當瑪莉送喬安娜回汽車旅館後，凱文問喬安娜是否會留下來。她的回答聽起來有點「迴避」，而凱文一想到她會跟別人在一起，整個人就被那個噁心的念頭擊垮了。凱文說，他在喬安娜躺在床上時將手圈住她的脖子，而她回說：「噢，凱文，不要。」然後咬他的手指。當他逐漸用力時，她尖叫、掙扎並且與他扭打，直到兩人都跌下床去。最後，凱文就在地上勒死了她。在調查員問話時，凱文說：「她跟我說她不想再跟我有任何關係。我當時很害怕、生氣、緊張……使用力勒住她，直到她斷了氣。」

然而凱文並非失控——他在自己的證詞中透露，在勒死喬安娜的那幾分鐘裡，他從本來的反應式憤怒逐漸轉成了有意識的選擇。凱文在對調查員招供時承認，「一開始」他的確匆忙地想要勒死她。「但最後，我真的想要鬆手，但我知道我不能，因為她一定會跳起來對付我。」尼爾・韋伯斯戴爾說，在凱文勒死喬安娜的那六到八分鐘裡，凱文因為意識到他即將被拋棄而感受到的羞恥和「受辱之憤怒」，被「迅速且暫時地恢復驕傲感及控制感的一股怒氣」所取代，而他謀殺的動作也在當下暫時地驅散了他的焦慮和恐懼。

在凱文勒死喬安娜的那幾分鐘裡，他所可能擁有的任何驕傲感或控制感都是短暫的。他看著地上已經斷氣的喬安娜，開始感到「害怕」，於是便試圖「把它弄成一副出了意外的樣子」。他把喬安娜的屍體搬到床上去，然後開始凌虐她的屍體，想讓她看起來像是因為激烈性愛而死的樣子；他脫掉她的衣服並咬傷她的胸部，接著用手性侵她的下體。凱文後來表示，對屍體的褻瀆比起他曾做過的任何事都更令他感到羞恥。凱文說他在隔天數度試圖自殺，他最後駕著喬安娜的車，在一條穿過鄉間的快速公路上衝向一輛迎面而來的拖拉機牽引車。當他想逃離現場卻被趕來的警察逮捕時，他向警方認罪並告訴他們藏屍的地點。

我們若從女性主義模式的觀點來檢視這起謀殺案，我們可能會認為凱文在自己的證詞中所提的艱辛的童年及被拋棄的恐懼，只是一個殘暴的男人想淡化自己的罪行並獲得一個較有利的公聽而想出的差勁藉口而已。在這樣的觀點裡，凱文只是因渴求終極權力與控制，而激發了謀殺之怒的其中一名男性罷了。

從受害者的角度來檢視，這當然就是整件事情的樣貌，但正如我們之前曾讀到的，在施虐者**看起來**有多強大與他們**感覺**自己有多強大之間，通常有著極大的差異。而我相信，這正是家虐的主流理解所欠缺的主要因素之一——也就是，在男人掌握控制前的那個時刻、在他體會到訴諸暴力所湧現的權力與驕傲的瞬間，他能夠感受到自己非常脆弱且無力的事實。

心理學家傑克・布朗（Jac Brown）曾在二〇〇四年時，對二十四名來自新南威爾斯的男性施虐者進行一項研究，那些男性說他們的暴力情緒通常具有順序——一開始他們會感到脆弱，然後害怕，接下來則是憤怒，而這一連串的情緒（最初的羞恥感、屈辱感、脆弱感到最後的暴虐反應等）可能會在瞬間發生。就像電燈發亮的原理——打開開關後，一股電流被啟動，而那股電流會經由電線進入燈泡本身，然後電荷會點燃燈絲並產生出亮光。我們看不見電流如何從開關行進到燈絲，我們只看見燈亮了；看待施虐者時亦然，那一連串情緒發生得如此迅速，以致我們唯一看得見的就是爆發的怒氣，例如冷酷的憤怒與羞辱的言語等。然而，正如韋伯斯戴爾、吉利根及其他學者所主張的，對親密伴侶所真正發揮的權力與控制，通常是由一股潛在的無力感以及一種對脆弱——尤其是羞恥——的恐懼所激發。

然而，吉利根寫道：「雖然羞恥一開始令人痛苦，但持續的羞恥只會導致一種如死一般的感覺……當羞恥到達了壓垮性的強度時，它會如寒冷般給人一種麻木與死亡的感覺。在但丁（Dante）《神曲》的〈地獄篇〉（*Inferna*）裡，最底層的煉獄並非烈焰之區，而是寒冰之地——絕對的冰凍之寒。」[21]

如果我們仔細思考凱文的證詞，就會看見一幅我們在家虐中不常看到的圖像——凱文

21 這提出了一些有趣的問題，關於羞恥在一個反社會人格障礙——如社會病態者——所扮演的角色為何，以及「眼鏡蛇」類型的男人如何體驗羞恥。

從未感覺自己強大或擁有特權，他是一個幻想著要守衛國家核子武器的年輕人，是一個從小就被教導保護婦女是一種榮譽的男人。然而，他的大男人氣魄卻遮掩了「稀薄的自我感、不穩定的男性氣概認同……而這些都被他自覺或不自覺地為了安撫自己的恐懼、憤怒和焦慮而大量消耗的酒精給泡爛了」。除了妄圖控制喬安娜及威嚇的行為外，我們在凱文身上「也看到了程度焦灼的個人脆弱、無力感、依賴及被拋棄的恐懼等」。這種被拋棄的恐懼——在執迷且控制欲超強的「鬥牛犬」類型的施虐者身上很普遍——不僅是一種孤家寡人的恐懼，而是一種源自於羞恥、害怕自己的缺陷和不值得人愛的真相會被揭露的恐懼。正如韋伯斯戴爾所總結——激發凱文謀殺之舉的是，他以為未婚妻可能會棄他而去時所感受到的「受辱之憤怒」。

＊

那些在感到羞恥時便攻擊他人的男性，並非永遠都是如此，但為了改變此一行為模式，他們需要能夠**看見**自己的問題。

凱莉・道斯（Kylie Dowse）所輔導的「男性行為改革課程」，是我見過的此類課程中成效最大的。凱莉是一名合格的治療師，也是家虐預防的倡導者；她形容自己是一位原住民女性主義者，服務婦女與孩童倖存者已有二十幾年的經驗。十年前，道斯邁出了非典型的一步，並開始輔導男性施虐者。她會這麼做是因為倖存者一次又一次地告訴她，她們要的是「終止暴力，而非終止關係」——那些婦女最需要的，就是終止男人對她們的虐待。

於是道斯想找出一個有效的方式，而這便是「洞見」——專為男性施虐者設計的團體輔導課程，一周上課兩次，為期十二週——初始發展的原因。

當道斯開始舉辦這類團體課程後，她注意到一個特別強烈的主題——男性的羞恥感會阻礙他們誠實地面對自己的虐行。他們會堅持將過錯歸咎於另一方，像是「要不是她說了那句話」、「要不是她這麼做」、「要不是她那麼做」、「她明明知道我的脾氣」等等，而這讓道斯開始思考羞恥在男性暴力中所扮演的角色。

於是她開始改變方針。在某次的團體課程中，道斯請那些男人做一項實驗——假如「羞恥」就在這個教室裡，它會有何種面貌？令她驚訝的是，所有的男人都說羞恥是「男」的。「我原以為它可能是一位好戰的母親之類的，但那些男人都認為，羞恥是非常男性且非常吹毛求疵的東西，而這種男性的羞恥侵占了他們的思維——他們很糟、他們無法改變——因此最好的辦法就是，他們乾脆假裝什麼事都沒發生過或將問題歸咎於他人。」羞恥告訴這些男人，如果他們說出自己曾經做過的事，他們就會被排斥。道斯表示，因為他們所做過的事如此卑劣，以至於別人不會再用與原來相同的方式來看待他們。

羞恥一旦有了臉孔和聲音，該團體便開始嘗試讓羞恥現形。「這些點子都是來自團體中的那些男人。我們說：『咱們把羞恥放在椅子上，如何？』於是我們搬來了一把椅子，將一張寫著『羞恥坐在這裡』的紙貼在椅子上。」某晚，他們讓羞恥跟他們坐在一起圍成一圈，而其中一名男子說：「我實在無法忍受羞恥坐在那裡這樣看著我。」於是全體都同意將羞恥放到室外去。「我注意到，」道斯說：「當那張羞恥之椅被搬到室外後，那些男人都紛紛說出：『感謝上帝，終於把那個白痴弄出去了』、『滾出去吧，我們這裡不要你』這樣的話。」

但這樣做感覺有點不對，當晚道斯回家後便開始思考哪裡出了問題，忽然間她意識到了一點。「我們做了什麼事？我們因為不喜歡某個東西，就將它移出這個房間，然後虐待它。」到了下一週，她向團體提出一個建議。「我在想，當羞恥被要求離開這個團體時，我們是如何對待它的。」她說：「我們不如把羞恥送到一個支持團體去，如何？因為聽起來它似乎有不少問題。」在全班的支持下，她走到清潔工具櫃去，把一張寫著「羞恥支持團體」的紙貼在上面。之後他們開始了一個全新的動態——當那些男人來上課時，他們就會把羞恥丟到它自己的支持團體去，如此他們齊聚時便「沒有了羞恥」。

這聽起來或許有點蠢，但道斯與該團體所做的事卻極具開創性——他們不僅要讓羞恥（一種令人難以忍受且深藏的情緒）現形，也要讓它變成一個可以打趣的對象。當團體中的某人發出一個由羞恥驅使的評論時——如淡化自己的虐待、歸咎其伴侶等——該團體中的其他男人就會去干預，並說出一些提醒的話，像是：「哦哦，我認為我們有了問題——我覺得你的羞恥跑出來了。」忽然間，這些男人不再躲藏在自己的羞恥背後，而是公開地討論它，並且互相問責。

道斯開始注意到羞恥與責任之間有一個直接的關係。將男人從其羞恥解放出來後，他們終於能夠為自己的虐行負責，但那並不是那個團體裡的主要改變。「一開始，總會有人吹噓些他們打架的戰績，說自己有多酷、多厲害，或是沒有人占得了他們的便宜等，尤其是那些曾經入獄的男人。團體裡沒了羞恥後，男兒不再有淚不輕彈。他們不再逞強。」當男人不再受羞恥的驅使說話或不再逞強時，有些改變發生了——他們開始用比較符合受虐婦女的描述方式來談論自己的虐行，把自己放在有過失的那一方位置上；當他們放棄歸咎自己伴侶的那種需要時，思考自己的虐行如何傷害伴侶、子女以及他們自己，就變得比較容易了。

該團體中改變最驚人的是一位叫做保羅（Paul）的學員。他與他的伴侶克莉絲朵（Crystal）之間有一段很長的暴力史，他也曾因此數度入獄。某晚上課時，保羅談到他與自己伴侶間所發生的事。一開始，他會機械性地說：「沒錯，她就……」然後他打斷了自己。「我幾乎又要怪她了——我的羞恥一定又回來了。請讓我拋開羞恥、重新開始。」保羅停頓了一會，然後說：「我本來是要說都是她在逼我、一直逼我、逼我，然後我就發飆了。但我真正想說的是，都是我的問題，而且我覺得糟透了。我不應該那麼做。那並不是她的錯，從來就不是她的錯。」

在保羅發言的那個錄影裡，他能夠以一種「沒有解除其責任，但解脫其羞恥」的方式談及自己的虐行。道斯說：「他能夠在身體不萎頓的情況下談到自己的責任、自己的絕望與無助，或自己是多麼糟糕的一個人。」

第二天，道斯接到克莉絲朵的電話。「不管團體課程裡發生了什麼事，」她說：「請繼續。」她說前一晚，保羅從團體課程回家後，問她想不想喝茶。然後在他為她端來一杯茶後，他表示自己想要搬出去一陣子；他並不是在知會她——他是在詢問她，想知道那樣做她是否同意，並問她是否想要自由的空間。在克莉絲朵思考時，保羅說：「我從來不曾真正給妳『說妳想要什麼』的機會。也許妳想要獨處一陣子。」保羅因之前毆打克莉絲朵而遭起訴的官司仍在進行中，他們很快就要回到法庭聽審。保羅原本要在法庭進行爭辯，就像他往常那般，但他取消了那個打算。當晚他打電話給警方，詢問他們他需要怎麼做才能保護克莉絲朵免於上法庭。在警方的建議下，他向警方自首並接受判決。「他從獄中寫信給他所參加的那個團體。」道斯說：「他解釋了期間所發生的事。他說他真的不想再讓她上法庭了，讓每個人看著她彷彿她不是個好女人似的，而且還要擔心孩子會被帶走。因此，他便上了法庭，對法官說：『是的，我認罪。』如此她就不需要出庭了。」

該團體的成員對保羅的反應同樣令人驚訝，那些人對保羅被送回監獄一事並未感到憤怒，也沒有人因此譴責他的伴侶。相反地，他們深受感動。「有幾個人眼眶紅紅的，談及保羅的事情時，他們都真情流露。他們最想知道的是：『保羅的伴侶還好嗎？』」保羅承擔責任的態度對團體裡的其他男士們產生了一個流動效應，他們開始積極上課希望能做出同樣的擔當。「對其中一個男人而言，那表示他會提供孩子生活費，且不再抱怨孩子的媽是怎麼花錢的。而其他男士也同意放下手中的『武器』，不再喊打、喊殺，不再用探視孩子的事情騷擾其伴侶，或在臉書上羞辱對方。」

迄今尚未有學者對凱莉・道斯的課程進行過正式的研究，雖然很多同行都反饋表示，她的學員保留率（繼續上課的學員比例）非常高。許多團體的「男性行為改革課程」都著重在男性特權的批判及憤怒管理的技巧教導上，但道斯的「洞見」卻做了一件很不尋常的事——它直接正視參與者的最高機密（他們對羞恥、依賴及脆弱的恐懼），並將它們攤在陽光下。

*

我們在凱文這種施虐者身上所看到的羞恥感與權利感，是一個很重要的線索，能幫助我們解開家虐中最令人困惑的謎題——為何這麼多男人會傷害他們宣稱愛護的人，以及他們自己？我們一次又一次地聽到「好人」對婦女與孩童犯下無法理解的虐行。當又一個「好人」溺斃了自己的孩子或殺害了自己的妻子時，鄰居與報紙頭條都會堅稱表示，這個男人是一名好父親、成功人士，是社區裡的支柱、能量的巨塔，或是一名沉靜的鄰居等等。

我們不是唯一陷入這種恐怖困惑的人。不要忘記，凱文在被逮捕前曾數度企圖自殺。在二〇一五年時，一個住在南澳大利亞名叫羅賓・麥可（Robin Michael）的男子，在塔斯馬尼亞州的羅蘭山健行時凶暴地將其妻凱芮（Kerry）毆打致死；麥可誤以為他的妻子與他最親近的好友有婚外情。幾個小時後，麥可在他的臉書上留言：「我所犯下的罪行不配被可憐、同情或甚至理解。連我自己都無法理解。」他說他在妒怒下殺害了她，而且下手如此之重，「只有神經最失常的瘋子才會這麼做」。四個月後，麥可在塔斯馬尼亞州的里斯登監獄裡自殺身亡。

凱文和麥可都是被嫉妒、病態的偏執與絕望的需要等扭曲的人。麥可曾有控制並虐待其女性伴侶的記錄，凱芮曾在自己的筆記裡描述麥可的嫉妒和占有欲有多麼令她喘不過氣來。對外界而言，這兩個男人似乎都是「正常人」——凱文是個「隨和、善良」且在軍中努力為自己打拚前程的人，而麥可則在北澳最大的醫院裡總管衛生保健，是一名國家級的人物。一般人認為，只有某種類型的男人才會做出謀害人命的事，但凱文和麥可及其他無數曾對婦女和孩童犯下難以理解之暴行的男人，卻都跟我們在日常生活中一起工作、當朋友往來並信賴的那些人沒有兩樣。他們都是「看起來正常」的人，我們幾乎不曾在他們身上預見暴力發生的可能性。誠如知名社會學家艾倫·強生（Allan Johnson）所述，這是一個令人困擾的體悟，讓我們對自己生命中的次序，以及奠基於可預測性的世界觀出現一個大問號。假如這名男人、這名同事、兒子、丈夫或父親，能夠犯下如此可怕的罪行，那麼我們要如何相信其他男人不會呢？

任何性別都會感到羞恥，女性也會。事實上，女性從小就被灌輸「身為女性本身就是一件羞恥的事」。羞恥是許多女人窮其一生都在努力克服的東西，但女人不會因此而幹下這個世界大部分最暴力的罪行，但男人會。

羞恥是一種生物和心理上的感受，而我們對它的反應也會受到性別的影響。也許我們天生都擁有同樣感受羞恥的器官，但我們對羞恥的體驗卻明顯有著性別之分。誠如芮妮·布朗所述：「羞恥，對女人而言，就是一張『我們應該成為什麼樣的人』的那種無法獲取、衝突且競爭性的期許所編織出來的網路；它是一件綁手綁腳的緊身衣。對男人而言，羞恥並不是一大堆鼓勵競爭及互相衝突的期許。他們的羞恥只有一種——別讓別人認為你軟弱。」許多研究都已顯示，一旦確認一名嬰兒的性別，我們就會立即對他發揮我們帶有文化偏見的性別期許。對男孩必須堅強的要求，會讓我們期許他在長大後成為一個能夠維持其控制力的人。從小男孩體驗羞恥的那一刻起，他對它的反應——以及我們對他的反應——就受到了性別的影響。

因此，在我們透過生物學及心理學的視鏡探討男人的暴力後，我們需要透過性別的視鏡來對它做更詳盡的檢視。

接下來，該是談談父權體制的時候了。

第五章　父權體制

曾經有許多次，
我看到某個男人想要哭泣，
但是他沒哭，反之，
他捶打自己的心臟，
直到那顆心臟失去意識。

——妮雅拉・瓦希德（Nayyirah Waheed）

父權體制是種無形的大框架，控制著我們生活中的各種規範，它對男女兩性都設定了「可被接受的」行為準則——男人應該「堅強、獨立、不情緒化、富有邏輯且自信」，而女人則應該「善於表達、有撫育能力、柔弱且依賴」。這種被誤認為自然的人為架構也造成了各種「無法避免的」不公不義，像是男性的暴力、女性的家務勞役與男權至上等等。在父權體制下，這些都是不幸卻「正常」的情況。自然，且無形。

自一九七〇年代以來，婦女的社會地位已經有了急遽的改變，且多數都變得更好。然而，父權體制並未消失，我們只是不再談論它而已。當我開始在二〇一六年寫作本書時，「父權體制」還是一個髒字，「性別平等」是政客使用的委婉用語，而女性主義的倡導者則試圖與之合作。即使「性別不平等」已成為對抗家虐的流行口號，但我骨子裡知道，我們不可能僅靠這個用語來解釋男性對女性的虐待。正如暴力預防專家鮑勃・皮斯（Bob Pease）當時告訴我的：「性別不平等無法捕捉父權體制之細微、複雜及多面向的本質。」若解決性別不平等是消滅家虐的萬靈藥，那就應該期待丹麥、芬蘭、冰島、瑞士及挪威等北歐國家——地球上最接近性別平等的烏托邦國度——的家虐數據會遠低於平均數。然而令人震驚的是，在這些國家裡曾遭受其親密伴侶施加肢體暴力或性暴力的婦女人數卻在百分之三十左右，比歐盟百分之二十二的平均數據及澳洲的百分之二十五都更高（第十一章將針對此數據進行更詳細的討論）。

當時我不是很願意書寫與父權體制相關的文字，唯恐會被認為是一篇「反男性」的宣導文章，直到二〇一七年年底，「#MeToo 運動」開始風起雲湧。全球數以百萬計的女性開始直率且毫不畏懼地分享她們被騷擾、攻擊或甚至被性侵的故事；一直被認為「正常」且「不可避免」的性騷擾，忽然間變得無法容忍。人們的思維從那時起改變了，「正常的」性別化行為開始被當作一件緊急事項並受到公然檢視，而「父權體制」也成為了無數專欄及晚宴裡最夯的談論話題。無形的大框架被迫現形。

嚴格來說，「#MeToo運動」除了向女人們證明父權體制仍然存在之外，它也向某些**男人**證明了這項事實。許多男人看見他們女性友人的殘暴故事擠爆了他們的即時動態，得知這類行為不但普遍，且幾乎發生在自己所認識的每一位女性身上，他們都為此感到非常震驚。「我一直以為自己很有意識。」新聞記者大衛・雷瑟（David Leser）在《週末快樂》（*Good Weekend*）中寫道：「但事實是，我對女性所面對的狀況毫無所知。對她們走向我的車或在夜晚慢跑時會感到害怕、在擁擠的火車上被擠壓、不斷受到忽視或議論，以及知道自己在職場上的價值原來是基於自己對老闆的性魅力……我對這些感受一無所知。當有人對她們暴露性器時，那是什麼感覺？每天都必須採取某些策略（通常不自覺地）只為了保護自己的安全，那又是什麼感覺？我對這些都一無所知。」

革命通常會吃掉自己的後代，我們無法預測「#MeToo運動」最後會如何演變。但自一九七〇年代以來，人們的觀點已經以無形的方式改變了。在把女人的怒氣歸類於「歇斯底里」這種病態的數百年以後，某些男人終於開始明白，女人絕大部分的怒氣都**有合理的原因**。在這一小群人數逐漸增加的男性裡，一個新的對話正在展開：「我們為什麼會做這種事？我們如何才能改變？」

對男人而言，這個對話晚了五十年。當女人已經花了數十年的時間，在這個現代世界裡試圖重新定義「何謂女性」時，男人還固守著父權體制對男性氣概老舊且失誤的定義。美國演員麥可・伊恩・布萊克（Michael Ian Black）曾寫道：「此一狀況已導致太多男孩受困於令人窒息且過時的男性氣質模式——用力氣衡量男性氣魄、只要軟弱就是缺乏男子氣概、所謂男子氣概就是能夠宰制他人等等。他們都被困住了，而他們甚至沒有恰當的語言來表達自己受困的感覺，因為能夠用來討論全方位人性情感的既存語言，至今仍被視為敏感且女性化。」換言之，正如女性主義者這幾十年來不斷試圖告訴男性的：「對男性而言，父權體制也是一個愚蠢的東西。」

布萊克所說的是正派的男性——那些不確定如何改變但願意嘗試的人——有更多的男人並不懂得反省，他們只會冒火。他們看到人們到處指責「有毒的男子氣概」與男性特權，而某些女人則哀訴著她們所遭到的性騷擾跟不公平待遇。這些男人在聽到如「自由行動聯盟」政客馬克・帕頓（Mark Parton）於二〇一七年所提的「假如你是異性戀者、有工作、三十歲以上的白人男性，那麼任何好康的東西都與你無關」之類的論述時，都會跟著點頭稱是。在澳洲的許多家庭裡，多的是這種把自己「受辱之憤怒」發洩在女友與妻小身上的男人，對於女人獲得所有的關注而**他們的**苦難卻無人理會，他們感到憤慨不已。

所以我們必須再談談父權體制，否則就太晚了。婦女所遭遇的暴力就像傳染病一般普遍，而要對抗它，光談性別不平等是不夠的。我們需要定義並討論這個同時困住**兩性**的制度，因為家虐並非真的始於男性對女性的不尊重，它的根源比我們想像的還要深——深入到男性對其他男性的懼怕，以及父權體制對他們自己所謂的「女性化」特質（如同情、同理心、直覺及情商等）的羞辱致使他們對其產生排斥等。對太多男性而言，父權體制讓權力變成了一個「零和博弈」，並將富饒的親密樂土縮小成一個競爭與威脅的戰場。這是男性暴力的領土，裡面隱藏著男性羞恥與「受辱之憤怒」的黑暗世界。

男人一直聽信一種謊言——在成長的過程中，這個社會讓他們相信，只要恪遵男子氣概的定律，他們就會獲得權力與特權的回報，而能夠局限他們的只有他們自己的努力程度而已。然而，那種制度已經不存在了（對某些男性而言——尤其是殖民下的男性原住民——它從未存在過）。男人不再能夠依賴一個工作維生，勤奮工作也不再能夠保證他們將擁有一棟圍著白色柵欄的房子。即便遵守了那些定律，多少世代的男人仍因無法獲得所被承諾的回報而深感挫折、憤怒與羞恥，而其中某些男人便想將自己的家作為其收復喪失之權力的地方。

這就是為何我們需要談論父權體制。但是，父權體制究竟是什麼？我邀請在此領域於全球最知名的其中一位專家闡釋這個惡名昭彰的含糊概念——麥可・坎莫爾（Michael Kimmel）是紐約石溪大學社會學及性別研究的傑出教授，也是幾本有關現代男性特質的暢銷書的作者。某個深夜我與他通電話，向他請教何謂父權體制——我請他從源頭開始說起，對那些甚至從未聽過父權體制的人解釋。

「父權體制是一種雙重權力體系，是男性對女性的控制權，以及某些男性對其他男性的控制權。」他表示。**某些男性對其他男性的控制**——這可不是我預期會聽到的東西，但這個說法馬上引起共鳴。

在討論男性之間的競爭前，讓我們先揭開父權體制中最明顯的面向——男性對女性的控制。為了瞭解父權體制如何鞏固男性的統治，我們求教於知名的社會學者艾倫·強生教授，他在其名著《性別打結》（*The Gender Knot*）裡將父權體制分解成四個元素。第一，社會是「由男性支配的」，掌權的位置絕大多數都是由男性擔任。第二，社會是「男性認同的」，父權體制將男子氣概設定為美好、理想或正常的基準（這意味著社會會將特權頒贈給某一套「陽剛」特質，例如「控制、力量、競爭力、邏輯、果斷、合理性、自主性與自給自足等」），而與這些特質相反的特質則會被視為「女性化」，例如「合作、平等、分享、同理心、脆弱及直覺等」。這些「女性化」的特質都不等於權力，它們被歸屬於全職主婦，以及從事志工或為了微薄待遇而照顧兒童或老人的那群人，換言之，它們就是被低估或被輕視的特質。第三，社會是「以男性為中心的」，主要關注的是男性的功績，無論是在新聞、電影、藝術、文化及運動等各種領域之中。最後，父權體系是圍繞著「對控制之執迷而建構的」，這對家虐罪犯的瞭解至關重要——衡量男性的標準便是他們展現權力與控制之能力，不論是駕馭科技、經營龐大的商業王國、主導對話、搶劫銀行或展現肢體及情感之精熟等的能力。控制的方式或對象為何並不重要，只要他們能夠創造出「一切盡在掌握之中」的印象即可。

男人發揮權力與控制的力度具有某種頻譜——出現在最頂端的就是暴力與虐待，但在頻譜稍微往下一點的卻是完全符合成功男士之定義的相同行為。「在一個龐大的企業體裡，你會看到施展權力與控制的男人，他們自戀且厚顏無恥，並且絕不妥協自己的理想。他們習於為所欲為、吼出命令，他們認為大家都得聽他們的，他們不懂懊悔。在企業裡，這些就是成功人士的特質。」曾是家虐受害者、如今成為受害者輔導師的凱伊・舒巴克說道：「這些行為在家庭裡完全不恰當，然而你卻一次又一次地目睹它們。孩子們會在父親回到家時變得戰戰兢兢，而做母親的則需要每件事都做得完美。當所有人都要站在他那邊，只因為他賺錢養家時，他就會一直享有這種令人難以置信的生活方式。」

作為一個群體，男人在與女人相關之事上總是占據優勢與特權，但作為個人，男人卻要為這項特權付出代價——為了被視為「真正的男子漢」，他們必須達到父權體制的標準並遵守其規則，而這些標準和規則都是其他男性透過畏懼、控制與暴力所制定的。

這就導致了父權體制的第二部分——**某些男性對其他男性的控制**。我們很少探究父權體制的這個部分，但它對於施虐心智的瞭解卻是一個關鍵。傳統上，女性主義會將男子氣概與權力劃上等號，並將**所有的**男人都放在權力及特權的位置上，從此觀點視之，對婦女施虐只不過是男人用來表達、保持及收復男性權力與特權的工具罷了。但坎莫爾指出，雖然可以理解女性看待男性權力的方式，但它無法描述男性真正的感受，而這也是為什麼男性通常否認它的原因。「很多男人不認同男性控制女性的觀點，他們會說：『我一點權力也沒有。我老婆（或小孩與老闆）擁有所有的權力。』」坎莫爾說。雖然**作為**一**個群體**的男性擁有權力，但作為**個人**的他們不一定覺得自己有權力。事實上，許多男人覺得自己毫無權力（不管是否為事實），父權體制下的男性要素，並非是讓男人擁有權力，而是他們覺得自己**有權**擁有權力。

這個闡述讓我理解了男性虐行的真正意義——當男人覺得無力且羞恥時，激發其「受辱之憤怒」並驅使他們犯下扭曲且殘暴之罪行的，就是他們的權力感。該「權力感」也是為何男性與女性對羞恥和侮辱的反應會如此不同的關鍵因素。「女人也會受到侮辱和羞辱，但她們不會跑到人群中胡亂開槍掃射。」坎莫爾說道：「為什麼不呢？因為她們沒有那種權力感。對男性而言，那就是羞辱加上權力感，就像是：『我不覺得自己擁有權力，但我應該有。』」

這就是男權運動的集體怒吼，男人被剝奪了——被奪去了工作、尊嚴與性愛等等——而他們需要搶回原本屬於他們的東西（尤其要從將東西「竊走」的女人身上）。這個態度在極度悲傷且通常邪惡的「非志願獨身」社群裡（這類男性聚集在某些網路論壇，並張貼他們因長得醜陋而註定終生與性愛無緣的苛薄論調）轉變成仇女情結與謀殺人命的武器。當他們沒有吆喝彼此一起走上自殺之路時（因為「希望是給白痴的」），他們便是在討論要如何對拒絕與他們發生關係的女人展開殘酷的報仇；這些女人不僅拒絕他們而已，她們根本就否定了男性的基本人權。這不光是在網路上某個黑暗角落進行的空談而已，從二〇一四年以來，那些自稱「非志願獨身」的男子（包括艾略特・羅傑）已經在北美製造了兩次大規模的槍擊案，而其明顯的目的就是要懲罰這些女人們，以及那些迷人且能夠與女人發生性愛的成功男士們。

男人對女人施虐是一種傳染病，而它在私下或公開領域的盛行，意味著女人已沒有任何能夠讓她們感到真正安全的地方。然而，男人對男人的暴力——主要發生在公開場所——也正以驚人的速度增加中。一般的暴力犯罪（如謀殺、攻擊、霸凌與毆打等），其基本的受害者跟犯罪者都是男性，在這個競爭與暴力的大漩渦裡，男性會敏銳地察覺到自己在此啄食順序裡的位置。就像第三章中瑪格麗特・艾德伍所提的謎題之答案——男人的自我意識和他們對其他男人的畏懼，就是男人為何如此害怕女人嘲笑他們的原因；被女人羞辱意味著被剝奪了男子氣概、暴露自己的軟弱，並使得自己容易變成其他男人嘲弄、控制及暴力相向的對象。

＊

在父權體制下，沒有什麼比「像個女孩」更能代表一個男性的軟弱。在過去的一百年來，男人的生命已經發生了巨大的變化，但男子氣概的第一條法卻仍屹立不搖。「不能像個娘娘腔。不能做出任何一點暗示女性氣質的事。」坎莫爾說：「所謂的男子氣概就是堅決摒棄女性化，這就是第一條法則，而其他的任何事情都只是該法則的細節。男人要證明自己不是娘娘腔，還必須遵守另外三條法則，那就是「成為大人物」、「成為強壯的大樹（又名：男孩不能哭）」以及「給他們難看」——藉由犯險讓所有人瞧瞧你有多勇敢。當個男人，就是無論如何**絕不能**像個女人。」

男人為了證明自己不是「女人」而承受的壓力，就是他們仇恨女人的催化劑，抵抗、批判並監管女性特質（以及女孩與女人），並非只是某些男人會做的事而已。仇女情結是文化體制裡的幽靈，它讓男女兩性都相信女人不如男人可靠、有才幹、值得信賴或果斷，而比起需要思維清晰跟做決策的工作而言，女性更適合擔任照顧者的角色。仇女情結同時塑造了男性與女性的見解和信念，只是程度不同而已，正如艾倫・強生所述：「仇恨女人並不是一種性格瑕疵，而是父權體制文化的一部分。我們就像魚，游在鑲著父權體制的大海裡，我們只要呼吸，它就會穿過我們的鰓。仇女心態注入我們的細胞中，變成了我們性格的一部分，在我們知道如何抵抗它時，通常為時已晚。」

抵抗任何女性化特質的訓練從小就開始，男孩們被期待要與自己的母親切斷連結——以免變成「媽寶」——並認同自己的父親。為了變得強壯，他們必須與自己的痛苦或沮喪感切斷連結，免得因為軟弱而遭到其他男孩（或女孩）的霸凌，而更重要的是，他們必須證明自己不是一個女孩。家庭治療師兼男性特質專家泰倫斯・里爾（Terrence Real）在自己三歲的小兒子亞歷山大（Alexander）身上目睹了這樣的過程——亞歷山大是個愛炫耀的小男生，他喜歡裝扮，尤其是裝扮成「好女巫」芭比。有一天，當他的哥哥和一群朋友在家裡玩時，亞歷山大盛裝打扮，穿戴上他「最珍貴的各種配飾，像是白紗禮服、成套的銀色手杖和頭冠」，然後滑下樓梯，對著那一群男孩擺出一個華麗的姿勢。所有的男孩抬頭看著他，一句話也沒說。他們都很聰明地知道不應該嘲笑亞歷山大，但他們的瞪視卻說明了一切——**你不可以做這種事**。「傳達該訊息的媒介就是一個強烈的感受——**羞恥**。才三歲的亞歷山大就這樣學會了那些規則。」里爾看到亞歷山大燒紅了臉，他說：「亞歷山大轉身把身上的衣服扯下來，趕緊套上一件牛仔褲，裝作若無其事地加入大夥兒，一起玩起刀、槍與箭等玩具。他未曾再碰過那件衣服。」

像這樣的「入門」時刻就是里爾所謂的「男孩正常的創傷過程」。「我們將『男孩轉成男人』的方式，就是透過傷害。」他寫道：「我們將男孩們撕離了他們自己的表達力、感受與對他人的敏銳感應等。『當個男子漢』的意思就是咬緊牙關、繼續邁進。切斷連結並不是脫離傳統的男子氣概。切斷連結本身**就是**男子氣概。」在這個男子氣概的模式裡，沒有社會的存在，每個人都只顧自己，互相殘殺。

當你的認同與權力有賴於對女性氣質的抗拒時，仇女心態便會成為男人的戰袍。一個男孩越是能夠公開蔑視女性及女性特質，他就越不會被認為是個娘娘腔或同性戀。這也是澳洲小說家堤姆・溫頓（Tim Winton）每天瀏覽網站時都會聽到的事。「那些網站上的男孩對我說的那些事！他們對自己同伴說的那些話！其中有些會讓你想擁抱他們，有些會讓你想哭，有些則會讓你對於自己身為男性而感到羞恥。尤其是他們覺得有權利（或有義務）說的那些有關女孩和女人們的話。」溫頓表示，在那些男孩不留神的時候，他們都很「可愛……很夢幻……也很脆弱」，但這些特質每天都會因為羞恥而被一一驅逐。「這些男孩每天都有被徵召的壓力——他們被迫穿上仇女軍服、加入那個執行並監管性別歧視的**笨蛋大軍**。」溫頓在其於二〇一八年的一次演講中說道：「人們總是期待男孩和男人們背叛自己更好的本質、抑制自己的良知、棄絕自己最美好的部分天性，並屈服於某些低級且惡劣的東西。彷彿只有一個方式或一個有效的角色詮釋，能夠讓你成為男子漢。」

坎莫爾闡述道：「我們建構了一個觀念──個人自主權便是男子氣概的最高目標。因此你會開始痛恨自己身上所有缺乏自主性與獨特性的部分，並眼睜睜看著那個活生生的化身冒出來站在你的面前──一個女人，她體現了你身上所有你痛恨的特質……她們就是擁有這些特質的人。你痛恨這些特質，於是你痛恨她們，並且因為她們在你身上誘發出那些特質而對她們生氣。**妳讓我膝蓋無力，妳讓我感受到那些我並不想要感受的東西……類似愛護與溫柔的那種東西。我因而痛恨妳。**」

來自墨爾本的布魯斯（Bruce）四十幾歲了，他說自己一輩子都在與男子氣概的束縛對抗。「我這大半輩子都對於自己不曾踩在手榴彈上，或衝鋒陷陣地去拯救某個人而感到失望。」他說。布魯斯有兩名已經成年的子女，因為他曾對孩子們的母親施暴，因此他們都不再跟他來往──多數時候是毆打，有時候則是暴跳如雷地大聲咆哮或摔東西等。「我會自己去撞牆、用力捶打牆壁，我也──真難以啟齒──我……我的確毆打過我的前妻。一開始一年大概發生一到兩次，到最後幾乎每週都會發生。」自從他的前妻在十三年前離開他後，布魯斯已經上了幾百小時的輔導課程，努力想要打敗他自己所謂的「住在地下室的惡魔」。「恐懼自己曾有的思維、恐懼自己曾有的行為，那種感覺真的、真的糟透了。」他說。

布魯斯從小就學會畏懼自己的感受。「我最早的記憶就是躲到後院去哭。我跑進屋子裡、跑進自己的臥室，然後把門關上。我不想讓父親聽到我在哭，因為如果他聽到我哭，我知道接下來會發生什麼事。」他說：「他會走進我的房間，對我大聲咆哮說**不可以哭**。

那時我總是想，**難道你看不出來你這樣做會讓我更難過嗎？**我的父親說：『你要哭，我就給你一個哭的理由。』於是他打了我一個耳光，然後走掉了。我當時下定決心，絕對不會再當著他的面哭泣。」布魯斯帶著抑鬱的悲傷去學校。他經常在學校哭泣，直到老師告訴他：「**你不應該哭泣**。」「那是一九八〇年代，是『男孩不哭』的年代。那只是一個簡單的教訓，我早就應該學會，而我學會了。」

布魯斯的父親是澳洲的一位外交官，他在「促進世界和平的任務上，有非常傑出的貢獻」，然而在家裡時，他卻是一個令人戰慄的人。布魯斯縮回自己年少的世界裡，他沉迷於電腦並立志要成為第二個史蒂夫・賈伯斯（Steve Jobs）。在私人的國度裡，他把自己當作英雄——一個真正相信正義與善行的人，他要向世界證明他比任何人都還要棒。然而，隨著他自己的茁壯及父親的衰老，布魯斯第一次嘗到了暴力的力量。「我反過來揍他。」他說：「那是一個讓我感到非常痛快卻又深感羞愧的感覺。對那種感覺的迫切需要，使得後來我開始對妻子施暴，整個情況變得更加難以收拾。」

布魯斯十九歲時，愛上了一個為了逃離自己殘暴的父親而搬到城市的女孩，不久後，當布魯斯覺得自己沒有受到尊重時，他便開始訴諸暴力。「她並未說出冒犯我的話。我不喜歡那樣。我想要控制一切。我自己其實不太記得後來發生了什麼事，但她說我打了她耳光，而我相信她的話。不過當時，我因為她說我對她做了那麼可怕的事情而跟她生氣了很長一段時間。但現在，我相信她的話。」

當布魯斯的女友在不久後宣布要離開他時，他不自覺地痛哭流涕。而當她挑戰他至少要用生氣來證明「他在乎」時，他也只好那麼做了。「我醞釀起怒氣並跟她吵了起來。在那之後，事情就變得比較自然了。」

後來他們一起生了孩子，布魯斯說他下定決心要好好過日子，不管情況變得多糟。「我困在那個關係裡，因為我絕對不會拋棄我的孩子。我父親跟我母親離婚，後來又跟別的女人生了孩子，我絕對不要重蹈他的覆轍。」

布魯斯跟「所有家虐的根源基本上都是對婦女的不尊重或輕視」這樣的概念並不相關。「跟我說我恨女人，對我一點幫助都沒有。」他說他的主要問題，是他不知道如何恰當地表達自己的情緒。「假如我迷失且快樂，那麼我會對女性的奧祕感到敬畏。但如果我迷失且不快樂，那麼我有限的辭彙就會相當迅速地讓我採取控制的手段，並使用當時手邊的工具。」

有一段時間，布魯斯將這種情感辭彙的缺乏當作自己的權力。「如果你只有兩種與人溝通的模式——其中一種是禮貌的請求，另一種是暴力——那麼禮貌的請求**就是**暴力的威脅。如此一來，你就可以維持一個永遠禮貌的人的自我形象，同時讓每個人都迅速且主動地回應你所要求的每件事。」

當我在二〇一六年訪談布魯斯時，他的第二次婚姻正瀕臨「崩潰的邊緣」；他仍然對自己的暴力傾向很恐懼，且常有自殺念頭。所幸在後來的三年裡，事情有了轉圜。在一個治療「團隊」的協助下（「我非常幸運能夠付得起一個治療團隊的費用！」），布魯斯得以回到工作崗位，並培養「失去鎮靜時不變得暴力」的能力。「我可能會哭或大聲咆哮，但施加暴力及威嚇行為的日子似乎結束了，雖然在我的後半輩子我都得謹防它們再度發生。」他說：「我的第二次婚姻也越來越穩定。」

＊

父權體制在男人身上開發出一股深刻且充滿羞恥的動力，它要挫敗女人的威風，讓她們安分，並預防她們暴露男人的溫柔。這種對女人的控制一直都有色情的成分在內，但它卻從未如當代這般被剝削跟傳播；在色情行業裡，資本主義已經利用色慾掌控了女性的屈從，並將之轉化成一個利潤數以千億計的產業。

在過去二十年來，所謂的「硬調色情」——又稱「A片」——已經成為色情影片的主流，極端且不人道的性動作，例如堵嘴、在女人臉上射精及插兩桿等都被認為沒什麼。如今在大量的色情影片裡，性攻擊已成了預設背景。色情演員安東尼．哈爾伍德（Anthony Hardwood）告訴澳洲性教育專家瑪芮．克拉布（Maree Crabbe），現代的色情影片跟他在一九九〇年代中期所製作的那種有著天壤之別。「我開始從事這行時，只是做一些親熱的性交而已，不像『A片』那樣粗暴。」哈爾伍德說：「三年後，他們想要拍一些多一點勁和刺激的……妳知道的，他們想要那種……那種一個女人和四個傢伙的，他們會攻占她、摧毀她……好像我們要在現場把那個女人幹掉似的。」另一名資深色情明星妮娜．哈特利（Nina Hartley）也告訴克拉布：「這十年來，色情影片裡出現大量我會稱之為『攻擊』的場面。」

並非所有的色情影片都會出現羞辱女人的場景，但絕大多數都會。正如聯邦研究機構「澳洲家庭研究院」所發現的，「數量最多、最受歡迎，也最容易取得的色情影片裡，皆充滿了各種大有疑義的、與性愛、性別、權力及聲色等相關的訊息與行為。絕大多數由男人對女人所採取的肢體攻擊（如掌摑、噎住、堵嘴、拉頭髮等）及語言攻擊（如辱罵等）會充斥在色情影片的場景裡，而這類攻擊通常伴隨著非互惠的性互動（例如口交），且那樣的動作並非都是經過雙方互相協調的。」被警察視為家庭謀殺警訊的「噎住」，在硬調色情影片裡是一個共同的特點。「女人可能被任何東西噎住，從陰莖到拳頭等，噎到嘔吐或甚至幾乎暈厥的地步。」波士頓惠洛克學院社會學兼女性研究榮譽教授蓋爾・戴恩斯（Gail Dines）寫道：「受害者在這些行為進行時顯然無法言語，因為她被噎住了，因此基本上要到場景結束時才有機會說——通常啞著嗓子——她有多『享受』。同時，她會看起來精疲力竭、難受，且在某些情況下有點瘋狂。」一項針對最受歡迎的前五十名A片所做的調查發現[22]，其中有百分之八十八的場景包含了肢體攻擊（如堵嘴、掌摑或噎住等行為），而其中有百分之九十四都是針對女人做的。「在幾乎所有的情況裡，」克拉布補充道：「女人都被描述成不介意被如此對待，或是喜歡這樣的攻擊。」

正如戴恩斯在她的劃時代巨著《A片國度》（*Pornland*）裡所報告，現代A片為男人們創造了一個幻想的世界，在那個世界裡，女人的性趣因被羞辱而啟動——她們就該被虐待、她們想要被懲治、她們所能夠接受的對待沒有底線等等。戴恩斯寫道：「這種幻想的性愛看起來更像是性攻擊，而非做愛。」而A片的男演員也被縮小成父權體制的諷刺畫：

「色情影片裡的男性都被描繪成沒有靈魂、麻木且與道德無關的維生體系，其存在目的就是為了勃起，並對女人為所欲為。」

這樣的A片到處氾濫，刺激著成人及兒童的身心。澳洲少年開始觀看色情影片的平均年齡是十三歲，對許多人而言——尤其是年輕人——色情影片基本上改變了他們性交的方式。「英國兒童專員辦公室」曾報告表示：「根據調查，許多男孩和女孩對性的期待都來自於他們所觀賞過的色情影片，我們也發現有力的證據——有很多男孩相信他們在性方面擁有絕對的權力，可以跟任何他們想要的女人，在任何時間、地點，以任何方式進行性交。令人憂慮的是，我們也經常聽到女孩們覺得自己沒有其他選擇，只能不顧自己的意願，屈服於男孩的要求。」

男人與男孩觀賞硬調A片，跟對婦女犯下性暴力之間是否具有直接關聯，目前的研究尚無定論。但來自性侵及性攻擊中心如「黃金海岸性暴力防治中心」的數據顯示，他們在過去五年裡處理的性暴力，其嚴重性已成幾何倍數成長。導演黛・麥克里奧德（Di McLeod）在二〇一六年於昆士蘭舉辦的「A片問題」研討會中表示，過去不常見的性傷害如今每天都在發生，受害婦女遍及各年齡層及各種社經背景。在黃金海岸市被送到急診處

22 針對色情影片中肢體攻擊出現的頻率之研究，其中的差異極大——其中一項在澳洲進行的研究發現，肢體攻擊的比率低到只有百分之一點九，因為研究人員將「攻擊」定義為「明顯刻意造成傷害且受到女性演員抵抗」的某種動作。但重點是，色情影片中的女人不會抵抗自己受到的侮辱，正如某些普遍的論調所述——女人知道自己一直很壞，因此理應受到懲罰。

接受治療的性暴力受害者越來越多，在過去五年內，光從急診處轉診至防治中心的傷患人數就攀升了百分之五十六。「這些肢體暴力及性暴力的程度，已接近且符合刑法定義的酷刑行為。」麥克里奧德說。受害者經常舉報，凌虐她們的伴侶是色情影片的固定消費者。

假如我們都同意，經常觀看暴力、種族主義、性別歧視等不加批判的表演，對我們的文化規範有很大的影響——因此也許應該被仔細監督，並建立管理條例——那麼那些經常對著被猛烈性交到幾乎流淚和嘔吐（全程又要被描繪成好像很喜歡的樣子）的女人手淫的那些男人和男孩們到底是怎麼回事，我們當然有必要給予論述。假如「減少針對婦女及其子女之暴力」的計畫，認為提升對婦女的尊重是終止家虐的重要策略，那麼無止盡地以仇視女人為基調的A片浪潮，就是我們逆流而游時必須面對的滔天巨浪。

＊

我們都說我們想要男人富有同情心、性格開朗或更脆弱些，但我們真的想要那樣的男人嗎？異性戀女性真的覺得脆弱很性感？在過去的五十年內，關於性別的對談一直是我們**排除**男人的庇護所——而我們是否已經準備好接受男人進入這場對談？

女人有充分的理由對男性擁護者保持警惕，因為不管他們對棄絕父權體制說得有多好聽，他們自己卻經常光說不練。但其他男性——其中有一些的終生志業就是在解析自己身為男性的特權及倡導婦女與兒童之權利——卻發現自己被一小部分「反男性」（借用女性主義作家貝爾・胡克斯〔bell hooks〕的話）的女性主義者發配到了邊疆。這類女性主義者通常是那些曾受過男性暴力的嚴重傷害而有精神創傷的女人，她們多半是兒童虐待、性侵和家虐的受害者及倖存者，而她們將自己對男人的畏懼和嫌惡轉化成了復仇的憤怒；雖然她們的憤怒有正當理由（而我們也可以理解），但它卻扭曲了整個論辯——並非所有的男人都是壓迫者，而女人也並非全都是受害者。

走出性別政治的領域，我們對於自己想要男人如何表現有很深的困惑。事實是，對許多女人而言，要她們對男人的脆弱懷抱同情有點困難。讓我再引述一段貝爾・胡克斯的話，取自她令人驚豔且充滿勇氣的書《改變的意願》（*The Will to Change*）：「多數女人不想處理男性的痛苦，如果它妨礙了她女性願望的滿足的話。當女權運動導致男性解放時（包括男性對『感覺』的探索），某些女人便會大肆嘲弄男性的情感表達，而其充滿厭惡與不屑的言辭及態度，跟懷有性別歧視的男性完全無異。不管女性主義者對富有感情的男性有多渴望，當男人努力與感情產生連結時，卻沒有人真正想要獎勵他們。在女性主義者的圈子裡，願意改變的男人通常會被貼上自戀或匱乏的標籤，而會表達個人情感的男性則經常被視為企圖用自己誇張的情緒竊取舞臺的尋求注意者或父權操弄者。」

我自己也曾為此掙扎過。當我的丈夫告訴我他覺得有多累、壓力有多大，或想要談談我們之間的問題時，我可能也曾有過反感。我想告訴他，咬緊牙關面對就是了（說起來愧疚，有時候那**正是**我對他說的話）。如果他是一時陷入情緒困境，我很樂意跟他談幾個小時，但若是一個長期問題——尤其是跟我的失職有任何關係——那就可能踩到我的地雷。有一次，他在我們吵架時哭了，我於是控訴他想要利用自己的情感操控我。在我內心深處、在我的防衛牆下，我知道我所說的不是事實。但我內心中有一部分卻想要自己的丈夫永遠像巨石般可靠，是一個當我覺得害怕或沮喪時能夠支持**我**，而不是反過來要我支持他的人。當然，我的這種想法很矛盾，因為我最愛他的地方也正是他情感上的溫柔、他受到藝術和文學感動時的樣子，以及他有時比我更瞭解我自己感受的那種睿智。當貝爾．胡克斯解釋說，這個下意識的反應便是女性自身的父權訓練結果時，她完全點出了這種緊張關係的關鍵。男性的痛苦（尤其在兩性關係中）對我們來說，聽起來就像是「對女性失職的控訴。既然性別歧視的準則已經教會我們（不論是在母親、情人或朋友的角色裡），關愛便是我們的任務，那麼一旦男人說他們未受到關愛，那就是我們的過錯了，我們該受責怪」。這個失職感對女性而言正是**羞恥**——一種難以容忍的、令人拚命想遠離的感覺——的主要觸發點。我們真正能夠容許男人脆弱的空間究竟有多少？

在她主題為「羞恥」的 TED talk 裡，芮妮．布朗提及自己忽然領悟到在她研究羞恥及脆弱的四年中，她竟從未考慮過它對男人的影響的那一刻。布朗說她在隨後的研究裡發現：「男人常有敞開心胸談論自己感情的壓力，也常因為感情的疏離而受到批評。但如果他們真的太『真情相對』，人們肯定又會覺得嫌惡。」當她忽然領悟到這一點時，她不禁大叫：「見鬼了！原來我才是父權體制！」

定居於父權體制中的並非只有男性，它是所有人成長於其中的體制。身為女性，我們必須一再努力以抵抗並取代父權體制在我們身上所根植的錯誤規範，但承認女性有自己的目標要努力，並不表示矯正男性施虐者就是女性的任務。只有男人能夠矯正男人。誠如女性主義作家羅芮・潘妮（Laurie Penny）所述：「男性的矯正絕對不應該以女性的痛苦為代價……我認識太多為了瞭解那些傷害、騷擾、虐待她們的男人而把自己累得半死的女人——她們相信關愛與同理心就能夠消除男人的憤恨。但事情如果那麼簡單，這個世界早就更美好了。」同樣地，男人也不是只要「跟自己的感情保持聯繫」並學會脆弱一點就足夠了，有些暴虐的男人能夠一整天坐在那裡高談闊論自己的情感，卻又要求其伴侶將她們自身的需要放下以便全心照顧他們。

施虐者的共通點，就是一種如放射線般的權力感，其暴力背後的啟動力是，他們相信自己的感覺比其伴侶或子女的感覺重要。面對不舒服或羞恥的感覺時，男性施虐者會盡其所能地規避它們並將其轉向權力感。而當那個感覺結合了他對女性身體的權力感，及女性應該放下自身的需要——舒適、安全或獨立等——來滿足他身為男性的需要時，其結果可能就是一場大災難。

男性的權利感幾乎折磨了所有的男人，只是方式不同，程度也不同而已。但對許多男性而言，他們的權利感無法被檢測，事實上，許多男人會否認他們抱持著任何的權利感。有些男人相信自己的需要一定得比他人優先，而該信念如此根深柢固以致他們自己根本沒有察覺，因此也很難教他們改變。誠如麥可・坎莫爾之前指出的，男人經常感到無力——覺得自己活在老闆、伴侶及子女的反覆無常之下。坎莫爾分析父權體制下的男子氣概核心並非權力，而是對權力的一種權利感。但我們要如何告訴一個認為自己沒有任何權力的男性施虐者——他們之中有許多確實如此相信——其所言所行其實都是來自一種下意識的權利感呢？

當我們談到如何終止男性對女性的暴力時，這就是我們所面對的基本問題。澳洲女性主義的堅貞分子艾娃・寇克絲（Eva Cox）曾在「#MeToo運動」的一次公開活動裡闡述道：「問題不在於『我們要如何阻止男性繼續對我們施暴』，而是『我們要如何阻止男性繼續覺得自己好像有權利那麼做』。我們必須開始審視我們到底教會了小男孩們什麼事，使他們覺得自己有那樣的權利。我們必須坐下來好好處理這個社會問題，因為婦女仍然只是『第二性』。」

光讓男人與他們自己的感情恢復連結是不夠的，一個充斥著剛獲得體悟、情緒敏感，內心卻仍湧著權利感的男人——並且期望女人會優先照顧他們新開發的感覺——聽起來倒值得作為瑪格麗特・艾德伍下一部反烏托邦小說的題材。除非男人體悟自己過度膨脹的權利感，否則他們不可能成為情感成熟的男人，而家虐問題也不可能獲得解決。那麼，一個能做到這一點的男子看起來是什麼面貌呢？

我們在第一章見過的羅伯・桑納西（那個改過自新的施虐者），他在能夠做出真正且持續的改變前，已經在密集輔導課程裡花了好幾個月的時間了。一開始，他試圖利用自己所接受的輔導來操控黛博。「他會說出所有陷入這種困境的女人都渴望聽到的話。」黛博說：「像是『我錯了，我對妳太壞了，我很抱歉對妳做了那麼多惡劣的事』之類的，於是我開始懷抱希望。但接著他又會悄悄地插了一句：『黛博，我想補償妳。妳要不要辭掉工作回家，我想要補償我們曾錯失的那幾年。』」坐在餐桌對面的羅伯不好意思地點頭。「鬼鬼祟祟的手段。」他說。

當黛博拒絕辭掉工作後，羅伯變得越來越絕望。「他開始嘗試各種策略，企圖重新控制我。」黛博回憶道：「例如威脅說要自殺。他的手段升級了。當時的狀況很緊繃。」然而，每次羅伯嘗試新策略，黛博就會立即指出他的詭計，最後他終於明白自己只能獲得一切，或一無所有。他的諮商師一直努力要讓他為自己的虐行負責並多少能為黛博著想，為此，羅伯必須回到他為何需要控制的根源。

組成羅伯成長環境的基本元素就是虐待、打架、霸凌和忽視。「我每晚都在不斷的吵架聲中睡著。」小時候，他媽媽經常跑出去好幾個小時，把四歲的他和更小的弟弟丟在家裡。「當太陽要下山時，我會想著：『喔，糟了，她可能又不會回來了。』」覺得自己完全無法掌控家中狀況的羅伯，開始試圖控制在家之外的一切。「在我的整個求學生涯，我也控制著我的朋友、我的兩性關係。我總是想控制我環境裡的一切。」

黛博插話說：「羅伯，我也聽你說過，你有一種所有人都得為你服務的心態。你記得嗎？」

羅伯尷尬地笑著說：「是啊，而我甚至不知道那個心態是從哪裡學來的。」

不管在輔導的哪一個階段，羅伯的諮商師都不會讓他拿自己的童年當成藉口，學習負責是他的首要任務。慢慢地，羅伯開始明白了某些觀點，他不再把自己的虐待歸咎於黛博；反之，他開始理解黛博跟他的虐行一點關係都沒有。「對所有的旁觀者而言，我們看起來就是婚姻出了問題，而且吵得很厲害。但**我們**沒有在吵架，是**我**單方面地在跟黛博吵。」羅伯逐漸明白他根本就不是自以為的那個很有權力的男人，事實上，他有很深的不安全感。「當你不安時，你就會想要控制某個東西，如此就不會再覺得那麼不安。」羅伯說：「但試圖控制他人——另一個人類——根本不管用，因為那不是我們身而為人的目的。」

當我傾聽羅伯的故事時，我想到我所訪談過的那些女人——她們繼續留在伴侶身邊，以為他們會改變，卻只招來對方更嚴酷的虐待。黛博本身就是一位諮商師，她讀過許多與家虐相關的著述，她一定知道羅伯改變的機會十分渺茫。那麼，是什麼讓她相信他會改變呢？

「我心存疑慮，因為我讀過研究的數據，而且我也聽說許多男人去接受輔導只是為了安撫自己的伴侶。所以我真的只是在觀察，我常想著：『這次的改變是真的嗎？或者只是另一次的操控？』因為不管我跟這個領域裡的哪位同事探討，他們都會翻著白眼說：**『啊……這種事不會發生。太少了，別做夢。』**我就想：『好吧，我瞭解。但如果有百分之五的男人真的改變了，那麼那個改變會是什麼面貌呢？』」

有一天，黛博覺得羅伯開始改變了。「我其實可以指出我感覺羅伯停止控制的那個確切的日子。就在那天，我覺得所有的爪子都從我身上消失了。羅伯不再針對我，並開始承擔**這一切都與黛博無關**的責任——就像是：『**我必須給她空間，並停止騷擾這個可憐的女人。我需要處理自己的問題，並讓她從我身上復原。**』」對羅伯而言，那也是關鍵的一天。「我走進臥房，躲在裡面哭了大概四個小時。」羅伯說道：「然後，真真切切地，從那天起所有的努力——所有的輔導、記憶，所有做過的一切——都像是達到頂峰，像火山般地爆發了。」

但是放棄控制只是第一個階段，接著，羅伯必須放棄他的權利感。

當黛博終於在婚姻裡感到安全時，她陷入了一種創傷後的狀態裡。「我會忽然開始哭起來，而且停不下來。」她說：「聽到門砰的一聲關上，就忍不住提心吊膽。」有時候，黛博會對羅伯「大發脾氣」，並且叫他滾開；有時候，她會覺得自己很脆弱，需要他抱緊她。而羅伯必須學習，不管黛博做什麼或似乎很不公平，她的需要都必須被優先考量。

「我想我學到最重要的功課就是：『這並非都是因為我的緣故。』就像黛博說的，她需要很多的支持，而那些支持卻剛好令我覺得迷失。有差不多兩年的時間，我只能克制自己……即使我覺得她做了一些不太理性的事，或某件事真的不該變成那樣之類的，我也不會說出來。我瞭解還不到我有資格表達任何意見的時候。這聽起來有點奇怪，但我差不多下定決心要放棄自己所有的權利。我覺得那樣做對我而言很好，因為那與我這輩子所做過的事——我的成長與行為等——完全背道而馳。我不僅需要停止控制，我還需要做與我先前的所作所為相反之事——我必須為他人著想，我必須為黛博著想，我必須為孩子們著想，我也必須為以前我總是予取予求的朋友們著想。」

「羅伯從一個相當自戀且毫無同理心的人，變成了一個能為他人設想的人。」黛博說：「就好像他在忽然之間有了眼睛，能夠看見並說：『**喔老天，我原來傷害過那麼多的人。**』同理心指的不僅是能夠**理解**事情而已，而是能夠真正地**感同身受**。他現在對我真的很有同理心了，不像以前，除了他自己外，其他什麼都不在乎。」黛博描繪羅伯改變的過程時說，那就好像經歷一個「十二步計畫」。「我開始想起那些我並未真正對他們做過壞事、但內心知道自己也未曾善待過的人。因此我開始打電話給其中的一些人，而他們的反應大多是：『哇！我真不敢相信你會說出這種話。』我花了兩年的時間跟許多人道歉。」

現在，有一些婚姻出了問題的男人會來找羅伯尋求忠告。「根據我的觀察，當這些人開始明白自己的問題時，通常也是他們差不多要失去一切的時候。」羅伯說：「我從未遇到一個傢伙對我說：『你知道嗎？我真的做錯了很多事，我想要改善我的婚姻關係。』他們說的話總像是一首鄉村歌曲——我的老婆沒了、車子沒了、孩子沒了、愛犬也沒了——你可以據此寫一首歌，它們的內容都一樣。我以前也一樣，我沒有比較好。我跟他們一模一樣，或曾經一模一樣。」

「我想他們也都跟我一樣有同樣的想法，就是——如果我做了這一切努力，老婆還是跑了，那該怎麼辦？沒錯，那還是有可能發生。」羅伯說：「但你知道嗎？穿越這整趟旅程最棒的三件事就是……第一，你的妻子不再因你而感到痛苦。第二，假如你有子女，這個問題可望不會傳遞給他們，使得他們將來也得去尋求輔導。第三，當你在早晨醒來時，會覺得心安理得且自由。」

＊

這只是其中一對夫妻的故事。對其他男人而言，那趟旅程卻崎嶇得多。

布蘭登說唯一能夠讓他停止凌虐的地方，就是監獄。「我需要被關起來。她需要被保護，而我自己也需要免於自戕的保護。」布蘭登在接受《黃金海岸新聞快報》（*Gold Coast Bulletin*）採訪時說道。布蘭登因殺妻未遂而被判處十二年有期徒刑，他說若他沒有被關進監獄，他可能已經殺害了她。以前什麼也無法阻止他，多重保護令或短期入獄他一點都不放在眼裡，只要一出獄，他馬上就又會恢復對妻子的虐待。「會犯下家虐罪的男性，其內心都有某種破碎的東西。」他說。

布蘭登甚至不記得自己為什麼開始虐待妻子，在那之前他從未打過女人。「但一旦動了手，事情就變得一發不可收拾。好像某個開關被打開了。」他不是因為憤怒而開始虐妻，他說那只是一種冷血的報復。虐待變成他無法戒除的癮頭，不但摧毀了妻子和孩子的生活，也摧毀了他自己。他在計畫謀殺妻子時，也計畫自殺。

入獄後，布蘭登發現周圍都是非常暴力的人，於是費盡心機想要出獄。他報名了一個行為改革課程，希望能藉此早點獲得假釋，但不知為何，布蘭登最終並未成為一個只想要一張證明的人。他真的把那些課程聽進去，並開始瞭解自己為何會變成一位施虐者。「那個課程教導我所有我早就應該知道的事情。」他說。布蘭登說他很幸運，因為孩子們在他出獄後都願意陪著他。「我現在日子過得很好——雖然我不配擁有。假如我未曾揮出那第一拳，或至少在第一次入獄時關久一點……我的生命會變得多美好？我們全家人的生命又會變得多美好呢？」

*

許多女人想都不敢想那個對自己施虐的伴侶會嘗試這樣的改變，更糟的是，女人經常會被那個「願意改變」的男人說服而繼續留下，最後卻發現對方根本沒有改變的意圖。當該事實彰顯時，她再想要離開，情況可能就變得更加艱難了。

「能夠改變暴力傾向的男人比率非常低。」「對暴力說不」的羅德尼・弗萊斯說道：「但他們卻如此地鼓舞人心。這些比率很低的暴力男性，其實正在努力瞭解他們自以為擁有的特權與性別權利，這比我們這個社會中絕大多數男性所願意做的還要多。這就是一個社會運動的開始。如果這些男性能夠做到，那麼我們所有的男性同胞都能夠做到。」

家虐對受害者而言當然是一樁悲劇，但它對施虐者來說，也是一樁悲劇。絕大多數的男性施虐者都曾是溫柔的小男孩，他們脆弱且害羞，只想要愛與被愛；這些小男孩從未想過要虐待女性，也從未想過要當一位暴力的父親，然而他們長大後卻經常兩者都是。作為施虐者，他們利用自己的權力將暴力與痛苦施加在自己的愛人與孩子身上，但他們卻不一定**覺得**自己很強大。他們並非過去那些憤怒的家長，因女人和子女對他們的害怕以及社會對其權力的誇大而為所欲為，現代的家虐犯通常都是悽慘的傢伙，沒有能力愛人或被愛，因內心的羞恥而身心俱毀，以至於他們唯一的防衛就是建立一個浮誇的自戀樣貌，以便自己能夠藏身其後。

我們必須阻礙那個將溫柔的小男孩轉變成暴力男的過程，防治運動所使用的口號，如

「真正的男人不打女人」、「拿出男人的樣子」、「當女人心目中的英雄」等，實在不能夠取代父權體制下男子氣概的選擇模式，甚至還強化了既存的模式。「防治運動所呈現給我們的男性形象，其定義都是刻板地說自己不會毆打女性的那種成功的男性特質（力量、財富、權力等）。」麥可・梭特爾寫道：「它的訊息很明確——保持我們強硬且具競爭性的男子氣概，但拋棄因性別而發生的暴力。」

象徵性的手勢——如「反暴力宣誓」等——也同樣沒有意義，正如男性教育專家丹尼・布雷（Danny Blay）曾告訴我的，他所輔導過的多數施虐犯都曾說他們堅決反對男性對婦女施加暴力。這些訊息都沒有作用。梭特爾在其文章裡指出：「暴力男性通常不瞭解自己的暴力從為何來，也不知道該如何停止。以暴力凌虐女性的男人通常會對自己的行為深感羞恥。我們尚不確定羞恥能如何更進一步地幫助男性改變其暴力行為，因為羞恥可能會阻止他們尋求治療與輔導。」

當施虐男人感到無能與害怕時，他們會使用暴力來驅散自己的恐懼以獲取一種權力感，不管多少譴責都無法說服他們做出不一樣的事。梭特爾說，我們所能做的就是幫他們指出返回「無暴力」的那條路，我們必須告訴他們——如羅伯・桑納西在遠離凌虐後所發現——踏上無暴力之路才能邁向一個更美好、更成功的人生。「無暴力並非只是暴力的不存在。」梭特爾寫道：「無暴力是跟暴力相反的那種特質之存在，如關懷、耐心或同情等。暴力防治運動可以藉由重視男孩與男人們所做的其他選擇，如關懷他人、支持需要幫助的人以及為集體利益努力等，來取代對不毆打女性的『真正男子漢』的崇拜。」將施虐犯視為「不可救藥的穢物」只會加重其羞恥感，且有可能使他們變得更加危險。

為了遏止家虐，我們需要做的不僅是教導男性尊重女性而已。我們也需要教導他們尊重其他男性、教導他們給予彼此空間，並容許彼此活出完整體現情感生活的人生——我們也需要女性容許此事的發生。男性必須認真檢視他們自己的權利感（這是一個即使最忠實的女性主義盟友也會被其激怒的議題）。父權體制在男人小的時候就欺騙他們說，為了成為「真正的男人」，他們必須消滅自己的情智、直覺與同理心，如此他們才能夠在真實的世界裡爭權奪利，因為在真實的世界裡，「成功」就是用你所能控制的事物來衡量的——這是個同時戕害男性與女性的謊言。

男性的「受辱之憤怒」具有強大的殺傷力，而女性則處於深受其害的風險中，不論是在街道上、在深夜行走於戶外時，或是在家裡面對自己最愛的人之時。男人同樣也因其而喪命，羞恥的破壞力有兩個極端——在其中一端，男人的反應是攻擊他人，而在另一端，他們則會攻擊自己。有些男人寧死也不願表達自己的情感痛苦，他們也是同一個父權體制的受害者。對暴露情感軟弱的恐懼及受到阻礙的情感發展，再加上其他因素等，是男性自殺的主因。澳洲在二〇一七年就有兩千三百四十八名男子自殺，是澳洲十幾年來自殺人數最多的一年。

處理男性羞恥的破壞力刻不容緩——為了女人，也為了男人。還有他們扶養的子女。

第六章　子女

再大的痛苦都比不過
內心隱藏著一個不能訴說的故事。

——瑪雅・安傑盧（Maya Angelou），
《我知道籠中鳥為何唱歌》
（*I Know Why The Caged Bird Sings*）

在十月冷冽的藍色晨光中，十五歲的卡莉（Carly）跟幾位同學站在火車月臺上瑟瑟發抖。她很緊張。這個時刻她已經計劃好幾天了。火車進站時，她輕聲地說她得開始逃了，然後將自己的手機交給其中一位同學——「以防他用手機定位追蹤我。」她想著——然後悄悄地拿了她們其中一位的乘車卡，防止警察在她刷卡搭車時追蹤到她。幾分鐘後，她坐上了駛往新堡的火車。在早上擁擠的通勤學生散去後，卡莉縮到一個角落裡，把下巴抵在胸口上以避開監視器。在每一個停靠站，她都心跳如雷。警察已經知道我在哪裡了嗎？我能逃離他多久？

在卡莉搭上往新堡的火車前，距離上次她逃離父親後被抓回來已經一年多了。那時她十四歲，跟媽媽和十一歲的弟弟查克（Zac）躲在一輛汽車裡。為了躲避家庭法令，他們已經奔逃九個月了——該法令不僅將卡莉和查克的單方監護權判給他們的父親約翰（John），並且禁止姊弟倆以任何方式與母親聯繫。

在法庭提出該法令的前幾年，卡莉的媽媽艾琳（我們已在第二章讀過她受到丈夫財務虐待的故事）就一直試圖保護孩子們免於他們父親的暴力。終於，在二〇一二年，醫生的忠告給了艾琳離開的動力。當著高聲尖叫的孩子們面前，約翰用力勒住了艾琳的脖子，直到她翻了白眼。「如果妳不離開，」她的醫生警告她：「妳就跟他一樣壞。」

因此她離開了，但她仍然非常恐懼。因為約翰曾威脅說，如果她膽敢離開，他一定會像獵犬般追捕她，並且射殺她。一位法官意識到她需要保護，於是為她發出了一張暴力干預令。

不久後，約翰向家事法庭申請探視，儘管有干預令，艾琳的家庭律師給她的建議很直接——同意，或冒著失去子女監護權的風險。艾琳受虐的證據不足以爭取全部的監護權，此外，她也不應該「再繼續扮演受害者的角色」，而該克服困難。在違背自己較正確的直覺下，艾琳同意了約翰的探視。然而，兩個孩子都拒絕跟父親見面或交談，而艾琳也覺得自己只能支持孩子，因此違反了法庭的命令。

約翰於是向法庭提出了另一項申請，這次他要單方監護權。當法庭指派一名社工前來訪談家庭的每一位成員並寫報告書給法庭時，兩名子女都拒絕跟父親一起接受訪談。

他們的立場受到他們的諮商師的支持——諮商師告訴法庭，這樣的見面可能會造成「傷害」。[23]

對於為何害怕父親，孩子們有一大串的理由——他曾當著他們的面要勒死他們的母親；把刀架在媽媽的脖子上；把查克摔到牆上去；為了折磨他們而把貓放進啟動中的烘乾機裡。還有其他許多難以解釋但同樣嚇人的事情，像是一發脾氣就在屋裡到處亂摔東西；有奇怪的妄想症，說艾琳在他的食物裡下毒；折磨他們時嘴角帶著「邪惡」的微笑，以及在屋子裡轉來轉去說他很想去死等等。

卡莉和查克向法庭派來的社工解釋了這一切，但他對他們的擔憂並不在意，相反地，

23 兩個孩子的心理醫生對此有更強烈的評論，他預測監護權的改變會造成孩子「嚴重的心理損害」。在同一份報告裡，他形容艾琳是一個「聰明且體貼的人，擁有安全的依附型態、極高的同理心和人際關係技巧，以及很高程度的自覺與洞察」。

他在報告中質疑艾琳的動機，並批評艾琳教養孩子的方式。那名社工建議法庭判決查克與父親生活三個月，並且在那期間不得與母親有任何聯繫。這是一個預防措施——假如查克與母親住在一起，最終可能會受到母親排斥，因為查克跟父親長得非常相像。[24]

二〇一四年時，在已排定的監護權公聽會前兩個月且在未通知艾琳的情況下，家事法庭召開了一場臨時公聽會，並發出讓約翰暫時擁有單方監護權的法令。「我沒有律師代表出席，我也未被通知，法庭沒有給我任何改判監護權的理由，因為那只是一個臨時公聽會。」[25]艾琳說。那幾條法令非常嚴苛。「我不被允許跟孩子們有任何的接觸，即使我手上擁有禁暴令。我甚至不能爭取孩子們的福祉。」艾琳認為法庭之所以會忽然判出臨時命令，有可能是因為「獨立孩童律師」[26]告訴法庭，當她跟孩子們在學校放假期間外出度假時，她曾經帶著孩子們「潛逃」。

那幾項臨時法令讓聯邦警察將孩子們從他們的母親身邊帶走，並將他們送到父親那裡。但對艾琳而言，那並不是一個選項——卡莉威脅要自殺，如果她被迫與父親共同生活的話。「孩子們要求我保護他們，所以我們就逃了。」艾琳說。

當警察在九個月後終於追上艾琳和她的孩子們時，他們正在新南威爾斯一帶流浪。他們的錢已經花光了，正準備前往最近的兒童法庭尋求協助。在那天的前一晚，卡莉已經寫好一封抗議信，艾琳將那封信交給警方，並要求他們讀一讀。

我的名字叫卡莉。我很害怕我的父親。我曾親眼目睹他在發怒時把我的弟弟摔到牆上去。他曾經把刀架在我媽媽的脖子上，告訴她要割斷她的喉嚨是一件多麼簡單的事……而法庭竟然將我判給了他。

我曾試圖告訴所有與此案相關的法律人士，我的父親有多讓我害怕，但我太年幼了，沒有人聽我說話。我為什麼不能參與和我的去處相關的決定？我覺得我好像在一間隔音的房間裡尖叫，因為我的聲音已經被偷走了……我要到什麼時候才能夠有一個聲音？要到什麼時候那些擁有權力的人才會容許我發出聲音？

我需要有人聽到我的聲音，並瞭解我所想要的只是一個沒有恐懼的生活。我媽媽是唯一能夠傾聽我的人。當我告訴她我很害怕時，她相信我並保護我，但他們卻因為她聽了我的話而要把她關起來……我需要你們的幫助。

24 此觀點沒有任何的研究依據。

25 臨時法令通常會在緊急狀況下發出，並在其他法令或最終法令判出前都有效。艾琳並未預期會有這場公聽會，因為在該場公聽會的前一個月，法庭才召開過另一場臨時公聽會。此外，由於家事法庭長期延宕，因此在兩場公聽會期間父母雙方通常需要等待幾個月。

26 考量孩童的「最佳利益」（尤其在涉及虐待指控的複雜案件裡），法庭會指派一位「獨立孩童律師」作為孩童的法律代表人，他們的任務是針對「何種安排最符合孩子的最佳利益」提供獨立的觀點。他們在監護權訴訟裡的角色（尤其是那些涉及家庭暴力的案例）頗具爭議，聯邦政府在二〇一三年的一項報告中指出，多數接受調查的孩童對於他們與獨立孩童律師的互動經驗，都表達了一種「失望，甚至受到背叛的感覺」。

當天下午，警察將艾琳和她的小孩載到附近的一座小鎮，一位法官在那裡對艾琳提出了偽造孩子護照申請的刑事指控，這是一項最高可判處十年有期徒刑的指控。警察給他們最後一個說再見的機會，然後兩個心慌意亂的孩子就被警方帶走了。

「當我在警察局被迫與媽媽分開時，我非常沮喪且痛苦，我跟弟弟在地板上坐了大概六個小時，誰的安慰都聽不進去。」卡莉說道。當約翰前來並告訴孩子們他有多想念他們時，孩子們一點都不心動。「我跟我弟弟兩個人就是一副『不，我們哪裡也不去。我們痛恨你！你傷害我們，你傷害媽媽！我們不想跟你這種人在一起！』的樣子」卡莉說：「就這樣堅持了大概半個小時，一名警察走過來，用威脅的語氣說要使用武力把我和弟弟拉進車子裡。」

在接下來的兩個月裡，卡莉和查克拒絕跟他們的父親住在一起，於是便住到一位親友的家裡去。當約翰承諾會幫他們跟母親見面時，他們才終於同意搬去跟他一起住。做出這個承諾很容易，但要履行幾乎不可能，因為他們已經搬到離艾琳幾百里遠的地方；艾琳若想見他們，就必須長途開車經過幾個州，並到一個指定的會面中心與他們見面，而見面的時間不僅短且必須受到監視，更不用說每次都要花費一百多塊錢。這對多數人而言很不切實際，對艾琳而言更是難以理解——她現在已經窮到只能睡在車子裡，到公共浴室淋浴，並且每天只靠幾塊錢及朋友們的幫助才能維生。她唯一想像得到、能夠跟孩子們再度相聚的辦法就是打長期戰——去大學念法律，在家事法庭代表自己，然後把孩子永遠接回身邊來。

同時，法庭的訴訟也持續進行著——新的命令禁止卡莉和查克與自己的母親聯繫，而他們的父親也禁止他們與母親方的親戚接觸（孩子的外公甚至被威脅表示，要是他再試圖與孩子聯繫，就要對他採取法律行動）。「這讓我崩潰了。」卡莉在新堡跟我通電話時表示。「我喜歡外公和外婆。我父親的爸媽都是怪人，他們一點都不和善，但我外公和外婆真的很關心我，他們對我的表現都很驕傲。」因為被命令與母親的家人隔離，卡莉不得不試著與父親和平相處。「剛開始跟他住時，我想要相信他是自己說的那種大好人。我努力附和他說的或做的每一件事，因為我知道只要我一爭論，家裡就會出現很嚴重、很嚴重的狀況。」但隨著日子過去，卡莉越來越覺得自己成為了父親的囚犯。「他總是問我：『妳要去哪裡？妳要跟誰出去？』但不是出於保護的態度，而是出於一種占有欲很強的挑釁態度。我只跟朋友單獨外出一次，而那個朋友很不可思議地說：『我很驚訝這次妳爸沒有陪妳來。』」跟父親同住讓卡莉變得非常焦慮，以至於她常常無法到校上課。

在二〇一六年十月時，卡莉寫了一封信給羅彬・卡特瑞兒瓊斯（Robyn Cotterell-Jones），她是一位資深的受害者權利擁護者，其總部的辦公室位於幾百里外的新堡。「跟父親住在一起我非常不快樂，而且我也擔心自己的安全。」她在信的一開始寫道。

> 我家有一個很長、很可怕的家暴史，我媽媽、我弟弟和我都是我那身為施虐者的父親的受害者。但是，法庭卻說他是一位稱職的父親……我很害怕。我只要一進入我的房間就一定會把門鎖上……子女在家時應該感覺被照顧和呵護，而不是如此驚惶恐懼。

我不瞭解我為什麼被禁止與自己的親人接觸。我被迫不能認自己的母親。這不是正義與公理，這對我跟我弟弟而言都不是一個有利的結果。我無法再留在這裡了。在這裡我很害怕。沒有人應該被迫生活在這麼多的恐懼之中。求求妳幫助我。

兩天後，在警方將她送回她父親身邊剛滿一年後，卡莉準備再度逃跑。但是帶著弟弟一起走實在太冒險，於是在她離開的前一晚，她讓弟弟坐下來，並跟他解釋她即將要做的事。「我試著跟他說我要離開了，但我絕對不會拋棄他，我一定會回來跟他說話之類的。但當我開始說到主題時，他淚流滿面地說：『我不想留在這裡，卡莉，我想自殺！我不想跟爸爸在一起，我想念媽媽。』」

「他才十二歲！」卡莉大聲說道：「一個十二歲的孩子不應該想到自殺！」

火車靠近新堡，卡莉步下火車時覺得肩頭卸下了重擔。她搭上一輛巴士，前往「犯罪受害者協助聯盟」的辦公室（二〇一五年時警方追上他們之前，卡莉和媽媽曾與這個宣導團體聯繫）。出來接待她的是面露驚訝的羅彬・卡特瑞兒瓊斯（此時她尚未接到卡莉的信），該團體的創辦者兼執行主任。她將卡莉引進辦公室內，並告訴她身為責任通報者，她必須致電兒童保護單位。[27]不久後，卡特瑞兒瓊斯打了電話給我。

羅彬・卡特瑞兒瓊斯是支援受害者的傳奇人物，她因為幫助受害者找到希望和勇氣的貢獻而獲頒「澳大利亞勳章」。過去我們經常一起討論令人髮指的兒虐案件，但我從未聽過她如此難過的語氣。「我們到底對孩子們做了什麼，潔絲？」她說道，聲音在顫抖。「這簡直太瘋狂了。我已經在這個問題上努力了二十五年，但事情卻只是越來越糟。我覺得很失敗。」

＊

在澳洲有多少兒童曾受到家虐的影響，目前可靠的數據很少，簡單地說，根本就沒有官方調查。有一項經常被引用但規模很小（對象大約為五千名澳洲兒童）的研究顯示，有百分之二十三曾目睹他們的母親或繼母遭受肢體暴力。從澳洲統計局的數據來看，我們也發現「有多少人成長於家暴環境中」的一些指數——「個人安全調查」所做的一項報告顯示，有將近兩千一百萬名澳洲男女曾在十五歲前目睹他們的母親遭受家暴，以及將近八十二萬人曾目睹自己的父親遭受家暴。[28]如果你認為這個數字很龐大，那麼請想想以下這份報告——每六名女性中以及每十名男性之中，就有一名曾在十五歲之前遭受過身體虐待或性虐待。

那些在家虐中長大的孩子就住在你家的那條街上，他們就讀的是本地的學校。他們每天回到家時感受到的是無助和害怕，以及需要承擔起保護母親和弟妹的責任。他們知道所有能夠藏身的最佳地點，也知道如何在嘶吼聲開始時讓自己消失。他們在母親哭泣時抱緊

---

27 「責任通報者」是在看到兒童虐待與忽視的可疑案件時，有義務向政府機關通報的專業人士。

28 「個人安全調查」是以事件為基礎的調查，因此無從得知這些暴力是一次性或持續性的。

她，幫她洗淨身上的血跡。他們安慰弟妹，讓他們不要哭泣。他們向警方報案，懇求協助。他們成了告密者。他們將那些暴力歸咎於自己，別人也將之歸咎於他們。他們會幻想傷害或殺害自己的父母。他們哀求自己的母親離開，因為總有一天那個男人會殺了她。他們看到自己的父母從醫院回家，然後像一切都沒發生過似地繼續生活。他們看著自己的父親被逮捕。他們以為暴力的發生都是他們的錯，並且覺得只要能找到一個讓自己變得更好，或做對事和說對話的方式，暴力就會終止了。他們的內心深處都很恐懼，害怕自己長大後會變成另一位施虐者，或最終娶（嫁）了一位會施虐的配偶。

家虐的絕對數量正在壓垮兒童保護體系，在南澳大利亞每四位兒童中，就有一位曾在三歲前因受虐而被舉報到兒童保護單位。[29]如果你覺得那個數字不可思議，那麼你並不孤單，因為就連在兒童保護領域已有二十五年經驗的研究員費歐娜・阿爾妮（Fiona Arney）也不相信。當她看到南澳皇家委員會在報告中引述此數字給兒童保護體系時，阿爾妮要求調閱兒童保護記錄以查證，而那些記錄——涵蓋了自一九九九年後出生的三十萬名兒童——證實了該數字。「我們沒有滿足這個需求的相應體系。」阿爾妮告訴ＡＢＣ電臺說：「我們正在面對一個絕對的危機。」

困在暴虐環境中的兒童需要發展他們自身的生存策略，不論是身體方面或是心理方面。正如茱蒂絲・赫爾曼所述：「這些孩童必須在無法信賴之人中找到一個能夠信賴的人，在不安全的狀況中找到得以安全的狀況，在絕對無法預知之情境中找到得以控制的情境，並在絕望無助中找到得以掌握一點權力的辦法。」這些孩子都可能成為大師級的謀士，對暴力及危險具有細微的感應力。

這些孩童因「被暴露」於家虐中而被稱為「目擊者」，這樣的字眼的確會讓他們的經驗因不公正而雪上加霜——他們並不是旁觀者，他們本身就是受害者，懷有與自己施虐的父母不相關的需要、恐懼和忠誠等。這也是澳洲法律現在所承認的事實，如今家虐已被視作一種虐兒的形式。當兒童經驗家虐時，他們也極有可能同時受到身體虐待或性虐待——伴隨家虐發生的身體虐待高達百分之五十五，而性虐待則將近百分之四十。這其中還不包括許多女性受害者反過來變成其子女的施虐者的例子——因為她們渴望體驗某種權力，可能有酒癮或藥癮；她們也可能相信自己若嚴格管束孩子，他們就不會因受虐而變壞。

澳洲媒體在某位父親於光天化日下謀殺自己的兒子後，才終於針對婦女遭受家虐的事實真正覺醒。然而，即使十一歲的路克・芭蒂是該次犯罪的主要受害者，我們仍未積極處理家虐對兒童所造成的衝擊。孩童在新聞報導裡通常只會被匆匆略過，彷彿他們只不過是父母的延伸而已。

許多記者會迴避和幼童進行與創傷相關的訪談，認為他們沒有討論這種議題的能力，而那些試圖進行這類訪談的記者，則有可能遭到兒權擁護者的抵制——那些擁護者們擔

29　該驚人數據引述於南澳兒童保護部部長芮秋・桑德森（Rachel Sanderson），她在二〇一九年三月為瓦解兒童虐待與忽視之模式而建立了全新的密集支持服務體系。她在演說中進一步闡述道：「這個問題並不只發生在南澳——在其他國家也有類似的狀況——但我們有義務以一個能夠阻斷這個代代相傳之創傷和虐待的方式來處理這個問題。」

心，即使是青少年都仍處於脆弱且不夠成熟的狀態，沒有能力為自己說話，更別說是兒童了（何況記者本身也不值得信賴）。這種謹慎可以被理解。兒童的確需要被保護，以免遭到冷漠或愛撒狗血的記者之剝削，他們應該只在安全、受到支持，且不會被指認的附帶條件下，才能接受訪談。訪談受創幼童的記者需要更耐心、更體貼，並尋求專業團體的忠告，以免對受創幼童造成二度傷害。但是，有很多年輕的倖存者**想要**訴說他們的故事，並因為成人的世界拒絕給予他們這樣的權利而感到沮喪。我們不該擅自決定什麼才是對年輕人最好的，反之，我們何不問問**他們**：「你想要訴說自己的故事嗎？」

對卡莉這樣的孩子而言，令其噤聲顯然非常危險。家庭法系經常將孩童視為父母的財產，而家虐更只是大人們的事情，一旦父母分手便可以解決了。在此體系中，孩童的聲音能夠被聽到的機會十分有限，即使他們勇敢地向心理醫生及律師提供明確且詳細的證詞，那些人最後也可能在法庭上扭曲他們的話，並將他們視為不可靠的目擊者打發。「就好像掉入大海中看著一股大浪湧過來，你知道它會擊垮你，並將你淹沒。」卡莉描述法院審理過程時解釋道：「我告訴我的獨立孩童律師說，我不想要跟我父親有任何接觸，他是個施虐者。但那律師在法庭上竟說：『是有一些小問題，除此，其他一切都很好。』」如果我們作為一個社會共同體，卻不願努力傾聽孩子們的聲音，那我們又憑什麼期待我們的司法體系會有不同的作為呢？

將孩童消音這件事至今仍使現年三十幾歲的澳洲作家露絲・克蕾兒（Ruth Clare）憤怒不已。克蕾兒的父親自越戰返鄉後，變成一個身心俱毀又暴虐的人，而克蕾兒的整個成長過程都在想盡辦法躲避父親的虐行。她猶記得自己周遭的大人們對她的創傷視而不見，不論她多麼努力想要讓他們聽見她的話。「在我的童年時期，我的觀點從來沒有——一次也沒有——被聽見、考量或嚴肅以待過。」她寫道。在克蕾兒十三歲時，她在某個深夜被母親求救的聲音驚醒，她跳下床並循著聲音跑進廚房，看到媽媽正被父親壓制在地板上。克蕾兒想將父親拉開，但她父親將她摔到一邊去，並拿起一個啤酒罐蓋子威脅要把她母親的眼睛挖出來。警察在克蕾兒勇敢跑出去向鄰居求救後趕到現場，雖然她母親拒絕向她父親提告，克蕾兒仍說服母親到庇護中心尋求保護。在前往庇護中心的路上，坐在後車座的克蕾兒等著警方向她和她弟弟詢問事發的經過。「但他們並沒有問我們發生了什麼事，反而問我們讀幾年級，還有我們養的長尾鸚鵡叫什麼名字。」她寫道：「他們好像在提示我們，我們應該怎麼做才能符合期望——行動正常，忘了剛剛的事，還有別再胡思亂想。」那些問題並未安撫克蕾兒，相反地，那只證明除了緊急事件之外，警察不會真正幫上任何忙。「我的問題仍然是我的問題，如何解決它們也只能靠我自己。」她寫道：「他們不想聽那個故事，因此不給別人說出口的機會。我當時也以為不能說出口。」

傾聽孩子的聲音是一件緊迫的國家級事件，年紀小至五歲的幼童傷害自己的案例更是令人心驚——截至二〇一六年的前十年，共有三萬三千多名從五歲到十九歲的孩子曾刻意毒害自己，而此數目更以每年百分之十的速率攀升。孩子們不僅自我傷害，他們也自殺，且該數字也正不斷上升——在二〇一五年，十五歲到十九歲的女孩的自殺比例較之前飆升了百分之四十七。在原住民社區中，孩童自殺的比率也非常駭人——占澳洲兒童人口約百分之五的原住民兒童，在二〇一八年的青少年自殺人數中就占了百分之四十；更具壓倒性的數據顯示，自殺的原住民兒童都生活在貧窮中，且其中許多都是家虐及性虐待的受害者。這是一個只會惡化的危機，我們找不到任何字眼足以形容如此慘重的損失，或對於原住民孩童竟以如此方式徘徊在生死邊緣所感受到的羞恥。

正如「國家兒童問題專員」梅根・米契爾（Megan Mitchell）在二〇一七年所報告，不管在何種文化背景中，家虐對青少年自殺而言都是一個關鍵性的風險因素。她曾引述某位警官的話：「在過去的十二個月裡，每一個自殺的孩子都是來自於一個有家虐問題的家庭。」這些就是我們以為用鸚鵡和學校這類安撫話題就可以保護的孩子，但事實是，**我們無法處理那個真相**。

我們將在這一章聽見更多來自孩童（以及成長於家虐中的成人）的證詞，但在那之前，讓我們先看一看那些無法為自己發聲的幼童的內心世界。

嬰兒

假如身為成人的我們很難將自己放到幼童的處境中，那我們就更不可能想像自己若是一個嬰兒的感覺了。雖說我們都曾是個嬰兒，但嬰兒對我們來說卻有如外星人——他們屎尿齊飛、放聲嚎哭的情緒旋風，以及似乎完全無法理解的內心世界。難道嬰兒也有內心世界？有些人宣稱自己仍記得剛出生頭幾年的事情，但那只是一小部分的人，絕大多數的我們對嬰兒時期的自己完全沒有印象。我們的持續性記憶要到三歲半後，才會開始刻印在我們的腦海裡。

也許這就是為何嬰兒經常會被認為「因為記不得所以很幸福」之故，他們只擁有足以辨識饑餓、疲倦或受傷等感覺的意識。這個概念有時會讓身為家虐受害者的新手父母感到安慰，至少孩子因為太小而無法看見或理解在其周遭所發生的虐行，這讓他們稍感安心。

但無論這個觀念有多頑強，它已經完全跟不上時代了。在過去的三十年來，我們理解嬰兒的方式已經產生了很大的變革。哲學家兼兒童心理學家愛莉森・卡波妮克（Alison Gopnik）教授在其相關著作《哲學寶寶》（*The Philosophical Baby*）一書中，駁斥了「嬰兒是臻至完美和複雜的未開化成人」的這個概念，相反地，她表示嬰兒就像是一種全然不同型態的人類，擁有「同樣複雜且強大的」心智。這聽起來似乎難以置信，因為嬰兒的視線經常還未落到某件事物上，就又被另外一件事物吸引走了。但卡波妮克指出，成人的注意力在運作時就像一個「聚光燈」，而嬰兒和幼童則有「燈籠般的意識」——雖不擅長專注於某單一事物，但其四處散播光線並同時從各種源頭吸收訊息的能力卻令人讚嘆。心理學家與腦神經科學家也已領悟，嬰兒所學、所想像、所在意且所體驗的東西，遠比我們所以為的要更多，他們甚至能夠記得具體的事件長達幾個月的時間。換言之，他們絕非只是一個善遺忘且由本能與情緒組成的小東西。

溫蒂・邦斯頓（Wendy Bunston）一直在研究暴露於家虐環境中的嬰兒，她的研究方法很務實；過去二十五年來，澳洲口音很重的她不斷地在鼓吹這門科學——嬰兒對環境有很敏銳的意識。她強調嬰兒不是只會樂呵呵地一天過一天，他們就像有知覺的海綿，會努力吸收每一種互動，以習得適應與求生的策略。在充斥著虐行的家庭裡，施虐者明顯就是那個威脅與危險的來源，但對嬰兒而言，他們受虐的照顧者可能也是——如果照顧者長期處於恐懼中或無法提供照顧，那麼嬰兒很快就會知道他的照顧者無法保護他。在邦斯頓為嬰兒及母親所進行的輔導團體中，她曾看見嬰兒略過自己的母親直接向協調員伸出手，因為他意識到那位協調者比自己的母親有用且可靠。想像一下，在不能走路或說話（或甚至爬）的情況下，**知道**自己完全賴以維生的那個人無法保護自己——這就是在家虐環境中長大的學語前幼兒的恐懼。

當嬰兒習慣性地被排拒於安全的情感聯繫之外時，他們便會進入一種高度的求生模式。他們的大腦會受到人體管理恐懼的化學物質轟炸，如果該狀態持續一段時間，在嬰兒大腦內正在發育的未成熟路徑便會開始反射其環境中的混亂。正如邦斯頓與羅彬・史凱琪莉（Robyn Sketchley）所述，處於恐懼中的嬰兒的大腦「會建構出求生所需的局限性通路」，而這會讓他們變成一個一觸即發的人，他們訓練有素的大腦一輩子都會對即使是最細微的危險立即做出反應。（大腦處理恐懼的「杏仁核」，會在大腦有機會辨識出所感知之威脅的真假之前，就馬上對刺激體做出反應。）[30]

由於受驚的嬰兒在身體上無法躲藏——這是成長於家虐環境中較年長的孩子都專精的技巧——他們可能因為沒有選擇而不得不「藏在自己裡面」。艾瑪・吉爾斯綺克（Emma Gierschick）在懷孕期及其孩子處於嬰兒期時曾受到虐待，她對此種狀態有個令人動容的描述：「我的孩子在兩歲前的照片中，沒有一張是臉上帶著微笑的，一張都沒有。我當時以為自己生了一個沒有活力、安靜且畏縮的孩子。她臉上經常露出受驚嚇的表情，眼睛睜得大大的。她不會微笑，很少哭，也很少對什麼東西產生興趣，而且從來不會因為快樂或喜悅而大笑或咯咯笑。」在艾瑪離開她施虐的伴侶後不久，她才瞭解那樣的行為「不正常」。「我後來才發現我生了一個多麼愛笑、精力充沛且喋喋不休的小搗蛋。她喜歡跳舞、唱歌，還有大笑。現在她每天一醒過來，臉上總是笑咪咪的，或開心地咯咯笑。」

羅賓・蘭姆（Robyn Lamb）是雪梨西米德醫院的社工，她在該醫院的兒童保護中心已經工作三十多年。她說父母經常錯讀他們的子女，被父母形容為「好乖」——在父母離開房間時很安靜、不會哭——的小孩其實最讓他們警惕。「因為那不是一個正常的孩子該有的反應。正常的孩子會哭，他們想要有人陪，他們需要大人的注意，他們不喜歡獨自一個人。」在陪我參觀兒童保護中心時她跟我說：「但這些孩子卻學會了『**如果我哭就沒有人理我**』，或『**我若有暴力行為，他們就會有反應了**』。」

30 這並不表示在嬰兒時期經驗的家虐所造成的影響一定是終身的。有關大腦可塑性的科學顯示，我們的創傷並非永遠無法彌補，但對許多人而言，治療受到創傷影響的身體機能可能需要長期且密集的療程與輔導。

成長期間

當孩童在一個暴虐的家庭中尋求自我保護時，他們會變成行為偵探。「在暴虐環境中成長的小孩會發展出偵測攻擊警訊的超凡能力。」茱蒂絲・赫爾曼寫道：「他們對施虐者的內在狀態會變得非常敏銳。他們學會在施虐者的臉部表情、聲音和身體語言裡識別出憤怒、性興奮、狂喜或解離的訊號。」

九歲的芬利（Finley）——「快要四十一了。」他的媽媽開玩笑地說——是個熱衷於遊戲的玩家。一年前他的父母離婚了，而在那之前，他一直生活在父親的暴力中。芬利說當他的父親與他們同住時，他學會了用「計算公式」來閱讀他的臉。「他會露出一種死寂的表情。」芬利不帶感情地說：「然後忽然就爆炸了。」芬利必須仰賴自己的計算公式，因為他父親所應用的法則既瑣碎且獨斷，而且一知會就馬上執行。「真的很隨機。如果天空不夠藍，他就會生氣……規則的有效期限可能只有十秒鐘，而你必須遵守它們，但接著新的規則又會說你做錯了，因此他有理由可以對你發飆。」

當芬利的父親覺得「無聊」時，他會設計新的方式來恐嚇他的子女。有一次，他把一個盤子砸在芬利弟弟的臉上，造成孩子被緊急送醫。他最喜歡威脅芬利說要帶他去看醫生，要告訴醫生說芬利用熱管堵住自己的鼻子。某一天，在沒有任何解釋的情況下，芬利的父親不再跟家人講話。整整兩年他在自己與妻子跟孩子之間築起一道牆，用他沉默且憂鬱的存在威脅著全家人。隨著時間過去，芬利對他父親的存在特質變得超級敏感，在聽到父親的聲音前，他就能**感覺到**他何時會抵家。

現年五十四歲的蜜雪兒說，她的整個童年也都在高度戒備的狀態中度過。「我完全沒有在家裡感到安全的記憶。」她說：「一點都沒有。當我父親在家時，我總處於一種高度警覺的狀態中，努力想弄清楚他會做什麼事，以及何時會做。」她的童年簡直是狄更斯（Dickens）筆下《塊肉餘生錄》的翻版，各種慘事不斷發生；她記憶所及的童年往事不是暴力，就是暴力的威脅。「我父親最愛的發飆方式之一，就是把菜盤砸在我媽媽身上，如果他覺得不夠好吃的話。」她回憶道：「有一天早上當盤子飛過來時，我恰好站在我媽後面。媽媽躲開了，所以那個盤子就砸碎在我的背上。我嚇壞了，拔腿從後門逃出去，而我爸在我跑到路口時追上了我。他抓住我說：『我很抱歉，我並不是要砸妳。我瞄準的是妳媽媽。』」蜜雪兒那時才八歲。

當我們坐在沙發上說話時，一個印象特別深刻的回憶浮了上來。某晚，蜜雪兒和弟弟們正坐在客廳裡看電視，而他們的爸媽則關在廚房裡彼此咆哮。一會兒後，蜜雪兒和弟弟進廚房查看，他們發現父親竟然跨坐在母親的頭上，一上一下地用臀部撞擊媽媽的頭。「我跟我弟弟衝過去，大叫：『下來，下來，你要把媽媽打死了！』而他竟然還哈哈大笑。他穿著高爾夫球鞋用力踢她，一直踢她，踢著她的腿。她的腿軟趴趴的，像是果凍，兩條腿全都是血。」蜜雪兒的父親站起來，走進客廳坐到孩子們身邊去，彷彿什麼事也沒發生。「我們就坐在那裡，假裝沒什麼事。那感覺就好像我們全都是共犯。」

在一個從未感到安全的家裡，蜜雪兒能夠從父親的腳步聲準確地辨識危機的程度，也學會了像茶葉占卜般閱讀父親的神情。「一點都不誇張，我真的可以從我父親臉部的表情預測那晚他是否會毆打我母親。」

這就是我們有時會將之與戰鬥老手做聯想的高度警覺，它是「創傷後症候群」的其中一個標誌，就像是從訓練過程及戰鬥區身歷其境的士兵必須對一切人事物保持警惕，從一股奇特的味道到某個看起來絲毫不相關的人。每當一個潛在的危機浮現時，求生的反應就會在他們的大腦裡啟動，促使士兵採取與生死攸關的防衛行動。我曾在中東地區當過外派記者，對於某些記者將澳洲郊區的某景點描寫成「像個戰區」很不以為然。但在兒童遭受家虐的案件中，這個譬喻非常真實——它就是經驗之談，在家虐環境中成長的孩子，他們所表現出的高度警覺，與面臨戰鬥的老兵所展現的無異。

這兩者之間驚人的關聯，在二〇一一年由倫敦大學學院的教授伊蒙・麥克羅瑞（Eamon McCrory）的研究團隊所提出。許多年來，針對戰鬥老兵的大腦掃描已顯示，人們對潛在威脅的高度反應發生在大腦裡的兩個區域，其中一個是「腦前島區」（人腦處理情感及肉體痛苦的部分），另外一個則是「杏仁核」（人腦調解恐懼反應的杏仁狀區域）。倫敦大學學院對四十三名兒童進行了大腦掃描，發現其中二十個孩子成長於家虐環境中，而另外二十三個則不是。他們給那些孩童觀看一系列憤怒的臉孔，而當孩子們看著那些臉孔時，研究員便觀察他們的大腦如何處理因那些臉孔而引發的記憶和聯想。研究員們發現一個熟悉的反應——受虐兒童的大腦亮起來的區域，跟戰鬥老兵的大腦曾亮起來的區域完全相同，這也成為家虐會訓練兒童使其對潛在威脅變得高度感知的「鐵證」。

雖然高度警覺對處於高威脅環境中的士兵和孩童有助益，但在日常生活中，它卻可能很耗費精神且令他們極度痛苦。如同戰鬥老兵，家虐的兒童受害者也會有反覆的噩夢與記憶回閃。在芬利最栩栩如生的夢境中，他曾看見自己的家在他面前被大火燒毀，而他只能站在原地，無法動彈。十二歲的哈利（Harry）的腦海裡則經常重播他父親的暴力行為，有時在學校，有時在家裡——他永遠無法確定那些影像何時會出現——在那些記憶回閃的影像中，他看見父親把母親推下樓梯，並且一直毆打她、踢她。然後，他就會看到媽媽在受虐之後的樣子。「彷彿剛剛才發生。」他安靜地說：「這讓我覺得很難過，而且……沒有防衛力。」

困在一個總是充滿威脅和恐懼的氛圍中，與暴力共生的兒童會變成求生戰術的大師。安娜（Anna）在還包著尿布時就知道，想要保護媽媽是徒勞無功的嘗試。「我記得我爬下床——因為尚未嘗過暴力的滋味——大喊著：『不！』接著我爸轉過身來用皮帶抽我，我因此被撞在門上。我媽媽跑過來，把我放回床上去，而我還不明白發生了什麼事。但在那之後，我瞭解盡量避開才是王道。」從很小的時候開始，現年三十四歲的安娜就知道，自己必須想辦法在家裡活下去，直到她年紀大到能靠自己活下去為止。對安娜而言，求生意味著她必須將父親當作一位敵方的戰鬥員。「說來可笑。」她說道：「父親會逼我閱讀與戰術相關的所有書籍，而我則會將它們都牢記於心。想在那個家裡活下去，的確是場戰爭。我利用了我所能利用的一切。」進入青春期後，安娜便開始扮演「爹地的小幫手」這個角色，經常替父親跑腿到冰箱幫他拿酒，讓他醉倒就可以讓他早一點睡著。她會在他睡著後，偷偷從窗戶溜到市中心，謊報年齡混進夜店裡，然後跟年紀大她三倍的男人發生性關係。「我在十四歲之前就開始跟大人睡覺了。」跟許多在暴力中長大的孩子一樣，安娜找出了家裡能藏身的所有最佳地點。「我在車庫的上方、壁櫥的最下層、靠近烘乾機的一個櫥櫃裡，以及房子下的爬行空間裡，都找到了可以躲藏的空間。只要咆哮聲一響起，我就會趕快躲起來。平時沒事時我也會躲藏，當作練習。那是一個非常嚴肅的遊戲，要是被發現……我不知道自己會有什麼下場。我和我妹妹會把它當作遊戲般練習，我們得靠這種方式活命。」

在暴虐家庭裡求生不僅是為了保護身體，也是為了保護心靈。知名的兒童創傷臨床醫生布魯斯・貝瑞（Bruce Perry）說，那些孩子們會到一個「不同的地方」去，想像自己是超級英雄，或想像自己置身於事件之外，彷彿在觀賞一部他們也在其中扮演某個角色的電影。威爾（Will）今年九歲，是四個孩子中的老大，跟芬利一樣，他的父母也在一年多前才分手。在法院的判決命令下，他與弟弟和兩個妹妹每隔兩週就必須去跟父親共度週末。當父親暴跳如雷時，他會試著假裝自己在其他地方。「當一件糟糕透頂的事情剛發生時，你很難開始思考並相信自己處於另一個地方。但是我還是可以辦得到，我猜我有一個很活躍的想像力。」他帶著微笑說道。在他的臥房裡，威爾試著想像一切「美好的事情」。「有時我會走進臥室，拿出一張藍色的紙，然後假裝我正在沙灘上或水上樂園裡。」威爾的弟弟阿德里安（Adrian）今年六歲，是個「暴力分子」，他曾被診斷出有幾種行為問題，他也經常攻擊威爾和兩個妹妹，安文（Anwen）與艾薇（Ivy）。因為阿德里安是最難控制的一個，因此父親發怒時，他經常首當其衝。阿德里安會想像出自己的場景，假裝把問題解決了。「我弟弟剛學會『警衛』這個字眼時，就稱我父親為監獄的警衛。」威爾笑著說：「他會吆喝道：『我們一定要逃出監獄去！我們不是壞人，那個監獄警衛抓錯人了！』我跟他一樣也有過度活躍的想像力，所以我會跟他一起吆喝著：『耶！我們一定要逃出監獄去！』」

對某些孩童而言，改變或徹底否認自己所處的現實的需求變得非常強烈，以至於在他們身上造成一種解離狀態。現今是受害人擁護著的歐嘉．楚吉羅（Olga Trujillo）曾是家虐受害者，她所遭遇的家虐經驗是我聽過的案例中最殘酷的。在她三歲那年，她衝進父母的臥室裡，看到父親正要強暴她母親。當她抓住父親的手要把他拉開時，她父親摑了她一耳光，對她說他會給那些不尊重自己父親的小女孩一個教訓。於是，當著她母親的面，他把三歲的歐嘉壓在地板上，性侵了她。當時歐嘉驚慌地四處張望，而她母親則在一旁含糊地叫她父親住手，然後她頭腦就「一片空白」了。「她從她的腦袋裡抽離了。」歐嘉在她憤怒的回憶錄《我支離破碎的總和》（*The Sum of My Parts*）裡寫道。歐嘉覺得自己的心智變得「越來越模糊」，直到心中的驚慌逐漸消退。她一動也不動，感覺自己「離開了身體」。「那是一種非常奇特的感覺。」她寫道：「就好像即將分裂成兩個小女孩一般。我的手感覺很奇怪，而我注意到我的手竟然有不只五根手指頭。每一隻手開始分裂，然後長成了兩隻手。雖然我仍能感覺父親在我身上施加的痛苦，但那個痛苦卻在消退，且變得越來越遙遠。最後，我從我的心智分裂出來，浮上天花板，從那裡安全地往下看。」在她的整個童年，歐嘉不斷受到父親的性侵與毆打。在她滿十歲前，她父親竟然跟她母親合力為女兒拉皮條，說是需要錢付房租，但其實她父親把錢都花在他自己身上。歐嘉形容解離是一種「超能力」，許多研究者也指稱，它是一種「非常有效的」求生技巧，能夠讓「一個正經歷絕境折磨的人保留一些健康運作的區域」。歐嘉表示，解離有助受虐兒童與創傷保持距離，直到他們覺得足夠安全能面對自己所經歷的痛苦。

無法藉由幻想或解離逃離現實的孩子，則必須找個能夠解釋的理由。有些人可能會相當明確地就將之歸咎於對自己施虐的父或母，有些人則可能加入施虐的父或母，將之歸咎於受害者（許多施虐者會鼓勵他們的子女這麼做）。然而，通常孩子們會為自己的父母找藉口，然後將之怪罪於自身。這些孩子會反省自己究竟做了什麼錯事，使得父母總是吵架，甚至會認為自己的出生本身就是一個詛咒，是這個家庭會發生這麼多壞事的原因。

「我以前常常想，**我為什麼會造成這一切呢？我到底哪裡做錯了？**」芬利說。在他的治癒過程中，「消除自責」一直都是最重要也是最不易的部分。「現在我知道，那完全不是我的錯。」他說：「我不需要任何人來告訴我。」但在茱蒂絲・赫爾曼的詮釋裡，他擔責的本能並不只是因為幼稚和固執而已，這在他的心理防衛上是關鍵性的一部分。誠如赫爾曼所述：

> 一個受虐的孩童，必須找到一個方法來保持希望和意義。因為另一個選擇就是全然的絕望，而那是任何小孩都無法承受的……不可避免地，孩子會將原因歸結於自己內心的邪

惡。他們很早就懂得抓住這個解釋並緊抓不放，因為它能夠讓他保住一種意義、希望及權力感——如果他是壞的，那麼他的父母便是好的；如果他是壞的，那麼他便能夠努力變成好的；如果他能用某種方式為自己製造這樣的命運，那麼他就有能力以某種方式來改變它；如果是他致使自己的父母虐待他，那麼只要他夠努力，也許有一天就能夠獲得他們的原諒，並贏得他迫切需要的保護和關愛。

在相信自己有錯的情況下，受虐兒童其實是在無助的情境中創造自己的所需——一種能夠掌控自己的主體感。

有時候，承擔責備並非受虐兒童主動所為，而是被家人強加的。當蜜雪兒第一次聯繫我時，她顫抖地告訴我她的故事。她表示當她父親虐待她母親時，她自己對媽媽也是難以置信地殘酷。「我青少年時期的記憶全都是一些亂七八糟的事情。我爸毆打我媽、我爸對著我咆哮，或是我媽尖叫著說全部都是我的錯……但我打從骨子裡地明瞭，她的指控根本不是事實。」

蜜雪兒的媽媽會用毛撣子的柄死命地抽打子女，把孩子們的腿打得全都是瘀青。當蜜雪兒的父親在家時，她媽媽——「一分自信都沒有的人」——會堅持孩子們都要絕對地服從父親，蜜雪兒若敢頂嘴，她就會嚴厲地懲罰她。然而，當丈夫不在家時，她就會把孩子引入違抗的儀式裡，做一些如果丈夫在家看到肯定會大發雷霆的事情。她最喜歡的違抗行為就是抽菸——蜜雪兒的父親最鄙視的事——並且讓孩子也抽。「我的第一支菸就是媽媽給我的，那時我十歲。」蜜雪兒說。

在她父親變得暴力（且次數頻繁）後，蜜雪兒的媽媽不僅會激怒女兒，讓她如她父親那般暴跳如雷，還會否認自己做過激怒她的事。「妳知道人們所說的『煤氣燈下』那種事吧？」蜜雪兒說：「我媽就是一個煤氣燈高手——明明剛剛才發生的事，她會告訴妳沒有發生過。」為了維持自己對事實的掌握，蜜雪兒沉迷於做筆記，一直到今天，她都常忍不住懷疑當著她的面發生的事情是否真實發生過。

在蜜雪兒十七歲那年，她父親——她母親多年來承諾她，他絕對不會對她家暴——第一次殘暴地攻擊她。「我當時身高不到一百六十公分，體重大約七十公斤，而我爸身高將近兩百公分，體重大約是我的兩倍。他高高地站在我上方，使盡他能使的力量對我猛力一擊。」蜜雪兒想要逃跑，但她父親不停地捶打她的肚子直到她的手鬆開門把，整個人萎縮到地上。「我在那裡發抖著，對自己竟然變成他的拳擊沙包感到無比震驚。即使他一直用粗言穢語傷害我，我從未想過有一天他會這樣毆打我。」而她母親只是站在走廊上，看著她挨揍。「我心想，幹，我才五、六歲的時候，就會衝到妳跟爸之間去阻止他毆打妳，而妳卻只是站在那裡看著我挨打。」第二天，蜜雪兒身心交瘁以至於無法下床。快中午時，她母親走進她的房間叫她「別小題大作」，並要她下樓去，說她那樣會讓她父親很難過。「她把我拖下床，逼我坐到餐桌去跟我父親一起喝杯咖啡。我爸開著玩笑，而我必須假裝這個世界很好。」那時蜜雪兒才瞭解，她母親曾說的她的一輩子都是假的是什麼意思。「她總說她是為了我們才沒有離開他。但坐在餐桌的那一刻，我卻瞭解：『妳不是為了妳的子女才跟這個男人在一起。妳是為了妳自己才留在這裡。』」

子女的反應

大多數的母親都會努力保護自己的孩子，但那並不表示她們就一定能防止自己成為子女暴力的目標。這種情形在施虐者離開後，而為人母者試圖與子女重建穩定生活時特別容易發生。對某些家庭而言，離開施虐者可能是一個折磨的結束及另一個折磨的開始。

麗姿（Liz）在離開施虐的丈夫後的頭幾年，她的家庭生活尚算平順，然而，有幾次事件卻讓她很緊張。其中一次，她的兒子布雷克（Blake）翻了家裡的垃圾並發現了一張收據，於是便拿那張收據來質疑她的花費——那是他父親以前常有的行為。麗姿說：「布雷克在幾個星期後忽然對妹妹動粗，掐著她的脖子把她頂在牆壁上。但面對著我時，他的表現仍然相當正常，而且在學校的成績也很好。沒有任何徵兆，他們兄妹間也沒有爭吵。」有一天晚上，麗姿催他去洗澡，在催了兩次後，他竟用殘暴的力量打了她的臉一拳。「不曉得他哪來的怒氣。」她說。麗姿覺得自己得報警。「警察不到十分鐘就出現了。他們直接把他押進警車帶走。那一拳打裂了我的臉孔，警察說：『我可以從妳臉孔的外部看見妳嘴巴的內部，可真是要命的一拳。』那一拳在我臉上留下永遠的傷疤，到現在神經都還是麻木的。」但在那次的攻擊事件後，布雷克毫無悔意。「他竟跟律師無可奈何地說：『喔，好吧，我應該更用力些。』我想他大概以為自己可以不用負責任。」麗姿說朋友及老師們都抨擊她不應該報警。「有人對我說：『妳怎麼可以報警抓自己的兒子？』他們也說：『可憐的布雷克，他會留下犯罪記錄的。』其中一位老師還告訴我：『妳當時一拳打回去不就好了。』但是不報警他也不會感激，對他更沒好處……如果他以後也這樣對待他的女朋友怎麼辦？」

新南威爾斯警署的助理處長說，子女對父母的暴力是成長最快速的家虐類別，這些孩子的年齡主要介於十到十六歲之間。「現在有些十四歲到十六歲的男孩都長得比自己的父母高大，尤其比自己的母親要高壯許多。很不幸地，這些孩子之中，有很多都來自破碎的家庭。儘管媽媽們很努力地管控這些孩子，但他們卻恐嚇她或偷她的錢，所以媽媽嚇壞了，她很害怕，而這些孩子卻威嚇她說：『妳不照我的話做，我就揍死妳。』其中有些真的會那麼做。因此有些父母（尤其是媽媽）會來跟我們說：『我需要一張禁暴令來保護我免於子女的暴力。』」

艾迪・加拉加爾（Eddie Gallagher）是一位兒童諮商師，他自一九九〇年代起（在那個年代，這是真正難以啟齒的事情）便一直專注於處理孩子對父母施虐的問題，他曾輔導過大約五百個家庭。「有些暴力的孩子是來自充滿關愛的家庭。」他說：「他們有適應良好且愛護父母的手足。但最常見的模式是——某個兒子虐待其歷經家暴後的母親。」[31]這個模式占據他所輔導過的家庭中的一半，而暴力的子女中則有百分之七十是男孩。（除了性別因素外，為何有些孩子會模仿其施虐的父或母，而其他的不會，目前所能得知並足以採證的理由很少。）「就像是在同一個家庭中有三個孩子，他們都曾目睹過父親對母親施暴。其中一個孩子很有責任感——你可以說他們的父性或母性很強——會照顧人、負責任，也很保護媽媽及其他手足，另一個孩子則充滿焦慮且畏縮。而第三個孩子卻很易怒，動不動就攻擊，展現出與父親類似的暴力行為。對於相同的經驗，不同性格的孩子可能會有非常不同的反應。」

另一個同樣難以預測的情況是，一個暴露於家虐環境中的孩子是否會認同他（她）施虐的父親，並與之站在同一邊：

> 其中最糟糕也最不可能被輔導的一些孩子，會百分之百站在父親那一邊、為父親的暴力辯解，或甚至說他們痛恨母親並想跟父親同住，於是他們在青少年時期真的會離開母親去跟他們的父親一起生活。另外有一些孩子則是相反的極端——我看過很多孩子，他們會告訴我他們的父親是垃圾、他們不想再跟他有任何關係、男人絕不應該打女人、父親是人渣等……然而，他們卻仍然會複製自己父親的行為。這些孩子的前景應該會好一些，要輔導他們也較容易些，但他們仍然有可能複製自己父親的行為。

加拉加爾輔導過的暴力孩子中年紀最小的只有六歲。他說，一個可能在孩子三歲時就開始出現的暴力反應，最終會逐漸消失或變成一個持續性的行為模式都很難說：「我認為

31 此風險因素便是家暴庇護所為何不收留十三歲以上的男孩的原因。

真正重要且被低估的是，這些傢伙中的某些人可能對孩子造成持續性影響，即使在沒有很多接觸的情況下。」他說：「如果孩子經常看到父親貶低或以言語羞辱母親，可能就會對孩子產生巨大的影響，即使他們沒有直接看到暴力行為。他們不需要親眼目睹父親毆打母親，使得自己最後變成一個會對母親施暴的人，因為孩子所體會的主要暗示是『失去尊重』。」一個孩子若在成長過程中經常看到母親被貶低且總是處於「弱勢」，那麼他可能就會因此明顯地瞧不起母親。親近施虐者也是一個相當好的求生機制——假如你跟父親站在一起對抗母親，那麼你也可能比較不會成為他的受害者。

孩子對父母的虐待可供探討的地方很多，尤其關於那些受虐多年後做出報復或自衛的孩子。在這些案例中，施虐的父或母可能會找警方介入，並以單一事件為由成功取得對長期受其虐待的孩子不利的干預令。在最悲慘的案例中，受虐的小孩最後殺死了他的施虐者——二〇一六年九月，在西澳首府柏斯，一名十七歲的男孩在看到他繼父勒住他七歲妹妹的脖子時，將繼父刺死。案發當晚，他喝醉酒的繼父已經兩次試圖勒死他十五歲且患有腦性麻痺的弟弟，因此當他看到他勒住他的妹妹時，他便奔進臥室抓起野外求生刀，然後衝向繼父，在他胸口連續刺了二十五刀。當他停下時，他驚恐地大叫：「喔！老天爺！我做了什麼……對不起！」法庭判處他三年緩刑。

戀愛中的孩子

一般而言，男孩比較會採用其施虐的父或母（通常是父）的行為，而女孩則比較會內化受害者的遭遇，即使施虐者是她的母親。「每天晚上我爸下班回來，我媽就會開始對他大吼大叫。」十八歲的法蘭琪（Frankie）描述她母親如何虐待父親時如此說道：「我爸不會真的反擊。如果我媽咆哮的事情是他不在意的，他就不會理會，而我媽因為知道吼叫不管用，便會開始打他、踢他。她從未拿凶器攻擊他——像揍我和我弟弟時用的那些——她就只是踢、打他。但我記得有一次她把他燒傷了，當時她正在做晚餐，爐子開著，而她抓住他的手臂把它壓到爐子上去。」

兩年後，法蘭琪的父親離開了。雖然他在隨後的監護權訴訟裡提出虐待的證據，但是照顧法蘭琪和她弟弟的義務仍然判給了她母親。法蘭琪很多年都沒有他的消息，同時，她母親也找到了兩個新的虐待對象。「離婚後的第一個星期，情況真的很糟，因為她再也沒有丈夫給她傷害了。她顯然也很不好過，因為她才剛失去了老公。」法蘭琪說她母親經常用暴力虐待她，每週至少一次。「她常掐住我的喉嚨，讓我無法呼吸。我拚命想告訴她我不能呼吸，但她仍然不住手。」某個傍晚，法蘭琪放學回家，看到媽媽拿著一把刀架在弟弟的喉嚨上。「我弟弟把刀搶走，丟到一邊去，她便一直捶他、毆打他。我那時大概只有十歲，我看著那一幕，心想：『媽的，搞什麼鬼？』我不曉得該怎麼辦，我很害怕，我不想要弟弟受傷，但又怕我介入，她會來傷害我。」

法蘭琪念九年級的時候，交了第一個男朋友，他比她高一年級。「我常常心情沮喪，因此跟他不是很親近，所以他就覺得我不愛他。他不喜歡這樣。他會打我、推我去撞牆之類的。那是我第一次談戀愛，**我不知道我在做什麼！**」三個月後，法蘭琪下定決心跟他分手。一年後，她跟另外一個傢伙在一起——這次是另一個學校的，她被這個男生強暴而失去貞操。「然後他找了他的一個朋友對我做同樣的事。我在一週內被兩個傢伙強暴，那是我的第一次性經驗。在那之後，我根本不想再談戀愛。」

在我們進行訪談的前一個月，那個強暴她的前男友忽然出現，到她工作的地方去跟她搭訕。「他把我逼到角落裡，然後開始跟我講話。他不知道用什麼方法拿到了我的電話號碼——大概是從我們彼此都認識的朋友手上或之類的——所以回家後我就看到他傳過來的所有簡訊。」在他的簡訊中，他說他喜歡看她總是一副焦慮且手足無措的樣子；事實上，他覺得她那個樣子很好笑。「最讓我受不了的是他的最後一條簡訊，上面寫著：『**我希望以後當妳的男友上妳的時候，妳會想到我**。』那些話讓我很崩潰。」

幾天後，法蘭琪企圖自殺。在醫院治療時，她花了很多時間拼湊自己生命中的一些事件，想搞清楚它們是如何讓她走到今天這一步的。然後她開始明白了，她說：「我會受到跟我媽類似的人吸引，那些傢伙對待我的方式，就是我媽以前對待我爸的方式。這對我而言是一個很深刻的領悟。」

這種領悟很可能改變一個年輕人的生命軌跡，雖然人們很容易在「家庭歷史」與「孩子長大後變成受害者或施虐者」之間劃上等號，但這個因果關係讓艾迪．加拉加爾很警惕。「這是一個危險的假設，而且不是事實。」他說：「我曾帶領男性輔導團體二十幾年，那一段時間我所接觸的施虐男性有將近一千人。他們當中有不少人成長於暴力家庭——也許有將近一半不是曾暴露於家虐中，就是自己曾遭受虐待——但是，其中也有很多並不是。」

三十幾歲的喬伊（Joe）曾有很長一段時間總是害怕自己會變成跟父親一樣暴力的人。「當我終於瞭解我是我自己的主宰時——主要多虧我的母親和一些很棒的朋友——那真是一個解脫。」他說：「我跟我的伴侶已經在一起十年了，事實證明我跟我父親是完全相反的人。每一對夫妻都需要經營他們自己的關係，我不會說我們的關係無論在哪一個方面都很完美，但我們對彼此都很忠誠、坦白。我們會溝通自己的感覺——那是我在我的生命頭二十年極少做的事——現在，我們有一個兩歲的女兒。她棒透了，又頑皮又搞怪，我很愛她。如果我覺得自己早晚會跟我父親一樣，我是絕對不會考慮生孩子的。」

這是一個仍然縈繞在九歲的芬利心頭的恐懼。「實際上它幾乎就是一場噩夢。」他說：「有時候我覺得我根本就像我父親，我必須很小心自己的行為——如果我想說一些惡劣的話，或想要批評某人，我必須客氣地說，而不能直接脫口而出……我不想變成像我父親的那種人。我想要跟每個和我在一起的人保持一個快樂的關係。」

在第一次訪談法蘭琪的兩年後，我再度與她聯繫，想知道她的近況如何。她說她有了一個大她二十八歲的男朋友，兩人一起經營攝影事業。「這傢伙的命運坎坷，也曾歷經許多困境。他說服我說我需要跟他生活在一起。」她在電子郵件裡寫道：「我很笨，以為自己可以『拯救』某個人，於是就同意了。他讓我覺得我好像沒有別的選擇。」當法蘭琪同意搬去跟他住之後，「一切事情就變得越來越難拒絕」。就在這時，他變了。「他從來沒有對我使用肢體暴力，但他會用感情暴力，而那種傷害同樣大。」法蘭琪一個月來一直試圖離開，但每次她提分手，他就威脅說要自殺。她的治療師已經幫助她瞭解——假如他傷害自己，那不是她的錯，但她仍覺得有種負罪感，那讓她很害怕，不敢離開。她寫道：「我之所以告訴妳這件事，是因為我覺得這一切都跟我的童年，以及我在自己周遭所看到的愛或缺乏愛有關。『正常』讓我感到恐懼，因為那是一種我不習慣且覺得很假的東西。我一邊覺得自己只配擁有這些惡劣的狀況，又一邊責怪自己不該讓自己陷入這樣的狀況中。」法蘭琪直言不諱地表示，她掩飾這一切事情的需要是如此強烈，以致她每天都必須靠各種毒品才能面對一切，包括古柯鹼、大麻、搖頭丸及數種處方藥物等。這聽起來已經很令人震驚，但她的下一句話更糟：「這封信發出去後，我就會把它刪除，因為那傢伙會檢查我的手機，而我不想讓他看到這封信。」

逃家的孩子

當卡莉在二〇一六年逃離她的父親時，她成為該年另外三萬四千名因家虐而成為官方統計數據、無家可歸的小孩的其中之一，這個數字尚不包括那些社會服務看不見的孩子們，包含沙發客、在教堂暫時棲身及睡在橋下的那些。由「Yfoundations」（新南威爾斯青少年無家可歸者服務的高峰組織）所收集的全國數據顯示，向無家可歸服務尋求協助的年輕人中有一半以上曾經歷過家虐，這是孩子們逃家最大的單一原因。

在整個南威爾斯區，長期的婦女庇護所只有一處——成立於一九八六年，位於厄爾斯肯鎮的「莉莉安．郝威爾計畫」。二〇一四年時，當政府在避難部門進行徹底的焦土政策時，數十個避難所因慈善機構的競爭而失去了政府補助，那些慈善機構絕大多數是宗教團體，他們必須服務一般無家可歸者（不僅受虐者）以獲取政府補助。政府原本也打算關閉莉莉安庇護所，後來某公眾運動才將其從政府大砍預算的砧板上搶救下來。如今，莉莉安庇護所收留了十一名逃家的女孩，它有一個充滿愛的環境，女孩們在這裡一起煮飯、用餐，並在餐後休息室裡一起看錄影帶、玩遊戲，而且每一個女孩都有自己的房間。「我們經常互相擁抱。」莉莉安庇護所的經理薇薇安．史黛西斯（Vivian Stasis）說：「她們會主動要求擁抱。很多的擁抱。她們會說：『妳可以抱我一下嗎？我們可以來個群體擁抱嗎？』」薇薇安說，來到莉莉安庇護所棲身的女孩中，有百分之九十來自暴力家庭，而且什麼樣的家庭背景都有。「其中有些女孩出身富裕家庭、上昂貴的私校，有些女孩的家庭則較一般。」

能在像莉莉安庇護所如此充滿關愛且安全的地方落腳的逃家孩子，稀少且幸運。當安娜在十五歲逃家時，她在不同的庇護所之間遷徙，最後仍落到深冬中找不到地方睡覺的地步。她的無家可歸是因為一個突發的恐怖暴力事件——安娜的母親在跟她父親一次猛烈的爭吵後，帶著她的妹妹逃家了，把她一個人丟在家裡跟她父親一起。安娜因此跑到樓上並躲在一扇門後，聽著父親拿刀子在廚房裡亂砍、大吼著要把她和安娜的媽媽一起栽種的蔬菜圃毀了。他說他要去拿槍，而安娜如果敢跟她媽媽一樣逃跑，他就會射殺她。她一直等著，直到父親走去房子的另外一邊時，她才偷偷地溜出去。那一整晚，安娜坐在她的青年組指導員家的門口，凍得半死。「第二天早上，指導員的父親開門出來時被我絆了一跤。他們收留了我兩星期。」之後，她被送到一間青年庇護所，而那地方充滿「不可思議的暴力」；在無家可歸的期間，安娜目睹的的狀況令她很震驚。「即便我遭遇的情境很暴力，但比起來，我的家庭仍然很具優勢——我上昂貴的私立學校，而且生活十分富裕。」安娜最後一個棲身的地點是「YWCA」，住在那裡的多半是年長、依靠養老金的婦女。之後，她媽媽終於籌到一些錢，讓她住到一戶小公寓去；那時安娜讀九年級。「那段時間，我轉學了好幾次，休學半年，然後離開了。我到處亂跑，就像個怪人。有時我會回家，有時我會睡在大街上。」

孩子會適應

無庸置疑地，成長於暴力家庭的孩子較容易變成家虐的受害者或施虐者、長大後容易有犯罪行為，或容易患上與自身創傷相關嚴重的身體或精神問題。但是，並非每個成長於家虐中的孩子都註定一輩子要承受它的影響。一項對一百一十八篇與受虐兒相關之研究所做的審查發現，比起來自非暴力家庭的孩子，這些暴露於家虐的孩子們表現得一樣好，或甚至更好。造成區別的因素為何尚無解答——是因為他們有一位欣賞其潛力的老師？一位給予安全感的密友？或一位提供他們安全庇護所的善良鄰居？

然而，很多孩子沒有這般幸運。對他們而言，生命變成了各種徵狀的大雜燴，心理和生理上的徵狀，嚴重地阻礙他們照顧自己及信賴他人的能力。他們可能會花好多年的時間，只為了找到一個能夠解釋自己感受的管道，或實驗各種僅能暫時改進狀況的醫療處方，直到最後感覺更糟。沒有任何藥物能夠治癒他們的傷口，即便表面上他們看起來似乎能夠應付——那個最初的傷口其實仍在化膿且未被治療，直到某件事情的發生再度將其撕開，回到鮮血淋漓的狀態。

安娜多年來一直懷疑自己是否跟父親一樣是個躁鬱症患者，最近她被診斷出的一個症狀——「複合型創傷後壓力症候群」——終於讓她對自己的問題有了一個合理的解釋。因為企圖自殺，安娜下定決心尋求協助。「妳知道，兒童虐待和家暴真的很普遍，所以我覺得我應該可以靠自己應付過去。我花了很多時間納悶，為什麼其他人似乎很容易就可以把事情做好？**而我為什麼就不能夠洗個澡？我他媽的為什麼就不能夠刷個牙？**我覺得很奇怪，為什麼我對他人能夠順其自然的事情反應如此強烈？為什麼我跟我在乎的人的關係總是不可避免地破壞？為什麼我不能獲得我所需要的治療？」在她企圖自殺並送醫後，醫生告訴她，她很聰明地知道要能殺死自己，其實需要兩倍的藥量，然後就讓她出院了。「他們說得對。」安娜說：「我並不想死。那只是一個求救的吶喊。」護理人員給了她一位精神科醫生的電話號碼——「只因為我主動要求。」——安娜在打電話預約時被告知，待診的名單很長，她必須等六個星期。她每天都焦躁不安，不斷地想要自殺。「忽然之間，我想到我可以利用自己的技能，努力自助。我開始打電話給不同的精神科醫生和心理醫生，問他們說：『這就是我現在正面臨的問題，請告訴我你能如何幫助我。』我會坐著用心聽，然後我會說：『非常感謝。再見。』最後我終於找到三位我覺得可能是看在錢的份上的醫生。他們三位的療程，我全都付費訂下了。安娜的運氣不錯，遇到了她名單上最後的那位醫生。「她是第一個跟我談到『複合型創傷後壓力症候群』的人，我以前從未聽過這些術語。一離開她的診療室後，我便立即上網搜尋，然後瞭解了她試圖告訴我的是什麼。」

「複合型創傷後壓力症候群」又稱為「童年發展創傷」，是由領先全球的兒童創傷專家，茱蒂絲・赫爾曼及波士頓的精神科醫生貝塞爾・范德寇（Bessel van der Kolk）於一九九〇年代最早提出的心理學概念。

創傷會嚴重干擾生活和行為的這個觀念，大約在那之前的十年才被正式確認——在一九八〇年，使得許多越戰老兵變成廢物的特徵（藥癮、酒癮、長期失業、無家可歸、暴力等）終於被認定為一種新病症的徵狀，那就是「創傷後壓力症候群」。它的診斷很簡單——對創傷事件具有強烈害怕、無助及恐懼的反應，並透過如臨現場般的回憶、噩夢、解離性記憶回閃及幻想等，一次又一次不斷地重複經驗該創傷。患有「創傷後壓力症候群」的人會變得高度警覺、容易被激怒、暴躁、與他人有病態的疏離，以及對未來不抱希望等。「創傷後壓力症候群」成為一個正式被承認的症狀，並被刊錄於第三版的《精神疾病診斷與統計手冊》裡。[32]

在「創傷後壓力症候群」成為官方診斷後，它便馬上被大量應用在各種曾受創傷折磨的人身上，包括成長於家虐環境中的兒童。然而，赫爾曼與范德寇所看過的童年虐待倖存者，並不符合創傷後壓力症候群的診斷；他們的創傷源自於持續性的虐待，且施虐者通常是他們所信賴的某一個人。雖然他們跟創傷後壓力症候群的患者有部分共同症狀——例如高度警覺及記憶回閃等——但他們卻有一大串的額外症狀。誠如范德寇所闡述，他的患者多半匱乏、魯莽、依賴、憤怒、絕望、長期感到羞恥或有自殺傾向等。他們很難信賴別人、經常自殘、不願意回想童年的大部分事情，且常顯得漫不經心或甚至完全脫離現實。他們也有一些相同的思維——覺得自己天生不值得人愛，並且認為自己擁有他人無法理解的強烈寂寞感。他們通常是慣性的「過度分享者」，連對陌生人都能夠傾吐自己最細節的隱私；他們也常患有多重的健康問題，從纖維肌痛症、大腸激躁症，到頭痛及背痛等等。單一的診斷無法描述其症狀，相反地，他們會被診斷出各式各樣的病症，包括創傷後壓力症候群、躁鬱症、憂鬱症，以及（尤其是）邊緣型人格障礙等。

目睹各種誤診對病人所造成的巨大傷害，范德寇與赫爾曼提出了一個能夠解釋此類症狀的新診斷——「複合型創傷後壓力症候群」，或更冗長的「無法歸類之極度精神緊張障

32　假如某種精神病症沒有被登錄在《精神疾病診斷與統計手冊》裡，那麼基本上它就不存在。在《心理醫生》（*Shrinks*）這本書裡，作者傑佛瑞・李柏曼（Jeffrey A. Lieberman，「美國精神醫學學會」前主席）描述表示，《精神疾病診斷與統計手冊》對社會「具有無以倫比的醫療影響」。在美國，只有列在《精神疾病診斷與統計手冊》裡的病症能獲得政府退稅及私人醫療保險給付，它同時也操縱了哪一項學術研究可以獲得資金補助，以及哪種藥物可以獲得研發並上市。

礙」。范德寇寫道，這個新病症包含了與「創傷後壓力症候群」相同的生理及情緒上的反應，如高度警覺和記憶回閃等，但「複合型創傷後壓力症候群」卻有一個很大的差異，因為在其核心的，是一個由背叛造成的病症。患有複合型創傷的兒童「會將他所曾遭遇過的背叛與傷害融入自己的世界觀。他們會預期創傷再現，並對輕微的壓力有過度活動、侵犯、擊敗或凍結等反應」，在面對讓他們憶起創傷或引發壓力的人事物時，他們會容易變得「困惑、解離和迷失方向」。由於已經習慣於背叛的發生，他們因此「很容易就將事件的發生詮釋為創傷及無助等再現的訊號，因而長期處於戒備、恐懼及過度反應的狀態中」。由於不再相信自己會受到照顧並確保安全，他們與他人的關係也經常建立在被拋棄或被犧牲的預期上。「而這會表現在他們過度依賴、屈從、採取對立性反抗及不信任的行為上。」范德寇寫道：「他們也可能因而一心一意地要懲罰或報復他人。」因為覺得誰都不可靠，他們會變得疑神疑鬼、無法建立親密關係，最終造成社交隔離。他們通常會與自己的感覺「失去聯繫」，並且找不到言語來形容自己內心的狀態。

「複合型創傷後壓力症候群」的一般症狀如下：

不信任

自殺念頭

時常覺得脫離自己的身體或精神

隔離、負罪感、羞恥或感覺自己與別人完全不同

無助並感到無望
自我傷害或自殘
酗酒或藥物濫用[33]

到了一九九〇年代初期，「複合型創傷後壓力症候群」的觀念已經獲得了非常廣泛的認可，於是「美國精神醫學學會」請范德寇從精神疾病診斷的角度來檢視其有效性，以備將其刊錄在即將於二〇〇〇年出版的《精神疾病診斷與統計手冊》的第四版裡。在複審了數百篇研究論文後，《精神疾病診斷與統計手冊》第四版的委員會以十九票對兩票通過將其納入即將出版的最新手冊裡。然而，在此提案的決議過程中，這個診斷卻受到了與《精神疾病診斷與統計手冊》的最大利益相關者的批評。

「複合型創傷後壓力症候群」的症狀與其他許多障礙的症狀有不少重疊處，而這讓那些人感到不安。對范德寇與赫爾曼而言，這正是關鍵之所在，他們的病人所需要被治療的只有一個他們真正患有的共同病症——「複合型創傷後壓力症候群」——而非並存的一大堆不精確且其中每一樣都有其自己的用藥與療程的病症和障礙。但是，范德寇與赫爾曼沒有料到這些利益機構竟會如此猛烈地捍衛那些病症，因為受到危及的不僅是數以百萬美元的研究經費而已，由於「複合型創傷後壓力症候群」並非透過藥物治療，製藥業也可能將

33 然而，「複合型創傷後壓力症候群」並不是一個終身判決。它對患者的影響可以經由有效的治療而解決。

承受無法預估的利益損失。引進「複合型創傷後壓力症候群」的新診斷簡直就是革命，它推翻的是數百萬名創傷倖存者該如何治療的方式——心理療法，而非藥物治療。

時至今日，《精神疾病診斷與統計手冊》對那些長期經歷創傷的孩童，以及成人們所展現的所有症狀和行為，仍然沒有正式的病症名稱。「由於多疑、被關閉或具侵略性，他們現在只能受到偽科學的診斷，如『對立反抗症』，意思是『這孩子痛恨我的膽識，所以我叫他往東他偏要往西』，或『分裂性情緒失調症』，意思是『他會忽然暴跳如雷』。」范德寇在他二〇一三年的暢銷書《心靈的傷，身體會記住》（*The Body Keeps the Score*）裡寫道。在他們二十歲之前，那些病人就已經給自己收集了一大串令人印象深刻卻毫無意義的標籤，而如果他們曾因此接受治療，那些療法通常都是當下最流行的方法，像是藥物治療、行為治療法、暴露療法等等。「那些療法的效果微乎其微。」范德寇寫道：「而且常常造成更大的傷害。」

當「複合型創傷後壓力症候群」的患者終於獲得診斷時，那可能是他們生命中極大的轉捩點——一種得以「被看見」的感覺。「當我終於獲得『複合型創傷後壓力症候群』的診斷時，我感到從未有過的放鬆。」安娜說。現在，她斷斷續續接受「複合型創傷後壓力症候群」的專門治療已有三年時間，但克服那些症狀可能需要一輩子的努力。「『複合型創傷後壓力症候群』會讓你失去創造情感聯結的能力。我在關係中一直在等待他人的背叛，因為我的父母——我在這個世界上最愛的人——一直在背叛我。被打碎的不僅是你與父母之間以及你自己內在的信任，還有你跟這個宇宙之間的信任。那是你整個生命的輪廓，而你再也拿不回來了。但是，你**可以**努力去改善它。」

就其字面的典型意義來看，「複合型創傷後壓力症候群」並不是一種疾病，它是圍繞著防衛與求生所形成的一種特性，是孩子為了在生理及心理上生存而發展出的一種了不起的適應力。它的問題是，孩子一旦安全後，他們為了生存而採取的策略與信念可能會出現嚴重的不良適應。像是解離這樣的技巧——在受創期間的一種精神消失——是一種極佳的生存策略，但你如果在學校、工作或過馬路時解離，那它就不再是一個可運用的生存策略；反之，它會將你推入險境。「複合型創傷後壓力症候群」的患者對自己的求生機制（不管它們有多適應不良），有時可能會變得非常依賴，畢竟在長期的威脅中，那些策略曾幫助他們生存。

安娜說，橫跨各種體制的人們都應該瞭解「複合型創傷後壓力症候群」，這是一個刻不容緩的需要。「若不針對創傷的影響給予治療，婦女與孩童們便註定要過一個暗無天日的人生——就算逃脫了暴力，創傷卻會永遠烙印在身上。當我們在半夜逃家時，對抗家暴的作戰並未就此終止。」

*

在寫作本章期間，我收到了一則語音留言，來訊者是卡莉的教父，他在卡莉逃家到新堡後收留了她。「今天家事法庭發出了命令，讓卡莉回到她父親身邊。」他說：「警察很快就會抵達，到時的場面恐怕會很難看。」

兩個月前，在卡莉逃家後不久，她的父親約翰便向法庭申請了帶回令。而現在法庭已經發出命令，指示警方「尋獲並將孩子送回」，且有權「阻止並搜查任何車輛、船隻或飛機等交通工具，並進入其中搜尋」。

第二天早上，我與卡莉通電話。她說她在看到帶回令後，整夜流淚無法入睡。她說帶回令從下午四點生效，在那之後她可能就不再能平安無事。我問她，警察抵達後，她打算怎麼辦。「我會堅定立場，告訴他們發生在我身上的事件，然後邀請他們進來喝一杯茶。」她說。

隔天，卡莉的教父再度打電話給我。「今早約九點時，一輛囚車停在我家車道上。」他告訴我：「有三名男性警官腰帶配槍，全副武裝地來敲門，他們手上有帶回卡莉的命令。」警官通知他，約翰在警局等著接回女兒。

卡莉的教父馬上打電話給他太太，因為她剛帶著卡莉出去了。他告訴太太說，她必須把卡莉送到警局去，她不知道還能做什麼，只能把卡莉載到離她們最近的警察局。當她下車後，卡莉把自己鎖在車內，威脅警方若強迫她進去，她就會傷害自己。教父的太太對警局內的一名警官解釋了情況，他建議她帶卡莉到醫院去，以取得一個「精神健康干預」。

緊急分診的報告顯示，卡莉有「合併憂鬱型的適應反應障礙」及「企圖自我傷害的顯著風險」。她被轉介到一間上鎖的病房，並在那裡接受第二次精神健康評估。心理醫生解釋，卡莉的表現顯示她是一個「聰明且成熟的十五歲女孩。她的沮喪看起來並非作假，也沒有企圖操控評估的跡象」。該評估也指明，假如卡莉被迫返回父親身邊，她會企圖自殺；她的臥房裡藏有一把剃刀，而她若無法用剃刀自殺，她就會用大量吞藥的方式達到目的。

卡莉在醫院住了將近三星期。在她準備出院時，仍然擁有她單方監護權的父親，拒絕讓她住在親戚家裡。卡莉被迫到庇護所找落腳處，庇護所的規定很嚴苛，白天時她不准待在那裡，她必須到圖書館或坐在附近的美食廣場打發白天的時間。在她住在庇護所的四個月裡，即使她要求學校給她功課，她都無法獲得任何的課業指導；在那期間，她也未曾獲得任何的精神保健支持，一直孤單一人——由於法庭的命令，她仍然被禁止與母親聯繫。

這是兩年前的事了。自那時起，卡莉的人生發生了巨大的變化。現年十七歲的她，已經不用再受到家事法庭各種奇思怪想的困擾；她現在與母親同住。雖然錯過了九年級（她逃家那年），但她現在已是大學先修班的學生，且課業表現優良，在有著兩百名學生的班級中名列前茅。

但對她的弟弟查克而言，家事法庭不合適的判決尚未結束。他今年十五歲了，仍然跟父親同住。他已經有四年未曾見過母親一面，而最後一次見到卡莉則是在她逃家前的那晚。在我寫作的案頭，立著一張上面畫著一顆愛心的紙片，那是艾琳母子在二〇一五年被警方攔截後，查克於警察局畫給母親的。在紙片的下方，孩子稚嫩的筆觸寫著：「媽咪，請不要放棄！」

第七章　當女人使用暴力

一旦她看到我落入一個不會回嘴或質疑她的地步時，她的肢體動作便開始了。一開始只是一個耳光或推蹭，慢慢地就成了火力全開且極端暴力的不斷毆打，並且常常當著孩子的面，也常常使用皮帶、拳頭、膝蓋、腳踢或廚房用具等。

她會告訴孩子：「你要是不乖乖照我的話做，或讓媽咪不高興了，你就會受到這樣的懲罰……」

她不准我與家人或朋友接觸，她不准我用錢。我覺得被困住了，且孤單一人，我覺得害怕、非常畏懼。我覺得我應該留下來保護孩子，那很重要。但這一切最困難的部分卻是，沒有人相信或接受，遭受家暴的男人確實存在。

——倖存者，昆士蘭

在南港（Southport）推事法庭的一樓，幾乎座無虛席，除了從法庭走出來的那些顫抖、精疲力竭、解脫或是哭泣的人們的低語聲外，現場沒有其他聲音。靠著後方那面牆坐著的是一位勤勞的男子，他身上的T恤印著早已褪色的猛獸圖案，他的頭向後仰，嘴巴張開，輕輕地打著呼。在他身旁坐著一位精心裝扮且耐心等待著的女人，她穿著藍色的緊身套裝，以及像黃金海岸般閃亮、綁著細帶子的麂皮高跟鞋。在這座昆士蘭州唯一的專門家暴法庭裡，在開庭前都要等上好幾個小時。有時候，書記員會透過擴聲器打破現場的沉悶，而數十雙呆滯的眼睛會忽然回過神來，並在聽到一個不熟悉的名字後繼續放空。那些挨著坐的人們或是盯著地板、滑著手機，等著被叫進去，或是出席保護令公聽會、刑事審判或聆聽傷害等的裁決。在法庭緊閉的門後，有一間「安全的」房間不會受到大眾的干擾，裡頭只有工作人員——在那裡，遭受恐懼與焦慮重創的婦女們也要等待，但對她們而言，無聊其實是一種甜蜜的解脫。

然而，不是所有的女人都是來申請保護的。在第四法庭裡，有一名大約四十幾歲、留著細長金髮的婦人，正帶著絕望的眼神在她律師的耳邊不停下達指示，一邊還哭泣著；當法官大聲讀出此案的細節時，那女人搖著頭並懇求她的律師。她被控語言暴力及威脅身體傷害和自殺等，而在長椅的另一端坐著一名老人，他的灰長髮又稀疏又捲，眼神充滿無奈且疲憊——申請保護令的是他，被針對的那名婦人則是他的女兒。他要她搬出他的公寓，並把照顧她的責任轉交給政府。

她非常沮喪。「我通常只是怒吼，不是每次都打他。因為我有壓力問題！」她堅稱並大哭：「我不是個暴力的人！我有單邊腦性麻痺！」她的狀況可能是因大腦前額葉受損而造成的，那也可能解釋了她的三種鮮明的人格，以及她流動性的生活方式。她的父親希望她能獲得協助，他無法再處理她的問題了。他從她十四歲起就開始照顧她，而在那之前，她的童年是在一個又一個的寄養家庭裡度過的。「他承諾過他會一直照顧我！」她嚎啕大哭道。

法官是一位語言簡潔且態度嚴厲的女士，她很有耐心地傾聽那位女人的情緒化發言，然後發出一張保護令——她會有一段短暫的寬限期，讓她可以回去拿錢並整理個人用品，之後她就會被禁止靠近她父親住處的一百公尺內。法官幫她安排了「危機住宿」，讓她至少在當下能免於露宿街頭。該保護令的最後一個條件很明確：「被告絕對不能再犯暴力罪行。如果她破壞該命令，最終可能會入獄。」

這項保護令使這名混身顫抖的年輕女人加入了一個值得注意的少數族群——為預防其暴力而讓法庭發出保護令的婦女。這樣的人在黃金海岸可不少，在二〇一六年的上半年，由南港法院發出的保護令中，有將近四分之一都是針對女性暴力。

我第一次看到這個統計數據時非常震驚，南港法院並不是一般的古老法院，它是專門處理家事與家庭暴力的法院；在澳洲，如果有任何地方能夠理解家暴並公平處理與其相關之案件，絕對非南港法院莫屬。那麼，如果絕大多數的家暴犯都是男性，為何會有如此多的保護令是針對婦女之暴力而發出的呢？這就是我在昆士蘭想要做的調查。

面對女性暴力這個主題，我下定決心要從頭開始建立我的結論。假如過去針對家暴的性別敘述既偏狹且過時該怎麼辦？我曾想著，近年來女人真的有可能對其男性伴侶變得比較暴力。最重要的是，誠如男權團體所堅稱的——女性暴力由於不符合性別不平等的敘述而一直被淡化且忽視，這是真的嗎？

＊

派翠克（Patrick）出現在我家門口時，手裡拿著一小袋購自農場的櫻桃和一瓶波多酒。戴著金邊眼鏡、身穿法蘭絨襯衫的他，看起來好像一個跟不上城市腳步的鄉下人。他顯然很緊張。在接受我的訪談前，他提出一個條件——為了保護他的前妻和他們的三個孩子，不可以暴露他的家庭訊息。他因為妻子的虐待而身心受創嚴重，以至於他無法工作並被迫提早退休，並且也結束了他長達二十五年的婚姻。最近，他被診斷出患有創傷後壓力症候群。

憶起妻子的虐行，派翠克所記得的第一次身體虐待是——他走進家裡，碰巧看到妻子暴烈地搖晃他們剛出生的兒子，因為他哭個不停；幾個星期後，她在廚房裡拿著一把刀逼近他。「這實在很蠢……」他說：「但是當她把刀子放下後，我卻裝得若無其事。」派翠克從未為了自己的人身安全而感到害怕過，但他確實為孩子們而感到害怕，而這也是他為何留下來的原因。「這是我最大的軟肋。」他說：「而我的前妻將我的這個弱點利用殆盡。『照我的話做，不然我就帶著孩子離開。』她的這句話就像唸經般，每天都要重複好幾次，而她還會拿出律師幫她擬定的各項要求來強化那個威脅。」她每次發怒時都像火山爆發，完全無法預期她何時會爆發。有時候，她會生悶氣，連續幾個小時不發一語，有時她則會摔東西——有一次，她拿起一個花瓶砸在他的肩膀上，玻璃碎片像瀑布般噴灑在當時正坐在他腳旁的小女兒身上。「那次最嚴重。」派翠克回憶道。有一次他帶著黑眼圈去工作，而他的主管在看到後，竟問他說：「你忘了閃躲嗎？」

派翠克說自己並非毫無過失，他也曾經攻擊他前妻兩次——其中一次，他忍不住勒了她的脖子一下，另一次他則是幾乎不經意地就打了她；他後來明白當時是他的恐慌症第一次嚴重發作。當派翠克回憶他的家虐史時，我觀察到他在兩種情緒之間擺盪——他一方面想要淡化那些虐待對他所造成的影響，一方面又顯得安靜和疏離，彷彿他真正受到的磨難仍然是他需要妥協的東西；就好像他所體驗過的虐待，全都透過對情況的描述而變得更加真實。

在長期的虐待中，每一次的虐待都只是片段，它們很難給整個狀況一個確切的輪廓。讓受害者一直保持高度警惕的，是他們生活於其中的那個氛圍。久而久之，這個持續性的虐待與威脅的氣氛，便會導致一個人的神經系統毀損。「情況總是不斷地改變。」派翠克說：「我也需要不停地努力適應。但我發現一切越來越難維持……」在婚姻關係走向尾聲時，派翠克已身心俱疲，他經常需要在工作時找個地方偷偷地小睡。「在上完一節課後，我無法一路走回教師辦公室。我會走到一半，先到休息室去，然後找幾張椅子躺下來睡一下。」他開始把挫折感發洩在學生身上，而這也是他後來不得不提早退休的原因。「學生若在課堂上犯了錯，我就會暴跳如雷。」他說：「用這個方式對待高三的學生簡直瘋狂。」

派翠克從未正式向警方報案，倒不是因為他覺得沒有人會相信他，而是因為他擔心那麼做會對其妻造成不良的影響。（當他終於能跟警察討論他所遭受的虐待時，他們很「同情地」傾聽他的故事。）如今，當他回顧那段關係時，他能夠瞭解自己當時為何沒離開。「恐懼變成了主宰的情緒，以及想要去保護的渴望——為了保護孩子，甚至我前妻，我什麼都願意做。我之所以猶豫著未向警方報案，是因為我擔心那樣做會影響我前妻及她的事業。」

我們所知道的絕大多數男性家虐受害者的故事，都是從像派翠克這種男人那聽來的。對女性施虐者的研究，目前可靠的成果很少。這並非女性主義者的共謀，而是輕重緩急的問題——受到女性暴力的男性受害者很少因為害怕喪命而逃離關係，此外，他們也幾乎從未被施虐者殺害。但我們確實有幾項針對女性施虐者的傑出研究，它們生動地描繪了男性受害者的受虐過程，例如卡爾（Karl）的切身經驗：

我記得有一晚她真的完全失控了。睡覺前，我不小心忘了把馬桶坐墊放回去，結果她進去浴室使用時，她掉進了馬桶裡。她開始咆哮、尖叫、在屋裡到處跺腳，然後她走進臥室來。我假裝睡著了，但我能夠看見她的影子——她的手裡拿著東西，高高地舉過她的頭頂，我猜大概是木頭湯匙或擀麵棍之類的，因為她曾經用這些東西打過我。於是我等著，直到她走到我睡的那一側，然後我馬上滾到另一側去。當我轉過頭時，我看到她拿著兩把最大型的牛排刀就這麼插進我剛剛躺著的地方，整把刀身深入床墊裡。我跳起來、抓了褲子跑出家門，躲進車子裡。她追出來，尖叫著跳上引擎蓋。我倒車，她掉下去，然後我就開著車跑了。之後我打電話跟她說：「如果我必須過這樣的日子，我不想活。」

在同一項研究裡，班恩（Ben）則說他一直以為自己本就該遭受妻子虐待，所以才會允許她如此對待他。「她會說：『你讓我覺得很不爽，所以我要你讓我用暴力對付你。』我會跪下來，讓她打我耳光或打我的頭。她會用各種方式——她會拉我的頭髮；她會用力掐我，直到我渾身瘀青；她會踢我的卵蛋……用指甲抓、毆打或摑耳光等。」這項研究裡有十二位男性，其中六位表示他們曾為了自衛而反擊，通常是打一個耳光或用力一拳，但如此會引發一個新恐懼——他們的老婆會打電話給警察舉報他們。

我們在男性受害者的故事裡雖然可以看見「脅迫型控制」的一些元素，但是，其中最典型的一個元素卻不存在——恐懼。這是「脅迫型控制」的關鍵，而會剝奪受害者之「自我感」的也正是它。女性施虐者可能會為男性受害者帶來一種恐懼，例如她們可能會對孩子做出什麼不利行為，但那樣的恐懼，很少會演變成吞噬「脅迫型控制」女性受害者的那種深刻、生存攸關的懼怕感。

雖然男性的「脅迫型控制」受害者非常稀少，但並非沒有。一名叫恩赫（NH）的白人男子，其日記中所描繪的受虐狀況就呈現了「脅迫型控制」中最顯著也最令人膽顫的特徵。已邁入中年的恩赫是一名專業人士，他是英國社會學教授賈桂琳．艾倫．柯林森（Jacquelyn Allen Collinson）一項研究中的受訪對象，他在自己二十年的婚姻生活中的某兩年寫下他的日記。由於使用第一人稱讓他覺得情緒激動且尷尬，恩赫一開始用的是第三人稱，其中一段如下：

他要換衣服，於是輕輕地把門關上，但他的妻子卻將之詮釋為「當著她的臉甩門」。為此，她往他的臉猛揮一拳，他的視線一下子模糊起來。他求她住手，但她反而更用力地毆打他。他下樓到廚房去，希望她可以冷靜下來，而她馬上就跟了進來，把他推到一個角落裡，然後從砧板上拿起一把刀身八吋長的菜刀——她高高地舉起那把菜刀，威脅說要用那把刀刺死他。

恩赫的妻子對他的虐待不僅是身體上的暴力，也有心理上的屈辱：

他十一點半就完工了。累！他從辦公室打了三次電話，又用手機聯繫了兩次，想問問是否需要他帶什麼東西回去準備聖誕節。她叫他少煩，因為她正忙著工作。他買了火雞回家，但卻陷入麻煩，因為肉商那裡沒有適當的餡料。她一回到家後就叫他「滾出去」，並要他五點半才能回來，因為她的父母親那時才會到。他為什麼總是幫不上忙呢？要他何用？他把車子開到公共區域去，在車裡坐了三個小時，覺得越來越冷也越來越累。用這種方式過聖誕夜，真是難以消受啊……他想。

她也很擅長把他弄得衰弱、疲累：

她常常會在他上床後（甚至睡著後）到他的臥室找他「聊天」，態度總是很刻薄、冒犯，而且有時會講到三更半夜。

這些虐待讓恩赫深受創傷，也讓他疲憊不堪：

她大發雷霆，用拳頭捶打他的臉……他跑上樓去，不想與她衝突。但她追上來，用指甲抓、拳頭捶、猛力毆打，還有他現在最痛恨的一個方式——將兩隻手塞到他嘴裡去，然後往兩邊扯出嘴巴無法自然扯出的寬度。在午夜前，他的上嘴唇內側已經起了一個血泡，臉上有一個黑眼圈，還有一條條被抓的傷痕。半夜三點時，她把他叫醒，控訴說她的頭撞到沙發導致她「失明」了。她又要對他拳打腳踢，他只好到隔壁房間睡在地板上，身上只穿著浴袍。在他睡著前，他聽到收音機五點的新聞報導聲。她在七點十五分時又把他吵醒。他只睡了五個小時，他的臉隱隱刺痛，而那天早上他必須面對一千名觀眾演講。前往工作的路上，他哭了。他**痛恨**自己的人生。

恩赫是一個身體健康、體格強壯且肌肉發達的男人，這樣的他為何不反擊或防禦呢？柯林森提出幾個可能的理由——他父親的教育養成他從小對暴力的憎惡，尤其對女人施暴更是可惡。恩赫也知道如果他發怒，他的妻子只會更加暴力地攻擊他，或更糟——控訴**他**才是施暴的那一個。這是她經常掛在嘴邊的事情：

他抬起手臂擋在胸前以防禦自己，她因此失去平衡往後倒下，頭撞在沙發上。她控訴他毆打她。這句話意義重大，因為現在他被視為這個關係中的施暴方了，他一直在等待這個時刻——也就是她會因為他的抵禦而傷害到自己，然後他就會變成了有罪的那一方……在整個下午剩下的時間裡，她一直強調他才是他們的關係中的施暴者，或他其實跟她一樣暴力。

恩赫跟他的「脅迫型控制」者一起生活了二十年，為什麼？只為了一個對男性及女性受害者而言都很常見的理由——他害怕他的施虐者會傷害他們的子女。

構成男性與女性受害者經驗之差別的因素有很多，男性受害者通常擁有離開的財務能力，且通常不害怕會遭到殺害。但是跟女人一樣，他們也會用一整套類似的合理化解釋來隱藏自身所遭受的虐待，例如他們相信自己可以「拯救」她們，或將她們的暴力行為歸咎於精神疾患或藥物濫用的結果而原諒她們。同樣地，承認自己是家虐受害者的過程，跟女人一樣，可能非常痛苦、緩慢且身心俱損。

*

這些都是家虐的恐怖案例，但軼聞研究能告訴我們的只有這麼多。這些故事能夠呈現女性暴力的一般面貌嗎？且女性對男性施暴比率為何？

我們幾乎找不到可靠的答案來回答這些問題。家虐的研究者基本上分為兩大陣營，一邊是「家庭衝突」的研究者，另一邊則是「針對婦女之暴力」的研究者。

「家庭衝突」的研究者——其中有許多人都害怕被貼上「反女性主義者」的標籤——堅稱，女人在家庭裡跟男人同樣暴力，他們有可靠的統計數據可以佐證（稍後可見）。更重要的是，在爭取輿論的戰爭中，他們顯然是贏家——二〇一七年的一項全國調查顯示，澳洲人中只有百分之六十四贊同家暴罪「主要是由男人犯下」（遠低於一九九五年的百分之八十六），似乎人們越意識到家虐的存在，就越不相信男性是主要的施虐者。

在另一個陣營——強烈對立的——則是一群立場迥異的「針對婦女之虐力」的研究者，大多為女性主義學者、家虐工作者、警察及醫療人員等。他們主張「性別對稱」，並堅稱施虐者壓倒性的都是男性，而他們也有可靠且具說服力的統計數據。

這個學術爭執中最令人疑惑的地方是，雙方都是令人敬重的專家，也都是經過理性研究才得出各自的結論。若單從數據來判斷，我們必須說**雙方**都是對的，但這不可能，因為他們所宣稱並描述的事實——至少從表面來看——是完全矛盾的。[34]

讓我們思考一下「家庭衝突」研究者之主張——在親密關係中，女人跟男人同樣暴力。這怎麼可能是真的？在家以外，亦即暴力行為比較容易被可靠衡量的地方，男人都是

34　此處談的並非是雙方陣營裡那些喧囂且資訊薄弱的人士——他們從自己根深蒂固的意識形態出發，似乎只想要把這個論辯推入一個更棘手的領域；我已盡可能地避開這些人的論述，從男權團體及其媒體上的「文化戰士」們，如米蘭達・德范恩（Miranda Devine）、馬克・拉塞姆（Mark Latham）、貝堤娜・阿爾恩德特（Bettina Arndt）等，到強硬的女性主義者（對後者而言，任何「針對男性施加之虐行」不是一個構陷的謊言，就是對父權體制裡男性侵略的一個適當回應）。

攻擊行為的重量級冠軍；他們以至少九對一的比例遙遙領先女人。當虐行發生在緊閉的家門後時，如此明顯的差異為何會忽然消失了？此外，假如女人的虐行對男人而言是如此真實且存在的威脅，那麼為何長久以來它都能夠不為人所知呢？不管男權運動分子所信仰的是什麼，女性主義者事實上並沒有在管理這個世界，也因此不可能精心策劃出這樣全球性的噤聲陰謀。假如女人攻擊其親密伴侶的比例跟男人一樣，那麼我們應該早就聽說了——聽到耳朵都長繭了。

那麼，「性別對稱」的觀念來自何處？跟我們許多與家虐相關的觀念一樣，「性別對稱」也可以被追溯到一九七〇年代——準確地說是一九七五年——那是公眾暴力占據美國人最多注意力的時候，有成千上萬名心靈嚴重受創或身體傷殘的士兵從越南回來，暗殺和恐怖主義幾乎變成日常瑣事，而共和黨則正積極地煽動人們對犯罪的執著。然而，一直未被搬上檯面討論的，卻是在美國數百萬個家庭裡發生的**隱密**虐行，在一九七〇年代中期，幾乎沒有學者從事家虐方面的研究——你只需要一個下午就能讀完所有的相關論文了。但是，兩位來自新罕布什爾州的社會學家，理查・葛拉斯（Richard Gelles）及穆瑞・史特勞斯（Murray Straus）卻有一個預感，他們相信美國公眾暴力中的絕大部分，都源自於家庭暴力。為了測試他們的理論——而且在與其學術同儕的強烈建議背道而馳的狀況下——葛拉斯與史特勞斯對家庭暴力進行了第一次的全國調查，他們針對兩千一百四十三名隨機抽取的個人提出一個簡單的問題：「在過去的十二個月裡，你是否曾使用暴力來解決自己與伴侶的爭執？如果是，確切使用的是何種暴力？」

調查的結果令人驚訝地直白及嚴峻，他們發現：「除了警方和軍隊外，『家庭』或許是社會中最暴力的社會團體，而『家』則是最暴力的社會環境。」在那之前的一年，有伴侶關係的男女中有百分之十六曾發生暴力，而其中有百分之二十八則是發生於婚姻關係中。讓葛拉斯及史特勞斯非常吃驚的是，絕大多數的受害者並非女性，事實上，坦承在其關係中曾發生暴力事件的男性與女性人數幾乎一樣（女性是百分之十二，男性則是百分之十一點六）。而當研究者將調查範圍縮小到曾經歷**嚴重**暴力的人時，他們又再度發現了幾乎相等的數據——有百分之四點六的男性曾遭受過嚴重暴力，而女性則是百分之三點八；在關係中只有單一施虐者的情況約占百分之五十一，其中男女比例差不多各半（男性占百分之二十七，女性則是百分之二十四）。

這個結果出乎葛拉斯與史特勞斯的意料，但它的確呼應了葛拉斯在一九七二年曾進行的一項小型研究，在那個較有限的樣本裡（只有八十個非正式的訪談），他發現「婚姻暴力發生時，丈夫和妻子動手的頻率是相等的」。而較早的研究記錄了女性受訪者為何會對丈夫施暴，其中一個說：「他會一直大吼大叫——也不是真的大吼大叫，就是講話很大聲。而我什麼話都無法說，因為都是他在說，不停地說。所以我只好揍他。」另一個則說：「那一段時間我什麼都是靠自己一個人，有時孩子們會讓我覺得很煩躁……所以當我一生氣時，我就打他。」第三個則大方地承認：「我也許沒有跟他生氣的理由……但是日子很無聊……反正他也是一個爛咖。所以我會常常對他大吼大叫，給他一點勁兒。」

儘管統計數據顯示女性跟男性一樣暴力，但葛拉斯與史特勞斯仍然對此迅速地提出了警告，他們表示施展危險行為——會讓女人受傷、住院或甚至死亡的那種——的最高程度者仍然是男性，而他們指出，女性較缺乏足夠的錢以脫離惡劣的關係。有些女人訴諸暴力，有可能是為了自我防禦（他們推估承受過嚴重暴力的丈夫中，絕大多數也可能對自己的妻子很暴力）。

在一九七七年，葛拉斯和史特勞斯的同事蘇珊・史坦梅茲（Suzanne Steinmetz）對他們的研究成果發表了一個很不同的詮釋。史坦梅茲那篇雖短卻充滿煽動性的論文，在家虐的研究領域裡劈開了一條鴻溝。〈受虐男性症候群〉（*Battered husband syndrome*）是第一篇主張在美國家庭中受虐男性跟受虐女性一樣多的論文，她宣稱這個事實一直被隱藏在「保密的披風」下，而該為這種「選擇性疏忽」負責的就是新聞記者和學者。這不是一篇冷靜的學術論文，而是一篇不加掩飾的論戰——的確，同行正是如此回應它的。攻擊來得快且充滿憤怒——從封鎖史坦梅茲的學術事業，到對她做出舞弊的指控等——研究「針對婦女之暴力」的學者們覺得既生氣又好笑，嘲諷史坦梅茲的論文患有「受虐數據症候群」。

儘管有來自四面八方的抨擊，史坦梅茲的「受虐丈夫祕密幫會」並未失去人們的注意力；反之，〈受虐丈夫症候群〉成為「性別對稱」這個論證的創建文本，並繁衍了大量的子孫，將研究精力專注於證明「家虐是一個男女平等的罪行」之上。誠如史特勞斯所述，他對女性虐行所收集的證據越多，就越相信史坦梅茲是對的。當他與葛拉斯——兩人都曾是家暴研究界的巨擘——也開始為支持「性別對稱」而展開辯論時，他們倆也都被排擠了。「我們排定發表論文的會議中心和大樓都收到炸彈威脅的電話。」他們說：「會議邀請逐漸減少，最後乾涸……家虐防治宣導論述及女性主義書寫常會引用我們的研究成果，但卻不會將功勞歸諸於我們……在家虐研究裡，我們三個全都變成了微不足道的『小人物』。」

史坦梅茲、葛拉斯和史特勞斯，在多年幾乎被孤立的情況下探索「性別對稱」這個觀念，而在今日，有越來越多的學者及一百多篇的實證研究都指出在親密關係之中，女性跟男性同樣暴虐。來自這些研究的數據都很正當，並且受到引用——當數據涉及女性受害者時。

那麼，受虐的男性真的有一大群嗎？這些男人在默默地承受這麼久的痛苦後，現在都在南港尋求保護？問題的答案取決於你如何定義「家虐」。一說到女性施虐的統計數據，魔鬼並不是就在細節裡，而是在如何收集並呈現那些細節的方式。

為了好好看一眼這個魔鬼，我們需要做一個小小的學術偵探工作。所有「證明」女性跟男性同樣暴虐的研究，幾乎都是透過一個被稱為「衝突策略量表」的工具所取得的——這是葛拉斯和史特勞斯在一九七五年進行第一次研究時所使用的調查工具，此工具到今天仍然受到廣泛的採用。它會對應答者提出一系列的問題——像是虐行存在於他們的親密關係中嗎？虐行發生的頻率為何？什麼樣的虐行？[35]但是這些調查究竟測量了什麼？且測量

---

35 澳洲統計局在進行「個人安全調查」——澳洲最值得信賴也最常被引用的家虐統計來源——所使用的也是一個類似、以事件為基礎的問卷。它提供各種數據，如「每六名婦女中就有一名曾受到其伴侶的情緒虐待」，或「家暴受害者中每三個就有一個是男性」等。

的方式為何？「衝突策略量表」顯示男性與女性有同等的家虐程度，但此數據又是如何得出的？

想像你現在坐在家裡，有人來敲門，當你把門打開時，發現有個人站在你家的臺階上。他不是要跟你推銷某樣產品或向你傳教。都不是。他們想要的是進入你家，然後問你一些令人難以置信、有關兩性間的私人問題——當然，全都是以研究之名。這時你可能剛看完最新一季的《權力遊戲》（*Game of Thrones*），剛好沒什麼事做，於是你便邀請他進門。那名研究員在你家的客廳坐下來，拿出一個寫字夾板，如果他們使用的是模板「衝突策略量表」——葛拉斯和史特勞斯所設計的那一個——他們的開場白便會如下：「不管一對夫妻相處得多好，他們都可能因為情緒不佳、工作累了或其他種種原因，而有不贊同彼此、覺得對方很煩、想要在對方身上獲得不同的東西或吵架及打架的時候。夫妻們也都會用許多不同的方式來處理彼此之間的歧異。當你們有了歧異時，這裡就是一系列可能發生的事情。」[36]

批評家們會說——好，先在此暫停。專研男性特質與家暴的全球領先權威之一麥可·坎莫爾強調，這項調查將家虐建構在一個失控的爭端上，從一開始就錯了。誠如我們之前所見，最危險的家虐形式（「脅迫型控制」）與施虐者發脾氣無關，它也不是伴侶之間因吵架或打架而導致的結果；反之，它是施虐者賴以製造衝突的一種行為模式（再加上其他許多方式），企圖以此困惑並控制其伴侶。一次性的行為記錄（掌摑、推撞或威脅等），無法捕捉「脅迫型控制」中那些尋常且微妙的殘酷模式。即使是控制欲較低的施虐者

（「不安型反應者」）他們最常製造的仍然是衝突。

讓我們先回到你家客廳。那名研究員想要知道在過去十二個月裡，你與你的伴侶中的某一方是否曾為了「解決你們之間的歧異」而訴諸暴力，如果有，所使用的又是何種暴力。「衝突策略量表」會根據暴力行為之嚴重程度來排序，在最不嚴重的那一端是「說一些唾棄伴侶的話」，再往上是「掌摑」，更上一級則是「拳打、腳踢或撕咬」，再上去是「毆打或企圖使用某種器物毆打伴侶」，而最嚴重的行為則涉及「威脅或以刀、槍等武器攻擊」。這時你會覺得自己應該承認某些事——一兩個月前，你咬傷了你的伴侶。那名調查員會點點頭，並在他的調查表上記錄下你的暴力行為，但是當你想要解釋你為何那麼做時，他的筆卻繼續寫個不停。他對暴力發生的原因不感興趣，他的工作只是記錄並根據暴力之嚴重性給每個事件排列等級；來龍去脈無關緊要。

對眾多學者和統計專家而言，這是一個大問題。他們都強調，家虐的來龍去脈並不僅是另一個數據點而已；若不考量暴力事件發生的原因、其所造成的影響，以及暴力在施虐動態中所扮演的角色，就會錯漏了該暴力事件的真相。例如，在缺乏來龍去脈的情況下，對於幾乎未留下任何瘀青的踢打和造成創傷性腦損的踢打，在「衝突策略量表」中所給予的評量是相等的——也就是意為「走開，別管我」的踢打，與意為「你要是再敢出門，我就打斷你的肋骨」的踢打，兩者的暴力等級會被認為是一樣的。「這種假象等意味著一個

36　執行「衝突策略量表」調查時，這是調查員會實際唸出的文字。

女人最用力的摑打——在她丈夫眼裡或許不值一提——單從其動作來看，就會被視作『虐夫』。」南加大心理學教授蓋拉・瑪格琳（Gayla Margolin）警告道：「而假如她的丈夫毆打她並致使她下巴碎裂，這樣的暴力會獲得同樣的排行。」

另外，還有一個類似的扭曲。「那些犯過幾次暴行的人（不論多嚴重）以及那些據稱只犯過一次暴行的人（不論多輕微），兩者都會被定義為『暴力』。」「針對婦女之暴力」陣營的學者羅素和莉百嘉・多巴許（Rebecca Dobash）寫道。換言之，一個試圖毆打其伴侶但沒成功的女人會被記錄為「暴力」，就跟一個把老婆打到昏迷而被定義為「暴力」的男人一樣。根據「衝突策略量表」的標準，這樣包含了一個暴力女人和一個暴力男人的關係就是一個「相互暴力」的情況。

此方法如何造成誤導性的結果，顯而易見。但研究「家庭衝突」的學者們對此並不擔心，倒不是因為他們的研究態度馬虎，而是因為他們所專注的是夫妻該如何解決爭端——冷靜地？或暴力地？從家庭衝突的觀點來看，以上所提的男女雙方都選擇了暴力；即使其中一方受到的傷害較大，但雙方都有罪，因為雙方都行使了暴力。

對坎莫爾而言，這是一個抽象的學術觀點，完全脫離了人性經驗，他表示：「是誰引發暴力，涉及人的相對身型和力氣，以及該關係的本質等，當然全都會組成該暴力的經驗——但它們卻不在『衝突策略量表』的得分上。」這是「家庭衝突」研究裡的致命缺陷。

「家庭衝突」陣營的研究者早期確實曾承認過一個疏忽——其中一方是否為了自衛而

採取反擊行動，這一點很重要。在一九八五年時，葛拉斯、史特勞斯和史坦梅茲對家庭暴力進行了第二次全國調查，這次他們添加了一個問題：「是誰引發肢體衝突？」調查結果再度震驚了許多專家——引發暴力的女性與引發暴力的男性其比例幾乎相等。這個數據也再度違背了眾多知名學者的研究結果：「絕大多數婦女行使暴力是為了自衛。」

這是另外一個需要解析的統計，讓我們回想一下在第一章所提到的潔思敏和尼爾森的案例。尼爾森對潔思敏的控制經過多年建立，但是在「衝突策略量表」上，逼迫潔思敏睡到車子裡並不會被列為暴力行為。事實上，若尼爾森在過去的十二個月裡未曾行使過暴力，那麼他就一點都不算是個暴力的人；然而，若潔思敏最後爆發，並在他試圖將她趕到車子去時拿刀威脅他，那麼她就會被標記為**引發**暴力。在以事件為基準的調查規範下，這樣的情況就只會有一次暴力行為，也只有一個施暴者，那就是潔思敏。更重要的是，假如潔思敏曾拿刀子威脅尼爾森，她就會被視為犯下一次嚴重的暴行——儘管她忍受了多年的身體及心理虐待，但根據此量表，她會被列為一個「暴力的」女人（一個家暴的施暴者），而尼爾森則會成為她的受害者。

「衝突策略量表」提醒了社會，情侶與夫妻之間因衝突而產生的暴力頻率有多高——在這方面，它的成就非凡。但是正如坎莫爾所述，像「衝突策略量表」這種以事件為基準的調查，並不能描繪家虐的正確圖像。「想像一下，只是簡單地觀察到年齡介於十九跟三十之間的男性在短短幾年間的死亡率暴升，卻不解釋國家曾經發動戰爭……」坎莫爾做了一個比喻。「來龍去脈，當然重要。」

單靠數據無法正確描繪女性暴力的複雜性質，然而，有一個事實卻無法被抹殺——在這項調查中，有數量極多的女性確實承認會在她們的關係中行使暴力。所以，我們要如何解釋這一點呢？

＊

賓州州立大學的社會學教授麥可．強生（Michael Johnson）是全球家虐研究界最卓越的思想家之一，在一九九〇年代初期，強生曾對「家庭衝突」及「針對婦女之暴力」兩方學者陣營的矛盾立場感到困惑。「我們怎麼會有兩群知名的學者，對如此簡單的問題——『誰是施虐者？』——各自提出立場明顯矛盾，卻又都明顯可靠的證據？」於是強生做了自己的實驗，他將每一個用「衝突策略量表」對家虐做出來的實證研究（顯示男女雙方有同等或幾乎同等的虐行），與來自警方、醫院及婦女庇護所的統計數據（顯示男性為絕大多數的施虐者）進行比較。強生表示，這兩組數據之間的差異「令人吃驚」——相較於「衝突策略量表」，各機關的統計數據顯示男性暴力的頻率較高、較嚴重，且會隨著時間推移逐步升級，並與其女性伴侶所行使之暴力程度幾乎不對等。

強生突然醒悟——問題不在於某一方是對的，而另一方是錯的，問題在於這兩組學者所檢視的，根本就是不同類型的暴力。

透過他們的調查，「家庭衝突」研究者所認同的即是強生所稱的「情境式伴侶暴力」——這是家暴類型中最普遍的一種，這種暴力通常不激烈，且不是單獨事件就是偶發事件。不過，對某些人而言，「情境式暴力」已經是報警的充分理由；對另外某些人而言，這種暴力則可能演變成一種危險且逐步升級的模式，最後甚至可能導致謀殺。然而，即使在「情境式暴力」已變得危險或令人痛苦的關係中，通常也不會由某一方完全控制另外一方；反之，它其實是一種源自於低情商及憤怒管理不善的反應性暴力。一般而言，嚴重的權力不平衡並不存在，而這也是為何在「情境式暴力」的情況中，受害者不會離開該關係之故，因為它並不是一種威脅生命的行為；「情境式暴力」通常會在關係結束時終止。

強生雖然接受「在情境式伴侶暴力中，女性跟男性一樣都可能成為侵犯者」的這個說法，但他強調，這種暴力的影響仍然有明顯的性別差異。「男人會造成較嚴重的傷害。」對他解釋道：「他們的暴力也比較會在一個關係中引入恐懼，並導致權威機構的介入。」對此家庭衝突研究者特別贊同，因為他們的數據也顯示了這一點——在一九八五年的調查裡，有百分之三的婦女遭受了需要住院治療的傷害，相對於此，男性受害者只占百分之零點四。

另外一種家虐——占據由警方、醫院和庇護所等所收集之多數統計數據的那種——便是強生所稱的「親密恐怖主義」（更常被稱為「脅迫型控制」）。正如我們在第一章所見，那就是在一九七〇年代當受虐婦女開始逃往最早的婦女庇護時，那些疲憊不堪且驚懼不已的婦女們所描述的那種。在今日，當家暴部門說到「家虐」時，他們想到的通常甚至不是「情境式伴侶暴力」，他們處理的主要是「脅迫型控制」——即使在離開施暴者很久之後，婦女及孩童仍需受到持續性保護的那種虐待。「脅迫型控制」之所以占據了警方及醫院的多數數據，是因為它會引發「讓受害者轉向這類機構求助的那種暴力和恐懼」，強生寫道：「因此，利用這些機構的統計作為其研究數據的學者們，就會看到絕大多數施暴者為男性的那種暴力。」

如我們所見，「脅迫型控制」並非挫折與憤怒管理技巧不佳的產物，它是其中某一方用來主宰、控制其伴侶，並透過肢體暴力或性暴力來執行的一種系統化活動——或是策略性的，或是出自本能。恐怖情人幾乎都是男性，但強生承認也有少數例外（例如我們稍早讀過的恩赫的故事）。「我研究的男性對象中，也有遭受其伴侶恐嚇的受害者。」強生說：「而那個模式看起來與男性為施虐者的模式很相像。其中有一名男子，其配偶是一名警官——他的妻子恐嚇他的諸多方式跟男性恐怖情人恐嚇其女性伴侶的方式完全一樣。她會使用武器，她會毆打或威脅他，而他無法向警方舉報，因為那些警察都是她的夥伴。他有孩子，所以他不可能逃離並把孩子留給那個恐怖情人，因此，他進退兩難地掙扎，跟親密恐怖關係裡的女性受害者的掙扎沒有兩樣。」他補充道：「但我必須強調，在異性戀關係中，『脅迫型控制』絕大多數都是發生在男性對女性施虐的案例裡。」「脅迫型控制」是一種非常特殊的控制類型，而且幾乎都發生在男性針對女性施虐的情況中。

在區別「親密恐怖關係」（脅迫型控制）和「情境式暴力」兩者之間的差異時，強生突然想起了另外一件事。其親密伴侶是恐怖情人的婦女中，極少數會願意對一個陌生人回答她的關係中與暴力相關的問題——果然，當他檢查那些拒絕回答「全國家暴調查」的應答者人數時，發現其比例很高——超過百分之四十。（在「澳洲個人安全調查局」於二〇一二年所做的調查中，也有相似的無回應率——約百分之四十三。）在那群無回應的人中，絕大多數都是親密恐怖關係的受害者。

強生已經弄清楚這兩組研究者為何能夠同時「既是對的，也是錯的」，他說：「使用機構數據的『針對婦女之暴力』的研究者所引用的是ＦＢＩ的統計，也就是『男人是親密關係中行使暴力的那個』，而使用調查數據的『家庭衝突』研究者則指出女性跟男性同樣暴力。事實上，他們所探討的是兩個非常不同的現象——『親密恐怖關係』和『情境式伴侶暴力』——但這兩個陣營卻都使用了同一個詞彙『家虐』來闡述自己所做的研究。」另一位不屬於其中任何陣營的研究者——臨床心理醫生尼爾·福魯德（Neil Frude），則是如此形容男性暴力與女性暴力之間的差別：「丈夫和妻子都可能『具有侵犯性』，但更多的男性會『行使暴力』。」

如果我們能夠贊同有極高比率的女性會在親密關係中行使暴力——而且不僅在自我防衛時——我們何不多聽聽來自家暴部門對此的說法呢？「打一下並非只是打一下。」在昆士蘭州的求助熱線掌舵多年的戴·曼根（Di Mangan）說：「有些家庭的功能失調，而且是不同程度的失調，其中有些會導致互鬥……但爭吵之間的程度也有極大的不同（砰一聲摔門的爭吵，或啪一聲打耳光的爭吵），這些爭吵都不會讓你走不出家門，你也知道自己不會因此而被一拳擊倒。」求助熱線每年接到的電話超過十萬通，其中很多來自需要立即被保護的婦女，她們可能受到伴侶嚴重的威脅，或伴侶已經企圖要殺害她們。曼根的看法很堅定——在施虐的關係中，女性的暴力可能會對男性造成痛苦，但男性卻幾乎從未陷入被殺害的危險中。她說那正是關鍵的差別——家暴部門擠滿了面臨真正謀殺威脅的女人，她們幾乎被虐待致死、因創傷性腦損而苟延殘喘，或因男人的暴力而致無家可歸。

對曼根這樣的倡議者而言，家虐所涉及的就是一個權力與控制體制的蠻橫，因暴力或暴力的威脅而屹立不搖；其他一切，都不是重要的原因。

*

回到南港的家暴法庭——所有的人都願意幫忙，但沒有人願意談話；那兩位法官客氣地婉拒了我訪談的要求，而法庭的助理人員雖然很樂意花時間帶我四處參觀，卻也不能公開發表意見。

離法庭不遠的路上，律師、檢察官以及準備上法庭的人們，混坐在一間叫「判決」的義式咖啡館裡，一臉疲憊地品嘗著店裡販售的熱點心和發亮的糕點。沿著這條路，一群穿著套裝的男女如工蟻般蜿蜒著，拿著他們的拿鐵或卡布奇諾，正要回到他們圍繞著法庭設立的數十間刑事辯護辦公室裡。這條街上的每一個門上都貼著律師的名字，以及他們的法律服務項目，從家庭法到交通違規等。其中有許多間都是布置簡潔的門面，律師會請客戶進入沒有窗戶的辦公室，讓他們坐在直接從工廠直營店買來的松木家具上。這正是我要找的——忙碌於需要緊急處理的臨時案件，而對最新的家虐性別政治沒興趣或不願投入的律師。

在某間律師事務所的休息室裡，我跟一位嚴肅的刑事律師大衛·葛瑞特（Dave

Garrett）見面。葛瑞特所接的案子中大約有三分之一與家虐相關，絕大多數都是違反保護令，而當事人則男女都有。「大家都覺得多數施虐者是男性。」他說：「但其實男女的人數很平均。」在我們談話之時，葛瑞特手上正好有一位女客戶——一個六十幾歲、多年來不斷虐待其繼母的女人，而另一位客戶則是一個只有一隻手臂的男人，他被控勒死其女性伴侶；看起來，他接的案子種類繁多。

我問他，在他的被告人中，他是否有注意到任何共通的特色？「多半是一次性的激烈事件。」他說。跟男性客戶不同的是，他的女性客戶比較少是因為長期暴力而被控。

葛瑞特的經驗符合了新南威爾斯「婦女法律服務」的統計數據——大多數（百分之六十八）針對婦女暴力的保護令申請都與單一事件有關。例如，在二〇一〇年他們所代表出庭的女性客戶中，只有百分之六是因為長期的暴力模式而被控。被控的虐行中最普遍的是威脅（百分之四十七點六），其次是肢體暴力（百分之三十九點八）——肢體暴力多數是毆打和掌摑（百分之六十六點七），或是抓傷和咬傷（各百分之二十三）。研究顯示，撕咬傷幾乎都發生在手或手臂，極有可能是女人在遭受攻擊時（尤其是在喉嚨被勒住，或頭被施暴者夾在腋下時），為了抵禦而造成的。

我問他，當女人的名字出現在保護令中禁止靠近的名單時，她們通常會做出哪些違反命令的行為？「多數是低層級、技術上的違規。」葛瑞特說：「例如保護令裡所禁止的『發郵件或簡訊』。很不幸地，男人比較會在肢體上違反命令。」這是男性施虐者跟女性施虐者之間最大的差別之一——在伴侶離開後，男性施虐者比較會以暴力的方式跟蹤他的前伴侶。「多數女人會行使『表達式』的暴力——升級緊張,然後『砰!』一聲爆發,這樣她們就爽了。」澳洲男性專線(特為男性設立的全國電話諮商服務熱線)的經理馬克・華特斯(Mark Walters)說:「它是一個典型的『推開』動作,類似:『滾!你這個沒用的男人!』這種動作很恐怖也很傷人,但其意圖只是將他趕走。」另一方面,會做出「脅迫型控制」的男人,則會使用華特斯所稱的「利用手段」的暴力。「手段暴力的意思就是——你一早起來,就開始計劃如何讓另外一個人忙碌不堪,像是把對方的車鑰匙藏起來、搞亂對方的通聯、刺破對方的輪胎……任何可以阻止對方出門去上班的事。這種施虐者不斷向其受害者發出的訊息就是:『你是我的。你跑不掉。你要是敢跑掉,我一定會把你抓回來。』」

會致電「男性專線」的男人絕大多數都不是受害者,他們當下面臨的通常是自己的憤怒或暴力,但是絕大多數——可能高達百分之九十——的男性來電者一開口都會說自己是受害者。華特斯說:「通話快結束時,大概只有百分之十的男人會繼續抱持那個觀點。」我請教華特斯,在那百分之十的男人中,有多少人會描述「親密恐怖關係」的情境?「非常稀少。」他說:「你若問他們與恐懼相關的問題,例如是否需要辭掉工作?他們會說不需要。或者是否必須做什麼改變來保護自己的安全?他們也會表示不用。它就是一種不同的生活體驗。我不是刻意要淡化這個問題。但是當我們問『你需要什麼樣的保護』時,他們通常會說一些『我只要她別再亂了』之類的話。他們的脆弱跟女人的不一樣。」唯一例外的是那些有身體或智能障礙的男性,他們受害的風險較大。「剝削型的女人會騙他們的錢，或利用他們走私毒品，或住在他們的地方。」他說。

華特斯常常看到施虐者企圖以受害者自居。「就在前兩天的法庭上，有個傢伙帶走了小孩，而且經常在白天時給他的妻子發騷擾的簡訊。他辯稱在他打開門時，她已經高高舉起了一支棒球棒，所以他才會摑她耳光，並把她打趴在地上。他想告訴法官，他的暴力是合理的自衛反應。但我們必須檢視的是他那一段時間的行為模式——他騷擾她，他帶走了她的孩子，他讓她陷入恐懼的狀態中。她知道他受過空勤特遣隊的訓練，而且剛從阿富汗回來。」

有些施虐者特別擅長利用選擇性證據來構陷他們的受害者。

「有的男人上法庭時會準備錄影帶並剪出特定的時刻，像是她剛好抓起一把刀對他揮舞，一副猙獰、恐怖、危險且嚇人的樣子。但是在那之前發生了什麼事？而在那之後又發生了什麼事？沒錯，她是抓起了一把刀，但那是她當時唯一能夠讓他後退或滾離她範圍的方式！」華特斯特別強調，這不像我們常講的「所有的女人都是公主，只有男人是惡人」這樣簡單。

「這世界上有挑釁、複雜且難相處的女人，也有脆弱的男人。」他說：「但說到嚴重的傷害，絕大多數的受害者都是女人。」

住在黃金海岸的凱瑟琳・辛普森（Kathleen Simpson）也是專門處理家虐案件的辯護律師，她只看過一個她會用「驚恐」兩字來形容的男人，她說：「他當時正等著上法庭，而他顯然深受創傷，情況嚴重到其中一名法庭助理人員說：『真希望我們有一間男性專用休息室給他使用。』」但該案例是她在家虐領域的整個工作史中唯一見過的。[37]

*

「真正的」受害者的刻板形象——被動地受施虐者毆打，通常是白人——就是法官在他們的法庭裡預期看到的人，假如他們面對的是一個會反擊的女人，某些法官——尤其是對家虐不甚瞭解的那些——可能就很難將她視作一名「受害者」。

在辛普森處理過的大多數案件中，女性暴力都是她所稱的「反應性」暴力，以及強生及其他人所稱的「暴力抵抗」。暴力抵抗者幾乎清一色都是女性，她們反擊那個暴力且霸道的伴侶，因為她們要報復，她們覺得必須保護自己，或希望能夠藉此阻止對方的虐待。在最極端的案例中，受害者可能會覺得自己唯一能逃離施虐者——以及在某些案例中，唯一能保護子女的方式——就是殺了施虐者。

暴力抵抗很普遍，卻很少被論及。辯護律師兼囚犯支持團體「裡面的姊妹」的領頭人黛比・琦爾洛依（Debbie Kilroy）告訴澳洲廣播公司，有越來越多的婦女因為抵抗對其施虐的男性伴侶而被定罪並下獄，尤其是原住民婦女。「我們現在會看到澳洲統計局所公布的數據顯示，原住民婦女變得越來越暴力。」琦爾洛依說：「但事實是，她們所遭控的暴力犯罪都是為了自衛而採取的行為，但那原因卻未被剖析。」

位於愛麗絲泉（Alice Springs）的女子監獄裡，茱蒂・艾特金森（Judy Atkinson）教授一次又一次地目睹這類的模式。她自二〇一五年起開始在那裡輔導女性囚犯，幫助她們打破暴力與創傷的循環，其課程的方式是藉由講述將事件還原、度過層層的失望和悲傷，並學習如何與周遭的世界產生正向的連結。她所輔導的多數女囚犯一輩子都活在暴力中，當她們被自己所愛的男人攻擊並恐嚇時，她們做了自己應該做的事——防禦自己。艾特金森說：「她們不信任警方會嚴肅地看待她們的遭遇。」艾特金森告訴我住在愛麗絲泉的一個女人的故事——在還押候審時，她已經計劃對攻擊其伴侶的控訴認罪；她的刑事記錄長達五百頁。在過去的十一年裡，她盡一切可能地向法庭申請保護令、不斷報警並拿到多個干預令。但警方對於她一再回到那個男人身邊很生氣，並為她貼上了「討厭的來電者」的標籤。「被貼標籤的不是那個男人——他不是個討厭的犯罪者，**她**倒成了討厭的來電者。」然而，警方不知道的是，只要那個男人跟她們在同一個社區裡，她跟她的兩個女兒就不可能安全——即便她曾幾次「確實地」離開他，但不管她搬到那裡，他都會追蹤而至。終於有一天，她受夠了。她拿起一根長桿抽打他。「當她被問及為什麼那麼做時，她說：『因為我可以。因為他曾經一次又一次地抽打我……我明白自己根本沒辦法阻止他，所以我就拿起了那根桿子抽打他。』」艾特金森說。在忍受那個男人多年的暴力對待後，她入獄關了十一個月，等候審判。警方給法庭的報告中說，那個男人因為她的抽打而「情緒低落」。

37 在男性及女性受害者的經驗中，恐懼是一個關鍵的區別。某項英國研究曾追蹤警方對一百二十八件恐怖親密關係案例所做的長達六年的追蹤記錄（其中二十二件只有單一女性施虐者）。研究發現，所有的男性施虐者都會製造強烈的恐懼和控制，而女性施虐者中則只有一個曾試圖給她的男性伴侶製造那種環境。

在未經訓練的警察和司法官眼裡，當女人使用「暴力抵抗」，她們就與其施虐者同樣有罪。奧莉薇亞（Olivia）的案例就是如此，她在暴力抵抗其施虐者約翰（John）對她的攻擊後，成為「交叉申請」的對象，他們雙方都針對對方申請了干預令。該案例最令人不可思議之處在於，在某次訴訟程序中，奧莉薇亞看起來跟她的伴侶同樣有罪，而在接下來的公聽會裡，她卻顯然是那個受害者。其中的差異在於兩份不同的警察記錄。

第一份警察記錄是整個事件的概述。警方將之遞交給法庭，並附上他們為預防奧莉薇亞和約翰對對方施虐而申請的保護令：

> 雙方連續兩天爭吵不休。昨天，雙方都攻擊了對方。今晚，大約五點半時，雙方再度爆發互擊。約翰將奧莉薇亞撞到牆上去、勒住她的喉嚨，並毆打她。奧莉薇亞則用指甲將約翰抓得渾身是傷。雙方都受到攻擊指控。

在法庭上，奧莉薇亞答應保護令的規定，她在十二個月內不能嚇唬、跟蹤、攻擊、騷擾、威脅或用任何方式干預約翰。假如她違反保護令的規定，她可能會被罰鍰或下獄。

但第二份記錄對那次事件的描繪卻全然不同。該記錄是一份犯罪指控書，而遭指控的犯罪者是約翰。警方將之遞交給另一場公聽會，並在公聽會中同時指控奧莉薇亞和約翰與該事件相關的罪行。在第二份記錄中，我們看到當天晚上真正發生的事：

約翰用拳頭猛擊奧莉薇亞左側腎臟的部位，然後準備走出臥房。走到門邊時，他用力地捶打門，把門打壞了。他把孩子鬧醒，逼得他們尖叫。

奧莉薇亞朝約翰跑過去，抓住他襯衫的領子，同時用指甲抓傷他。奧莉薇亞說：「你為什麼要這樣？孩子為什麼要忍受你的惡劣！你摔我的東西、說你這麼做有多爽……我真是受夠了！」奧莉薇亞走到音響旁，用力踢，把音響踢裂了。

約翰用兩手抓住奧莉薇亞的肩膀，把她摔到地上去，然後緊緊掐住她的喉嚨，使得她無法呼吸。然後約翰鬆開她的脖子，走出去。

奧莉薇亞從地上爬起來，說：「你想要殺我嗎？」接著開始用侮辱的字眼罵約翰。

約翰說：「欠揍，妳死定了。」他抓住奧莉薇亞，把她摔到地上去，然後抓住她的頭來回撞在地上。當約翰這麼做時，奧莉薇亞對他揮拳以保護自己。

約翰彎下腰去，開始用自己的頭去撞奧莉薇亞的頭……奧莉薇亞的頭部及耳朵至今仍然瘀青浮腫……約翰說：「如果兒童保護單位帶走我的小孩，妳這臭婆娘就死定了！起來，妳這個賤人。」這時，奧莉薇亞正在吐血，而且爬不起來。約翰想要把地上的血擦掉。他說：「起來，就像什麼事都沒發生過那樣。到客廳去。」奧莉薇亞爬不起來。約翰抓了一條毯子，把它丟在奧莉薇亞的頭上，接著把手壓在她的嘴巴上。

奧莉薇亞想掙脫約翰的控制，她咬他的手指，要讓他鬆手。約翰尖叫著，想把手指從奧莉薇亞的嘴裡抽出來……

珍恩・旺曼教授在分析這兩份記錄時，發現第二份較詳細的描述揭露了第一份所沒有的重點——約翰行使了較嚴重也較侵略性的暴力，奧莉薇亞為了抵禦他而行使的暴力，顯然是為了回應他的攻擊而被激發。我們可以推測這並非是一次性的事件，因為記錄顯示奧莉薇亞對約翰再次攻擊她，且孩子也再次被迫目睹他的暴行感到憤怒。誠如旺曼所述：「我寫出奧莉薇亞和約翰的故事，並不是為了呈現警方的諸多問題，而是它指出了一個重要的方向——為了瞭解家虐的真正本質，我們在企圖為家庭衝突事件貼上『家虐』、『施虐者』與『受害者』等標籤之前，我們所必須瞭解的不僅是『誰對誰做了什麼』或『做了幾次』這類簡單的問題而已。」

黃金海岸家暴防治中心的主任羅絲瑪莉・歐瑪莉（Rosemary O'Malley）表示，像奧莉薇亞這樣的故事越來越普遍；在暴力抵抗的明顯情境中，警察會簡單地將事件歸類為「相互暴力」。「警察會說：『她跟他一樣壞。』他們知道動粗的人是他，但他們卻會針對她把自己陷入困境之後的回應做出各種論斷。」

*

如今，警察對家虐的瞭解已經遠勝於往，但為何婦女遭逮捕的比例反而上升了呢？這要說到一九八〇年代的一個政策改變，該政策最早在美國推動，而它消除了警察們對家虐的謹慎態度——假使有暴力攻擊發生，他們就必須逮捕，而這個政策看似對受害者有利。（男性施虐者終於必須為自己的暴行負責了！）

但事情沒那麼簡單。「強制逮捕」政策在美國開始推動後，因家虐而遭逮捕的女性人數立刻攀升，而在某些地區，男性的逮捕率反而下降——在沙加緬度（Sacramento），女性逮捕率從一九九一年到一九九六年間飆升了百分之九十一，而男性逮捕率則**下降**了百分之七。曾與聖地牙哥警察署合作處理過幾千件家虐案的安妮・歐黛爾（Anne O'Dell）說，強制逮捕政策對她的同事們造成了極大的影響：「警官們常常會說，他們在家虐情境中很怕**不**逮捕人。」警察在非逮捕某人不可的壓力下，女性受害者通常比其男性施虐者容易「就範」。誠如某緩刑官所解釋：「女性比較會承認自己做過的事，比如她們會說：『沒錯，我拿刀刺他！但那是因為……』而男人很多時候根本不會承認自己打了她，除非你說：『那她的鼻青臉腫是怎麼弄的？』即使你都這麼說了，男人有時仍然死不承認，即便你都已將事實擺在他眼前。」

這就是住在加利福尼亞州的克莉絲朵莉・克蕾恩（Crystallee Crain）在二〇一六年的遭遇。當時克蕾恩剛在浴室裡洗淨自己臉上的血跡，卻在走出浴室時看見七名刑警。她的前夫——那個剛剛才把她打得渾身是傷的傢伙——正在客廳裡向警方描述他自己版本的故事，而警察是在鄰居報警下出現的。他們轉過來看著克蕾恩，顯然相信她前夫所說的——她是主要的攻擊者。克蕾恩站在自己的臥室裡，睡衣之下全身青一塊紫一塊的她就這麼被警察戴上手銬、逮捕了。她沒有猶疑地承認自己曾企圖自我防禦。她後來寫道：「我當時確信，我的遍體鱗傷就是充分的證據。」但是她不但未受到保護，其傷處也未受到處理，在加州的強制逮捕政策下，她就這麼被逮捕了。警察拒絕讓她換掉睡衣，直接把她塞進巡邏車的後座裡。因為手銬太緊而致手腕流血的克蕾恩，恐慌症開始發作，而坐在前座的警察卻調侃她，並告訴她別哭了。當她被送到監獄時渾身顫抖得厲害，管理人員前後試了三次才讓她完成按指印的程序。警察將她關在拘留室裡十五個小時，但她因為受傷太重，全身痛到連坐都坐不住，最後只能躺在地板上。第二天她被釋放後，她回到家裡，小心地脫下衣服。她數了數身上遭前夫毆打所留下的瘀青與傷口，總共有三十四處。克蕾恩在網上以匿名的方式寫出了這個故事，但在本書裡，她第一次希望能以真名出現。她想讓讀者瞭解，那次的經驗徹底改變了她的生命，讓她失去了「對人生曾有的一絲希望」。

自從澳洲採取了與美國類似的「擴大逮捕權限」政策後，研究已經顯示，因家虐而遭逮捕的女性中有極高比例其實是受害者。羅絲瑪莉·歐瑪莉想起一件在昆士蘭發生的典型案例。「鄰居叫來了警察，那個施暴男站在車道上跟警察說話，而那個女人也站在車道上。警察警告她——因為她語無倫次，看起來好像喝醉了，甚至出言威脅他們——『如果我們必須再回來，我們會逮捕妳，把妳帶走。』然後他們就離開了。」不知道原因，其中一名警察突然決定回去看一下。當他們在五分鐘後回到那棟房子時，他們看到那個男人正把那個女人壓在車道上，並且抓著她的頭一直往水泥地上撞。「她不是喝醉了。」歐瑪莉說：「她其實是頭被撞昏了。在警察第一次到達前，那正是他對她做的事。」

將腦震盪誤會成酒醉其實很常見——當一個人的頭部受到重創時，極有可能會呈現酒醉的所有狀態，包含語無倫次、混淆、失憶、呆滯、眼神茫然、易怒或具侵略性，而這些便是最容易讓警方將受害者誤認為施虐者的徵狀。

在這個案例裡，警方最終並未逮捕那個女人，但這種結局並不常見（若警察並未返回）。「當女人被逮捕時，常常就是因為一個完全的誤解。」歐瑪莉說：「我並非在暗示那是故意的……當警察抵達案發現場時，他們只是看到電影裡的一幕，但問題在於，他們並沒有看到整場電影。」

＊

那是我在南港的最後一天。那天我正準備去跟黃金海岸的警察討論有關女性施虐者的問題，卻接到一封郵件表示會面取消了——剛發生了一件與家虐相關的嚴重案件，所有警察都出動了，因此警局裡沒有人有空與我談話。

我覺得很難受，因為可能發生的事件只有一種。

幾個小時後，新聞開始播報了。當天早上，一位叫泰瑞莎．布萊德福特（Teresa Bradford）的女子在黃金海岸外的一座小村鎮裡被殺害，現場也發現了她前夫的屍體——當他殺死前妻後自殺時，他們的四個孩子都在家。

我開車前往現場——並不是刻意想要尋找什麼，我只是覺得我必須去那裡——我的眼睛在高速公路上因淚水而刺痛。我對自己花這麼多時間檢視婦女的暴虐問題覺得很蠢，也很生氣。我握緊方向盤，對所有懷著可悲的虛無主義及權力感高漲的凶殘男人，內心湧著一股無聲的憤怒。他的孩子就在屋裡啊！他媽的！幹、幹、幹！又一個女人被殺了！

照著導航的指示，我轉進了屏帕瑪（Pimpama），那座位於黃金海岸和布里斯本之間的高速公路上的最後一座小村鎮。這裡的一切都是嶄新的，知名建商為年輕家庭和社會新貴們所建造的夢想之境。無情的昆士蘭太陽照在沿著自然地帶栽種的新樹苗上，那些樹苗間的距離都一樣。一個男人穿著背心與短褲，正用吹風器清掃車道上的樹葉。除此之外，唯一的生命跡象就是街道上一閃一閃的紅綠燈。

前方有一群警察。法醫調查員站在臨時搭建的遮陽棚下，暫時躲避著惡毒的陽光。到處去找人問問題，沒什麼意義。「只要是與家虐相關的事件，警方就會保持緘默。」在街道盡頭的一名新聞記者靠著一輛電視轉播車說道。她有著商業電臺的典型形象——金色的直長髮緊緊地綁成一條馬尾，身上穿著一套亮橘色的合身套裝。「黃金海岸到底是怎麼回事？」我問她。我真希望她可以告訴我，為何在短短十六個月內，就有五名男子殺害了他們的女性伴侶。她說：「一定是這海水或高溫搞得鬼。」我們交換了一些打趣的話，然後我告訴她我正在寫一本書。當我回到我的車子並準備離開時，她叫住了我。「祝妳寫作順利。」然後她頓了一下，說道：「人們總是問：『她為什麼不離開呢？』人們需要知道原因。」

泰瑞莎・布萊德福特**確實**離開了。幾個月前，當她的前夫大衛（David）攻擊她後，她便向警方報案，希望能獲得保護；那次的攻擊很嚴重，她被大衛毆打至昏迷，而當她甦醒時，他正想勒斃她，並說要把她剁爛。那次的攻擊是有預謀的，當天傍晚大衛來時還帶著一盒子的工具——大力膠、繩子、透明管、裁紙刀等——全都是他一星期前從五金行買來的。當泰瑞莎的弟弟在之後幫她清理房子時，他也發現屋子裡到處藏著刀子與斧頭等凶器，且多數都藏在臥室裡，方便他抓到她時可隨時使用。大衛被控勒喉、剝奪自由、造成身體傷害之攻擊，以及一般與家虐相關之攻擊等，但是，儘管警方訴請將他入獄，南港的法官柯林・史特拉菲爾德（Colin Strofield），卻相信了大衛的辯護律師之訴請，以大衛「精神狀態脆弱」為由准許他交保釋放。畢竟，大衛之前並未有刑事定罪的記錄，且該案也沒有目睹攻擊的無偏見證人。那天，對家虐有深刻瞭解的史特拉菲爾德法官犯下了一個可怕的錯誤，因為大衛那次遭控的罪行之一（勒喉），是一個已知的未來謀殺的風險因素。史特拉菲爾德法官沒有嚴肅地看待那個警訊，他給予大衛保釋的決定恐怕會令他自己一輩子良心不安。[38]

在交保釋放後兩週，大衛在早上闖入了泰瑞莎的家，在她的臥室裡用刀將她刺死，然後自殺。在澳洲，我敢打賭絕對不曾有女性施虐者對其受害者幹下過這樣殘虐的謀殺案件。一件都沒有。

*

這是一個不容爭辯的事實——當女人殺害其親密伴侶時，她們所殺害的幾乎都是一個

38 該消息傳出後，婦女團體訴求立即取消他的法官資格。我若非前一天剛好在史特拉菲爾德的法庭裡看見他盡心盡力的一面，我可能也會加入那些團體。他對被告的暴力史的特別注意、他裁決時的小心謹慎、他對受害者的同理心，以及他對施虐者公事公辦的方式等，都讓我尊敬。他決定讓大衛・布萊德福特保釋，對於一個其實很公正的法官而言，是一個可怕的錯誤。

施虐者。新南威爾斯州的「家虐死亡檢核」小組所做的複查發現，在二〇一〇年前的十年間，遭其女性伴侶殺害的二十九名男性中，有二十八名其本身就是施虐者。你絕對不會在男權團體間聽到這種無法面對的真相——他們濫用家庭謀殺的數據，使其聽起來彷彿每年都有幾十名男性遭到殺害。該團體的網站上聲明：「從二〇一〇到二〇一四年間，有七十五名男性在家庭殺人事件中遭到殺害。換言之，每十天便有一名男性受害者遇害。」這種宣傳委實惡劣。在異性戀關係中，家庭謀殺事件的男性受害者與女性受害者之間，根本沒有可比性。當女性殺害其男性親密伴侶時，她們幾乎都是在受虐多年後才忍無可忍地犯下那樣的罪行。

在絕大多數的案件裡，女人會動殺機都是因為找不到其他能夠保護自己安全的方式。美國後來有更多的證據都證明了這一點。在一九七〇年代的家庭謀殺案件中，男女受害者的比例差不多一樣（每年約一千人）。然而，自從婦女庇護所啟用後，家庭謀殺案件就有了顯著的下降——不是女性被殺害的人數，而是**男性**被殺害的人數——在一九七六到二〇〇二年間，男性施虐者被其女性受害者殺害的人數下降了百分之六十九。這是一個古怪的轉折——在美國，婦女庇護所的建立（為挽救婦女之生命而做的革新）在拯救令婦女恐懼的男性的生命上，其實貢獻更多。

在家庭謀殺案件中，性別差異至關重要。男性幾乎從不需要在僅有身上那件衣服，以及口袋只有幾塊錢的狀況下逃家；他們不需要在家門外安裝監視器，以避免自己遭受攻擊；他們不必一聽到地板的嘎吱聲或樹枝刮到窗戶聲就心驚膽戰；他們不需要躲到庇護所，以逃離他們復仇心重的前任……女性受害者經驗中的標準特徵無法被應用到男性身上，因為一個簡單的理由——女性施虐者的男性受害者，幾乎從未有被殺害的風險。

*

男性家虐受害者需要協助及如何從虐待復原的建議，這項事實毫無爭議，但是，要政府部門優先考量一群其生命安全基本上並未受到威脅的受害者，這是有困難的事。而這指出了一個要點——如果男權團體如此關心男性受害者，他們為何不建立自己的庇護所呢？

在政府部門中，也有些人會抽出時間為男性受虐者服務。寶拉・穆德（Paula Mudd）是獵人谷一處女性庇護所的經理，在二〇一三年時，該地區成立了第一間庇護所，裡面有三張婦女床位與八張幼童床位。在開張的第一年，它曾拒絕了五十名需要床位的婦女——那數目遠超過他們所能供應的兩倍。但即使在庇護所滿額的狀況下，穆德仍然有一個完全開放的方式。「只要你敲了我的門，我就會盡一切可能地協助你，不管你是男的、女的，或是第三性。」有鑑於施虐者經常宣稱自己是受害人，我很好奇她會如何區別？「我會說：『你在這件事裡該負的責任是什麼？你一定有該負責任的地方。』施虐者不會承認自己有責任。通常只要他們否認自己的責任，你就知道他是個施虐者了。」來向穆德求助的男性數量極少，通常他們不是來要求一個棲身處，而是請她幫忙解釋干預令的意思，或只是來吐苦水。「很多男人謝謝我相信他們。即使他們知道我幫不了什麼忙，但重點是我願意傾聽他們的故事。很多時候，他們需要的只是認可——『**是的，我是家虐的男性受害**

者，而且我的經歷不是捏造的。』」

＊

在結束女性暴力的論述前，我必須提到一位傳奇人物——艾倫・潘思女士。她終其一生都在為受害者奔走，並改變了世界對家虐的瞭解。在她於二〇一二年謝世前的最後一次公共演講中，告訴觀眾她想要做一個無保留的公開聲明。「我認為女人非常、非常具有施暴的能力。」她說：「只要檢視我們的歷史，你們就會瞭解女人曾以最可悲且最惡劣的方式參與了奴隸制度這件事。我們用視而不見的態度告訴我們的男人，他們想怎麼對待那些最早被俘虜且之後被奴役的非裔美籍婦女都可以。我們讓他們為所欲為——利用那些女人、占那些女人便宜、強暴那些女人等——而我們並未加以阻止。事實上，我們能逃脫男性多數的虐行，就是因為我們讓其他的女人代替我們受害。女性有能力濫用權力。我們在人類歷史上一直都在這麼做，而且用各種方式持續在這麼做。」潘恩表示，政府部門長久以來一直都在迴避女性暴力的問題，並因此失去了其公信力。「我們一直說女性暴力並不存在，但如今，所有的現象都暴露出來告訴我們，它當然存在……每次一有女人做了侵略行為，我們不能總是說，那是因為有個男人逼得她如此。女人有她們自己的侵略性，因此我們必須說——沒錯，女人有行使暴力的能力，而且會行使暴力。」

潘思說得對，忽視女性暴力這個議題是大錯特錯的事。當我們把女性暴力發配到論述的邊疆，或宣稱根本沒有這回事時，我們只是給了男權團體一個他們用錯誤訊息將之填滿的空間。

簡單地說，這才是事情的真相。在一個異性戀關係中，一談到家庭衝突與敵對時，女人同樣有能力在身體與心理上濫用暴力，且有能力造成其男性伴侶的嚴重沮喪，或甚至創傷。但一說到「脅迫型控制」——最危險的家虐型態，且尋求協助的婦女中高達百分之六十到八十都是其受害者——女性施虐者的比例便非常低。

家虐**確實**有性別之差異。在最危險的類型中，多數都是由男性施虐者對女性受害者犯下虐行。

第八章　緊急狀況

法律的設計
是為了保護男性免於受到國家強權的傷害，
卻不是為了保護婦孺
免於受到男性強權的傷害。

——茱蒂絲・路易斯・赫爾曼，
《創傷與復原》（*Trauma and Recovery*）

在妮可・李體悟到自己就要死亡的那一刻，她並未看到自己的人生在眼前閃過。「在生命的最後一刻，只感到極度的恐懼。絕對的、純粹的恐懼。」她丈夫在高速公路上瘋狂地駕車奔馳，速度越來越快、越來越快，一邊嘶吼著：「我要把這輛爛車撞毀！我要帶著妳去死！我們兩個一起去死吧！」當恐懼淹沒她時，一個念頭一遍又一遍地敲擊著她的腦袋：「這就是生命結束的方式，希望快一點。我希望不會痛。我希望我會直接死掉。」

那是二〇一二年的事。當時妮可已經在地底下生活了八年。

離開克雷格不是一個她能考慮的選擇——他不僅是她的丈夫、她兒子的父親，他也是她的照顧者。妮可無法走路，她的脊椎在童年時受過傷。「因為殘障，我一輩子都會聽到別人說**『願意愛妳、照顧妳的人一定是一個非常特別的人』**。虐待一旦開了頭，這說法便有了可乘之機——我會想著，**至少他願意跟我在一起**。」整整八年，那個她曾經深愛的男人——那個她信賴有加、會幫她洗澡、照顧孩子的男人，在外界眼中看起來無微不至地在照顧她的男人——卻堅決地要摧毀她。「他會詆毀妳、毆打妳、強暴妳、把妳貶低得毫無價值、一無是處。妳會慢慢地變得孤立，然後他會捏造情境來操控妳的情緒——『他們會把妳的孩子帶走、妳沒有能力自己做這件事……妳沒辦法靠自己生活，妳會害死自己……』——妳會覺得自己**快發瘋了**，**覺得自己已經瘋了**！但是，妳之所以快發瘋，是因為妳必須對付那些一而再、再而三地發生在妳身上的事。」

克雷格幾乎害死妮可的那天，她的體重只剩三十八公斤，並且已經被診斷患有重度的厭食症及伴有邊緣型人格特質的躁鬱症。在那之前她並沒有精神疾病史，她的那些症狀都是對克雷格的暴力的反應。「妳的身體機能在告訴妳——是因為妳的精神狀態不佳，所以暴力才會發生。」妮可憤慨地說：「不！是因為暴力，我的精神狀態才會出問題。」如同許多住在地底下的婦女，妮可也在心靈上進行「退房」的動作。「餓肚子的時候便無法思考，只要無法思考，就不需要體認這一切是怎麼回事……我不需要**感受**怎麼回事。我可以完全置身於我的身體之外。我無法控制自己周遭的一切，但我可以控制我的飲食。」這聽起來有點違反直覺，但對妮可而言，厭食症卻是一個生存策略。住院是逃脫的唯一方式，即使只是一小段時間。「我會住到醫院去，在那裡我覺得安全。我可以睡個好覺，我會沒事——只是一會兒——之後他們就會把我送回家去。」

妮可在高速公路上遭克雷格攻擊的四個月後，她因體重輕到危及生命的地步，而不得不住進皇家墨爾本醫院的加護病房。在那裡，妮可告訴醫護人員她經常遭到丈夫的虐待和性侵，精神保健護士於是給了她一些小冊子。

自他們的兒子出生後六週起，克雷格就經常強暴妮可（而孩子就睡在他們床邊的搖籃裡）。「他動不動就爬到我的身上來，每個晚上。我會把他推開，大喊**別碰我**，**滾開**、**滾開**，直到最後發現推他根本沒用。」一開始妮可會責怪自己——因為孩子剛出生，她覺得自己沒什麼性欲。「我原以為——**好吧**，**我應該主動一點**，**如此這種事就不會再發生了**。**我只要主動一點就好！**如同貝蒂娜．阿爾恩德特所說，那是我身為人妻的責任。於是我便決定好好盡自己的責任，但那天晚上之後，他仍然強暴了我。我很憤怒地對他說：『**混蛋，你憑什麼那樣對我！你說你強暴我是因為你沒有性愛！但你有了之後，卻還是強暴**

我！』然後他就會哭著向我道歉，他說：『我是個汙穢不堪的人，我令人噁心，我痛恨我自己，我希望自己不要再那樣做。』我聽了之後就很難受。」隨著時間過去，克雷格不再道歉。「他說的話從『我是個壞人』變成『都是妳逼我的……要不是妳他媽的這麼瘋狂，要不是妳把我的生命搞得一團糟，我怎麼會這樣對妳。』」

在醫院某次固定的家庭治療課程裡，治療師叫妮可和克雷格看進彼此的眼睛。「告訴我，」他問妮可說：「妳為什麼不信任克雷格？」妮可拒絕回答：「他知道為什麼。」當治療師催促妮可時，克雷格就事論事地打岔道：「喔，因為我有時會在她睡覺時強暴她。」治療師聽了說：「什麼意思？」妮可忿忿不平地向我表示：「他當時回答：『不然妳覺得我應該怎麼做？我有需要！』他無法理解那個治療師為什麼會說：『但那是犯罪的行為！你不應該那麼做！』他只回答說：『你他媽的知道什麼？她從來都不想要做愛！』」克雷格的態度變得很威脅，那名治療師最後不得不呼叫警衛。

幾天後，妮可的治療團隊建議她報警，並將她送到一間庇護所去。「但從來沒有人對我說：『我們不但可以幫忙把妳送到庇護所去，我們也會幫妳把孩子送過去。』」對妮可而言，那是再清楚不過的事——離開克雷格，也意味著失去她的兒子。[39]「我住在醫院，插著鼻胃管。我拒絕吃東西。誰會相信**我**呢？『不行。』我對自己說：『我不能去。我若去了，就再也看不到我的孩子了，而我不能這樣對待他們。我不能離開他們。』」

對住在地底下的女人而言，她們的生命軌跡中多少都有些重要的時刻。當她們私下所受的虐待暴露在眾人面前時——即便只是片刻——她們會發現別人看到了她們的痛苦、看到了**她們**。在那片刻的清晰中，那團籠罩著地底的濃霧會忽然散開，讓她們得以短暫地看清自己身處的險境。她們感覺到（卻不敢相信）有另外一種未來的可能。她們必須立即抓住那個時機，一旦錯過了，那麼原先以為「絕對沒有人能夠幫助她們」的那個想法就會被證實了；當那團迷霧再度籠罩回來，她們也會再度沒入其中，她們會繼續遭受虐待，而且沒有人看見。

這就是其中的一個時刻。當妮可拒絕報警或搬到庇護所去時，醫院本來應該為她請一位家虐諮商師，以輔導並減輕她的害怕，並幫她規劃一個安全計畫等，但他們沒有那麼做。沒有人跟她說：「妳不會失去妳的孩子，妳不會有事，我們會隨時支持妳。」反之，負責她生命安危的醫療團隊卻讓她出院，把她交給一個承認曾在她睡覺時強暴她的男人。對妮可而言，這就是確證——沒有人能夠把她拉出那個泥淖。更糟糕的是，她甚至因此懷疑起自己的心智。「當無人採取行動時，妳會開始疑惑自己腦袋裡的一些認知。想著，**也許事情不如我想的那麼糟。那些人似乎一點都不擔心我的狀況，他們把我送回來給他。**」

不到兩星期，體重依舊嚴重過輕的妮可昏倒在廚房的地板上，當她醒來時，克雷格正從她的肛門性侵她。「我痛死了，卻只能趴在那裡哭著。我徹底垮了。我心裡想著，**沒有人幫我打電話求救！這到底怎麼回事？**那真的是當時我腦海中閃過的主要念頭。」當妮可

39 妮可不僅害怕她的兒子會被兒童保護單位帶走，她也一直以為自己若是住到庇護所去，她年幼的兒子便不會被允許跟她在一起。某些婦女庇護所不收留較年長的男孩，因為正值青春期的男孩可能會造成一些安全問題，但這不是制度化的準則，某些庇護所也願意收留十幾歲的男孩。

躺在廚房的地板上哭泣時，克雷格嘲笑她說：「何不把這個當作妳進食的動機。妳如果沒昏倒，我就不會這麼做了。」

妮可又努力地熬過了一年。之前在她住院時，克雷格已經把她名下的房子賣掉了——他把房產經紀人帶到她治療厭食症的病房去，要她簽名；因為他已經貸款付訂金買了一棟新房子，妮可不得不簽名出售房子。在她出院後一年，妮可在他們的新房子裡企圖自殺。「我再也受不了跟他活在一個屋簷下，而我也知道我無法靠自己生存。於是我想，**我只要擺脫我自己即可。我才是問題**。」

當克雷格發現她失去意識地躺在廚房地板上時，他只是把她翻過來，然後就走開了。「他後來說：『我何必幫**妳**叫救護車？何必那麼麻煩？當妳的心臟停止跳動時，我再叫救護車就好了。』」當妮可十六歲的兒子找來急救人員時，克雷格拒絕協助，他甚至不給他們妮可的醫療卡。

第二天，當她在醫院恢復意識時，醫生問她為何自殺。「我忍不住傾吐：『他這個星期已經強暴了我四次，我無法再過這樣的日子，我不想活了。』」當妮可再度拒絕住進庇護所時，醫院通知克雷格來接她。

但這次不一樣，醫院裡有人打電話給兒童保護單位。「事情終於有了改變。」妮可說。當兒童保護單位的工作人員到達後，他們拿妮可的話質問克雷格，而克雷格則語氣輕鬆地道：「是又如何？」工作人員把兩個孩子帶到另一間房間私下問話，之後又回到克雷格旁告訴他，他的孩子們剛剛都說很害怕他。克雷格叫那幾位工作人員滾蛋。然後，警察來了。「那些警察走進來說：『我們不能讓這個男人再回到這個屋子來。妳無法保護自己，所以我們必須保護妳。』」妮可說道：「我嚇呆了。我哀求他們說：『你們不能這麼做，他是我的照顧者……你們不能把他帶走。』但他們說：『不，妳這樣想不對，將來妳就會明白。』他們真的做得太對了。他們並未強迫我離開，他們強迫的是**他**。他們逼他離開那房子。那是這輩子別人為我做過最美好的事。」

但妮可的磨難並未就此結束。隨著克雷格離去，家裡只剩她跟兩個兒子，沒有照顧者。「第一個禮拜我幾乎睡不著。我很害怕。我需要幫助，但沒人來幫我。我的後門壞掉了，打不開，我沒辦法出去餵我的狗。我沒辦法送孩子上學，我甚至沒辦法自己洗澡。」妮可準備向法庭請求取消保護令，如此克雷格就可以回來了。「我不知道該怎麼辦。我最害怕的事（沒辦法生存）已經成了事實。但其實我根本不需要那麼做，我需要的只是支持而已。」

八個星期後，有人想到可以將妮可的問題轉介到殘障服務部門。「當兒童保護單位的工作人員來找我的孩子們時，馬上便問他們說：『我們有一個殘障家庭暴力的初級方案，有十二週的補助。她有什麼需要嗎？她需要馬上有人過來幫忙嗎？』」後來有一名社工來了，幫她購買日用品、打掃環境，也幫她把後門修理好了，還安裝了一臺洗碗機。「事情突然有了轉變。我有力氣起床，幫孩子準備上學事宜。最終協助我的不是家暴單位——而是殘障部門。」

然而，就在妮可的生活步入常軌時，她又被拖回了克雷格的虐待網路裡，這一次是透過司法體系。即使克雷格被指控了九次的性侵罪行[40]，他仍然被允許在法庭裡對干預令及保護令提出爭辯。「兒童法庭的法官應該說：『先生，你要明白，這是一場你永遠不可能打贏的仗，我要給孩子發出保護令。』而不是：『喔，他有權力要求這個正當程序。』」妮可為此必須出庭四次，其中一次還是克雷格**從監獄裡**提出的干預令質疑申請。「我必須前往墨爾本郊區的海德堡法庭，在那裡等了又等，直到有個人出來跟我說：『很抱歉，妮可，我們今天必須休庭。我們無法卸下囚犯，因為地下室淹水了。』我一聽就想：「喔，好吧。」然後又想：「喔，不對，媽的——你們要從飛利浦港監獄把他提調到這裡來出庭，來為他的干預令爭辯？**他會出現在法庭裡？**」我快暈倒了。只因為這個傢伙在監獄裡不停地跺腳，我竟被迫跟他玩那個程序。這就是他的手段，全部又都落入他的控制裡了！」

最後，因為克雷格公開承認性侵妮可，他不得不對那九次性侵指控，以及所有攻擊和破壞干預令等的指控認罪。「那並不是因為他懊悔。」妮可解釋道：「也不是為了免於讓我一再出庭的麻煩，而是為了縮短他自己服刑的時間。」克雷格被判兩年六個月的徒刑。

如今，這個坐在我對面的輪椅裡、神情猛烈的女人——染著赤紅色的頭髮、兩隻手臂上有著滿滿的刺青，並且戴著一副大眼鏡——不但跟她的兩個兒子一起過得好好的，而且正在熱戀中。此外，她也以獨立候選人的資格參選了二〇一八年維多利亞州的參議員選舉。

想想妮可未能避開原本可以避開的許多痛苦和折磨，就令人痛心。那些專家們有很多機會可以介入。如同諸多住在地底下的女人，妮可也曾多次伸出求救的手，卻一再地被那些應該（也需要）更知道該如何幫助她的專家們丟回險境中。

＊

如我們所知，可靠的家虐數據很難取得，發生在地底下的虐待事件數量幾乎無法計算——絕大多數的家虐都發生在人們的視線之外，女人也常因為處於受威脅的情況而不敢有任何改變。不管我們所能取得的是什麼樣的數據，它們都只是一個象徵，指出我們一直以來所能衡量的事——例如在澳洲，每天有八名婦女明顯因為家虐而送醫治療，但醫院有多常記錄或詢問她們遭受攻擊的理由？過去十年來，在維多利亞州的醫院接受治療的家虐受害者中，有高達百分之四十有腦損傷，但有多少女人在遭受創傷性腦損傷後卻從未想過要住院治療？有多少女人因家虐而導致性格改變、罹患憂鬱症和焦慮症、有專注困難及頭痛與疲憊等症狀，卻只能一天過一天？有多少女人開始相信這些症狀剛好證明了她們真的發瘋了，正如那個男人所說？

多數在地底下發生的事件從未被統計過。我們沒有數據顯示，有多少女人曾受到肢體重創、被迫躲藏、在街角乞討，或甚至睡在自己的車子裡。也沒有人統計過，有多少女人雖然離開了施虐的伴侶，卻仍持續陷在求生的可怕困境中，且每日必須做的決定都得在無

40 為何只有九次——妮可表示，那是因為每控告一次性侵，她就必須指出發生的日期。但在她的婚姻生活裡強暴的發生如此頻繁，而她只能記得在關鍵日期所發生的那九次：「例如孩子的生日，或我們去參加了某友人婚禮的那天。」

法預期的威脅陰影下仔細地衡量。

我們多少能統計出的只有家庭謀殺，而那個數據告訴我們，在澳洲有高達四分之一的謀殺案件是由親密伴侶之間的虐行所造成，且男人每週至少會有一次企圖殺害其目前的伴侶或前伴侶。[41]警方的數據也顯示，家虐事件是澳洲排名第一的法律及社會秩序問題——每兩分鐘就會有人向警方舉報家庭事件。當你在消化此數據的同時，請順便考慮目前住在地底下的女人中，有百分之八十從未報過警。[42]想像一下如果她們全部都開始報警，那會是什麼狀況。

*

女人不願報警，不表示她們沒有在尋求協助。許多受虐婦女會打電話給家虐求助熱線，向他們請教問題、請他們幫忙安排緊急安置處，或只是想要告訴某人發生了什麼事，如此至少**有人**知道。這些求助熱線就像一個出入口，他們協助婦女規劃安全計畫、幫她們安排緊急住宿，並將她們轉介到她們所需的支持單位去，像是翻譯、法律援助、社會福利聯絡中心或居屋安排的單位等等。對那些偏遠地區的婦女，求助熱線的專人甚至可以幫她們訂機票，協助她們離開施虐者——例如「DV Connect」每三天就會幫助內陸與極北部地區的婦女安排班機，甚且會營救巴布亞新幾內亞的婦女；而「Safe Steps」每年會護送約十名婦女到英國、加拿大或美國……到任何能夠立即安置她們的中心去。

這些求助熱線接到的電話有時令人非常難過。在造訪「Safe Steps」時，我聽到一位諮商師與某位來電婦人的對話——住在農場上的她，跟她年幼的孩子們很驚慌。她的丈夫快要出獄了，她亟需在他回家前離開，但是她沒有車。當諮商師問她是否能找到協助她的人時，她絕望地說沒有，她沒有一個可以打電話向其求助的人。「Safe Steps」於是幫她叫了一輛計程車，將她送到緊急安置處，並給了她購買食物和日用品的折價券。我無法忘記她聽起來既淒涼又害怕的聲音，以及孩子們在她身邊玩耍哭叫的吵鬧聲。這些都是求助熱線每天都要聽好幾百次的真實故事，而這也使得求助熱線成為家虐之真正樣貌最佳（也最被低估）的來源。

當「Safe Steps」接到一通電話時，他們會留意那些較嚴重的風險因素，像是勒殺、使用武器、威脅殺害、性侵或跟蹤等。當這些因素被報告後，他們便會將之記錄下來，而這些記錄為「家虐問題正在逐漸減緩或越趨嚴重？」的這個問題提供了細緻的答案——在過去幾年裡，家虐問題**已經**變得越來越嚴重。暴力事件的發生越來越頻繁，程度也越來越嚴峻。

有些讀者也許會想，質量的增加可能是因為受害婦女報案的意願提升之故；的確，有更多的婦女報案了——二〇一七年，「Safe Steps」在僅僅一個月裡就接到了一萬兩百九十

41 即便是這個數據也不可靠——女人可能失蹤多年，她們的謀殺可能一直無法破案，或她們的死亡也許從未被調查過（尤其是偏遠地區的原住民婦女）。

42 澳洲統計局在二〇一六年所做的個人安全調查中發現，曾在其目前的伴侶手上遭到家虐的婦女中，只有不到五分之一（百分之十八）的人曾經報警。

三通電話，比起前一年驚人地上升了百分之七十。但是，報案數量的增加並不能說明那些數據所顯示的全部，來電的婦女報告了遠高於以往的風險程度——從二〇一六到二〇一七年，致電「Safe Steps」的婦女中總共有百分之六十七需要立即被保護，高於二〇一四至二〇一五年的百分之五十八。

黃金海岸家虐預防中心的主任羅絲瑪莉．歐瑪莉支持這些數據的詮釋：「我們所看到的家虐事件，其複雜與嚴峻程度在過去五年來絕對增加了許多。這跟我們以往所見相差甚大。見不得光的另有其事，走出陰影的——尤其是那些新舉報的婦女們所披露的，都是我們前所未見的真相——有相當於酷刑的性侵與肢體暴力等。事實真的有點恐怖。」

當維多利亞州的州政府在二〇一五年開始討論要為家虐成立一個皇家調查委員會時，當時「Safe Steps」的主任安妮特．吉萊斯琵便預示了一個來自施虐者的強烈反彈。「我跟那些部長們說：『你們要對隨之而來的後果有所準備。』」無論何時，一旦現狀受到挑戰，緊跟而來的一定是抗拒，尤其是對於那些承受了最大改變壓力的人。「我們對男人說他們有暴力的傾向：『我們再也不願意接受你們的行為模式了，你們非改變不可。』那就好像一個已經與男友分手的女人要去結交新男友了，而這個社會卻對她說：『我們比較樂意這些男人繼續留下來。我們比較喜歡他們的所作所為。』於是來自施虐者的抗拒就是：『我在我自己的家裡想對我的老婆和小孩幹什麼就幹什麼，誰也不能對我指手畫腳！』」男性從未如現今這般在社會中擁有遠少於以往的控制，而那就是為何他們在自己的男女關係中更加堅決地主張自己的權力之故。「家是他們唯一能夠安全地擁有控制的地方。他們就是那個城堡的國王。那是他們的領域。」

＊

這是我們製造出來的狀況。我們花了幾百萬元澳幣做宣傳，鼓勵受虐婦女離開家虐的環境，然後冒險躍入一個未知的領域。女人們勇敢地回應了，儘管離開——或甚至只是說她們想離開——的風險可能會令她們喪命。[43]然而，我們並沒有主動去找出這些受害者，我們只是打開一張充滿破洞的安全網。

其中最大的破洞就是緊急庇護所部門。自從一群呶呶不休的女性主義者在一九七〇年代強行徵收了位於雪梨的幾棟廢棄房屋，並將它們改裝成婦女庇護所後，這個遍及全國的庇護網一直在為陷入險境的婦女們提供緊急保護措施。「當受害婦女來此尋求協助時，我們會提供她們茶、咖啡、食物、睡衣、牙刷、內衣褲以及幼兒照顧等——不管她們有何需求，我們都會滿足。」墨爾本「麥考利之家」（McAuley Care；一間提供全天候服務的婦女庇護所）的主任喬瑟琳・比格諾德（Jocelyn Bignold）說：「我們還有一間遊戲室，因此，當那些婦女在跟我們的工作人員討論她們的下一步時，她們的孩子可以安全地在裡面玩耍。」最重要的是，該庇護所給那些女人一個自由呼吸的機會。「我們最常聽到的就是

43 二〇一八年的「澳洲家虐檢核」發現，家庭謀殺的犯案者中多數（百分之六十三點六）都殺害了他們的現任女性伴侶。這些案例中有百分之二十六的女方因為暗示了想要分手的意圖而被殺害，有百分之三十六是在離開後而被殺害，這其中有將近半數是在關係剛結束後的三個月內被殺害。

『在這裡我覺得很安全。我第一次能夠好好睡一覺。』，或是『我終於可以不受打擾地洗個澡了』之類的話。」

但在全澳洲，緊急庇護體系實際上已殘破不堪。受害婦女與兒童（即便是那些處於極度危險中的）也幾乎無法再被直接安置到庇護所裡了，原因很簡單，房間不夠。在澳洲全國救助熱線代表的視訊會議中，南澳區的經理吉莉恩・科黛爾（Gillian Cordell）表示，將婦女與兒童安置在汽車旅館裡，幾乎就是唯一的選擇，而其他求助熱線的代表也如此表示。「被送往汽車旅館的婦女會獲得一張住宿券、一張食物券和一張超市購物券。」有時，個案工作人員或汽車旅館裡的工作人員會去探視她們；代表們異口同聲地說，這個體系——除了它至少有一個即刻的安全回應措施外——沒什麼值得推薦的。

運氣好的話，受害婦女與兒童[44]最終能搬進某間庇護所。然而，由於極端的供需失衡，在某些州區的入住門檻非常高。「在南澳，庇護所只接受最高風險的對象。」科黛爾說。那意味著，受害婦女必須是「陷於迫在眉睫的高風險或甚至更險峻的傷害情境中，且其施虐者仍然逍遙法外，並曾有警方高度介入的過往記錄等」。

對那些需要立即安置的婦女而言，一張汽車旅館的住宿券也許已經是上天的恩賜。但是，當你正面對著極度的創傷和恐懼時，被安置在一間缺乏支持的房間裡，可能是一個危機四伏且充滿威脅的選擇，尤其移民婦女最容易受害。「特別廣播服務公司」就曾報導過一名南韓女子葛瑞絲（Grace）的故事——只會講一點點英文的葛瑞絲和她的寶寶被安置在一間汽車旅館裡，之後就沒有警察或當地的服務單位來查看了；警察不但一直忽視她的保護請求，反而還選擇相信她會講英文的丈夫。「他是在澳洲出生的。」葛瑞絲說：「所以他們溝通無礙。他告訴警察說：『喔，我們正在修復關係。你們可以離開了，已經沒事了。』於是警察就離開了。而我還在顫抖，我很害怕。」在葛瑞絲又飽受一頓毒打後，警察才終於採取行動，但他們並未將葛瑞絲送到庇護所去（讓她能夠接觸到那裡的翻譯員及能夠幫她安排簽證的專人），他們只是將葛瑞絲安置在一間汽車旅館裡，然後就離開了。「他們甚至沒有打電話回來。」葛瑞絲說：「我沒有家人，我沒有地方可去，我沒有錢。我甚至沒有可換洗的衣物。我也沒有食物可吃。」不久，葛瑞絲的丈夫找到了她的藏身處，並逼她跟他一起回家。因為沒有人出來阻止他，葛瑞絲只好乖乖地順從了。在那之後，她所承受的虐行越趨嚴重。

大多數被安置在汽車旅館裡的受害婦女，並不會被她們的施虐者追蹤並找到，但她們的經驗——就在她們最需要支持的時刻——卻可能造成她們與人群的疏離，甚至將她們陷入險境。維多利亞州在二〇一九年所做的一項調查發現，住在分配給家虐受害者（及其他無家可歸者）的低等旅館及私人宿舍裡，情況「絕大多數都很糟糕」，其中的女性多半「覺得很不安全、因環境髒亂而情緒低落、越來越覺得自己毫無價值，並與人群產生隔離感等」。在二〇一六年時國家廣播公司報導說，沃龍岡區（Wollongong area）的受害婦女和兒童在被安置於該區某些「名聲最差的旅館」之後，不但再度受到創傷，且被置於險境

---

44 除了在某些個案中的青少年之外。

中。某位希望以匿名方式發聲的家虐工作人員說：「她們住在旅館的房間內，但該區域裡有一些討厭的人出沒，旅館裡也常有其他人發出尖叫聲、嘶吼聲與淩虐聲等……孩子們聽到那些聲音，彷彿又回到了自己之前所處的暴虐環境中。」在某些區域裡，很少汽車旅館願意收留家虐受害者——在二〇一九年，新南威爾斯州南部高地區唯一一間提供緊急住宿的旅館，因為毒品交易及賣淫等安全考量而被列入黑名單。南部高地區並沒有任何庇護所，因此受害婦女和兒童也沒有其他選擇。當地報紙報導說，逃離家虐的婦女不得不成為沙發客或睡在自己的車子裡。

誠如南澳社工瑪莉安（Maryanne）在接受《每日新聞報》（*Daily Life*）所指出的，在二十五年前要將婦女從庇護所遷移到公共住宅並非一件難事——這表示婦女與孩童們不需要在庇護所裡住很久，而床位也可以較快地空出來。但根據南澳庇護單位的說法，州政府後來陸續賣掉公共住宅體系裡的兩萬多間房子，而那數字大約就是目前已申請卻仍卡在候補名單上的人數。南澳地區部門的工作人員說，他們知道許多受害婦女及幼童，因無處可去而睡在草叢裡或自己的車子裡。

在全澳洲，向「無助服務」部門求助的婦女中有超過三分之一都是逃離家虐的受害者。在維多利亞州，申請公共住宅的候補人數比南澳區的多了四倍（有八萬兩千名，包括兩萬四千名兒童），然而從二〇一六至二〇一七年，公共住宅的數量卻只增加了一百一十八戶公寓。[45]這跟政府宣稱「要終結針對婦女之暴力」有極大的落差。事實很明顯——假如受害婦女與幼童無處可去，他們手上就只有一些危險的選項；除非政府願意投資廉價住屋和危機住宿，否則他們大可將終止家虐的策略方案丟到垃圾桶去。

當家虐受害者逃家時，他們所需的不僅是住宿處而已，他們需要一種非常特別的保護。庇護所能夠提供他們一個安全可靠的地方，並且會竭盡所能地保密他們的落腳處——因為一旦施虐者知道他們的伴侶逃走了，他們很可能會追蹤她們。而庇護所床位的嚴重短缺，意味著受害婦女及兒童無法獲得他們所需的高層級保護。

在二〇一四年時，蕾拉・雅拉薇（Leila Alavi）向十幾間不同的庇護所求助，卻無法入住。[46]他們只給了她一張住宿券，而旅館位於國王十字車站附近，雅拉薇很害怕，不敢獨自一人住在那裡。由於未能將她安置在庇護所裡，庇護體系錯失了幫她聯繫個案社工並為她規劃安全計畫的重要機會。在二〇一五年一月，她的前夫找到她，將她亂刀刺死。

另一個例子發生在二〇一七年。雅芳（Yvonne）離開了她的丈夫棠恩（Don）；棠恩有一個很長的犯罪史，並曾因為攻擊其前任伴侶而入獄服刑兩年。雅芳則有精神疾患史和藥物成癮的記錄，她的成年生活幾乎都是在不同伴侶的施虐中度過。棠恩最後一次對她施虐是將她困在休閒室的一張床墊上，並拒絕讓她去上廁所，而當她忍不住尿在床墊上時，他便打她的臉。雅芳報警後跟警察說，在那之前的一星期，棠恩曾試圖勒死她；她給警察

---

45 「社區住房組織」設法增加的公寓數量為此數目的四倍，一共創建了五百三十戶新公寓。

46 有些人將此歸咎於新南斯威爾州的改革方案「回家，待在家」。由於這個新方案，政府在二〇一四年時抽回了絕大多數的專門婦女庇護所的資金，並將庇護之責交託給慈善單位或財團。該改革也造成了定位的混亂，換言之，警察及其他服務部門不知道該將需要緊急安置的婦女轉介到何處去。

們看她頸子上的勒傷。警方想將她安置在緊急住宿處，卻找不到床位，於是他們建議她試試新南斯威爾州的公共住房，但她的暫時安置已經到期。因為無法住進庇護所並獲得保護，雅芳不得不回到棠恩的公寓去。當晚九點警察前來查看後續狀況時，棠恩告訴警察雅芳在睡覺。警察親自察看確認時，發現躺在床上的雅芳因腦部遭到重擊，已經失去意識，她在送醫後死亡。如果雅芳當晚能住進庇護所，她就不會喪命了。

*

改進家虐危機的處理模式是刻不容緩的事情，因為婦女在離開施虐的伴侶時，特別需要專家的支持。

茱莉・歐柏琳是「婦女服務網」（WESNET）的全國主席兼維多利亞州班迪戈市「安妮諾爾斯庇護所（Annie North refuge）的經理，她手下的工作人員過去都會問每一位前來求助的婦女，她們的伴侶是否熟悉電子技術。「假如她說他一點都不懂，那麼我們就不用太擔心。」但現在，他們不會費心問這個問題。「現在不需要熟悉技術，因為現在的技術太簡單了——你只要上網就能學會怎麼用。容易購買，容易安裝，容易使用。」歐柏琳的「婦女服務網」在澳洲的高科技追蹤方面早已率先做了研究與訓練，並曾邀請美國的專家來訓練並提高當地律師、警察、服務人員及公務員們的意識；她說用科技產品追蹤的嚴重性與頻繁度真的比以往「提升很多」。在我訪談她的一星期前，她才接到來自坎培拉庇護所的一通電話，那裡的工作人員看到一名施虐者在庇護所後面的巷子裡跑來跑去——他顯然是在找他住在庇護所裡的前伴侶；按道理他不會得知她的藏身處，而且庇護所的住址是保密的。「他用了定位器。」歐柏琳說：「有時候它們並不完全正確，所以最後會弄錯街道。我請那些婦女把它們拆除，不管是在車子裡或手機裡。我建議她們丟下車子，然後搭乘其他交通工具到某個地方去，看看施虐者是否找得到她們，如果還是被找到了，那麼問題就出在手機。」

技術促進的虐行早已無所不在，為此，庇護所及家虐服務部門已與訓練有素的風險及安全評估專家們配合，以偵測隱藏的設置和程式——那些東西甚至可以藏在小孩最喜歡的玩具裡。其中最資深的一位風險與安全評估員就是尼克·蕭（Nic Shaw；過去曾是維多利亞州懲教系統裡的獄警）說：「不管何時，只要有婦女入住庇護所，他們就會請我們前去評估追蹤設置。」在某間庇護所裡，入住的婦女中有高達百分之八十到八十五正受到追蹤。當追蹤器安裝在汽車裡時，未受過訓練的人是看不見的——蕭曾找到的一個看起來像是汽車裡的點菸器的追蹤器，其他還有看起來像是一顆小電池且可以固定在引擎蓋下的。「我現在就可以在網路上花十塊錢買一個追蹤器，在十至三十公尺內都很準確。再過五年，我只要花五塊錢就可以買到一個在一英尺內都很準確的。」

不過，施虐者最普遍使用的方式，是透過受害者的手機追蹤對方。「一個月只要四十五元澳幣，你就可以看到某人手機上的所有東西，包括被刪除的訊息。你也可以看到加密的訊息，因為信息只有在送出時才會被加密——一旦訊息被收到時，它就不再是加密的了。」蕭說。這樣的監視通常會在施虐者變得非常暴虐前開始，這是進入控制模式的早期徵兆。

＊

女人沒那麼容易就逃離家虐，那是一趟漫長的旅程，沒有離開的直線路徑——它是一個如同「蛇與梯」的遊戲。她們也可能在要逃離的過程，又陷回地底下去；那意味著，任何可能的逃脫路徑，都需要關注與支持。

報警是受害婦女所能做的最緊張的決定之一，她可能以為她比誰都更知道如何應付那個男人，但一旦警察來了，情況就脫離了她的掌控。她無法控制警方的說法或做法，且必須屈服於一個她可能無法信賴的體制。每件事都需要爭取——如果他們不嚴肅看待我的問題，該怎麼辦？如果兒童保護單位帶走我的孩子，該怎麼辦？如果他因為我報警而懲罰我，該怎麼辦？如果警察的到來只是讓事情更惡化，又該怎麼辦？當警察出現在門口時——不管是她報的警、受驚嚇的孩子報的警，或擔憂的鄰居報的警——地底下的表層都忽然裂開了。至於警察是否第一次干預，或者他們已經來過多次且跟這一家人很熟了……都不重要，在他們抵達的那一刻，施虐者就不再是屋裡最強而有力的人。警察接下來所說的話與所做的事，才是關鍵。

幸運的話，受害婦女可能會遇到像吉奈爾・沃爾恩（Genelle Warne）這樣的警察。沃爾恩是雪梨西郊布萊克敦市警署的「家虐聯絡官」，布萊克敦市的家暴率占全區第一。在整個新南威爾斯區，每一座市鎮的指揮機構都設有至少一名的家虐聯絡官，但布萊克敦市的總督察卻對此做了進一步的安排，他從一般職責部調了兩名警官去協助沃爾恩。這種務實的方法轉變了他們守衛家虐受害者的方式，額外的資源讓沃爾恩的團隊能夠固定地探視那些高風險婦女（包括那些仍處在家虐關係中的女人），並密切監督她們的施虐者。其中有一個案例——沃爾恩打了後續追蹤電話給一名曾到警局投訴其男友的女人，在電話中，沃爾恩設法說服對方吐露她男友一直以來對她的凌虐。她跟沃爾恩傾訴說，在過去的六年，她男友曾逼迫她與他的朋友們發生性行為、在她的背上用刀玩井字遊戲，並用燙髮器燙掉了她手臂上的一塊皮。「我跟她說：『如果妳不離開，妳一定會死。他遲早會殺了妳。』」沃爾恩設法說服那個女人離開，並對她的施虐者提出二十七項罪行的指控。從那時起，沃爾恩與那名女子一直保持著聯繫，並且在兩年不間斷的鼓勵後，說服她接受諮商治療——她第一次就診時，沃爾恩還親自接送她。

澳洲全國都有像沃爾恩這樣的警察，他們是那種會將自己的私人電話給受害者，並告訴她們在需要幫助時（無論日夜）都可以打電話給他們的警察；他們是那種在下班時間，也會到警局聽受害者說明的警察，因為他們知道在自己下次值班前，受害者有可能會改變心意；他們也是那種瞭解遭受重創的受害者通常無法清晰地說明自己遭遇的警察，所以他們會幫忙理清她們的受害過程。他們知道施虐者會試圖操控那些受害者，也知道做出抵抗有多重要。最重要的是，他們不會讓自己對她們的保護變成受害婦女願意離開，或甚至合作的附加條件——他們優先考慮就是如何盡可能地確保該婦人的「安全」，即使對方試圖拒絕。

然而可悲的是，這樣的保護與守衛並非常規。儘管政府已經進行了家虐預防訓練，也採取了強制逮捕政策及其他嚴格的規定，但受害者仍然經常舉報表示，警察沒將她們的恐懼看在眼裡、對她們的態度很傲慢、跟施虐者站在同一陣線，或在施虐者違反干預令時不對他們採取後續行動或逮捕他們等。法律教授海瑟・道格拉斯（Heather Douglas）在布里斯班對六十五名家虐倖存者所做的一項研究中發現，向警方求助的婦女中有絕大多數都認為，警察的反應前後矛盾。大部分婦女認為警察對她們的遭遇不感興趣且缺乏理解，許多人也認為，即便她們手中擁有保護令，警察仍不會嚴肅對待。「我覺得好像不管我走到哪裡，都被擋住了去路。」該項研究中的倖存者之一蘇珊說。當她受到威脅，並向警方舉報施虐者多次違反保護令時，警方仍然沒有採取恰當的後續行動。「今天早上，我對那名警官說，你們這些傢伙根本就輕忽我這六個月來向你們投訴的每一件事。我面對的情況越來越糟糕。他的暴虐程度更勝以往。到底我身上要發生什麼事，你們才會注意到我呢？我必須傷痕累累地出現在警察局，你們才肯幫忙嗎？」

道格拉斯的研究發現，即使當受害婦女與兒童處於高風險中時，警方也常常未嚴肅看待。「其中一名婦人談到她和孩子躲在房間裡的經過。」道格拉斯說：「她的前夫喝得醉醺醺地跑過來，試圖要進入屋子裡。她已經換過門鎖，但他奮力地用舊鑰匙開門，力氣大到鑰匙都弄斷在門鎖裡。接著他用力捶門。兩個小時後，當警察終於姍姍來遲時，他已經躺在門外睡著了。警察說：『喔，沒事了……你們現在安全了。』門鎖明顯壞了，且她手上也有他威脅要殺她的錄音，但警察仍未採取後續行動。實在是太糟糕了。」

當警察跟施虐者站在同一陣線時，受害婦女也會感到很驚慌。一名婦女表示，在她遭到伴侶攻擊後，一名女警曾告訴她：「我已經跟他談過了……他說這個關係讓他覺得很痛苦，妳真的需要想想妳是不是給他太多壓力了。」那名婦女最後自己以攻擊的罪名起訴她的伴侶，而不是在警察的協助下——她自己為傷痕拍了照片，到醫院驗傷拿報告；她有時間也有手段做這些事，但許多女人沒有。

＊

結局最糟的故事通常不是百視達出品的那種恐怖片，而是一連串疏忽、偷懶及程序錯誤所造成的悲劇，而這些也許才是我們最需要努力解決的重要案件。

二〇一四年二月八日，午夜剛過，諾曼・帕斯金（Norman Paskin）向警方報案表示，有一名男子出現在他的鄰居凱莉・湯普森（Kelly Thompson）的家裡，而他不應該在那裡。整整兩個小時，諾曼看到他之前的鄰居韋恩・伍德（Wayne Wood）開著一輛白色貨車，在凱莉家門前的那條街道上不斷地來回。他覺得可能會出事——過去一個月，他曾幾次看到韋恩在警察的護送下，到凱莉家的車庫裡搬他的東西——那晚，當諾曼看到韋恩將車子停在稍遠的地方並徒步走向凱莉家時，他馬上打電話到警察局告訴當時值勤的初級警官，他認為凱莉手上可能持有針對那名男子的干預令。

一通與凱莉・湯普森有關的電話應該要讓墨爾本華勒比的警察局立即升起警訊，在那之前的三十九天，凱莉曾打過三十八通電話給該警察局。在那之前幾個星期，凱莉也曾引起警察的注意——韋恩企圖勒死她，而當她設法逃脫時，他開著車追了她好幾條街。那時有一個叫做史蒂芬・霍爾（Steven Hall）的男子跟她的女友碰巧駕車經過，他們看到一名女子神情倉皇地跑著，便當機立斷地停下來問她是否需要幫助。「需要！」凱莉回答：「我的男友企圖勒死我！」當凱莉跟史蒂芬說著話時，韋恩猛然把車子轉過來，將凱莉卡在史蒂芬的車子與他的車子之間，然後對史蒂芬咆哮：「他媽的滾開！」[47]就在韋恩嘶吼、咒罵時，凱莉靠向乘客那邊的窗子，低聲跟史蒂芬的女友說出她的住址，請她幫忙報警。

當晚八點五十分，緊急服務將以下細節轉達給華勒比警察局：

有一名女子與一名男子在一輛車中對峙。女子請投訴者幫她報警。投訴者並未牽涉其中。她說她的伴侶企圖勒死她。男子開車追過來。他叫投訴者離開。

在派遣警車時，警局的無線電接線生說：「只是家暴問題。」

當那兩名初級警官抵達凱莉家時，凱莉看起來「有點衣衫不整，好像一直在哭或很難過的樣子」。警察將他們兩個人分開審問，「難過但平靜」的韋恩告訴警察事發經過，表示他們對生意起了爭執，凱莉說要結束他們的關係後就走出去，而他只是想把她帶回屋子裡。警察似乎接受「那只是情人之間的口角」的說法，就如同其中一名在場的警官後來作證時所說：「他對我們一點都不暴力。他看起來對她也不暴力。而且兩人身上都沒有受傷的痕跡。」凱莉拒絕解釋事情的經過，只堅持要等他們的生意合夥人來，否則她什麼話都不會說。但兩名警官並沒有陪同等待，他們只建議韋恩到別處過夜，「好讓雙方都冷靜下來」。他們也告訴凱莉，如果她想要干預令，她可以到推事法庭去申請。

按照警方的政策，他們必須收集所有目擊者的說明，但那兩名警官並未會見史蒂芬・霍爾或他打電話報警的女友。假如他們曾那麼做，他們就會知道當時凱莉說她被勒喉時的驚慌模樣和顫抖的聲音，也會得知她如何低聲地請求那兩個人幫她報警——那是她害怕韋恩會對她不利的明顯標誌。他們也會有韋恩瘋狂開車及企圖將凱莉困在兩輛車之間的目擊證詞，這是一件可能會讓韋恩受到另一項調查的指控，也可能讓韋恩自己所陳述的故事顯露出不同的面貌。所有這些被錯失的機會，以及那兩名初級警官怠惰的回應造成了一個連鎖反應，拖慢了接下來幾星期警方的回應，直到那晚諾曼・帕斯金打電話報警表示韋恩出現在凱莉的屋子裡。

當那兩位初級警官回到警局後，他們做了所有警察在處理完家虐案件後會做的事——填寫一張表格。在維多利亞州，那張表格被稱為「L17表格」，它是警方回應的「基石」，接手的警察會靠它來評估受害者的風險程度、他們需要何種支持，以及施虐者是否有可能再犯等等。那兩位初級警官所寫下的事發經過完全就是韋恩所描述的故事，它是一個與「分手及生意問題有關的事件」。儘管凱莉拒絕在韋恩的面前說任何話，她仍然被形容為「並不害怕」，且表格內也沒有提到她被勒喉的事——一個眾所周知的未來謀殺的警

47 威脅其他男性是慣見的模式——就在前一晚，韋恩才用一根撞球桿毆打一名男子，因為他「擁抱」了他的妻子。

訊——整起事件被設定為一個低風險案例。根據規定，那份L17表格會被送往溫德姆市的家暴單位進行審核與跟進動作之評估，另外一名警官會審核該表格上所有的訊息——在那兩名初級警官的評估下，該案例「事態不嚴重」且「不大可能」造成未來之風險——而那名審核的警官則一絲不苟地遵循每一項警務議定書的步驟，將凱莉轉介到某個家暴服務單位，然後在打電話告知並留下語音訊息後，將該案件標記為「結案」。凱莉並未回電。

同時，凱莉雖然跟韋恩講得很清楚，表示他們之間已經結束了，但韋恩卻變本加厲地想控制她。一星期後，凱莉在當地舉行的一個撞球比賽中向一名友人抱怨，她表示韋恩甚至不讓她在沒有他的陪伴下去上廁所。凱莉擔心韋恩的行為會失控，便請她的哥哥派翠克（Patrick）來接她，而當派翠克抵達後，韋恩便跟他吵了起來：「怎樣？你是想來臭罵我一頓嗎？」「不。」派翠克說：「我是來接走我的妹妹。她不想跟你在一起。」

兩天後，凱莉申請了干預令。「他在二〇一四年一月一日企圖勒殺我。」她在申請表格上寫道。凱莉也在干預令註冊員的記錄裡表示：「他善嫉妒且占有欲很強，我不相信他會放過我，我怕他會殺害我。」有鑑於該威脅的嚴重性，法官當下先發了一張暫時令給她，並將之傳真到華勒比市的警察局。接下來五天，因干預令尚未正式生效而不敢回家的凱莉，打了十次電話給警察局，詢問她何時可以收到正式的干預令；干預令花了五天的時間才發出，假使警方曾及時代表凱莉申請，當然就不會有此耽擱。

不到一星期，韋恩就違反了干預令，他趁凱莉出門與友人聚餐時接近她。凱莉向警方報案，於是警察打電話叫韋恩到警察局回話。然而，儘管韋恩承認自己違反了命令，警察卻未起訴他，只告訴他說他可能很快會被法庭傳喚。警務議定書裡的規定可毫不含糊——違反干預令是犯罪行為，不論犯行有多輕微都必須嚴格執行。然而，即便在韋恩第二次違反命令時，他也未遭到逮捕。凱莉跟友人透露，警察告訴她需要「違規十次」，警方才會以破壞干預令之名將某人逮捕。

雖然凱莉的狀況在警方的檔案裡一直被列為「低風險」，但韋恩卻經常打電話請警察陪同他到凱莉家去搬取他個人的東西。期間，韋恩也跟蹤凱莉的朋友，並且躲藏在她家後院裡。根據凱莉友人的說詞，凱莉曾向警局報案表示韋恩在她的住處外面潛伏，並且不管她去哪裡，他都會在她面前出現。「她曾多次告訴警方這件事。」他們說。但警局卻沒有凱莉舉報韋恩破壞干預令的任何記錄。

二月八日（也就是凱莉的鄰居諾曼・帕斯金報警的那天），韋恩參加了朋友的聚會。他並未喝酒，卻滿身大汗，看起來身心交瘁的樣子。他對其中一個朋友說，他打算「幹掉那個詐騙他的生意夥伴和凱莉，還有他自己」。對另一個友人他則說：「我不會放過她的，你知道的。」韋恩沒有閱讀與書寫的能力，自從生意失敗後，他不得不靠救濟金過活。「我已經失去了一切。」他說。

當韋恩與朋友聚會時，凱莉正在跟她的一對夫妻朋友共進午餐，對方催促她去跟他們暫時住在一起——他們會幫她搬家，這樣韋恩就找不到她了。凱莉同意了，但說她必須先回家處理一兩件事情，而她也很擔心她的愛犬羅克西。

當晚，諾曼在屋外整理花園，韋恩走過他家時，完全沒有跟他打招呼。諾曼覺得他一定是喝醉了，因為韋恩腳步踉蹌，彷彿對周遭一切沒有意識，只是目不轉睛地盯著凱莉的屋子。之後，他開車在附近轉了幾圈，在接近午夜時將車子停在街尾，下車走向凱莉的屋子。諾曼叫他的妻子給凱莉簡訊，於是她趕緊發了一則訊息寫道：「嗨，凱莉，我是妳的鄰居雪柔。諾曼剛注意到韋恩開著車在附近轉圈。妳沒事吧？」凱莉沒有回應，於是諾曼打電話給華勒比警察局。當諾曼在跟警察通話時，雪柔看到凱莉主臥室的燈亮了，而韋恩禿頭的剪影也出現在窗戶上。

諾曼在電話上努力說服警察，請他們一定要重視這件事情。雖然諾曼強調凱莉手上持有干預令，但該名警察卻叫他不必擔憂，並跟他解釋，他之前看到出現在凱莉家的陪同警察，可能是在監督兩人之間的財務糾紛。他甚至要求諾曼：「老兄，你可否幫我一個大忙？幫我留意一下那屋子的動靜？倘若情況有異，你如果注意到有任何意外，或聽到屋子傳出任何咆哮聲或尖叫聲，請立即打電話回來，我會派警車過去。」

三天後，警察在接到韋恩弟弟的人口失蹤報告後，前往凱莉的屋子。他們發現凱莉的車子停在車道上，而狗在屋內狂吠不已。撞開門後，他們到樓上去，然後在臥室裡看到兩具屍體——凱莉被一把獵刀刺死，而韋恩則跪在地板上，脖子上吊著一根綁在床柱上的繩子；凱莉的床邊備有兩把菜刀，床頭櫃的第一層抽屜裡也放著一把。

在向驗屍官作證時，助理警察總監科尼路斯（Cornelius）表示痛悔，他承認警方的一連串失誤導致了凱莉・湯普森的被害身亡。在凱莉遭謀殺的當晚，警方未能派人前往凱莉的住處是「一個非常重大的疏失」。第一次關鍵性報警時，警察不應該在凱莉的生意合夥人到達前離開，而他們也應該訪談凱莉對其吐露被勒喉的那位駕駛，因為事情顯然有蹊蹺，在場的警察有「責任問清楚」。L17表格上漏掉勒喉的報告則是一個「關鍵性遺漏」，此外，警方依然靠傳真在收發干預令，其效率等同使用信鴿。他也補充，藉由數度同意陪同韋恩去凱莉家搬取他的個人東西，警察也可能被韋恩當作「家虐工具」來利用。

在蒐集證據時，驗屍官說凱莉採取了「所有正確的步驟」，她顯然為自己的生命安危擔憂——誠如她母親溫蒂・湯普森（Wendy Thompson）告訴審理團的話：「我知道她很害怕，一想到她害怕到需要在臥室裡準備三把刀，就讓我心痛不已。」驗屍官及時停住繼續讓警察為凱莉之死負責的評論，並將所有罪責歸咎於韋恩。他說，即使警察在凱莉的鄰居報警後立即回應，他們也可能無法救她。對此，溫蒂有不同的看法：「如果警察回應了，或盡早讓韋恩明白破壞干預令會有什麼結果，凱莉現在一定還活著。」

*

由於凱莉・湯普森案的影響，以及隨後皇家委員會對家虐的重視，維多利亞州的警政署做了幾項重大的改革，但議定書並不一定能決定文化。

在家暴防治方面，維多利亞州的警方應該是全國的黃金標準，過去二十年來，它一直都是由這個國家最進步的首長在領導。克莉斯汀・尼克森（Christine Nixon）便是其中之先驅——在二〇〇〇年代初期，她就已經宣稱家虐是警力的優先處理事項（這是一個真正革命性的行動），並採用了當年最先進的業務法規來調查家虐。自尼克森後，繼任的首長們都很凶悍且不妥協。肯恩・雷伊（Ken Lay）捨棄了不帶感情的操作語言，他在二〇一一年揭露，家虐是「澳洲最汙穢的小祕密之一」，它不只是個人罪行，還是一個被自滿及對女性仇視所激發出來的文化問題。警方以及所有人，都有責任傾聽並相信受虐婦女的故事。在一次演講中，雷伊說了許多女性或許從未想過她們竟能從一個首長嘴裡聽到的話：「我們要承認那些驚恐的、害怕的且遭受折磨的女性的存在。我們相信妳們的故事。」

但文化很固執，尤其在像警界這樣陽剛的環境裡。那些雷伊看得很清楚的有毒態度，在澳洲每一州的警力裡仍舊如毒草般地根深柢固。儘管在警務政策與議定書上已經做了許多正面的改革，但女性仍然在體驗著那些同樣老舊的「譴責受害者」的態度。正如最近的某項報告指出：「儘管政策改變了——對受害者有較多的支持且令犯罪者承擔更多責任——但我們下一代的法律執行專家們卻仍舊抱持著過去某些人的態度與信念，尤其是在一九七〇年代操作女性運動的那些人。」

也許對那些態度最深刻的見解，是來自對兩百多名維多利亞警官（大約為百分之一的警力）所做的一項調查。絕大多數的參與者提出了「親密伴侶暴力」這個題目，而調查的結果令人很不安——「整體而言，在警察的認知裡，真正的家虐受害者僅存在於一個純粹假設的平面上，被一連串冒名的騙子、說謊者和浪費時間的人淹沒了，於是受害者所呈現出來的狀態顯得十分可疑。」即使有明顯的肢體攻擊之證據，有些警察對於必須回應這類案件仍然感到挫折：

妳已經是個成年人了，妳可以自行解決……如果妳覺得他會打妳，那麼就離開。不要待在他身邊並打電話給我們，期待我們幫妳把他踢出去或幫妳採取某些預防的行動……那是最令人感到挫折之處。我拒絕將她們視為受害者，因為她們對發生在自己身上的事其實是有決定權的。

市區警局，高級警官，六年

許多警察強調，只有少數的家虐事件具有正當理由：

他們只是對自己的生活不滿意，然後期待你去幫他們處理，而且絕大多數時候都沒有肢體衝突……一百件家虐案中有九十九件都只是老公對老婆咆哮，或老婆對老公臭罵而已。

市區警局，高級警官，八年

對女人「拒絕自助」而產生的挫折，是最普遍的主題：

當你前往處理一個你已經去過五十次的家虐現場，而你也已經幫那個人做過所有該做之事，他們卻拒絕採取任何自助措施……你只能做自己該做的事，以及程序要求你該做的事，除此，大概也沒別的了。

市區警局，巡佐，九年

警察沒有任何藉口責怪受害者，但是，正如該研究的作者所闡明的，來自警察的這些評論必須在他們所處理的龐大家虐案件量的背景下被瞭解；警察所面對的工作量無法用冰冷的統計數據來想像。在傳達警察日常工作的真實內容時，肯恩‧雷伊轉述了某地方警區「**非**特別的一天」的日程表：

6:00

我們接獲報案前往某處，一名男子正在毆打其女友，猛烈地捶擊她的肚子。兩人喝了一整夜的酒。我們抵達時，該名男子看起來非常暴力且難以控制。

10:30

我們前往一個案發現場。一名男子出現在其前女友家，並試圖綁架她。她掙脫了，跑到臥室去。男子追過去，把她困在裡面。一名友人前來幫助她，而她的前男友重擊那名友人的臉部。該名女子在其前男友威脅要殺死她時，逃跑了。

13:00

當事人的鄰居因聽到隔壁有尖叫聲和痛苦的吶喊聲而報警。我們前往現場，發現一對伴侶正在爭吵，男方亂摔家具，並把餐具等物品摔在受害者身上。旁邊有一名幼童，目睹了整個過程，嚎啕大哭並受到驚嚇。

15:00

我們前往某現場，發現一名之前因違反干預令和保釋條件而遭逮捕的男子。他再度違反了那些條件。事後我們將他扭送法庭。

20:00

我們發現了一名因攻擊其女友而遭通緝的男子行蹤。當我們前往他母親的房子裡去逮捕他時，他攻擊我方的兩名警官。我們發現他也毆打了他母親。

23:00

我們前往某案發現場，一名十四歲的女孩正拿刀架在她母親頸上，因為她不滿她母親對待她的方式。

4:00

某鄰居報警說聽到隔壁有尖叫和打碎玻璃的聲音。我們派出兩輛警車，當我們到達時，正聽到玻璃摔碎和一名女人尖叫的聲音。我們發現地上有一大灘血及滿地的碎玻璃，床上躺著一名手臂割傷的女子。我們試圖逮捕一旁的男子，但他開始攻擊我方的兩名警察。我們與他搏鬥了五分鐘才將他制伏，給他戴上手銬。之後將他帶回警局。

警察每天都在面對一種威脅要將他們擊垮的緊急狀態，他們所接獲的家虐報案案件是他們所執行業務中最沉悶也最危險的。他們所面對的衝突有時令人難以置信，他們前往處理的受害者往往是那些在受虐中錯亂的女人（今天被她的伴侶嚇壞了，明日卻又跟他很恩愛的女人）。他們前往查看的家庭，父母可能都因藥癮或酒癮而神智不清，而年幼的孩子們則在汙穢的地板上爬來爬去。他們必須在雙方的盛怒之下聽取完全相反的故事，並在巨大的壓力下努力協調，最後，在處理完這些衝突案件後，還要寫一大堆永遠寫不完的報告。

但顯然，許多警察都希望家虐可以有不同的內涵——一個可識別的罪行，如行竊或毒品買賣等，並且有明顯的受害人和罪犯。他們想要有「逮到你了」的那種爽感，而且討厭阻礙那種爽感的任何人——尤其是受害者。正如其中某位警官所說：「只要受害者遵守體制，體制就能保護他。例如申請一張干預令，那麼如果受害者舉報施虐者違規，我們就可以依法逮捕他。但他們從來不那麼做，即便他們那麼做了，後來也可能改變心意……真的很令人洩氣，讓人煩不勝煩。我常這麼想：『拜託別打電話來，除非你真的願意使用我們所提供的服務，否則我不想介入。』」

抱持這種態度的警察需要瞭解事實——家虐不僅是一種罪行而已，事實上，你可能在家虐中找不到任何足以識別的罪行。受害者需要警察利用自己的權威來保護他們，來瞭解家虐是一種複雜的行為模式，解釋家虐通常會隨著時間推移而加劇，且犯罪者可能是一些巧於操控伴侶，也巧於操控警察的男人。受害者需要警察接受一個事實，那就是她們有可能無法如警察所期待的那般，當一個乖巧且願意配合警方命令的女人，她們與施虐者之間有著複雜的牽扯，且必須估量每個可能引發他更可怕的反應的行動。她們通常處於極度創傷的狀態之下，並且可能在警察抵達之時，與其施虐者因為愛、忠誠及子女照顧等因素而有著密不可分的連結。有些警察真的能夠理解，正如某位資深巡佐所闡述：「家虐這回事……不是愛就是恨，有的警官願意處理，有的警官不願意。因為它是一個灰色地帶，不像出勤去抓賊那樣有趣……它不是那種非黑即白的事。」

法律教授海瑟・道格拉斯說，不管受害者給警察打多少次電話，或其本身有多不合作，警察在處理家虐事件時，都必須以保護受害者作為其基本目標。「我們希望警察能夠理解，那些女人也許遲早會離開，但今天她可能還沒準備好。所以要怎麼確保她們的安全呢？我想他們的訓練已經讓他們明白了，只不過他們多數還是會退回那個簡單的、以事件為基礎的『排除合理懷疑』的方式。」

＊

在二〇一七年，維多利亞州的代理警察局長肖恩・派頓（Shane Patton）曾宣布，政府會緊急對付家虐事件，如同對付恐怖主義一般。「家虐所導致的結果跟恐怖主義是一樣的。」他說：「我們看到死亡、嚴重創傷、嚴重傷害和一輩子的影響等。」自二〇一八年起，維多利亞州警署的「五年政策」裡便包含了將他們其中的「家虐單位」擴展成「家虐**調查**單位」，而配備的成員皆是專門的偵探及情報人員等，這些偵探會鎖定家虐慣犯，並與分析師及心理學家等合作以預測施虐者日漸加劇的惡行。在二〇一八年期間，整個維多利亞州甚至額外增加了兩百多名專門處理家虐的警察。

這樣的領導風格和改變雖然是許多人一直以來所呼籲的，但這些策略的成功與否，卻必須仰賴這些單位如何與警察的一般職責進行整合，以及如何融入更廣泛的警察文化裡。毋庸置疑地，這些措施將會對先前的不足做出巨大的改進，但是，它會在防衛受害者這方面展現她們所需的變革嗎？我們迫切需要一個婦女能夠信賴的體制，讓她們敢於在施虐者困住她們前**更早**舉報自己所受的虐待。（別忘了先前提到的一個數據——據估當下處於地底下的女人中，有超過百分之八十從未向警方報過案。）

有鑑於此，採取一個激進的回應並不是一個不理性的考量，因為其他某些國家已經這麼做了：一個將徹底改革婦女報案方式的全新防衛模式。

為了瞭解何謂「行動上的激進改變」，我們需要參考南美洲的例子，尤其是阿根廷。在一九八〇年代，當阿根廷剛從一個殘暴的軍事獨裁中掙脫出來時，新當選的民主政府面對了人民嚴重的不信任，特別是在法律與秩序方面。曾體驗過嚴酷的性別暴力形式的婦女們完全不信任警察，因為軍事警察正是那些「綁架她們、強暴她們、折磨她們」的人。昆士蘭科技大學司法學院院長柯莉・卡林頓（Kerry Carrington）教授說：「你讀過《使女的故事》（*The Handmaid's Tale*）吧？它基本上描述的就是阿根廷的狀況——在那個國家，年輕的婦女被囚禁起來，被迫替軍官們生孩子，最後孩子被偷走。為了尋求新的方式，阿根廷參考了巴西的模式，因為那裡的女性同樣曾經受到國家殘酷的對待。巴西採用過一種新的防衛模式，那就是建立『女性專屬警局』，這些新的警局看起來與舊的警局全然不同，它們都是色彩明亮的改建房屋，而位置就在社區正中心。最重要的是，這些警察局的局長和警察們，絕大多數都是由女性擔任。」

阿根廷在一九八五年成立了該國第一間「女性專屬警局」，如今，光在布宜諾斯艾利斯就有一百二十八間女性及兒童專屬警局，以及約兩千三百名專屬警察。這些警察擁有一般警察的所有權力，能夠進行調查與逮捕等，但相同處也僅止於此。它們的結構完全不同，它們是透過自己的女性警局局長（而非一般警局局長）直接向警察部長報告。它們的任務也不一樣，它們的基本目標不在於執行法律，而在於保護受害者。「它們的警務完全由婦女的需要主導。」曾在阿根廷花了三個月時間與那些女警察們相處的卡林頓說：「她們會傾聽受害者的故事，然後調查並起訴——如果受害者決定這麼做。而不管做什麼，永遠都是受到受害婦女之鼓動，因為她們知道干預並不能解決問題。她們寧願授權並預防。她們從未拒絕過任何一名女子，也從未剝奪其權力（那是施虐者在做的事）。」有時她們會幫受害者申請保護令，有時受害者可能需要她們幫她把施虐者踢出去，或者，只需要她們跟那個男人談一談。「驅使她們的並非懲罰措施。」卡林頓說：「而是如何做才最有效。」對她們而言，沒有什麼事是瑣碎的事，她們的任務就是傾聽與保護，而非判定是否有違法之事發生。

女性專屬警局的設計都很吸引人，不像傳統的警局那樣冷硬且灰暗。受害婦女的接待室裡掛著繪畫，有人會溫暖地歡迎她；如果那個女人帶著孩子，警局就會派工作人員來照顧孩子，讓她能夠安心地與警察談話。最重要的是，她所需的一切服務——律師、社工、心理學家等——全部都在同一個屋簷下，而警察也會幫助她獲得醫療及財務方面的協助。她不需要跟幾個不同的部門聯繫（像澳洲多數的婦女那般），她們可以在同一個地方獲得所需的一切。

那些女性專屬警察並不只是等待著受害婦女上門，她們還會主動出擊去尋找她們。「她們會到醫院去，如果看到像是被毆打過的婦女，她們便會主動上前探問。她們甚至會在星期日時站在教堂外，然後在信眾走出教堂時發傳單給婦女，上面印著『家虐是一種罪行』或『如果妳需要找人談一談』等字眼。她們真的很了不起，一點都不怕地方首長。她們知道殘存的零星抵抗在何處。」女性專屬警察甚至組織了一個公開遊行以終止女性所受之暴力，該遊行吸引了超過七萬名群眾參加。她們也與社區建立了驚人的連結——在聖誕節時，她們會開車載著捐贈的玩具去送給社區裡的小朋友，而她們也有行動單位會到布宜諾斯艾利斯周圍偏遠及鄉村的地區巡迴散布訊息。「當妳坐在女性專屬警察的車子裡時，那種感覺很奇妙——每個經過的人都會跟她們揮手問候。他們對其他警察可不會做這種事。」

婦女不願向警察報案的理由很多——她們覺得家虐太瑣碎，她們覺得羞恥，她們害怕孩子會被帶走，她們不相信警察會為了她們的最大利益而採取行動……但盡早讓警察介入卻可能是受害婦女的最佳保護。研究發現，雖然女性害怕報警會讓施虐者的惡行加劇，但情況其實正好相反。在美國進行長達十年（其中每一名受害者在三年內皆受訪六次）的一項研究發現，在報警後有高達百分之八十九的施虐者比較可能不會再犯；受害女性越是延遲報警，其關係就可能變得越危險，而她們也越難離開。因此讓受害女性盡早報警，對預防未來謀殺而言至關重要。

這就是女性專屬警察正在做出的改變。在巴西進行五年的某項研究發現，整體女性的謀殺率降低了百分之十七；對住在都會地區、年齡介於十七到二十四歲的女性而言，該結果更佳——這些女性的被謀殺率降低了百分之五十。

女性專屬警局在全世界不但越來越多，也越來越受到歡迎。巴西如今就有近五百處，且此模式不僅散布到阿根廷，也普及到了玻利維亞、厄瓜多、迦納、印度、科索沃、賴比瑞亞、尼加拉瓜、祕魯、菲律賓、獅子山、南非、烏干達及烏拉圭等國。在二〇一一年一項由聯合國主導的婦女評估發現，女性專屬警局在拉丁美洲確實強化了婦女接觸司法體系之管道、增加了起訴施虐者的可能性，並且幫助婦女更容易獲得其他各項服務，如諮商、保健、法律、財務及社會支持等。人們對這些警局的接受度也非常高，根據調查，巴西有百分之七十七、尼加拉瓜有百分之七十七、厄瓜多有百分之六十四，及祕魯有百分之五十七的民眾都相信，這些警察局有效地減少了婦女受虐的機會。就支援的角度來看，它也產生了漣漪效應——那些曾受過女性專屬警局協助，以及對自己的權益曾受過其啟發的婦女們，也很樂意協助其他婦女離開暴虐環境並透過法院起訴其施虐者。

卡林頓教授在阿根廷有一項三年期的研究，目前她正在對女性專屬警察局對家虐的防治效果進行第一次評鑑；在二〇一九年九月完成後，她將會去敲全澳洲每一個警察局長的門。她的態度很堅決——澳洲警察必須轉變他們對家虐的回應方式。「我們有一個結構性的問題，有百分之八十五的正式警官都是男性，而有百分之八十五至九十五的性別暴力受害者卻是女性。」她說：「光勸說女性報案，不能解決那個結構性問題。她們不會因為你的勸說而報案。你必須有一個全然不同的文化——一個全然不同的機制。」對卡林頓而言，這是不費吹灰之力的事，甚至不需要那麼多的花費。「它們不必看起來像是警察局，它們不需要特別的建築，我們可以改裝房子、單位、教堂或社區大廳等——方式很多。女性專屬警察局的設立已經在全球起飛了，因為它們很划算，它們就站在第一線，而且它們真的能夠解決女性不願意向男性警察報案的結構性問題。」

*

許多在地底下被支配控制的女性並不會報案，因為她們以為如果沒有肢體暴力的證據，警察就不會幫助她們。令人難過的是，她們的想法通常是對的——在澳洲，「脅迫型控制」並不是一種犯罪行為。[48]法律授權給警察逮捕各種單獨的暴行，卻不能逮捕一個經常性的控制行為（除了暴力威脅與跟蹤外）。政府在宣傳運動上挹注了幾千萬元澳幣，強調不只有肢體暴力才是暴力，而女性也被告知，家虐是一種罪行，應該報案。但如果我們不將「脅迫型控制」視作一種犯罪的行為，那麼家虐**真的**是一種罪行嗎？

對許多女性而言，摧毀她們人生的並非肢體虐待，而是長期的控制。在二〇一四年一項對英國受害者所做的調查裡，有百分之九十四的受害者表示，「脅迫型控制」是她們所遭受的虐待中最可怕的部分。然而，跟澳洲不一樣的是，英國和威爾斯的女性現在有了指認家虐範圍的法律，這些領先全球的地區在二〇一五年時禁止了「脅迫型控制」，而施虐者最高可判處五年徒刑。然而，以往被訓練只專注於具體事件的警察，對新法律的應用一直很緩慢——二〇一六年的某項報告指出，在新法執行後的頭八個月裡，只有五十九人被定罪。然而，這確實標示了一個模式改變的開始，自從制定相關法律後，施虐者便會因某些行為模式而被定罪，包括沒收或破壞其伴侶的手機、命令對方只能吃某種食物或睡在地板上、禁止對方工作、刪除對方在社交媒體上的所有異性聯絡人，以及為防止對方離開而威脅或真的做出自殘行為等。在澳洲的某些州裡，這類行為可能會說服法官發出一張保護令，但行為本身卻不被認為是犯罪的。換言之，澳洲的司法體系仍然是根據社會學家伊凡・史塔克所稱的「男性的暴力定義」在做出回應。[49]

將「脅迫型控制」視為罪行並不是一個新理念，事實上，澳洲的幾個法律改革團體便曾提出要將之判為有罪的建議；他們有合法的關注，尤其是未受過訓練的警力常會將受害者誤認為主要攻擊者。但是，誠如迪肯大學的研究者保羅・麥克柯瑞里（Paul McGorrery）

48 其中一個州可說已將之判定為有罪。塔斯馬尼亞州的「家庭暴力法案二〇〇四」便將財務及情緒虐待判定為有罪行為。而財務及情緒虐待之定義是：在其配偶身上持續進行「一種對方知道、或應該知道、有可能造成不理性之控制或嚇唬，或造成精神傷害、憂慮、或害怕等之行為」。

49 不過，違反保護令是一個犯罪行為。

和瑪麗蓮・麥克瑪洪（Marilyn McMahon）所強調：「反對改變法律的多數決定都是在英國的法律實施前所做的，或至少是在我們知道這類罪行實際上會導致何種結果前所做的。但現在情況不同了。」

在二〇一九年四月，蘇格蘭針對「脅迫型控制」制定了一套全新、被譽為「黃金準則」的律法，蘇格蘭的這套律法——施虐者最高可被求處十五年徒刑——背後有他們了不起的全國教育體制給予支持。一萬四千名警官和警員接受了「第一出動人員」的訓練，以協助他們識別那些形成「脅迫型控制」且看似無害的行為，之後另有一千名警員接受了更密集的家虐「鬥士」訓練——他們不但會站上最前線給予受害者支持，也負責深耕長期的文化改變。但是接受教育的不僅是警察而已，女性慈善團體「婦女援助」也將對蘇格蘭的法官和司法長官們，進行如何起訴新罪行及「脅迫型控制」如何影響成人和兒童受害者等方面的訓練。「這項新罪行具有開創作用。」蘇格蘭警署犯罪與保護部門的首長吉利恩・麥當勞（Gillian MacDonald）說：「這是有史以來，我們首次能夠藉由法律來調查，並報告一個施虐關係的全部狀況。」

長久以來，女性在男性刻意破壞她們所珍愛的一切時，都只能靠自己來守護自己與家人。為什麼司法體系看不見「脅迫型控制」（最危險的一種家虐形式）呢？我們都知道控制型行為是未來謀殺的警訊，而等著傷痕累累的受害者出現，絕不是個好主意。蘇格蘭已經為全世界立下可遵循的典範，現在正是開始重視對受害者的保護並將「脅迫型控制」判定為一種罪行的時候了。

第九章　鏡中的世界

兒童保護單位告訴女性受害者，
絕對不能讓她們的孩子與其暴虐的父親聯繫，
這非常重要，否則孩子會被帶走。
但下一週，換家事法庭告訴她們，
她們一定要讓孩子與其父親保持聯繫，
這非常重要。

——費歐娜·麥克寇爾瑪克（Fiona McCormack），
維多利亞州家暴部門執行長

哈利（Harry）今年九歲。如果你問他喜歡什麼，他可能會告訴你，他最喜歡的飲料是牛奶（用一根加味的吸管吸），而他也愛唱他最喜歡的電影歌曲；如果你問他害怕什麼，他可能會告訴你，他害怕他的父親，他對此直言不諱——他告訴過醫生、警察和心理學家們，他的父親曾經毆打他、摑他耳光，並且會暴怒或咒罵他。他不想再看到他父親，他的妹妹米亞（Mia）也說她不想再見到爸爸。

哈利知道法庭命令他每隔兩週的週末必須跟父親見面，每次跟父親見面時他都覺得很不舒服，因此他常常試圖躲起來。有一次，他躲在自己的床下，拿著劍和盾牌，「建立了堡壘及幾條逃亡路線」，為了讓爸爸抓不到他。另一次，他在下課後看到父親來到學校接他便決定逃跑——他穿過一間麥當勞，跑進某戶人家的前院裡並躲在花叢後，然後用他媽媽給他的手機打電話報警。他低聲跟接線生說他被父親「追得走投無路」，他很害怕，因為他父親以前常常毆打他。哈利努力想起並拼出他所在的街道名稱，當一名和善的警察巡邏到他藏身的那條街時，哈利說他就躲在一棟有煙囪且花園裡有許多花草跟樹木的紅磚屋子前。他說只有警察到了他才會出來，其他人不行，警察問他是否看見一輛警車停在街上，哈利的聲音亮起來：「我聽得見警車的聲音！」

四個月後，哈利再次看到了警察，而這一次，他們正在墨爾本一條忙碌的街道上追逐他。哈利躲躲閃閃地往前奔，腳上球鞋的黃色鞋底啪啪地打在潮溼的地面上；他的速度很快、腳步敏捷，有著足球前衛閃避與衝鋒時的靈巧步法。他往右急轉彎跑向一座建築物，然後速度慢了下來，似乎不確定要往哪個方向跑。有個路人抓住了他的手臂，他猛然抽回自己的手。哈利的叔叔就跟在追逐他的警察旁，他對那個人吼道：「別碰我的姪子！」哈利穿過建築物入口處的自動門，跑過閃閃發亮的地磚，靈敏地閃過一名快遞員並直奔到門廳的末端，但那裡是一條死路。他轉過身來，緊緊地握著拳頭，他一邊喘氣，一邊憤怒地瞪視著向他大步走來的叔叔和一名女警。

警察之所以在二〇一六年那個寒冷的早晨追逐哈利，是因為有位法官命令他們那麼做。有一次當哈利固執地拒絕與母親和妹妹進入法庭時，哈利的媽媽說，那位法官宣稱他是不會讓一個小孩勒索他的，接著便命令警察用武力將哈利架進去。

哈利很害怕，他擔心那位法官會命令他跟妹妹去跟他們的父親賈斯汀（Justin）住在一起，因為賈斯汀申請了監護權；根據他父親的說法，哈利的母親金潔兒（Ginger）就是讓哈利如此畏懼父親的人。他在申請唯一監護權時，還加上了一個特別的要求——在六個月內，孩子不得與其母親有任何形式的接觸，而他會在六個月後給孩子跟母親相處的時間，但必須在專業人士的監督下。

哈利的母親也在爭奪唯一監護權，而兩個孩子都曾一致地說——對她、家人和朋友、醫生、警察及精神科專家們——他們害怕自己的父親，而且不想跟他見面。

他們的婚姻關係也充滿了恐懼，而這也是金潔兒離開的原因。「他的控制欲太強了。」她說。賈斯汀對她的虐待符合了「脅迫型控制」的許多標誌——他控制家裡的財務，逼迫她向他伸手要錢；他逼她放棄自己的工作以支持他的事業；他會在私下或公開場合製造咒罵她的情境；他虐待她的狗；他常講一些嚇人的話，例如「我可以在我的工作室裡藏一具屍體」等……金潔兒之所以繼續留在那個充滿恐懼和威脅的婚姻裡，是因為在哈利出生後，賈斯汀同意去上憤怒管理的課程。然而，當他在她第二次懷孕的期間惡劣地在哈利的面前虐待她時，她決定離開。「我厭煩了他的控制，我不知道我們的關係最後會走向何處。他會不會某天忽然就瘋狂地暴走？」在她離開後，金潔兒很震驚地發現，她的前夫竟然用他以前對待她的方式來對待哈利。

二〇一六年時，我和金潔兒在國家記者俱樂部碰面，當時羅西・芭蒂正在那裡呼籲有關家庭法系的緊急改革。金潔兒看起來疲憊且蒼白，彷彿已經流乾了最後一滴的眼淚。那個星期五法庭會發下最後的命令，而她對於可能會發生的情況充滿了憂慮。在我們離開前，她遞給我一疊文件並要求我「一定要讀它們」，在那疊文件的最上面有一封有著孩童筆跡的信，信中寫道：「親愛的庭上，我不想要搬去跟父親住，你為何沒有任何作為，**我不想要去跟我父親住**！他咒罵我，他毆打我，他對我吼叫，我都快爆炸了。我跟很多人說過這些事，他們為什麼都不聽？在父親家裡，我不快樂，我很害怕，我很痛苦，我不想去他家。你為什麼要逼我去？你自己會想去住在那裡嗎？」信中署名的人是哈利。

那個星期五在墨爾本聯邦巡迴上訴法院外，九歲的哈利由四名警察帶進法庭裡。他被警官說服與他們進入法庭，因為他們向他保證是來幫助他的。當他們進入法庭後，哈利才明白他們所承諾的「幫助」並不是給他的，而是給法庭的。為了把他帶進幼兒室，警察們不得不在他又叫又踢的情況下動用武力。

替法庭撰寫家庭報告的工作人員已訪談過全家人，也評估了各方的陳述。在她的報告裡，那位父親雖然是個「人高馬大」的壯漢，但她相信他的說詞——哈利是在母親的教唆下才害怕父親。

在樓上的法庭裡，瑞斯穆勒（Riethmuller）法官下達了最終命令，他駁回了哈利所披露的肢體與言語虐待，不顧警察、哈利的醫生、學校的諮商師，以及哈利兩次因父親之故而打電話報警等各方所提供的證據。瑞斯穆勒法官說這起事件「顯然很緊急」，雖然孩子們可能會因為搬去與不熟悉的父親住而「身心受創」，但將他們交給母親扶養則會「實質上讓他們的父親在他們的生活中完全缺席」。法官將唯一監護權判給父方，並且如賈斯汀所要求——禁止金潔兒在六個月內，以任何方式與孩子溝通或聯繫（除了在女兒的生日和聖誕節那天，在專家監督下的一點時間之外）。之後，她每個週末可以在專家的監督下和孩子見面兩個小時，並且由她自己負擔專家的費用。

那天早晨宣判後，金潔兒從法庭打電話給我。「他們把孩子帶走了。」她啜泣地說：「我不敢相信這種事竟然真的會發生……我們現在正搭電梯要到樓上去跟孩子們說再見。」

當金潔兒與自己的父母走向幼兒室時，家庭報告撰寫員和一位「獨立孩童律師」（由法庭指定代表孩童之最佳利益的律師）過來攔截了他們——之前賈斯汀在爭取唯一監護權時，這兩位都做了對他有利的陳述。他們阻止金潔兒和她的父母進入幼兒室，並跟他們說哈利的心情很沮喪，因此這時跟孩子道別，恐怕會嚴重影響他們的情緒。金潔兒當時心中想著：「你們這些人真邪惡！如假包換的邪惡！」當他們被指示離開時，金潔兒不可置信地在等待室裡走來走去，大聲地叫著：「哈利，再見！米亞，再見！」

當女人決定離開地底下時，她們也選擇了離開一段施虐的關係，但終止虐待的選擇卻不在她們的手上。假如施虐者不顧一切地要保有控制，他其實不需要在形體上靠近受害者，他們可以透過制度控制她們。法庭、兒童援助、社福聯絡中心、租賃審裁處等，都可以成為施虐者軍械庫中的另一種武器。然而，對於有孩子的婦女而言，沒有任何制度能像家庭法系那般具有懲治性——或那般危險。

*

在研究家庭法系的那幾年裡，我聽過無數個與哈利和金潔兒母子相同的故事。母親宣稱被虐待，父親辯說她讓孩子疏遠他，最後，法庭相信父親，而母親則失去了孩子。倖存者說，走進家庭法系就彷彿穿過「鏡中的世界」，進入了每一件事都顛倒過來的另一種現實裡。在此平行的宇宙中，倖存者不再是一個需要幫助以保護自己子女的受害者，她變成了自己的孩子必須遠離才能獲得保護的加害者。當我開始聽到這類故事時，我花了很長的時間——以及很多的探索——才明白原來它們都是某種模式的一部分。不久前，我更看清了一個事實，那就是，這些故事並不是少數幾個倒楣蛋的經驗。過去將近二十年的報告顯示，我們的家事法系經常未能偵測或理解家虐，以及它對受害兒童的影響。在這些研究中，無數的受害者（多數是母親與兒童）都提及他們遭到了家事法系（甚至自己的律師）的質疑與輕視，而同樣的陳述也一次又一次地不斷重複——儘管受虐證據持續被披露，受害子女仍然被法庭命令需與其涉嫌的施虐者接觸或甚至住在一起。

怎麼會發生這種事呢？

有時候，這與某些倖存者在法庭裡的表現有關。當倖存者奮力爭取子女的監護權時，她們已經處於嚴重的劣勢。在經歷多年的創傷和虐待後，她們可能迷失且焦慮，她們害怕自己的孩子會被法庭命令去與她們認為危險的那個男人見面或一起生活，因此當她們被要求回想自己受虐的細節時——有時在事發多年之後——她們的陳述可能聽起來很混亂，因為創傷的典型癥狀之一就是「混淆的回憶」。不幸的是，這樣的表現會破壞她們作為目擊者的可信度，甚至讓她們看起來像是不適任的父母。誠如凱爾西・赫加提（Kelsey Hegarty）教授所闡述——相較於受害者，施虐者（父親）可能顯得鎮靜且理性……也因此使得他們對事件的描述較可能獲得採信，同時，他們也可能顯得較適合撫養子女。即使倖存者的表現良好，她們的證據也可能聽起來令人難以置信，因為，正如我們先前所見，家虐和兒虐的許多重要特徵經常是違背一般人直覺的——那個看起來勤奮愛家的男人怎麼可能在家會對他的妻小玩起殘酷的心理遊戲呢？這說不通。而受害者怎麼會一次又一次地回到施虐者身邊呢？這說不通。受害者在逃離後，怎麼會不遺餘力地鼓勵施虐者與孩子們建立關係，就只為了在以後能改變自己對那個接觸的心意？這說不通。一個兒童受害者怎麼可能深愛著他的施虐者，且在施虐者的面前毫無懼意，這也根本不合邏輯。還有，一個孩子怎麼可能對某個人透露自己受虐的狀況，卻又對另外一個人否認呢？以上這些狀況都說不通——除非你瞭解家虐真正的動態。

當然，即便最強烈的批評家也不認為家庭法系會隨意行事，監護權的官司通常又弔詭又複雜，尤其當一方或雙方父母都提出虐待的指控時。直截了當的決定不存在，需要高度的技巧和理解才能把事情做對。

然而，這樣的技巧和理解在許多國家的家庭法系裡都很不一致。家虐是家事法庭的核心業務——在其所有的案件中，有百分之五十四是涉及肢體暴力的指控，有百分之八十五是情緒虐待的指控。然而，家庭法的法官、律師或司法人員們，對家虐的理解不是很薄弱，就是完全沒有受過強制訓練。在今日，想要改善該體系的企圖雖然很多，但以虐待為由尋求「無接觸」命令的母親們仍會被她們的律師習慣性地警告——她們會被視為有敵意的父母，而那個風險可能導致她們失去孩子的扶養權。如果施虐者有暴行的犯罪記錄，也許能夠說服法庭下禁止接觸令，但正如我們所知，施虐者通常不那麼明顯，他們經常看起來是體面且高功能的人士。

例如，家庭法委員會（聯邦司法部長的諮詢機構）的前主席派翠克・帕爾金森（Patrick Parkinson）教授便指出，一直到一九九〇年代中期，當母親在對施虐者提出兒童性虐指控後，「絕少數」會失去孩子的撫養權。但我在二〇一五年訪談他時，他告訴我這樣的結果如今卻變得很普遍。「我看到越來越多的案子，法庭被（通常是專業報告撰寫者）說服，說施虐之情況並未發生，於是便將撫養權判給了父方，並切斷孩子與母親的所有聯繫。這真是我們所能想像的最殘酷的解決辦法。」他說：「我對這個趨勢非常憂心……那樣的判斷通常是基於一個未被認真檢驗過，卻被認為是事實的確信。」這個動態如此根深柢固，以致某些律師會告訴他們的委託人說：『如果妳提出這些指控，妳可能會有失去撫養權的風險。」

一般人以為在家庭法系裡，受到不公平對待的都是**父親**，而非母親，但以上所提的一切，卻都與我們的普遍認知背道而馳。這是「父親之權利團體」過去幾十年來持續建立的一個強大論述。[50]有關那些因不能靠近孩子而痛苦不堪的父親的故事不勝枚舉，例如那位在黎明時分用繩索測量雪梨海港大橋高度的悲痛的父親，以及那位展開兩面紅白大旗，一面寫著「請幫助我的孩子」，另一面寫著「孩子優先」的父親。通常，在這樣的故事裡都有兩個壞人，一個是家事法庭（據推測是受到女性主義者的驅使），另一個就是懷恨在心的母親（顯然會不擇手段阻止孩子與父親見面）。此論述是如此地具說服力，以致百分之四十三（根據二〇一七年的全澳洲調查）的澳洲人都贊同——展開監護權爭奪戰的女人「經常捏造或誇大家虐的事實，以贏得官司」。事實上，在我開始研究家庭法系之前，我也曾這麼想。

然而研究顯示，在監護權之戰裡，父親同樣可能做出不實的指控。至今最完整——也

---

50 在澳洲，其中一個這樣的團體即是「澳洲父親兄弟會」（其成員固定在家事法庭外示威抗議），他們宣稱，每週有二十一位父親因家庭因素自殺。該聲稱曾被政黨「一國黨」加以誇大。在澳洲，每週約有四十一位男子自殺，但是家庭破裂雖是自殺的風險因素，卻沒有統計數據顯示自殺的男子是否全都身為人父，更別說每位自殺的父親是否都是因為家庭問題所致。而「新南威爾斯家虐死亡評估小組」發現，在二〇一三年從七月到十二間兩百四十五名自殺的男子中，有九十四名（百分之三十八）曾因家虐相關之事跟警方聯繫過。這些自殺者中有絕大多數都是已知的施虐者，只有少數是受害者兼施虐者（更少數的是單純遭施虐的受害者）。「澳洲父親兄弟會」會承認他們口中的自殺的「二十一位父親」包括那些長期虐待自己妻小的男人嗎？我想讀者可以猜到答案。

因此最常被引用——的研究來自加拿大，加拿大某議院委員會在一九九八年聽取了來自男性團體及各行專家們的證詞，他們聲稱，虐待指控是受到怠慢的女人所「精選的武器」，而離婚案件中「只有百分之十五的指控可能是事實」。同年，一項全國性的研究卻得出了不同的結果——在一次對數千件兒童保護案件的複審裡，研究者發現捏造的虐待指控非常少（約百分之四），在監護權訴訟裡，該比例則上升到百分之十二（其中最普遍的虛假報告是「疏忽」）。但是，在那百分之十二中，最常利用虛假指控的卻是非監護父母（百分之四十三；通常是父親），接下來是鄰居和親戚（百分之十九），然後才是監護父母（百分之十四；通常是母親），而來自孩子的不實指控則幾乎沒聽過（百分之二）。報告者結論道：「比起監護父母（多數是母親）及他們的孩子刻意捏造指控的問題，非監護父母（多數是父親）刻意捏造指控的問題其實更普遍。」

這並不表示，只有極少數的父親會在法庭受到不公平對待且被禁止與孩子見面。我也聽過一些絕望的父親的故事，他們在面對其堅決且不擇手段的伴侶時，被迫失去了孩子的監護權。有些父親在努力後，仍未能將孩子從虐待他們的母親身邊帶走。

我從二〇一五年開始調查這個題目，當時很少媒體注意到倖存者和她們的子女在家庭法系裡遭遇了什麼問題。但自那時起，澳洲的社會便開始同心協力地要求組成一個皇家委員會，此運動的領導者之一便是著名的兒童支援運動人士海蒂・強斯頓（Hetty Johnston）——她現在正在競選聯邦參議員，因此可以從議院**內部**推動皇家委員會的成立。她相信這是刻不容緩的事情，她說：「澳洲的家庭法系對這個國家的兒童而言，是最危險的機構。」

＊

情況並非一直都是如此。當惠特蘭政府在一九七五年成立家事法庭時，它曾被視為婦女解放運動的一次大勝利（在那之前，該運動才剛慶祝過澳洲的第一所家虐庇護所「艾爾西之家」的開幕）。「家庭法案一九七五」讓受害者能夠迅速且不必負擔太多花費地與其夫「無過錯離婚」，名人也藉此擺脫了小報新聞的炒作。由於越來越多女人的離開使得女性庇護所的需求激增，因此到了一九七九年，全國已經有一百多間政府資助的庇護所。在決定孩子的監護權上，新的家庭法系則謹遵一項指導原則——監護權的決定，必須以孩子的真正最佳利益為前提。

但從一開始，「父親之權利」團體——再加上因妻子們成群結隊離開而變單身的眾多男子——就責難家事法庭，表示是他們鼓勵了惡妻出走，並對男性持有偏見。隨著那些團體的抗議聲越來越大，新的法庭決定進行調查。在一九七九年，家事法庭發現從全國採樣的四百三十件案例中，有百分之七十八的案例都是由妻子獲得監護權，但那些案件中的四百二十四件不但都**無爭議**，且都是由父母雙方同意後確定的；換言之，那些父親們都是**心甘情願**地放棄監護權。此外，在澳洲及國外進行的研究顯示，當監護權訴訟是由法官聆判時，父方獲得監護權的可能性就會明顯增加。

罔顧這些明顯的事實，「父親之權利」團體堅持他們的口號：「母親永遠贏。」在一九八〇年代初期，當家事法庭受到一連串驚人的爆炸案和暗殺事件震撼後，緊張的對峙真的爆發了。恐怖運動持續了五年，並奪走了四條人命，包括在一九八〇年於自家門外被槍擊身亡的法官大衛．歐帕斯（David Opas），以及雷伊．華特生（Ray Watson）法官的妻子珮柔（Pearl）——她在一九八四年因住家遭到炸彈攻擊而死亡，而華特生法官也受到重傷。李察．吉伊（Richard Gee）法官也同樣因住家遭到炸彈攻擊而受傷，甚至連帕拉瑪塔區的家事法庭也遭到了炸彈攻擊，那是澳洲有史以來唯一一次法庭遭到攻擊，其主要嫌犯是李奧納德．沃瑞克（Leonard Warwick）。他是一名退伍軍人兼消防員，有多年毆打妻子的記錄，在妻子離開後，他轉而以爭奪女兒監護權的方式對付她。沃瑞克一直逍遙法外，直到二〇一五年才終於被警方以攻擊及其他幾項罪名起訴，而他的每一項罪行都是因為企圖爭奪監護權失敗而犯。

這是澳洲有史以來未曾見過的一個政治恐怖的協同運動，然而，根據某些媒體的看法，該為這些攻擊受譴責的不是刺客，而是家事法庭本身。在珮柔．華特生喪命後，《雪梨晨鋒報》（*The Sydney Morning Herald*）在其社論裡指出，許多人覺得「會發生這麼可怕的暴行，可見家庭法系一定有嚴重的問題」。《黃金海岸通報》（*The Bulletin*）也有相同的觀點，其頭條「家事法庭——過度革命了？」暗示那些攻擊暴露了澳洲離婚機制的嚴重缺陷。連雪梨聖公會教堂的院長也希望「邪惡的炸彈攻擊能導出善來」，並表示家庭法律法的檢核刻不容緩。

在事件逐漸平息後，政府對「家庭法律法」做出了重大的改變，賦予它一項新的指導原則——除非違背孩子的最佳利益，否則子女擁有被雙方父母照顧的權利，無論父母的哪一方在分手前涉事多深。

為了抗衡某傑出學者所戲稱的「通過復仇所獲得之平等」，那些改革包含了另一個修正——法官做出命令時，必須考量它不會將一個人暴露在不可接受的家虐風險中。然而，在二〇〇一年時，由澳洲家事法庭與雪梨大學聯合進行的一項廣泛研究卻發現，「遠離家虐之安全」這條規定，根本未能阻止施虐的父親們相信他們對自己的子女擁有權利。他們有理由如此自信，因為即使在家虐程度嚴重的案件裡，「受監督的接觸」命令仍越來越普遍，而在有家虐指控卻證據不足的案件裡，「不受監督的接觸」也較過去更容易獲得。其結果就是，以前那些連接近子女都不敢肖想的父親，現在都在他們律師的鼓勵下竭盡所能地爭取，而他們確實正在贏得勝利。

澳洲如今瀰漫著一種感覺，家事法庭已經變成了革新主義者與保守主義者之間的文化戰爭，如同多數文化戰爭，參與者不需參考研究結果就知道自己擁護的是哪一方。但是，研究結果又一次清楚地顯示，家庭法系——不管是因為意外或刻意設計——已經「越來越傾向於對女性不利的那一方」。研究披露，母親的勝訴取決於她對孩子與其父親之間的關係是否支持。

安潔拉（Angela）的例子告訴我們，對家虐的受害者而言，這意味著什麼。「當時我是在警察的保護下離開那個家並住進庇護所裡。後來我搬走了，」她說：「但他透過社福聯絡中心的給付進入我們以前的共同帳戶裡，並且拿到了法庭的命令讓我必須搬到靠近他的地方。」安潔拉說她不得不同意「不受監督的白天接觸」，因為「法律援助」的律師揚言說：「如果妳不簽署這些命令，妳可能會失去孩子。」

家事法庭早已講得很清楚，只有極特別的情況才能禁止一位暴虐的父親與他的孩子聯繫。在二〇〇七年的某次判決裡，堤姆·卡默蒂（Tim Carmody）法官（雖說引起不少爭議，他仍一路高升，後來成了昆士蘭州的首席大法官）聲明說：「拒絕施虐的父母（通常是父親）與其子女之間的聯繫，其傷害的風險可能不下於施虐本身……目前並沒有任何假設或先驗規則說，即使如兒童性虐這樣惡劣的行為……會在施虐者與兒童受害者之間架起一道不可逾越的障礙。」這是一段令人跌破眼鏡的評論，而它竟出自澳洲曾經最有權勢的一位法官的嘴。

確鑿的嚴重家虐證據很少是黑白分明的，尤其在兒童性虐的指控裡。當我開始研究家事法庭時，我所訪談的第一個家庭是一對母女，媽媽叫做蒂娜（Tina），現已成年的女兒叫做璐西（Lucy）。璐西八歲時，在學校的個人發展課程裡學到了自己的「禁忌區」，之後她便告訴學校的諮商老師，她的父親會用她不喜歡的方式碰觸她。「八歲的我忽然明白，在我們家發生的事情是不應該發生的。」璐西說。在那之前她從未想過把它說出來，因為她以為那是「特別的父女關係」的一部分：「按道理我不會把它說出來，因為那樣就會破壞了我跟父親之間的『祕密』。」

在璐西出生後不久，蒂娜就因殘酷的虐待離開了璐西的父親。「他非常殘暴。」蒂娜說：「他會在我抱著孩子時攻擊我。他經常毆打我，我也沒有任何用錢的自由——他控制了所有的信用卡、所有的錢與所有的財務。」當她離開後，璐西的父親發誓報仇。「他告訴我如果我離開，他會不擇手段地摧毀我的生活……而他的確那麼做了，且不斷變本加厲。」當學校告訴她璐西對老師披露的事情時，蒂娜向法庭提出讓孩子與父方完全中斷聯繫的申請，而為了取得對該指控的獨立評估，法官要求一份「單一專家」的報告。

單一專家經常在較複雜且涉及虐待指控的監護官司裡派上用場，而他們的意見對法官的判決具有很大的影響力。他們通常是兒童精神科醫生或心理醫生，在法官的眼裡，他們是誠實的獨立證人，尤其他們通常是父母雙方所選擇並付費的專家。（當父母無法達成協議時，專家便由法庭指派。）由於法官的要求，那位單一專家接下了撰寫家庭報告的合約，而他的報告將可能成為該案件中最重要的證據。（假如那份家庭報告對指控方提出不利證據，且指控方的提告被認為毫無勝算，那麼「法律援助」便可能會拒絕代表該指控方，因為他們的支援基本上會給予勝算機會較大的案例。）

在準備報告時，單一專家（或稱為家庭報告撰寫者）會考量來自各方的證據，如兒童保護單位、警方和學校等，也可能訪談親戚與朋友。然後他們會訪談每一位直系親屬，時間通常約一小時，並觀察父母與子女之間如何互動。他們的報告會描述其家庭動態及每一位直系親屬的心理狀況、背景和行為等。他們會評估之前所提出的所有指控，並在結論時給出建議，以作為法官在判決監護權歸屬時的參考。只有在這種報告裡，孩子才能在法庭前提出自己的關注，其他時候他們沒有機會表達己見，因為孩子不能出庭作證。

單一專家的人數相當少。「在每一座特定的城市裡，能夠隨時撰寫這種報告的專家也許只有五、六位而已。」帕爾金森教授說：「他們會被律師交叉詰問，而有時問題很尖銳。對任何醫生而言，那可不是一個愉快的經驗。」帕爾金森說這一小群專業人士之所以對監護權之判決有那麼大的影響力，主要是因為家事法庭裡有專業知識的「等級制度」。「家事法庭的神就是精神科醫生。」他說：「在此等級制度的最底層是社工人員……警官有稍微多一點的可信度，而心理醫生又更多一些。」但無論如何，他們都比不上精神科醫生。

家庭法系並不要求單一專家接受特定的家虐相關訓練——身為精神科醫生，他們被認為已有足夠專業知識。問題是整體而言，澳洲的精神科醫生在家虐方面的訓練都嚴重不足，根據一項二〇一八年的研究，精神科醫生中有將近半數只曾受過不到兩小時的訓練。

單一專家需要匿名見證，因此他們的名字不能出現在某件案件的報告裡。蒂娜在接受那位單一專家——姑且稱之為史醫生——的訪談後，覺得他一定會向法庭傳達她女兒的指控及擔憂。「那個報告撰寫者跟我們握手，看著我和我女兒的眼睛，誠摯地說：『我們會幫助兩位。』」但當蒂娜接到報告後，她對自己所讀到的內容幾乎無法置信。「他們把那個男人描繪得金光閃閃，卻讓我看起來很瘋狂，有精神病的樣子。」史醫生在他的報告裡寫道，當璐西被單獨訪談時，曾淚流滿面地談到她的父親撫摸她的私處並睡在她的身邊，甚至有一天早晨她醒來時覺得「全身黏黏的」。為了檢測璐西的指控，史醫生當著她父親的面訪談她——沒有任何預警，史醫生直截了當地問她，她是否擔心父親會用不好的方式撫摸她。而當璐西拒絕回答那個問題時，史醫生又問了一次同樣的問題，璐西避開那個問題，轉而對她父親「讓她的貓死掉」的事發脾氣。史醫生總結道，璐西的蔑視雖然讓自己的父親很難堪，但他似乎能夠「將那個情況處理得很好」。

在接受我的訪問時，當時十八歲的璐西坐在我對面，回憶著那次訪談的經驗。「那些問題讓我很不安。」她有點憤慨地說：「當父親坐在同一個房間裡時，妳不會想說，因為他就是那個做壞事的人！他就坐在那裡瞪著妳，監控著妳所說的每一句話。」

雖然璐西告訴史醫生的事情跟她告訴學校諮商老師的一樣，但史醫生卻斷言道，璐西曾經遭到虐待的可能性非常低；相反地，璐西之所以會指控父親，是因為她「焦慮」且「過度保護」的母親給她太多壓力，迫使她不得不排斥父親。史醫生甚至未經心理測驗或評估便推測說，蒂娜可能患有精神疾病。在該報告的最後一段是史醫生對法官的建議，而儘管璐西要求不再接觸父親，史醫師卻總結表示，她與父親「有著非常親密且充滿愛意的關係」。史醫生寫道，這是她父親的觀點——他說女兒喜歡跟他在一起的時光，而且教堂的長老也確認了這一點。有鑑於璐西從他們的父女關係中「獲益良多」，史醫生建議璐西繼續在固定的週末與父親見面，並在學校放假時花一半的時間與父親同住。而孩子的母親對父方的態度「並沒有幫助」，因此她應該上一些諮商課程，學習如何支持璐西與她父親的關係。如果蒂娜繼續提出這些「虛假的」虐待指控，璐西就會被命令去跟她的父親共同生活，而蒂娜則必須接受精密的心理評估。

史醫生的評估與七年前家事法庭所做出的判斷完全相反。在二〇〇〇年時，葛拉罕・穆連恩（Graham Mullane）法官就發現，璐西的父親曾利用她作為「控制其母親的人質」，由此她需要被保護以免「暴露在他的控制及虐待的行為中」。當時長達數頁的判決書詳細地描述了蒂娜遭受身體、情緒及心理虐待的過程，並指出璐西的父親「有一種全然的實質模式，足以讓法庭判斷他是一個暴虐且控制欲極強的男人」。（但在史醫生的報告書裡，家虐歷史則完全被排除，反而加了一句附帶的評語：「兩人多年的關係複雜且緊張。」）穆連恩法官目光如炬，他曾說璐西有成為其父受害者的風險，他命令璐西的父親必須在受到監督的情況下才能靠近璐西，而如果他的行為在十二個月內沒有改善，那麼他與孩子的接觸就必須完全終止。

然而年底時，蒂娜的律師卻強烈建議她同意給孩子的父親「不受監督的探視」，如果她不同意，璐西的父親可能會重新上訴。從當時他們所被指派的法官來看，最後璐西的父親可能會獲得比她所願讓步的更多的探視權。在二〇〇一年時，律師告訴蒂娜，璐西也許最好跟她的父親保持一個聯繫的關係，並緩和對父親的態度。「多年來我一直懷有罪惡感，因為我當時、當場就應該阻止他們接觸。」蒂娜紅著眼眶回憶道：「我一直懷著罪惡感，因為是我造成了她的受虐。我無法原諒自己。」

如今，由於史醫生的確切報告對她不利，蒂娜感到非常驚慌。她想要逃跑，或將璐西藏在親戚家，但最後卻走投無路。蒂娜覺得自己別無選擇——她若抗爭，可能會完全失去璐西的監護權——於是只好同意讓璐西每週一次在父親家過夜。「我永遠無法忘記我們第一次把她送回她父親家時的情形。看她那麼難過，我覺得自己就像生病般全身虛弱無力。我不知道她是否會嘔吐或尿溼褲子……」蒂娜說：「她非常害怕——那是絕對且純粹的恐懼。」

因為害怕，璐西變得沉默寡言。「我關閉自己，假裝什麼事都沒有發生。」在接下來的幾年間，她受虐的情況越加嚴重。「從『爹地的小祕密』到後來的為所欲為……就是可怕的虐待。」璐西的話忽然被自己所描述的事情噎住了。「他變得很暴力，而如果我不順從……我就會想起法庭不准我談及的那件事，也許我應該閉嘴讓事情發生就是了，反正沒人相信我。」璐西平靜地說，唇邊帶著一抹嘲弄。「後來他對我確實地做出了性交的行為。我的經期很早就來了，因此我開始害怕自己會不會哪天帶著身孕回媽媽家。」在考慮是否要告知某人此事時，璐西所擔心的不只是法庭的反應而已。「父親威脅我，如果我再提起那件事，他就會開始傷害我的家人。當時媽媽已經有一位新伴侶——他對我來說就像爸爸一樣。」璐西說：「父親說他知道對方工作的地方，而如果我將事情告訴他人，他會讓對方回不了家。」在璐西十三歲的那年，她父親終於放棄了監護權的主張，沒有預警也沒有解釋。璐西說，她認為那是因為她的年紀已經大到所說的話能夠讓人相信了。

璐西花了好幾年的時間才逐漸感到安全。「在發生那種事情後，很難學會如何當一個正常人。出自這樣一個虐待的情境，然後再被放回一個體面的環境裡，我不知道該如何面對這一切。創傷不會就此停止，我仍然會做噩夢，且每天重新經歷一遍。」對於家事法庭能有如此大的權力主宰她的生命，璐西感到憤怒。「我竟然被送回去接受虐待……那原本是他們應該阻止的事。曾有人問我是否要回去跟警察做最後的事實舉報。但我想，有什麼用呢？他們會聽嗎？比起當年，我的手上也沒有更多的證據。」

在蒂娜於二〇〇七年簽署那些雙方同意之法庭命令前，像她這樣的故事正越來越普遍。在二〇〇六到二〇一〇年的這數年間，使用家庭法系裡「撫育申訴」這一項服務的婦女中，有五分之一的人表示，她們在自己律師的「脅迫」或「霸凌」下，因為害怕可能會失去孩子的主要撫養權而不得不同意「等時撫育」的安排。正如某位母親所指稱：「我覺得法庭逼迫我，要我給孩子的父親接觸孩子的機會，即使他是個危險人物。法庭認為他每一週都需要探視孩子。」

*

若一九九五年的改革打破了「通過復仇所獲得之平等」而達到的平衡局面，那麼下一波由霍華德政府於二〇〇六年開始推動的改革，則完全扭轉了局勢。那些改革的提議之所以能進入議院，是因為「父親之權利」團體對「家庭法律法」展開了連續三年的抗議運動。當時某位家事法庭的推事瓦立德・艾爾萊（Waleed Aly）曾將之稱為「一場持續且充滿恐嚇」的運動。

當年的司法部長飛利浦・洛達克（Phillip Ruddock）則抱持另一個觀點，他讚揚那些改革，形容它們是自一九七五年以來最具意義的改革。霍華德政府的改革，就是要求法官採取一個「分擔撫養責任」的假設，除非其中一方父母有暴力或虐待的問題。但是，若某方父母提出虐待指控，那麼他（她）就會面臨一個危險的困境——「友善父母」的新規定，命令法官必須考量雙方父母對子女與另一方父母建立親密關係是否有善意的支持。這意味著，指控另一方虐待並尋求「無接觸」命令的父母，可能會被評估為「懷有敵意」的父母，而此評估將可能使她（他）失去孩子的監護權。

前家事法庭法官李察．奇瑟姆（Richard Chisholm）稱此為「受害者的困境」，他在二○○九年所做的指標報告中指出，霍華德的改革引導法庭視「虐待指控」為一種報復性或懲罰性的行為。其結果就是，法官可能會命令孩子與施虐者需有較長時間的相處，以保護孩子免於另一方父母的「離間」行為。

有一個詞經常被用來形容所謂的「懷有敵意」的父母——離間者。對那些被指控家虐或兒童性虐的父母而言，「親子離間」已成了他們的反訴絕招，他們會否認虐待，並反過來指控另一方離間他（她）與子女間的關係。當孩子自己提出指控時（這是一個特別有力的抗辯），根據該理論，被離間的子女因為太過受到某方父母的謊言之影響，以至於可能在未真實被虐待的情況下覺得自己被虐待了。「離間」是一個具有爭議性的詞，因此通常不會被明確地使用，但其概念可能會以其同胞術語來呈現，例如「滲透」、「洗腦」或「親職化」等。

「親子離間」的概念，在一九八○年代時因美國兒童精神科醫生李察．加登納（Richard Gardner）以「症候群」的觀點加以討論，並進而流行起來。他的理論有一把明確的靶子——為了懲罰前夫並確保自己獲得監護權，而在監護權訴訟中對前夫提出兒虐指控的懷恨的母親。

加登納在患有「親子離間症候群」的孩童身上辨識出了幾種症狀，包括對受排斥的父母使用粗鄙的語言、堅持是自己個人要提出指控（加登納稱此類型為「獨立思考者」），以及支持並保護「無辜的」那一方父母。加登納聲稱，「親子離間症候群」在涉及兒童性虐指控的監護權訴訟案裡尤其明顯，而這些指控絕大多數都是捏造的。

加登納對「親子離間症候群」的治療方式很激進，他會強迫孩子離開使用離間計的父母（通常是母親），並將他們交給被指控施虐的父母撫養（通常是父親）。他也建議切斷母親與子女間的聯繫（一次長達幾個月），以便消除孩子已被灌輸的觀念，對於堅持虐待指控的母親，他甚至鼓勵法庭將之下獄。儘管他並未提出數字證據來證明自己的理論，加登納卻成為了美國兒童監護權評估的「大師」；他曾經在四百多件法院案件裡作證。而「親子離間症候群」在英國、加拿大和澳洲也很流行，經常被家庭法律師的引用。

加登納在一九八〇年代中期提出了「親子離間症候群」的概念，當時社會正被一種似乎忽然流行起來的兒童性虐事件弄得昏頭轉向。不過十年間，兒童性虐的案例就增加了十八倍。[51]支撐「親子離間症候群」的邏輯非常不一致，加登納一方面宣稱在監護權訴訟中有百分之九十的性虐指控都是捏造的，另一方面卻又強調成年人與兒童之間的性關係是「普遍存在的」。

然而在他看來，成人與兒童之間的性並不是問題，問題在於社會對它的反應。在他一九九二出版的書《兒童性虐的真假指控》（*True and False Allegations of Child Sex Abuse*）中，加登納大力抨擊他所稱之的「性虐歇斯底里症」，對於社會在對待戀童癖時「道義凜然」且傾向懲罰的態度，他也簡述了自己的堅決反對：「就是因為我們的社會對它反應過度，兒童才會深受其苦。」加登納也建議兒童性虐受害者的治療師，在進行治療時應當與受害者的全家人合作，以幫助較年長的兒童領會「成人與兒童之間的性接觸，並不是那麼普遍地被認為是該受譴責的一種行為」。

至於那些為了阻止子女與他們的父親接觸而在法庭中提出虐待指控的母親們，則應該被輔導以學會理解這種成人與兒童之間的性接觸是很尋常的。而另一方面，那位父親應該可以放心，因為「我們所有人在心理上都有一點戀童癖」，只不過在極端拘謹的現代社會裡，他必須「學會控制自己，如果他想要保護自己免於因為戀童癖之衝動而受到社會嚴酷的懲罰」。

讀到加登納對兒童虐待如此廣泛且令人不安的論述，一個結論不辯自明地浮現——顯然，他建議在面對法律時，我們可以利用「親子離間症候群」來掩藏兒童性虐這種事。

*

加登納一直捍衛自己的這個理論，直到二〇〇三年自殺身亡。在那時，「親子離間症候群」早已不再被視為一種症候群，而精神科協會也否認了它的存在。對我們眼下的討論（澳洲家庭法系）而言，在這個有嚴重缺陷的個人身上花費如此多關注，似乎有點離題，但加登納的主張顯然對我們的司法體系如何回應兒虐指控有著深遠的影響。

---

51 「澳洲統計局」顯示，現在每八名女性中就有一名（且每二十名男性中就有一名），在其十五歲前曾遭受過某種形式的性虐待。

澳洲法庭已不再允許「親子離間症候群」的診斷，然而，引用「親子離間」（在不將之診斷為一種症候群下）卻仍然被廣泛接受。[52]

當離婚訴訟變得棘手時，父母通常不會在彼此的惡意攻訐裡略過子女，但孩子是相當有韌性的，要讓他們轉而對付一個曾經親愛的父或母，其實需要很大的功夫。的確，臨床研究曾指出，即使在父母努力的灌輸下，也只有極小比例的子女會在最後與另一方的父母翻臉。不過，當這種事真的發生時，對無辜的那一方父母而言，便是一種很恐怖的經驗。

但家庭法系對「親子離間」的回應方式，卻很令人憂心。加登納的治療方式——切斷利用離間計的母親與其子女的接觸，且一次長達幾個月——也仍經常被寫進澳洲的撫育命令裡，儘管我們知道當子女被迫與其主要依附對象分開時，會對他們造成什麼傷害。大家可還記得本章開頭提到的金潔兒和她的兩個孩子？她被禁止與孩子接觸長達六個月，但她犯了什麼罪？顯然法庭認為她離間了孩子與他們父親之間的關係。

＊

許多母親被法庭以離間為由失去了監護權，金潔兒只是其中一個。

我第一次聽到這種故事是在墨爾本某個下雨的午後，當時我正在跟一位叫做珊卓（Sandra）的母親進行電話訪談。珊卓告訴我她為了保護子女及自己免於家虐所做的奮鬥，她告訴我她如何走進臥室看到前夫正在對孩子做猥褻的動作，她也告訴我，後來當孩子對他們的父親提出性虐指控時，她完全能夠相信他們。然而，當她對家事法庭提出這些控訴時，那位法官卻斷言她離間了孩子與他們父親之間的關係，然後取消了她的監護權，還命令兩個孩子去跟他們的父親住在一起。我們的談話進行了兩個小時，她的描述雖然激起了我的好奇，但我並不真的相信她所說的事。我向她承諾我會調查這件事情，但我當時真的懷疑，珊卓是否只是「父親之權利」運動分子的母親版，為了達到某種效果而捏造了自己的故事。

然後，我讀了法庭的判決。

在二〇一四年，一位新堡的家事法庭法官命令將珊卓的兩個孩子（兩個都在九歲以下）從她身邊帶走，不再由她照顧。這個命令是在珊卓支持兩個孩子對他們父親羅伯（Robert）的性虐指控——基於兩個孩子提姆（Tim）和莎莉（Sally）所做的陳述——之後下達的。莎莉對自己的外公、外婆、警察、兒童保護服務單位及一名諮商師都做過同樣的陳述，她表示父親要她「摩擦」並「觀看」他的私處。兒童保護單位也曾干預過訴訟，他們告訴法庭，那位父親對兩個或其中一個孩子有造成性傷害之風險。然而，瑪格麗特・克里芮（Margaret Cleary）法官卻在極度違背標準程序之下，在一次「一方當事人到庭說明」的聽審後（也就是訴訟裡的相關人員，包括珊卓和兒童保護服務的代表等都不在現場），

52 「父親之權利」團體甚至提供教戰守則，建議那些父親們應該使用哪些術語來取代「親子離間症候群」：「在澳洲的家事法庭裡使用『親子離間症候群』這個術語前，請謹慎考慮，尤其在使用『症候群』這個字眼時。」家庭法律網路指南（由「父親之權利」支持者所主持的網路法律平臺）建議說：「最好使用『洗腦』、『強烈聯盟』或只是『親子離間』等。」

下達了該撫育命令。當有立即的傷害或脫逃風險時，「一方當事人到庭說明」的聽審才具有合法性，但在該案件中，這兩項因素都不存在。而且，與一般聽審不同的是，該次聽審在為法庭做家庭評估的「單一專家」之建議下並未進行錄音，而那名專家正是替蒂娜和璐西的案件做評估的同一位專家——史醫生。

很顯然地，那位法官的判決是基於史醫生所做的評估。判決書裡引用了史醫生的一段報告：「整體而言，我不相信性虐待曾經發生過。這只不過是孩子的母親將自己的焦慮投射在孩子身上罷了。我相信現在另外一個唯一的選擇，就是將孩子交給父親撫養。我建議馬上進行此事，且不必告知母方。」

第二天，珊卓兩個年幼的子女毫無預警地被警察從教室帶走，並被告知他們要早一點回家。珊卓回憶道：「孩子被帶走的那一天，我曾提早到學校去跟校長談話並簡短地提醒他，我們已經接到了最終審判通知，且兒童保護單位也已向家事法庭提供了宣誓書，建議法官相信兩個或其中一個孩子在他們父親的照顧下可能有遭到性傷害之風險。」接下來發生的事令人心碎。「我回到家後才一個半小時，校長便來電說令人震驚的事情發生了——在我離開學校後不久，學校就來了兩名警官，他們給校長看了法庭的命令，說他們必須立即將孩子帶走並送到他們的父親家去。」珊卓聽到後非常痛苦。「我怎麼都無法相信……法庭至少應該通知兒童保護單位，為何沒有？」

當珊卓接到命令時，她發現法庭竟然禁止她在接下來的兩週內探視或與孩子說話。在那之後，她可以探視，但只限每兩週幾個小時，並且必須有專家在旁監督（費用也需由珊卓支付，每小時六十五元澳幣）。當珊卓對該判決提出緊急駁斥時，法官拒絕理會，因為「那無法給予另一方程序公平」。

上訴時，由五位法官組成的全席庭表示，珊卓並未獲得「程序公平」，同時法庭也認為「在未給予母親機會發表聲明的情況下，就命令將孩子從母親身邊帶走，並不具有充分的正當理由……此外，對於孩子有受其父親虐待之風險的憂慮也顯然沒有被解決。」即使如此，法庭仍然讓孩子留在父親那裡，並預定在一個月內重新傳喚聽審。

在最終的判決後，法庭竟然添加了一條規定，禁止珊卓將與她相關之文件給除了她的律師外的任何人看。透過與該案件有牽涉的某些人士，我才得以用幾個小時的時間審閱那些文件。

我讀到的其中一份文件是孩子的導師所簽署的宣誓書，寫於孩子被帶走之後。它的附加文件則是一封老師寫給兒童保護單位的書信，內容詳述了他對孩子被移交給父親那天所發生的「一連串可怕的事件」的「極度關切」。他寫道：「身為兒童教育家二十多年，整段過程在我看來很不周詳、執行手段粗糙且對孩子有極大創傷。」當孩子看到自己的父親時，「兩個孩子顯然都嚇到不能動彈」。他也寫道：「當警官告訴孩子，他們得去跟父親同住時，那個小女孩往後倒退了一步……並問說：『要住多久？』最令我難過的就是她臉上極度憂懼的表情，這個幼小的孩子對於未來可能得永遠跟她父親一起生活感到非常害怕……孩子一看到父親在等他們時對我投來遭到背叛的眼神，令我深感不安。我希望我沒有永久摧毀了他們對我曾有的信任。」

宣告書的另三封附加信件由孩子的幾位老師所寫，他們描述了孩子被命令去與父親一起生活後，在他們身上發生的改變。堤姆從原本的「聰明、快樂、活潑」變得「內向、畏縮」，他的眼睛「總是空洞無神且沒有情緒反應」，而他的妹妹莎莉也不再跟其他小朋友玩耍，看起來好像一個「悲傷且沒有安全感的小女孩」。有幾次，她在學校哭泣且情緒低落，顯得「迷失又脆弱」，而她的行為也有很大的變化——她開始會對其他小朋友說惡劣的話，並總是為了瑣碎的事「就向老師告狀」。莎莉的一位老師寫道：「目睹這些狀況不僅讓我覺得心痛，也讓我相信，這件令人憂慮的事情必須有人向專業級的單位舉報。」

在最後一次聽審裡，法庭再度偏信了史醫生的專業證據，將孩子的撫養權判給父親。孩子搬離母親家的六個月後，他們的父親將他們轉學到另一所學校。

珊卓說，至今她仍難以置信，法庭竟然在沒有證據證明她與孩子的外公與外婆對孩子成長不利的情況下，就將孩子硬生生地從他們的主要依附對象身邊帶走。「我女兒從小熟悉的就只有我們三個人，因為她父親在她出生五個星期後就離開了。」她說。她也補充道，羅伯自那時起便會在非監督的情況下探視女兒。「而現在，我竟然必須付費請一位監督人來監督我和孩子們的探視時間……單一專家的報告裡說，我是一個能幹、關懷備至的母親，沒有精神病、沒有心理疾患、沒有人格障礙、對孩子的成長也不具威脅。所以，為何我們必須受到監督呢？孩子必須受保護並遠離的是什麼風險？」為了對抗那些命令，珊卓陷入絕境了，四年的官司已經花掉了她五十多萬元澳幣。

我與珊卓討論她的案件的那個下午，我們連續談了四個多小時。當天色黑下來，烏兒歸巢的啾啾聲響起時，我們都沒有起身去開燈，只是持續坐在暗影裡。她對我描述，她曾兩次目睹羅伯洗澡時，將腿勾著堤姆的雙手玩著自己勃起的陰莖，她解釋那是她在次年離開羅伯的主因之一。而當她懷著莎莉約七個月且不再出外工作養家時，發現了羅伯色情成癮，他於是開始虐待她。在她與他分手後，他曾威脅要殺掉她的狗，並曾打破窗戶闖入她的屋子裡。然而，在頭幾次聽審裡，法官卻未曾考量羅伯曾有兩年的禁暴令，理由是那些是「過去的事情」。珊卓一想起羅伯曾威脅要看到她「無家可歸、身無分文、無子無女」，就忍不住背脊發寒。

我與珊卓的訪談快要結束時，她的父親李察（Richard）邀請我留下來吃晚餐。我對保持專業上的距離很小心，但覺得拒絕又有點不禮貌。當珊卓的媽媽夏洛特（Charlotte）在準備餐點時，李察跟我坐在客廳裡，他跟我說起他的孫女第一次跟他透露事情時的情形。「當時我們的小孫女走過來跟她外婆和我說：『外公，爹地要我摩擦他的私處。』我嚇了一跳，問她說：『那妳做了嗎？』她說：『沒有。』我說：『這就對了，因為那樣做不好。』」李察曾親眼看到羅伯猥褻的行為，想起當時聽到羅伯對小孫女說的話，李察眼中流露出噁心的神情。

在家事法庭的命令裡，李察和夏洛特也被禁止跟兩個孩子見面或說話，禁期為五個月。法庭對下達這種類似禁暴令的條件，沒有給予任何理由。「我不知道我們究竟做了什麼壞事，竟然要受到這種罪犯般的對待。」李察不滿地說道：「在孩子終於被允許可以打電話給媽媽後，有一次他們打電話來問媽媽：『外公和外婆還跟妳住在一起嗎？』孩子想知道他們可不可以跟外公外婆說話。當然，如果我們必須遵守法庭命令——就像任何守法的公民該做的——我們不能跟兩個孫子說話。」當莎莉滿四歲時，他被禁止跟孫女說生日快樂，於是他只好在電話中用小喇叭吹奏生日快樂歌給小莎莉聽。

我在二〇一五年的冬天第一次遇見珊卓一家人，現在，孩子一個十歲、一個十四歲。在法庭命令下與父親一起生活將近四年的堤姆，在去年搬回了母親家，堤姆回來後告訴母親，他曾直面父親，對他說：「我不想要我妹妹被強姦。」之後羅伯便給珊卓發簡訊，跟她說：「堤姆不想住在這裡，我跟他無法溝通，妳可以來把他接走嗎？越快越好。」但是莎莉還繼續住在父親家，堤姆始終記得她在門口啜泣著的模樣。回家幾個月後，堤姆跟媽媽說他曾替妹妹跟父親討價還價：「如果你非得留一個，那就把我留下來，讓妹妹走。」堤姆說他們剛搬去跟父親住時就曾計劃過逃跑，而他最好的朋友也跟他承諾說會給他準備食物，並讓他住在他家的花園裡。當羅伯發現他想離開時，跟他說：「你曾告訴史醫生說你想跟我住在一起。」堤姆回答：「史醫生說謊。」

*

如此駭人的聽聞竟很少出現在媒體上，但這其實是有原因的。在澳洲，出版任何可能讓人認出身分——從種族到當事人所從事之工作等——且與家庭法案相關之故事，是違法的。當事人的臉不能被看到，真實的聲音也不能被聽到，在這條法令下，任何描述性的措辭幾乎都不被容許。破壞隱私法（「家庭法律法」第一百二十一款）的處罰非常重，記者可能被罰鍰，或甚至求處至多一年徒刑。因此記者和編輯都不願冒險涉入這個詭譎的領域，當我開始寫作這方面的故事時，幾位同事也都說我一定是瘋了。第一百二十一款原本是要保護孩子的身分，但它現在卻無疑地弊大於利，藉由將家事法庭包裹於隱密中，第一百二十一款使體制中惡劣的行為反而無法管束。

＊

再沒有什麼比「離間指控」能更迅速地使家虐或兒虐的指控無效，家庭法律師深知此絕招，也知道哪一位單一專家能給他們一個適合其委託者的報告。格里菲斯大學的犯罪學家薩曼莎・傑佛里斯（Samantha Jeffries）在她的研究裡將此點闡述得很清楚，正如某位律師曾跟她解釋的：「當我私下執業時，我會找一位不會告發虐行的報告撰寫者，因為那跟我的委託人（施虐者）的利益息息相關。」

我想弄清楚這些單一專家究竟是如何進行評估的，於是我決定找其中幾位問個明白。

二〇一五年，我與精神科醫生克里斯塔佛・利卡貝爾（Christopher Rikard-Bell）在他的辦公室碰面，他很慷慨地給了我一個多小時的時間。利卡貝爾是家事法庭裡最多產的單一專家之一，在過去的二十五年裡，他大概做過兩千件左右的家庭評估。他說他所接的案件主要都是範圍極窄卻「衝突極大」的那一種，而在那些案件中，虐待的指控相當普遍。提到針對兒童性虐的指控時，他**粗估**它們包含在所有法院虐待指控案件的百分之一中。

為了確認，我問他：「好，我知道我們正在談的不是針對兒童性虐的這些指控，而是所有虐待指控的百分之一？」

「是的，沒錯。」

我向他提起科利耶法官所做的評論——他相信有越來越多的母親在捏造兒童性虐指控。「我不認為那是媽媽們在捏造指控那麼簡單的事。」他回答道，並進一步解釋他最常看到的是過度保護的父母，因為看不見子女而感到焦慮的父母，最後會質問孩子，而當她們聽到「含糊的回答」時，便常常「自己想像出虐待的真實性」。當我問他，他有多常看到十二歲以下的孩子捏造或誇大虐待之指控時，他說：「在這個衝突特別激烈嚴重、父母會透過子女控告彼此的族群裡……我覺得在家事法庭裡，有相當多的造假指控。」

我逼問他到底約有多少百分比的指控（例如兒童性虐）是缺乏根據的？

「依我的經驗，在這個範圍狹隘、高度衝突的小族群裡，大約有百分之九十的指控都是沒有根據的。」他語氣平淡地說：「因此，性虐待和身體虐待的指控仍然會出現，但那些最後會告上家事法庭的人多半都是積極且能幹的人，因此他們跟那些出現在下級法庭或兒童法庭的人比起來，是很不一樣的一群人。」53

這個數字（百分之九十）聽起來詭異地熟悉。幾天後，我跟另一位單一專家會面，她是曾輔導過兒虐和家虐倖存者長達四十年的兒童精神科醫生卡洛琳・夸德里奧（Carolyn Quadrio）。當我告知她卡利貝爾醫生的估計時，她很震驚。「加登納也曾提出有百分之九十的指控都是虛假的。」她回答：「但他從未提供任何數據或任何實證，他只說那是他所相信的。」反之，她補充道：「有研究顯示，在深入調查後，大約有百分之八十到九十的指控都有合理的根據。」

由於利卡貝爾對虛假指控率的觀點令人驚心且非正統，那麼他到底是如何評估虐待申訴的呢？「你不能只依賴孩子的陳述。」他解釋道：「在其他法庭裡，法官在判斷虐待是否真實發生過時，常視此為黃金標準。但在家事法庭裡，你需要很小心，不能只接受孩子所陳述之事的表面價值。」他說孩子常常受到焦慮的父母的質問，而他們正處於對事實尚無意識的年紀，因此便會說出能夠取悅自己父母親的話。我問他，孩子所披露之事到底值得多少的信賴呢？他們是否比成年人更容易受到引導和暗示？「非常容易。」他說：「孩子在七、八歲前都處在一個神奇的思考期，他們相信聖誕老人和幻想，而他們的主要目的是為了取悅父母。到了十三歲時，孩子才較能夠正確地報告事實，但也仍然深受父母的影響。」

跟夸德里奧醫生坐在她位於蘭德威克區的診室裡，我問她，父母焦慮的質問是否會導致孩子誤以為自己被虐待？「灌輸虛假的記憶是有可能的。」她說：「但成功與否，取決於你試圖灌輸的是哪種記憶。」有一項著名的實驗，參與者被給予——且最後相信——一個虛假的記憶，那個記憶是他們小時候曾在購物中心走失且哭著找媽媽。夸德里奧又表示，但是灌輸在購物中心走失這樣的虛假記憶，跟唬弄孩子讓他們相信自己曾被虐待過是不一樣的。「說服孩子上個週末洗澡時，爹地曾將他的手指放進她的陰道裡？」她說：「想要灌

---

53 後來在與利卡貝爾醫生的律師聯繫時，他們補充了一個釐清說明：「我們的委託人當然不是認為，在家庭法律訴訟中有百分之九十的兒童性虐指控是假的。」

輸一個假記憶，不同的情況當然會有不同的結果。」

如果孩子的揭發其本身不足以採信，利卡貝爾會如何測試孩子的指控？他說：「並沒有任何特定的測試可以顯示一個孩子是否曾被虐待，因此，你必須檢視該情境（包括來自權威單位如警方及兒童保護中心等的報告）、架構一個觀點，然後再就各方的可能性來推論虐待究竟是否曾經發生過。」他表示其中一個方式，就是同時訪談孩子和被指稱的施虐者，並在幾個廣泛的問題（例如是否有任何「令人不舒服」的事情發生）後，再提出該指控來觀察雙方之反應。「如果虐待曾發生，通常親子間就會有一種難堪的感覺，以及某些表達的困難。」他說：「假如有很實質的虐待跡象……通常你能看得出來親子之間是否有一種和諧的關係，以及孩子是否自在。如果孩子很害怕，他們會給你一種強烈的訊息。因此，讓親子雙方有一個對話是很重要的安排，如此他們就可以稍微釐清狀況，而這在評估的過程通常很有幫助。」我請教利卡貝爾，這麼做是否會對孩子造成創傷，尤其若指控屬實。「那是一個重要的問題。」他說：「在其他的司法案件裡，同時訪談罪犯和受害者通常不是明智的做法……然而，虐待指控在家事法庭裡是一個很大的問題，而虐待真實發生的比例與兒童法庭的比起來很不同，因此你不能假設虐待曾經發生。將孩子交給曾經虐待他們的父母，其所造成的傷害可能跟孩子否認了自己與良好父母之間的關係同樣嚴重。」

當我跟夸德里奧敘述此方式時，她大吃一驚。「不，我不覺得這是個妥當的做法。」她皺著眉頭說：「我認為那件事必須由法院的訪談者來做，而且必須被詳細地記錄下來。要我問那樣的問題，然後寫報告說這個或那個發生了，我會覺得很絕望。我一定得全程錄影，而且最好有另外一個人在場。」家事法庭並不要求或建議單一專家錄影訪談過程，而受訪者也被禁止錄影，唯一能證明訪談中所發生之事的就是專家的筆記，以及最後的報告本身。

在評估一個人是否有施虐行為時，利卡貝爾解釋道，我們可以在他身上尋找某些特質。「那些比較可能會虐待兒童的人通常有人格失調的問題，我們常常看到類似的案例。例如，他們本身曾有過創傷的童年，而他們也經常有非常混亂的青少年時期；他們也可能曾做過許多違法的事情，或常有嚴重的反社會問題或偏差行為。」

當這些訪談在二〇一五年於國家廣播公司《背景簡介》（*Background Briefing*）這個節目播出後，我收到了數十封郵件，包括一位在兒童保護單位工作的警官兼心理學家（他要求匿名）。「這是一個非常重要的故事。」他寫道：「許多在兒童保護領域工作的執業者都曾為類似的案例困擾過。兒童性侵犯通常擁有各種狡猾的操控技巧，我們屢見不鮮，從兒童性侵犯被定罪的比例不及百分之一，就可以看得出來。」在後來的故事裡，他寫道：「有些執業者在評量及治療兒童性侵犯方面有極豐富的經驗，與他們談話應該能夠給妳啟發。」

於是我決定拿利卡貝爾的理論和方法，去請教澳洲最傑出的兒童性虐研究專家之一基姆·歐茲（Kim Oates）教授。「如果能有某種測試施虐者的方法，不是很棒嗎？」當我問他是否可能為施虐者畫出一個輪廓時，歐茲博士說：「大眾對性虐犯的刻板印象是一個長相不雅、穿著雨衣躲在角落裡的人，但這完全不真實。有性虐傾向的人很可能是個模範公民，他們在社區、職場、專業或家庭等各方面可能都極受敬重。性虐是非常隱匿的行為，而性虐犯當然不可能有明確的類型。」有時候，性虐犯的確會展露某些犯罪的行徑——「暴力或搶劫之類的」——但他們絕大多數都是平凡或可敬的人。「這也是為何人們會覺得孩子的陳述令人難以置信之故。『那個人怎麼可能是個性虐犯呢？他真的是一個很和善的人。』」

至於我們是否能夠藉由觀察一個孩子與其被指控之父母的互動來辨識虐待，歐茲對此理念也嗤之以鼻。「遭性虐的兒童可能與對他性虐的那個人關係良好。有些可能會避開他們，但有些也可能喜歡跟他們在一起——孩子可能會覺得自己很重要而覺得快樂。他們常常會獲得禮物和賄賂。」缺乏自信的孩子特別容易受害，他說，因為他們的施虐者讓他們覺得自己受到重視。「這對孩子真的很不利，因為那個孩子長大後可能會覺得自己的價值就是在『性』這一方面。」

在進行訪談時，我問利卡貝爾在兒童性虐方面是否有特別的專業知識。「身為兒童精神科醫生，我的訓練之一就是學習各種可能影響兒童發展的潛在不幸。」他說：「性虐便是其中之一。因此，我猜我所擁有的訓練便是見習（透過臨床工作）各種各類兒童可能經歷的創傷，並不特別是性虐這方面，但性虐是那些虐待狀況中的一種。」

前文提及，我讀過的判決裡曾引用如「親職化」和「洗腦」這類的術語，這些理論從何而來？當單一專家在對某案例進行評估時，他引用的又是哪位兒童性虐專家的意見？「要取得客觀訊息並執行對照測驗，是很困難的工作。」他回答：「因此，科學文獻其實就是該領域裡經驗豐富且受尊敬之人士意見與經驗之組合。」他說。有任何特別的人嗎？「不同的人會檢視不同的症狀，例如加登納檢視的就是親子離間症候群。人們對親子離間症候群的使用和濫用有很多的爭議，但臨床上，我們的確經常看到孩子在某方父母的影響下疏遠了另一方父母，並發展了某種程度的離間。我想在某些情況下，親子離間是一個有用的概念，但它有時卻被過度使用且濫用了。『親職化』這個詞源自最早的兒童治療師之一——薩爾瓦多・米紐慶（Salvador Minuchin），他在著述中論及自己所觀察到的被『親職化』（也就是照顧著父母，而非由父母照顧）的兒童。那是我們在較年長的子女身上經常看到的一種動力……當孩子為父母感到憂心時，他們便開始『親職化』了。」

我問他是否覺得加登納的理論受到了不公平的毀謗。「我認為在這一個領域裡，他的意義重大，」利卡貝爾回答：「但我覺得我們不能隨意就丟出『親子離間症候群』這個詞。我們需要真實地描述自己在臨床上所見之狀況，然後再談及加登納所述的離間之程度，我認為無論在輕度、中度或重度的情況裡，那樣做都很有用，而且可能引導法庭做出恰當的回應。」

當我後來寫信問利卡貝爾，他是否曾在自己的報告中引用「親子離間症候群」時，他回答：「我會提到『離間』兩字（如果它具體發生的話），並描述其狀況，但我會避免使用『親子離間症候群』這個標籤，儘管它通常很好用。因為這個標籤現在受到相當嚴格之審查以致它不但沒那麼有幫助，反而時常造成更多爭論……作為一個指南，李察・加登納的建議很有用；作為某些背景文獻的參考，『親子離間症候群』也很有用。不過值得注意的是，『親子離間症候群』不是一種診斷。那一直都是主要的批評之一，因為它有時會被暗示是一種診斷並以此方式來應用，但它不是。」

當我詢問家事法庭的副院長約翰・福克斯（John Faulks）法官，法庭對於「單一專家」是否有最低標準時，他嘲弄我那是一個「設想錯誤」的問題。「它不是一個最低標準的問題。如果你的牙齒需要牙冠，你不會去找一個木匠。」福克斯法官說，所有專家都必須證明自己具有相關之專業知識，才能對某事提出意見。

但是，假如一位精神科醫生在兒童性虐或家虐方面沒有正規的訓練，不就像是找一位木匠來做牙冠嗎？如果你未曾特別研究過家虐和兒童性虐裡的反直覺特質，要如何宣稱自己在那類案例上具有專業知識，並在法庭上提供專家證據呢？福克斯法官聽了很生氣。「我說話時妳到底有沒有在聽，夫人？」在來回的困惑和幾次交鋒後，福克斯說：「也許可以這麼說，單一專家的最低資格就是，他（她）是一位合格的心理學家或精神科醫生，或者——在某些案例裡——是個合格的社工。」

對至少某位家庭法系的法官而言，這種專業知識的缺乏是個大問題。在他於二〇一三年所發表的評估兒童性虐指控的論文裡，聯邦地方法官馬修・邁爾斯（Matthew Myers）寫道：「那些在澳洲家庭和聯邦地方法院呈交『專家證據』的人，很少擁有充分做好這個工作所需的訓練、知識和技巧。」

＊

對進入家庭法院的訴訟者而言，爭取子女監護權的能力經常備受考驗，其過程對體力及心神都是極大的耗損——它可能非常昂貴，也可能需要大量的案例建構和證明文件等（各種評估和報告就可能花費好幾千澳幣）。對某些父母而言，他們保護子女的能力，取決於他們是否有能力負擔這一切。如果資源枯竭了，或上訴的管道被封鎖了，那麼孩子就不得不遵從法庭的命令。但在撫育命令發出後，法院並沒有正式程序去檢核孩子的福祉，也沒有程序去評估孩子跟那個他們被命令去與其同住或相處的父或母在一起後是否安全。對一個因法庭之命令，而不得不去與其施虐的父母共同生活的孩子而言，這種監督的缺乏可能造成殘酷的後果。

艾利克斯（Alex）在六歲的時候，他的母親向法庭提出了性虐指控，之後法庭便命令將他從母親身邊帶走，並送去跟父親同住。儘管法官知道他父親的另外兩名前妻，也曾對其提出相同的指控（性虐他們幼小的孩子），但他仍發出了那樣的命令。「法官所做的決定毀了我的童年。」艾利克斯說道。我在二〇一五年訪談他，那時他十四歲。就他記憶所及，他的父親經常對他施加身體和情感上的凌虐，而虐行發生的頻率之高，以至於他難以記起單一的事件。「有一次我正在刷牙，他走進浴室來，平白無故地就用力摑了我一耳光。」艾利克斯說他一**次又**一**次地**試圖告訴人們他的遭遇，但沒人相信他。「我那時太小了。」

在二〇一三年時，艾利克斯違反了命令逃到媽媽家，並威脅表示，如果強迫他回去，他就要自殺。當他的父親向法庭申請帶回令時，法官要求另一名單一專家來評估艾利克斯的指控，而那名單一專家正是史醫生，也就是替珊卓和蒂娜做評估的同一位專家。史醫生的結論是——艾利克斯的「自殺感」與其壓力有關，但並不是真的想死。他建議法官將艾利克斯送回他父親身邊，並且，為了幫助父子重建情感連結，艾利克斯跟母親在一個月內不可有任何聯繫。假如艾利克斯再度逃跑，那麼「他的母親必須負全責並被關押」。在史醫生的建議下，法官發出了帶回令，命令警察將艾利克斯送回他父親家，並禁止艾利克斯與他母親聯繫一個月。「我很疑惑，這種事怎麼會發生在我身上？」艾利克斯說：「沒有人相信我的話——學校或任何地方——一種很糟的感覺……這世上除了自己，沒有人能夠幫助你。」

第二天，艾利克斯沒有去上學。他搭了火車去找他哥哥，接著他們一起到了警察局去。「那裡有一位警察，人非常好，他說他會盡一切所能幫助我……但他什麼也不能做。」艾利克斯說。警方的筆錄顯示，早上八點半時，艾利克斯的父親拿著一張帶回令抵達警局。「他們把我拖進警車裡，真的是用拖的……然後把我載回我父親家。」艾利克斯說。接下來三天，艾利克斯每天都跑到警察局去，而每次他們也都得把他送回去給他父親。「那個家事法庭，他們支配每一個人。」他說：「甚至警察——警察耶！連警察都不能保護我！」

兩週後，艾利克斯又逃到了警察局，並提出肢體虐待指控。這一次，警察幫他申請了一張臨時禁暴令以保護他。兒童保護單位的一份報告裡記錄道：「艾利克斯跟他們討論與父親同住所受的虐待時，不斷顫抖、哭泣。」

由於案例必須送回家事法庭，兒童保護單位的警官必須在那期間幫艾利克斯尋找另外的住處。他想去跟外婆住，但他擁有唯一扶養權的父親否絕了。他父親提議可以讓他先到庇護所住兩個月，並補充道：「那樣也許可以給艾利克斯一些反省事情的時間。」

「在那兩個月的期間，我不可以跟哥哥或媽媽講話——不能打電話，什麼都不行。」艾利克斯說。案子送回家事法庭後，兒童保護單位進行了干預，要求法庭給出讓艾利克斯去與他母親同住的命令。「終於……法庭發出了另一個命令，讓我可以搬去跟媽媽一起住。」艾利克斯說：「從那時起，我就跟媽媽快樂地生活在一起。」

我在四年前與艾利克斯進行以上的訪談，如今他已經滿十八歲了。不幸的是，他的故事並未有一個快樂的結局——他被診斷出患了「創傷後壓力症候群」，他的精神科醫生說該症候群源自他父親對他「漫長且痛苦」的虐待，以及六歲時被迫與母親分離的陰影。艾利克斯苦於「創傷性的記憶回閃、焦慮發作、記憶與專注困難，以及在解離狀態下失去時間感等」，這些症狀的程度都非常嚴重，以致他無法上學，更別說是工作（他在未來幾年可能都無法從事這兩件事情）。艾利克斯沒有期待自己成為一個獨立的成年人，他現在正在申請失能福利津貼。

在二〇一三年，當時十四歲的艾利克斯告訴我，他已經開始推動一個成長團體，並輔導其他被迫與自己害怕的父母共同生活的孩童，他下定決心要替那些孩童爭取他們在法庭程序中被聽見的權利。「我真的、真的不想看到孩子們被迫離開自己的父親或母親，然後被送到施虐者的手上。」他說：「我立志這麼做，因為如此他們的童年就不會跟我的一樣被摧毀了。」

＊

當家虐受害者說，經歷家事法庭就如同走入鏡中的世界時，我相信他們。在我身為記者的生涯中，我從未像在調查家庭法系時那般地感到困擾和迷失。這個體系中的某部分彷彿存在於一個平行的宇宙裡——在那裡，我們不明白家虐是什麼，更不瞭解它對孩童所造成的影響。

不管對「家庭法律法」做多少修補，都無法改變它。那些是文化的問題，而它們在整個家事法系裡已根深柢固，從法官到單一專家和律師等。人們一直想要藉由立法來修正這些問題——在澳洲，為了排除二〇〇六年霍華德政府的改革所造成的負面影響，吉拉德政府於二〇一二年對家庭法律法進行了一系列的改革。「研究明白地指出，父母親害怕向法院提出家虐指控。」當時的司法部長妮可拉・羅克松（Nicola Roxon）說。吉拉德政府最終取消了霍華德的「友善父母」的規定，並將家暴的定義擴展到包括「脅迫型控制」的策略，例如跟蹤、阻止某人與其親友接觸、反覆的貶抑和奚落，以及對財物的刻意損壞等。它也擴大「兒童虐待」這個詞所暗示之行為，將「暴露於家虐環境中」也包含進去，並規定法庭必須詢問父母其關係中是否曾有虐待或威脅虐待之事發生。白紙黑字，家事法庭那時終於有了一個明確的指令——兒童安全優先。

然而，七年後的今天，老掉牙的故事仍不斷重演。當父母提出虐待指控時，仍然會受到警告，律師會給受害者施壓，要他們同意簽署自己明知危險的命令。受害者在「述及過往」時，法官仍然會告誡他們，要他們忘掉自己的怨恨並「為子女著想」，彷彿一旦關係終止，家虐就會隨之結束。「除非他們能先理清家事法庭的問題，否則人們不應該自以為是地勸告女人離開。」妮基（Nikki）說道。她是一名出庭律師，在第一次看到丈夫毆打孩子後，她已經在該暴虐婚姻中忍耐了十年。她深知家事法庭對家虐受害者有多不安全，且要阻止丈夫與孩子的接觸又有多難，因此她繼續留在那個婚姻中以便「監督」。「那是我覺得我唯一能夠保護我兒子的方法。」

如果你是一位向家事法庭提出真實虐待指控的父母，那麼你或許需要祈禱自己夠好運——你的法官也許瞭解家虐，你的家庭評估專家可能接受過專業訓練，並且能夠識別問題，而你的律師也許相信你。但對許多家虐倖存者而言，事實是，他們可能在離開那個施虐者多年後，仍然深陷在纏訟的泥淖裡，且只有在法庭認定孩子大到足以為自己做決定時才得以解脫。因家虐案件而與我接觸的人中，絕大多數都是母親，但我也聽了幾個在婚姻中被虐且有確鑿證據的父親的故事，他們也遇到了同樣缺乏專業的單一專家的評估，及庭上法官的質疑。

二〇一六年時，澳洲展開了兩次高調的家事法庭改革運動，前後相隔不到一個月。在聯邦選舉的喧囂中，羅西・芭蒂透過「婦女法律服務」在全國記者俱樂部提出了五點改革計畫，她說：「自從我失去路克後，前來找我協助的女性中，最大的共同問題就是對家庭法系的絕望。」這已經成了她最關心的領域，因為「在家庭法系中，有數量可觀的人根本不瞭解，或甚至不想瞭解家虐的複雜特質」。她的計畫書提出了幾項改革建言，例如，在家事法庭裡替家虐案件開啟一個專家管道、籌募充分基金以資助社區法律服務，並要求所有處理家虐或創傷案件的家庭法律專家們接受所需之訓練等。一個月後，由海蒂・強斯頓所創立的兒童安全團體「勇敢之心」公布了一份長達兩百七十七頁的報告，並呼籲替家庭法系成立一個皇家委員會；在二〇一八年的最後一天，多位聯邦議員及社區團體也站出來支持強斯頓及其他同盟，聯手敦促政府成立一個皇家委員會，那一份由十七位參議員、三位議會成員及四十多位社區團體之代表等所共同簽署的請願書中陳述道：「當前的體系不但功能失調且危險，它每天都在傷害著這個國家的孩童。」。

多年來，家事法庭一直公然地排拒這些指控，但二〇一八年，活躍的家事法庭首席大法官約翰・帕斯寇（John Pascoe）終於承認了它們。父親殺害自己子女的案件——如四歲的妲爾西・富里曼、傑克及珍妮佛・愛德華茲（Jack and Jennifer Edwards）姊弟等——深深困擾著他。「當我們面對包含暴力指控的新案件，並驚疑看似普通的案件會在瞬間發生恐怖的轉折時，這些就是縈繞我們心頭並在暗影中潛伏的事件。」大法官帕斯寇說。他在布里斯本的一個會議中提及，人們對「家庭法律法」所提出的主要疑問大約有五十條，但如果一項即將進行的政府調查無法減緩大眾對此體系的憂慮，「那麼當然就應該考慮成立一個皇家委員會來調查家庭法」。

對此，我想指出一個更尖銳的重點——「不起作用之調查」的時代已經過去了。家庭法系正在毀滅脆弱孩童的生命（如卡莉、傑斯、堤姆、莎莉和艾利克斯等），如今這些孩子都將終生面對創傷的後遺症，什麼都無法將之抹除。然而，晚做總比不做好，我們現在可以行動，以確保將來再也不會有孩子被命令去與他們所畏懼的父母同住。

只有皇家委員會才能披露家事法系的問題與錯誤，並告訴我們該如何做才能改變它——永遠地改變它。[54]

---

54 哈利和米亞（本章開頭的故事）在他們的父親放棄監護權後，被送回了母親身邊。當我問哈利對家事法庭的看法時，他說：「我覺得家事法庭很糟糕，它根本不應該存在，因為孩子不應該交由會對他們施虐的父母照顧。你不能夠控訴沒有犯錯的那一方父母，把孩子竊走，然後將他們交給一個施虐者。」對那些被法庭命令去與他們所畏懼的父母同住的孩子，哈利最後說了一句話：「別放棄，繼續努力。」

第十章　DADIRRI

Dadirri是一種內在、深刻的傾聽，
以及寧靜、靜止的意識……

我們學會了用白人的語言說話，
我們傾聽了他們要說的話。
這樣的學習和傾聽應該是雙向的。
我們希望澳洲的人們也花些時間傾聽我們。

我們希望人們可以靠近一點。
我們持續渴望著那些我們一直希望能擁有的東西——
尊敬與瞭解。

——米麗安—蘿絲・安岡默—波曼（Miriam-Rose Ungunmerr-Baumann），
原住民長老／藝術家兼教育家，那依優（達利河）

在寫作本書的期間，我遇過許多卓越的女性，但其中一位原住民婦女不凡的力量與韌性，特別令我震驚。她的故事我前所未聞，她為了讓女兒和自己活下去所做的一切，是驚悚片和間諜小說才有的劇情。她不但從我們所能夠想像、最恐怖的虐待中活下來，她還為自己奮戰，一路打到這個國家的最高層並贏得了勝利。她的幽默無人能擋，她的意志力無法被撼動。

在我訪談她時，她已經逃離那個幾乎殺害她的男人很多年了。她的故事是本章的重點。但是，就在這本書付梓前幾天，她卻必須將它撤回。她的前伴侶威脅了她的安全，程度之嚴重使她無法公開自己的名字。

我想要敘述她的故事。將來有一天，我希望能夠敘述它。但現在，我不想假裝它從未存在過，反之，我想要從榮耀她的勇氣及其了不起的心智開始。我不能告訴任何人妳的身分，但**妳**知道。

＊

在歷經制度化的屈辱及創傷兩個多世紀後，澳洲原住民不足為奇地承受著最惡劣的家虐。在某些社區，暴虐之行的發生如此普遍，以至於住在其中的婦女無法想像沒有虐行的生活。正如古利族作家梅莉莎・盧卡申寇所述：「對那些一輩子都活在暴力及壓迫環境中，並同時遭受白人和黑人攻擊的原住民女性而言，『有些男人不會毆打或強暴女性』的概念，簡直就是令人吃驚的天啟。」

統計數據是殘酷的。原住民婦女因家虐及與之相關的攻擊而住院的可能性，比一般婦女多三十五倍（這只是澳洲全國的平均值，在某些偏遠地區，平均可能高達**八十**倍）。從她們所受的傷害來看，原住民婦女的死亡率也可能比一般婦女高十一倍，而她們的死亡則幾乎不會出現在報刊上。正如阿倫達族作家兼社會運動者西萊斯特・麗朵（Celeste Liddle）所說：「原住民婦女的死亡**理所當然**。」

離開家虐情境對多數婦女而言都是困難且危險的，但對原住民婦女尤其是——離開一位男性施虐者根本不可能，或代價太高。以下這份呈交給昆士蘭特別工作小組的假設情況顯示，在此網路裡的每一條繩索，如何困住了偏遠地區的原住民女性：

想像妳是一名住在昆士蘭某偏遠社區的原住民婦女。妳離下一個社區的路程約為三個小時，到沃爾沃斯超市的路程大約為九個小時，那條路只有半年能通行。社區中有七十五棟房屋，五百人口，一座電話亭。一隻烤雞要五十元澳幣，一管牙膏要十四元。社區裡的公共服務很少。從社區的東邊走到西邊只要十分鐘。妳一輩子都住在這裡，這是妳所知道的一切，這對妳而言很正常。妳的家人住在這裡，妳的支持網路在這裡。妳的三名子女住在這裡，「他」住在這裡。

他揍妳，經常揍妳。他強暴妳，他咬妳。他控制妳。他的家人也住在這裡。

妳不能控訴，否則妳的孩子會被帶走，而妳可能要奮鬥至少十八個月的時間，才能把他們接回來。這是妳姊姊曾有過的遭遇。妳不能控訴，否則他的家人會找妳算帳。妳無法離開，因為這是妳所知的一切。他的叔叔在航空公司工作，他的堂哥在當地的手機店賣手機，他的妹妹在加油站上班。即使妳想辦法離開了，他早晚也會找到妳，而妳就會被送到一個妳一無所有、沒有家人也沒有支援的地方去。

他在大街上攻擊妳，警察看到了。他上法庭，他把過錯推到妳身上。妳告訴警察事實發生的經過，警察說他們會把它報告給庭上。他沒有被帶走，因為他的社區就是他所知的一切。開庭延期，妳等待。

離開法庭後，妳跟他一起回家。妳在住屋服務登記妳的名字，名單很長，有二十五個人排在妳前面，但全部只有五十棟屋子。妳預料要等三年。住屋服務由議會管理，而他姑媽在議會工作。

幾個月過去了。妳小心翼翼地不激怒他。妳去看了諮商師，她告訴妳那些妳已經知道的事。如果妳無法搬離妳的社區，那妳留下來，暴虐的狀況會比妳離開後所遇到的還少。

再度開庭了。都已經過了三個月。他再度返家。妳很害怕，且不瞭解，他們為什麼不能叫他離開呢？警察告訴你，那個檢察官不知道。讓案件延期的是他的辯護律師。妳等待。那天在法庭上沒有人提到妳。

他威脅妳什麼都不能說。他毆打妳的腹部，如此妳便看不出受傷，他總是那麼做。兒童安全中心上星期跟妳談過，他們沒有把孩子帶走，但是他們說你家不准再有暴力，妳無法控制這種事情。開庭的日期訂在三個星期後，希望到時能有一些進展……

法庭終於給出了一紙禁暴令。他再度在大街上揍妳，整個過程重新開始。

「妳並非只是離開妳的社區而已，因為那意味著妳也會離開妳的子女及親屬網絡。」南太平洋諸島達倫布族記者艾咪・麥奎爾（Amy McQuire）說：「這就是為何如此多原住民婦女留下來的原因，因為她們沒有其他地方可去。」離開這種關係如此難的另一個原因是，當妳面對被剝奪的無力感與多世代創傷時，妳的關係便是妳唯一能夠抓住的。「這類虐行中有許多是受到嫉妒的驅使，因為當你的生命中有太多無法掌控之事時，你便會努力控制那一個能讓你自我感覺較良好的情境。」

在澳洲，原住民女性與兒童比其他族群受到更多的虐待，但他們的施虐者不全都是原住民男性。事實上，正如某研究顯示，已婚的原住民女性中有絕大多數（百分之五十九）嫁的是**非**原住民丈夫。[55]「德吉拉」（Djirra，一個原住民家暴法律服務處）經常看到在各種不同背景與文化的男人手上受虐的原住民委託人（多數是婦女）。在這些既存的數據中，唯一確定的是，原住民婦女遭受家虐的風險特別高。[56]

*

當我開始調查原住民家虐時，我便知道它的基本問題。警察對那些婦女的控訴，通常不會認真對待，而當她們被攻擊或殺害時，警方也不會進行適當的調查。類似的故事層出

55　此數字在城市中心較高（超過百分之七十五），但在鄉村或偏遠地區則較低。

56　生下有原住民血統之子女的非原住民母親，風險亦較高。

不窮，例如那個「搞砸的調查」[57]——在二〇一三年，一位叫做奎門堤雅・格林（Kwementyaye Green）的母親（二十五歲，有兩名小孩）被發現死在泰能特溪谷的一片空地上。儘管她的伴侶羅德尼・夏南（Rodney Shannon）被發現就躺在她旁邊，警方仍然基於夏南所提供的解釋——「格林刺殺了自己」——發展出驗屍官所稱的「不理性的成見」。另一個例子是在三十一歲的娜塔莉・麥克寇瑪克（Natalie McCormack）：愛麗絲泉譚箇提爾區「安全之家」的青少年輔導員）死亡後，同樣的推理也說服了北澳警方。罔顧其丈夫對她長期的虐待，警方接受了他的解釋，說娜塔莉「刺死了自己」——雖然他「沒有一絲證據」能支持那個說法；麥克寇瑪克在二〇一五年被殺害，而對於她的死亡，警方並未起訴任何人。

但我很快就知道，我的理解根本未觸及皮毛。我記得當我明白自己有多無知時的錯愕，當時我在車子裡聽著由艾咪・麥奎爾和律師馬丁・霍吉森（Martin Hodgson）所主持的播客節目《簾幕》（*Curtain*）。霍吉森開始了一段讓我憤怒到喘不過氣的獨白，一開始，他便大膽地聲稱：「警方和政府的服務部門，不僅沒有積極地支援原住民婦女，反之，他們還很積極地懲罰那些敢於將家虐說出來的女性。」一開始，霍吉森的聲稱有點誇張，但接著他引用了一件特定的案子作為舉證：

就在去年，一名原住民婦人支持自己的女兒向警方舉報她正在遭受的家虐問題。這不就是我們告訴人民他們該做的事——支持彼此、支持自己所愛的人，並聯繫警方。

但那名婦人最後卻被下了獄。為何？因為當她聯繫警方而警方也如她所求來到她家時，他們卻發現她有一筆罰款未繳，因此他們發了一張拘押令，將她關了幾個星期。本來可能關更久，所幸有人幫她繳了罰款。

她是為何被罰？因為一隻未註冊的狗。警方竟然將這類民事糾紛的重要性，放到兩名原住民婦女的生命安全之前，並且未處理本該處理的家虐問題，反將一名無辜的原住民婦女關進美拉路卡女子監獄裡，因為她膽敢為自己的女兒尋求協助。

我無法相信我所聽到的事情。在婦女要求警方前來保護時，他們竟然因為她們未繳的罰單而將她們逮捕入獄？

我需要更多的證據來證明警方的類似回應不是單一事件，而是一個「懲罰」模式，於是我打電話給馬丁・霍吉森。身為律師，霍吉森不僅無償協助家虐受害者，也免費為全世界的弱勢族群服務——從在海外被誣告恐怖主義的澳洲人，到面對自己未曾犯過之罪卻遭判處死刑的非裔美國人。他的所有工作都在他位於新南威爾斯州南岸的家的車庫裡完成，他在攻讀法律時便開始提供這方面的協助，而他賴以為生的方式則是利用深夜時分替汽車雜誌和摩托車雜誌寫稿。

當我們談話時，他仍尚未從前一晚的疲勞中恢復——他昨夜睡在停在某一位原住民婦

---

57 北澳驗屍官克雷格・卡凡那（Greg Cavanagh）抨擊北澳高級警官「缺乏堅持、意願及能力」時所用的字眼。

女家門前的車子裡；他守在那裡不是為了警告施虐者，而是要警告警察。「這對尤其是原住民婦女的遭遇而言，是相當普遍的例子。」他解釋說：「通常那些女人會報警，然後警察會出現，在警察處理與家虐相關的任何事件前，他們會先要求在場的每一個人拿出他們的身分證明。當然，其中某些人一定會有未繳的罰款之類的，於是他們就會把那些人拖走。那會是很令人激動的場景，因為她們年少的兒子通常會想要保護媽媽，卻完全沒有能力那麼做。」

就拿他前一晚睡於其門外的那名婦女的案例來說：「她的繼子十六歲，而他有一些未繳的罰款。因此那名母親很害怕跟警察打交道，因為根據以往的經驗，如果她打電話報警求救，他們根本不會幫她任何忙，只會把她兒子拖走而已。」該繼子之所以被罰款是因為一些「你所能想像的瑣碎之事——最糟的大概是在商店裡順手牽羊」，但對那婦女本身而言，情況更糟糕。現在警察視她為「麻煩製造者」，因為在她報警後，她由於「自己個人的理由」，不能讓那個男人到法庭跟進案件。虐待她的那個男人吸毒，而當毒品「運抵他們鎮上時，她就有被虐的風險，而她卻不能報警」。那名婦人的困境很可怕，她有好幾個小孩，她不識字，同時她在財務上相當依賴那名施虐者。「因為他有工作，而且不是原住民，警察當然會站在他那邊並成為她實質的施虐者。」霍吉森說。霍吉森之所以會在那名婦女家門外的車子裡待一整夜，是因為該婦人這次確實報警了，而警察告訴她，如果她又要囉嗦警察會將她兒子帶走之類的廢話，那麼他們不會來。「她的情況沒有勝算。」霍吉森解釋道：「嚴格來說，她不能收留一個被通緝的人，因此這就成了警察苛待她、操控她的藉口。如果你善盡職守，那麼就去抓他，他多數時候都不在家。」霍吉森睡在她家門外的車子裡以便警告那些警察——開車經過當然比進入她家找她麻煩容易多了。「我很高興警察知道我是一個不會退縮的人，通常能夠阻止警察做他們真正想做之事的唯一手段，就是我的出現。如果他們看到我的車子停在某人的家門口，那麼警車最好直接開過去。這就是為何我睡在某個人門口的車子裡有些效果之故。」

霍吉森從小就知道家虐，他母親是南澳家暴部門的傳奇人物。在他們居住的那座小鎮裡，「說來瘋狂，我母親經常須到那些人家裡去進行調查工作，而施虐者常常會在調查的途中忽然回家。我們那座小鎮位於鄉村地區，因此她曾無數次面對著指著她腦袋的槍」。既然她不能仰賴警察的保護，馬丁就必須跟著去幫忙。「在我十一、二歲時，媽媽有時會到學校來接我，而我就會跟她到她要去做調查的地方，然後拿著一隻板球棒坐在車子裡，以防那個傢伙忽然回家來。校長會讓我離開學校去幫忙，因為在那座小鎮裡，每個人多少都知道，如果媽媽要去某個地方而那個傢伙很暴力，那麼……」霍吉森說，他母親是他的英雄。「但她所有的朋友都是，因為那就是她們全部的人都在做的事。我想沒有人真正瞭解這些前線的女性們曾經歷過多少困難。我母親的每一位同事都曾被持槍威脅過，都曾不得不暫時躲到其他人的家裡去，而他們也全都是有小孩的人。」

現在，霍吉森說他一半的時間在保護他的委託人免於施虐者的虐待，另一半的時間則在保護她們免於警察的騷擾。當一名地底下的女人因家虐而向警方報案時，她所需要的不僅是保護與支持而已，她也需要有人來挑戰其施虐者的世界觀。她需要有人來告訴她，她並沒有錯，她並不是一個壞人，而要求協助是一種勇敢的行為。當她不能獲得這些協助，還反而因瑣碎理由（如未繳罰款等）而遭逮捕時，她的羞恥感會因自己被捕下獄的屈辱而暴增。而在這之後，她再度向國家體系要求援助的可能性就會大幅地降低。

類似的案例在西澳特別常見。在二〇一七年時，一名來自柏斯的努加族婦人在警察接獲家暴報案電話並來到她家後，卻因未繳罰款而遭逮捕。警察抵達後便先對這位有五名小孩的母親進行背景調查，然後發現尚有三千九百元澳幣的罰款未繳，而罰款的原因**又是**與一隻未註冊的狗有關。儘管那名母親以其微薄的社福津貼扶養子女已經很艱辛，她仍然提出了一個分期攤還的計畫。但警方拒絕了。他們將她送到美拉路卡女子監獄去，並告知她，除非她能夠一次繳清罰款，否則她就必須坐牢十四天，但她可以在牢裡每天「償還」兩百五十元澳幣的罰款。警方對她最小的孩子仍在吃奶的這個事實似乎並不在意，在她坐牢的期間，她姨母到她家來幫忙照料五名小孩，而政府竟將那屋子的電力切斷了。[58]

「那些罰款通常都與交通違規、社會保障方面或輕微的脫序行為之類的有關。」努加族人權律師兼學者漢娜．麥克葛雷德（Hannah McGlade）說，她正在她西澳的老家展開反對這些法律的運動。「這就是過度警化該受詬病之處……許多原住民婦人和女孩一看到警察就破口大罵，因為她們覺得被警察欺壓、蔑視，所以她們的回應就是——**去死吧！**至於沒註冊的寵物，很多原住民養了貓狗卻沒錢註冊……那真是討人厭的事。他們付不起罰款，因為他們都生活在貧窮線下，靠著福利金過活。而當罰款未繳時，它們就會變成兩倍或三倍。」

相對於那些背負太多「個人責任」的人而言，「他們唯一的煩惱就是——他們犯了法」。對大部分非原住民的澳洲人民而言，同樣的行為頂多引來警告或一句嚴厲的斥責。「在公共場所醉酒及行為脫序，事實上就是春季賽馬嘉年華的風氣。我在雪梨國王十字車站附近住了這麼多年，一次也未曾看過或聽過任何一位喝醉酒的年輕女人——赤著腳、手裡提著高跟鞋，一邊跌跌撞撞，一邊粗言穢語地穿過車站——被警察開罰單。原住民不是因為這些不端的行為被罰款，而是因為他們一直被嚴密地監督，並且因我們多數人都能逃過的違法行為而被懲罰。調查「死於羈押之原住民」的皇家委員會總檢察官兼副教授約翰・威廉斯—莫茲里（John Williams-Mozley）說，原住民遭逮捕的機率比非原住民高二十倍，而警察也經常受自己的種族主義信仰之左右，而鎖定原住民的違法行為，如擾亂公共秩序等。

有一名婦人的故事讓漢娜・麥克葛雷德特別憤怒，她問我：「我有跟妳說過在布魯姆發生的妲米卡・穆拉蕾（Tamica Mullaley）的案例嗎？很多人都不知道她的故事。」我打岔道，幾年前有許多人告訴我，布魯姆曾發生過一件可怕的事，但沒有人能夠告訴我那名婦人的名字。麥克葛雷德回答：「對！我們都知道羅西・芭蒂，但我們不知道妲米卡・穆拉蕾、小查理（Charlie），以及那些人對一位母親做了什麼事。沒有人憐憫她！」

58 在本書即將付梓時，西澳政府宣布在二〇一九年六月，將廢除人民因拖欠罰款而被逮捕下獄的法律。但正如霍吉森所解釋，即使其他州的婦女不會因罰款未繳而入獄，她們仍會在報警求助時受到逮捕的威脅。

＊

我從未聽過妲米卡·穆拉蕾這個名字，但我應該早就聽過。每一個澳洲人都應該早就聽過。她的故事應該是國家級醜聞——當警察在二〇一五年追訴她時，羅西·芭蒂正好是那年的「澳洲年度人物」，而記者們正從每一個可以想像到的角度追蹤報導著家虐問題。然而，除了一些粗略的電訊新聞外，妲米卡和查理·穆拉雷的故事在西澳之外的地方卻很少被報導。

在過去五年，我曾檢視過不少人們可以想像、最令人震驚的案例，我因那些案例而哭泣和憤怒的次數連我自己都數不清。但當我讀到發生在妲米卡和她的寶貝查理身上的事件時，我才知道何謂憤怒。

這是一個傷痛的故事。我會盡量平鋪直敘地描述它，只講述必要的細節，如果可以，請你堅持著看完。

故事始於二〇一三年三月十九日，妲米卡的父親泰德（Ted）的生日聚會上。「那晚我們吃了一個小蛋糕。之後妲米卡要出門去。」泰德從容不迫、言語清晰地說。他看起來像是一位民間詩人或上了年紀的搖滾樂手，留著漂亮的山羊鬍，一頭灰色的長捲髮披在肩膀上。泰德在布魯姆有一家生意興隆的貨運行，並且如同許多的原住民祖父，大部分的時間都在含飴弄孫。妲米卡準備好後，便請她的父親幫忙照顧她十個月大的兒子查理。「我很不高興，所以我拒絕了。」泰德說：「希望那會讓她乖一點，不要太晚回家。」

泰德不知道的是，麻煩已經快要找上門了。妲米卡才剛從柏斯回來，而鎮上流傳著耳語，說妲米卡不在的時候，她的新男友馬爾文・貝爾（Mervyn Bell）與其他女人鬼混。他們那天下午出去與朋友喝酒時，他的行動就有點怪怪的。妲米卡決定要跟他攤牌。

當妲米卡到達聚會的友人家後，她把查理放到客廳裡睡覺，然後到外面去跟馬爾文及其他幾位朋友玩。在從布魯姆打來的電話上，她告訴我後來發生的事。「我跟他提我聽到的謠言，但他翻臉不認人，真是個混球。」時間很晚了，於是妲米卡決定步行到一位朋友家去借嬰兒車，以便把查理帶回去。

馬爾文開車尾隨她並攻擊她。「他一言不發就開始毆打我。我試圖逃走，但他從後面追上來，繼續攻擊我。他不但把我傷得很重，還把我的衣服脫光。」一名在當地醫院服務的護士剛好在家，她聽到街上傳來尖叫聲後，透過窗戶看到馬爾文正在猛毆妲米卡。她跑出屋外，大聲吼叫趕跑馬爾文，然後打電話報警。

電話響時，泰德已經睡了，是那位護士打來的。妲米卡躲在一個車棚裡，全身赤裸且遍體鱗傷，身上只裹著一條那位護士給她的毯子。警察已經在前來的路上。泰德從床上跳起來後，直奔車子，希望能在警察到達前趕到。

當泰德轉往妲米卡等待的那條街時，他的心不禁沉了下去。「我看到警車閃著燈往那棟房子開去。」

妲米卡的狀況很糟，全身都是血，她大聲哭泣著。「她正對著警察吼叫：『走開，我不需要你們！』但警察不斷朝她逼進。」泰德說。警方的記錄上寫著妲米卡罵警察「雜種」，並叫他們「滾開」。她不想警方介入：「我知道布魯姆的警察素質很差。」她解釋說：「我只想跟父親回去，因為我覺得很丟臉，我全身赤裸，還都是血。我們在布魯姆有很多熟人，事情又剛好發生在其中的一條大街上。」

警察拒絕離開。「我們接獲命令前來處理滋擾事件。」一名警官道：「說是有一名婦人全身赤裸並且被踢出車外。」他們必須調查到底發生了什麼事。

但他們為何非在那個時刻、那個地方審問妲米卡呢？她是一位暴力受害者，身受重傷且需要緊急送醫治療，而她不希望有警察靠近她。其中一名警官注意到：「妲米卡的右眼四周都是血。」——她的頭部明顯遭受過重擊，光是此傷害就足以讓她的行為乖僻及記憶混亂。警察有責任先將她當作受害者照顧，之後再以目擊證人的身分接受審問。

此外，警察已經有了一位目擊者——在他們一抵達後，那位護士就已經跟他們描述過事情的經過了。然後當泰德到達後，他也告訴警察施暴者是誰——馬爾文・貝爾。既然已經有了這兩者所提供的訊息，警察為何要折磨一位明顯遭受重創的受害者，並且非要她親口描述經過呢？

妲米卡自己則說：「我被打得渾身是傷與瘀青，他不斷重擊我的頭部。我當然不想跟警察說話。我只希望警察去起訴他，我只想跟我父親回家去。」

但警察堅持要妲米卡解釋案發經過，被困住的妲米卡覺得自己快瘋了，她對其中一位叫做保羅・摩爾（Paul Moore）的警察吐口水。泰德聽到摩爾說：「這是襲警。」然後便朝著妲米卡撲過去。「妲米卡手裡還抱著孩子。」泰德說：「於是我趕緊搶過孩子將他交給站在旁邊的一個女孩，然後想去保護我的女兒。」場面很混亂——妲米卡從警察身邊逃開，而警察則繞著泰德的車追著妲米卡。妲米卡不慎被絆倒了，摩爾將她制伏在地，用膝蓋壓著她的背部。「她尖叫著：『爹地，救我，救我！』」泰德說：「我對警察說：『讓她起來——讓女警來處理！』」當摩爾抬起膝蓋後，妲米卡跳了起來，躲進她父親的小卡車裡，將車門全都鎖上。警察將車子包圍起來，開始用警棍敲擊車窗。泰德說：「當他們終於擊破乘客座的車窗時，她從駕駛座那邊的門跳了出去。然後警察又再度抓住她並將她制伏在地，最後把她丟進警車裡。」當泰德問他們到底在幹什麼時，他們跟泰德說要把他女兒送到監獄去。「我說：『你們不能那麼做。她需要治療！請叫救護車來！』他們卻說：『救護車不會來。』我問：『為什麼不會來？』而他們說：『就是不會來。』然後我說：『你們得送她去醫院。』」

忙著逮捕妲米卡的警察沒有接管孩子，他們叫旁邊的兩個女孩把那個十個月大的嬰孩帶離現場。泰德左右為難。「我沒有辦法帶著孩子走。」他說：「因為那時我得幫忙照顧妲米卡。」

當他們抵達醫院時，妲米卡很歇斯底里，因此醫生拒絕為她檢查。當時，對痛苦又混亂的妲米卡而言，任何有權威的人都是威脅。泰德要求她鎮靜下來。當她終於平靜下來後，醫生說：「我願意給她最後一次機會。」「很幸運，他真的給了她機會。」泰德說。妲米卡有許多幾乎致命的創傷，她的腎臟撕裂，脾臟嚴重瘀腫，還有內出血。「醫生說她若被送進監獄而沒送醫，一定會死在監獄裡。」

泰德一確定妲米卡會受到照顧後，便立即飛車回去接查理，但當他回到案發的那棟房子後，他發現貝爾竟然回來把孩子帶走了。泰德急壞了。他又飛車回到醫院。他看到伊歐印．卡爾貝瑞（Eoin Carberry）警官坐在醫院外的一輛巡邏車裡。「我跟他說：『我需要幫助，他把孩子帶走了！』」泰德非常驚慌，他跟卡爾貝瑞說貝爾不是孩子的生父，他很害怕他會把孩子殺了。卡爾貝瑞無動於衷。「他說：『可是我們沒有辦法。』」泰德回憶當時的情景並說道：「我說：『你什麼意思？』他說：『我們在這裡看守你的女兒，因為她被捕了。』」當泰德請求他找其他人來協尋查理時，那位警察回答：「你以為我們有多少輛警車？」「我會永遠記得他的話。」泰德說：「他說：『我們只有兩輛警車，一輛在這裡看守你女兒，另一輛在警局那邊處理公務。』當時我不瞭解，但後來我弄清楚了，原來另一位警察回到警局後，竟然是在寫妲米卡襲警和我妨礙警務的起訴報告。他們在忙的就是這個。」

泰德於是飛車到布魯姆警察局報案，他跟警察說查理被綁架了，而貝爾駕的是泰德貨運行的一輛車。他請求警方趕快找到他。那晚在前臺值班的警官達倫．康諾爾（Darren Connor）說，泰德進來時身上帶著酒味以及「誰曉得還有其他的什麼東西」，並說他態度火爆且不講理，而且似乎關心他被開走的車輛勝過他被綁架的孫子。但經後來的調查確認，康諾爾沒有任何證據可以支持自己的說辭。「我已經三十年滴酒未沾！」泰德大喊道：「那完全是假話！那只是他看待事情的方式——對他來說，我就是另一位酗酒的黑人。」

泰德於是打了緊急報案電話，希望他們會催促警方行動。「我需要有人認真對待我說的話，這個傢伙會殺了我的孫子！」他告訴接線生說。接線生說她會聯繫布魯姆的警察，而泰德則回答說：「可否請妳告訴他這件事情很緊急，拜託妳！」

接線生致電布魯姆警察局。當她對喬爾・萊特（Joel Wright）警官轉述穆拉雷先生「為孫子被綁架的事憂心如焚」時，萊特回答她說：「我知道那個泰德幹的事。他基本上整晚都在騷擾警方。」當接線生問萊特是否可以打電話給泰德時，他說他會向上級報告，但他不知道有沒有人會聯繫泰德。「他已經花了警察兩個多小時的時間了。」他說。

緊急報案後，泰德開車到野外去，他覺得貝爾可能會在某處停車並躲起來。就在他開來開去地找尋時，他的汽車爆胎了，於是他只好打電話給一位朋友，請他來接他。在凌晨三點前的幾分鐘，他收到貝爾一則不知所云又令人毛骨悚然的簡訊：「跟我說我是為了雙方利益根本連你自己的孫子都看不住……？警察杯杯追來了又怎樣……哈哈！」

泰德立即跑回布魯姆警察局，也許這則簡訊可以幫他們找到貝爾的藏身處。當泰德問還在前臺值班的萊特警官是否能夠追查該則簡訊發自何處時，萊特告訴他那樣的追查很昂貴——要八百元澳幣。而當泰德說他願意付那筆費用時，萊特跟他說，他必須等到早上再回來找原住民聯絡處辦理。

泰德與萊特警官當晚的互動全都被監視器錄了下來，「全國貪腐與犯罪委員會」的調查指出，泰德「有時很激動，有時很鎮靜」，並報告說在連續鏡頭裡「看到萊特與穆拉雷先生握手，而後者在走出警局時也很客氣地對萊特揮手」。但那卻不是萊特在報告書裡所記錄的，他在呈給內政單位的報告中說：「由於穆拉雷挑釁且激動的行為，他很難從他身上問到有用的訊息。」然而，監視器所提供的影像卻無法支持該證詞，影像顯示泰德在被警察詢問時，「坐在那裡很配合地提供詳細訊息」。

時間實在太晚了，泰德只能先回家休息以便第二天一大早繼續尋找查理。當他走出警局約一百公尺時，他聽到有車子慢慢開在他後面的聲音。他轉過頭去，看到萊特警官駕著巡邏車尾隨他，並用探照燈對準他照著。「我對他咒罵『別拿那該死的燈對著我』之類的話，而他則說：『那你也別再打該死的緊急報案電話！』他們叫我不要再打緊急報案電話。這些全都寫在我的聲明裡。這是我永遠不會忘記的事。」

根據萊特與康諾爾警官的說法，那不是當晚他們與泰德的最後一次聯繫。但從泰德對尋找查理一事的著急程度，以及一小時前他願意花八百元澳幣定位一事看來，他們所說的完全無法令人信服。然而，根據警方聲明，泰德回家後便打了另一通電話給警察局，告訴他們沒事了——他已經跟貝爾談過，查理很安全，警察不用再幫忙協尋了。凌晨四點十五分時，根據那通虛構的來電，萊特警官更新了查理的失蹤檔案，加進了新的說明：

警局接到泰德．穆拉雷之來電，回報說馬爾文．貝爾已經聯繫他——他們談了很久，有一個溫馨的對話。穆拉雷說，他對孫子的安全已經沒有任何顧慮。他說，貝爾很疼愛那個孩子，把他照顧得很好。貝爾跟穆拉雷解釋了當晚所發生的事情，而穆拉雷現在相信孩子讓貝爾照顧是很好的事。貝爾也已經安排妥當，第二天一早就會跟穆拉雷碰面，並將孩子的照顧任務轉交給他。兒童保護部建議追蹤持續的發展。他們要求未來的任何進一步訊息都要提交給布魯姆的兒童保護部辦公室。

康諾爾警官（先前曾描述泰德喝醉酒且態度挑釁）告訴「全國貪腐與犯罪委員會」，穆拉雷來電時，他正好在萊特警官旁邊，而且他們事後還討論了一下。當我問泰德，他是否打了那通電話給萊特警官時，他的語氣很堅決。「沒有，沒有，沒有！」他強調說：「我一點都不記得有那回事。我從頭到尾都不認為查理是安全的。」

無論如何，顯而易見的是，萊特與康諾爾在查理被綁一事上，連最基本的警力工作都失職了。他們未能將最基本且最重要的訊息放進查理的檔案裡，例如貝爾的暴力與犯罪史，以及泰德對他會傷害或殺害那個孩子的懼怕和憂慮。兩位警察也都沒有建立失蹤人口報告——對於失職一事，康諾爾的解釋是他不相信查理失蹤了，因為在原住民的社區理，孩子經常會由多重家庭成員看顧，而且他並不知道貝爾當晚曾攻擊妲米卡。然而，假如他真的不知道妲米卡遭襲的事，就更顯露出布魯姆警方內部溝通的另一個災難性失誤，因為警方的報告中記錄著，泰德在事發現場就已告訴那兩位警察施暴者是馬爾文・貝爾，而他也告訴了警察綁架查理的是同一位罪犯，而且查理恐有生命之虞。康諾爾辯稱他以為查理只是由大家族裡的某位成員在照顧，那麼唯一能夠支持該說辭的解釋就是，他對泰德所報的案根本毫不在意。

三月二十日早晨六點，康諾爾結束值班，將工作交接給威廉・威勒斯（William

Withers）。他說他對威勒斯簡報了整晚發生的事，但威勒斯不記得有任何簡報——那天早上他開始執勤後，對於前一晚貝爾重襲妲米卡並綁走查理，以及泰德數度報案（包括打緊急報案電話等事情）毫無所知。

那天早上當泰德前往警局時，他希望聽到警方說他們已經開始在尋找查理了。「我妹妹在兒童保護單位工作，她說一個孩子若是那樣失蹤了，就是一個很大的警訊。所有的人都應該立即行動起來。」那時，十個月大的查理已經失蹤六個多小時了。

泰德驚駭地發現，布魯姆警察尚未開始尋人的行動。貝爾離開布魯姆的路線只有兩條——出布魯姆後向右，他可以直接前往黑德蘭港，或是向左，一路開到德比。「我隱約猜到他應該是走右邊那條路，往黑德蘭港去了。」泰德說：「因為他的手機仍有訊號。但警察對往任何一條路追查都沒有意願。」

泰德的直覺是對的。凌晨五點四十五分，貝爾將車停到布魯姆以南四百六十公里處已打烊的帕爾度路邊休息站內，準備前往黑德蘭港。他切斷油管，想偷一些汽油，但未得逞，於是便開著車在附近繞圈子，直到休息站開始營業。他在加好油後，沒付錢就開車跑了。六點四十分時，帕爾度的員工報警，但被告知警察追不到那些飛車跑了的人。當貝爾加速從帕爾度跑了後，有個傢伙開車跟在後面——他也打電話報警了，說有一個人沒付油錢就溜了，現在正飛車沿著高速公路狂飆。貝爾瘋狂駕駛的行逕令人心驚，連反方向的一輛卡車看到了（並且也打電話向警方舉報），但布魯姆的警察卻錯失了這個找到查理行蹤的機會。「如果布魯姆警局打電話給黑德蘭港警局，跟他們說我們正在找一輛某系列、某顏色的車，且駕駛是個什麼樣的傢伙……」泰德說：「警察就會知道是那輛車了。」

同時，妲米卡不顧自己嚴重的傷勢和醫生的勸阻，自行出院。那天早上她一聽泰德說查理被帶走後，第一件事就是立即離開醫院。「我從醫院出來後馬上就去尋找查理！」她說。雖然渾身疼痛，但她跑了兩公里到一位朋友的家借車，然後在鎮裡四處尋找，每一個她覺得貝爾可能居留過夜的地方她都停下車去找。「那時候，鎮上大部分的人都知道查理失蹤了，因為爹地打電話給每一個認識的人問。每個人都在找他。」不過，妲米卡的內心深處卻知道，貝爾應該已經離開布魯姆了。

當天早上十一點二十分左右，在布魯姆以南八百公里處的羅伯恩市，泰德手下的一名卡車司機看到高速公路上駛過一輛屬於他老闆的車。泰德趕回布魯姆警察局，報案說有人在離羅伯恩市約四十公里往卡拉薩的方向看到了貝爾。當警察說他們會在離卡拉薩六百公里處的卡那封郡設下路障時，泰德很憤怒。「你們知道卡那封有多遠嗎？」泰德生氣地說：「我在警察局忍不住發飆……老實說，我對他們破口大罵！」

泰德的妹妹當天也從柏斯飛過來幫忙，她說：「我們走吧！」出了警察局後，她透過她所服務的兒童保護單位致電給一位她認識的警探。在電話上，那名警探建議她不要再跟任何人談話，他會搭下一班飛機趕過來。「他對警察敷衍我們的態度極度不滿。」泰德說：「他真的是一個大好人。一位真的、真的非常優良的警察。」

在十二點五十七分時——離泰德向警方報案已十三個多小時——布魯姆警方終於對所有地區發布了警訊。

一個小時後，當泰德和妲米卡坐在布魯姆警局等待消息時，貝爾在布魯姆以南九百三十公里處馬爾迪郊區的福蒂斯丘休息站停車，抱著一個小嬰兒奔進大門裡。貝爾嘴裡嘶吼著查理的名字，並大步奔向一張桌子，將查理放在一個正在吃午餐、叫做加文·達夫（Gavin Duff）的男子面前的桌上。貝爾一邊大吼著叫救護車，一邊試圖急救查理。達夫看到嬰兒的樣子，嚇呆了。「孩子的身上有嚴重的瘀痕，頭部的一邊有一條很粗的鞭痕……胸口還有一大塊傷痕，已經開始脫皮了。」貝爾很激動，嘴裡嘶吼著：「快醒醒！」達夫連忙接過手，努力搶救查理。當醫護人員蓋瑞·哈里斯（Gary Harris）抵達休息站後，他拿聽筒放在查理的胸口，檢查孩子是否還有脈搏。

但查理已經死了。

他在馬爾文·貝爾手裡長達十三個小時。

警察在布魯姆告訴泰德和妲米卡，查理已經被找到了，正在前往卡拉薩的一輛救護車上。泰德和妲米卡立刻收拾東西準備開車趕往卡拉薩，這時，兩名警察過來了。泰德說：「他們直白地對妲米卡說：『妳的孩子死了。』她的孩子沒了——她在路上狂奔，在泥地裡打滾……」

五年過去了，妲米卡幾乎還無法回憶當時的事。「我亂跑、尖叫、哀號著，不讓任何人靠近我。我跑到教堂去，躲在一個角落裡放聲痛哭。」

妲米卡的母親一聽到查理被找到後，便計劃飛到布魯姆陪伴她，但後來她改了機票直飛卡拉薩。當她趕到卡拉薩的醫院時，院方拒絕讓她看孩子的屍體——也許是為了保護她，因為驗屍報告描述十個月大的查理是遭受凌虐而死，包含燙傷、挫傷、瘀腫、內出血及手骨腿骨折斷等，其生殖器也受到嚴重損傷。

幾天後，散布全澳州的親戚都飛來參加查理的追思會。在和平聖母大教堂外，泰德抱著啜泣的妲米卡。追思會上，妲米卡寫了一首詩送給她的小寶貝，詩名叫做〈我的孩子〉（*My Child*）：

如此珍貴，如此天真，尚不知生命之真諦，
還有很多要學，很多要看，很多要聽，很多想望。
愛著，要著，崇仰著，需求著。
我愛你，我的孩子，我的第二個兒子。
我愛你，我的寶貝，我親愛的查理小寶貝。

*

二〇一四年時，貝爾因公開襲擊及殺害十個月大的嬰兒查理被判有罪。「每十年就會有一件像這樣令人髮指且震驚民眾的重大惡行發生。」大法官約翰．麥克坎尼（John McKechnie）說。坐在公共旁聽席的人都哭了。他判處貝爾終生監禁。

九個月後（二〇一五年九月），貝爾在卡蘇亞里那監獄裡自殺。

聽到貝爾死亡的消息，妲米卡鬆了一口氣，但不到一個月後，她和父親泰德就又回到了法庭。之前控告妲米卡與泰德在查理遭綁架那晚襲警和妨礙警務的布魯姆警方，在查理被發現遭殺害後，卻堅持不撤回告訴。警察要追訴他們父女，現在，他們要將妲米卡和泰德帶到法庭去。

在發現父女兩人都有罪時，史提芬・薩拉堤（Stephen Sharatt）法官說，妲米卡當時顯然並未失去理性，因為在她與警察扭打時，她是擔心自己的孩子會看到她傷勢沉重且渾身是血的樣子。法官也讚賞泰德——後者在法庭大方承認自己妨礙警方、不讓他們逮捕自己的女兒——他讚賞泰德的「坦率和誠實」，說「難得在證人席看到如此誠摯之人」。泰德被判留下犯罪記錄及三百元澳幣的罰鍰，而妲米卡則被判一年緩刑。薩拉堤法官說：「法庭若是需要從輕發落，那就是今天這起案件。」

妲米卡在法庭外對著媒體問說，為何警方比起協尋她失蹤的兒子，更熱衷於起訴她？「警察從頭到尾不曾尋找查理，他們必須為沒有尋找他這件事負責。」她告訴記者們說：「他們原本可以找到孩子，那麼孩子可能現在還活著。這一切都錯了，但這就是法律，我們的制度就是這樣在運作。」

在二〇一六年四月，西澳「貪腐監督組織」調查了布魯姆警察對查理遭綁的回應。雖然調查的結論表示，警方當晚的幾個失職行為是他們延遲且無效之回應的主因，但那些失誤卻不能證明警方有嚴重過失。「我們不能確知警方更立即地回應是否就能拯救查理。」報告中指出：「但貝爾個人必須為查理的命運負責，則毋庸置疑。」對此，穆拉雷一家有他們自己的回應：

警方有太多「不記得」的評論及許多「未被警官記錄下來」的重點。警方說不記得我們認為重要的某些事，且遺漏了應該被含括在內的關鍵細節，這些都是草率行事的態度。泰德告訴警方查理有生命危險，但誠如「全國貪腐與犯罪委員會」的報告所指出，泰德所報的案件未被嚴肅對待，而我們失去了一個可愛的孩子。

最大的問題是——警方可因此做了什麼改變？當下一位原住民祖父走進警察局報案，說他的孫子失蹤了而警方卻連續好幾個小時都未採取行動時，又將發生什麼可怕的事？

穆拉雷家的律師，來自「全國司法計畫」的喬治・紐浩斯（George Newhouse），對「貪腐與犯罪委員會」的調查報告發出譴責。「令我震驚的是，在查理死後的這些年裡，竟然從未有人檢視當查理被綁且仍活著時西澳警察的行為。」他告訴《雪梨晨鋒報》說：「當警察抵達案發現場時，他們顯然應該介入並保護查理的安全，但『貪腐與犯罪委員會』的調查似乎完全忽略了此案件中最重要的面向。」

泰德現在只談論這件事，因為他對正義的追求從未懈怠。「在我內心深處我知道，這個制度有問題。事實上，我痛恨談起這件事，但我知道為了爭取正義，我必須談論它。我們不想看到其他人再經歷我們曾經歷的痛苦。」

*

原住民婦女與兒童受到「男性之怒」的攻擊已有兩百多年的歷史，最早是來自殖民者的憤怒（對她們的黑皮膚、自由與性徵等），然後是來自她們「被殖民的男人」的受辱之怒（被迫失去雄風、被奴役，以及無力阻止自己的女人和孩子被帶走、被性侵）。連續十個世代的原住民婦女對這些憤怒一直忍氣吞聲，而且被認為無權抱怨。

那些束縛女性的男人們都有一個共通點——他們無法容忍女人活得自由自在，並覺得自己有權力控制她們。現今，原住民婦女與兒童比起澳大利亞的任何人，都更容易受到男性暴力的傷害。

儘管激進的「原住民行動主義」已經進行了幾十年，但在澳洲，卻很少人學過這個國家如何被殖民的真正歷史[59]，想學習它的多數人都是一點一滴從各方來源的片段中擷取知識，如一本書、一次訪談或某人講述的一個故事等。

在這些片段中，我們能讀到或聽到的有關白人男性對原住民婦女曾做過（現在也仍持續在做）的惡事之描述，甚至更稀少。正如研究原住民之暴力與創傷的知名專家——榮譽教授茱蒂．艾特金森在她的書中所陳述：「澳洲從來沒有能力承認自己歷史中的性暴力，我們現在已經可以書寫與槍枝、有毒麵粉及黑人婦女與孩童被殺害等相關之題材，但是承認白人男性對原住民婦女所施加之性暴力的可怕程度，卻仍然是個禁忌。」在將近三十年後的今天，那個禁忌仍然固執地存在。[60]

加諸在原住民婦女與兒童身上的性暴力，編織著一條看不見的線，貫穿了整個澳洲黑與白的短暫歷史。在今日，想要瞭解原住民的家庭暴力，我們必須循著那條線回到它的起始點。

*

在這之前，讓我們先討論那個永恆的問題：「家虐跟『文化』有關嗎？」即使在法庭上，家虐也經常被聲稱是原住民文化的一部分，且遠在殖民者踏上這塊土地前，原住民婦女就已習慣於被殘酷地對待了。直到二〇〇七年前，辯護律師及人類學者都還會以「這些是風俗」為由，為那些被控對婦女施虐的原住民男性辯護。麥克葛雷德教授在她那本卓越的著作《我們最大的挑戰》（*Our Greatest Challenge*）中，曾記錄了一起發生於二〇〇一年的案件——原住民法律協助小組代表一名毆打並強暴一個十五歲女孩的五十歲男人（他聲稱那女孩是他「未過門的妻子」）並為其辯護表示，他的行為「就文化而言，是恰當且道德正確的」。法庭以那個老男人「與未成年少女不合法性交」為由，只判處他二十四個小時的監禁（另因槍枝犯罪判刑十四天），此判決完全未將此人可怕的家虐史列入考量——他曾殺害自己的前妻（一位非常受人尊敬的老師），用棍棒將她毆打致死。而儘管驗屍官在他前妻的身上發現七十五處嚴重的瘀傷，法庭竟然淡化其罪行並將之判定為「雙方醉酒

---

59 雖然歷史學者亨利・雷諾德（Henry Reynolds）與李察・布魯姆（Richard Broome）在一九八〇年代就開啟了殖民與邊疆歷史的研究，但這門學問直到最近才開始逐漸轉入主流報導文學。

60 歷史學者莉茲・康納（Liz Conor）曾指出，這些故事之所以會被迴避，不僅是因為澳洲白人不想聽到它們，有時也是因為對倖存的原住民婦女及其家庭而言，這些故事是很大的羞辱（而他們通常已經要面對自己支離破碎的家庭出身及其複雜性）。

後的扭打」。

麥克葛雷德寫道：「有鑑於太多爭議，蓋勒普（Gallop）法官在有關『婚約』的考量上接受了人類學者的專家證據，陳述表示：『她不需要白人法律的保護……她知道自己所必須面對的。我很驚訝他竟然會遭起訴。』」判決出爐後，麥克葛雷德在接受國家廣播電臺訪問時說：「澳洲的原住民法律服務以『文化基礎』或『文化上可接受』為藉口，為已知之暴力辯護並成為暴力之幫凶，這種現象令人非常不安。」當《法律報導》（*The Law Report's*）的節目主持人達米安・卡里克（Damien Carrick）請她對「我們應該讓原住民社區保留其習慣法，而這些與風俗相關之問題最好交給原住民自己的社區處理」這個爭論回應時，麥克葛雷德反詰道：「但這些都交給了他們的社區嗎？還是都交給了社區中的特權分子、男性或最熱衷於扭曲傳統習慣法的那些人？」對原住民婦女的背棄，多年來也一直受到強大的反男性暴力運動家瑪西雅・蘭登（Marcia Langton）的挑戰：「按道理應該為我們討公道的原住民法律服務，何時才能停止爭論說強暴是一種傳統的法律呢？」

有人說，在白人踏上這塊土地前，原住民文化並不存在男性對女性之暴力，但這個想法太天真。誠如艾特金森在其劃時代的巨著《創傷的痕跡》（*Trauma Trails*）中所述：「在庫克船長到來前的原住民社群，並非是住在天堂裡完美和諧的社群………所有的社群都有衝突。所有的人類都有自我意識、惡行、敵意及不同世代與性別團體間的緊張、性接觸的熱情以及控制他人的企圖等。」的確，性別暴力正是古原住民文學中最廣泛流傳的其中一個故事的主題——惡劣、好色又會變形的巫師瓦蒂・尼魯（Wati Nyiru）無情地追捕七個姊妹，直到最後她們升上天空，變成了昴宿星團中的七顆星。「七姊妹」的故事在全澳洲都有人把它編成歌或舞來演出，或成為畫作之題材，並被當作一個告誡的故事說給原住民女孩聽。如同所有文化的古老傳說，它也暗示了男性對女性之暴力，在整個人類歷史中是一個不變的事實。

原住民的性別暴力在殖民化前究竟是何種面貌呢？這個問題當然不可能有答案。澳洲原住民在白人占領前並沒有書寫的歷史，後來則如文化批評家羅伯特・休斯（Robert Hughes）在他的書《致命的海岸》（*The Fatal Shore*）中所闡述的，絕大部分都是由極度不可靠的觀察家——「比較喜歡概括性描述，遠勝實地報導的那種人」——所做的記錄。這些最早與原住民接觸並將其生活記錄下來的業餘觀察家，經常被自己的偏見扭曲或甚至公然虛構。

想像一下，拿這樣的文獻來佐證所謂的「搶新娘」傳統，對婦女施暴是一種最早的「文化證明」之一。歷史學家莉茲・康納在《膚淺》（*Skin Deep*）一書中曾指稱，這樣的修辭誕生於一七九八年——當時的軍法官兼殖民地大臣大衛・柯林斯（David Collins）曾對原住民男性施加於原住民女性身上的「肉慾和殘酷」表示絕望。[61]他寫道：「從敵對部落

---

61 在此令人瞠目結舌的檔案中，柯林斯法官出現在另外一個與家虐相關的故事裡，時間就在「第一艦隊」抵達澳洲的幾個月後。在一七八八年十二月，一名住在雪梨的婦人黛博拉・耶拉姆・赫伯特（Deborah Ellam Herbert）向法庭控訴她的丈夫，說他在隔壁鄰居的豬隻踩壞他們的蔬菜圃後，對她拳打腳踢。柯林斯法官並未因那名男子的殘酷而不安，他判決婦人二十下鞭刑，並命令她回到其丈夫身邊。

搶來的女人被打傻了，直到渾身血淋淋，然後施暴者便抓起受害者的一隻手臂，拖著她穿過森林……那個情人——或者說那個強姦者——不顧所經之路上遍布的石塊或碎木頭，急著要將他的戰利品帶回部落去炫耀，而接下來發生的景象則駭人到無法描述。」

柯林斯之所以無法「描述」接下來發生之事，那是因為他自己根本從未看見過。他的「搶新娘」故事基本上就是通篇沒有根據的淫辭穢語，而且，隨著改寫自他描述的作品越來越多，那些淫亂的描繪也倍數地增加。英國的報紙編輯羅伯特・穆迪（Robert Mudie；引用柯林斯的諸多人士之一）還添加了自己豐富的辭藻：「在傑克森港附近，每一個婚姻所伴隨的暴力，比古羅馬人強姦薩賓婦女時還多。」在一八五四年出版的一本地理字典裡，柯林斯在「澳洲人種」的分類裡再度被引用，它載明：「在澳洲，女性所受之對待極其殘暴。妻子並不是追求或買來的，而是被抓住、打昏，然後帶回去成為她們無情冷酷的主人的奴隸。」康納解釋這類敘述純粹來自幻想，他說：「殖民檔案中，並沒有證據顯示原住民男性慣常綁架婦女。」[62]

類似的說辭之所以歷久不衰，是因為它們有助於殖民時期的奪取大計。對殖民者而言，「搶新娘」這種故事至少有兩個目的——它將原住民男性構陷成殘酷的施暴者（沒有人性、不值得同情，更不配擁有土地），並將所有的原住民婦女描繪成受害者（必須由「文明的歐洲人」來保護，而最常用的辦法就是將她們從自己的土地帶走）。[63]

很少人類學家願意研究原住民婦女的生活（她們通常被描繪成男人的財產，跟「馴養的牛隻差不多」），直到一九三〇年代中期，才有一位人類學家菲莉絲・卡貝瑞（Phyllis

Kaberry）前往金伯利的部落，與原住民族群生活在一起並進行實地調查，而她之後的描述推翻了「原住民婦女都是家庭的勞動者，過著千篇一律的日子，並被自己的丈夫羞辱與虐待等」的普遍觀念。她特別闡明，原住民的親密關係是經濟相互依存的結合，而非男性單方的剝削；在男女關係中，愛與忠誠是首要的（「男人會在生病的妻子床邊連續守候幾個小時，拍撫她的臂膀、移動樹枝以便有更多涼蔭或拿水給她喝等」），父母雙方都會努力照顧孩子，而那種付出根據西方當時的看法，都會覺得過度寵溺了。不過，讓他們與殖民者真正區分開來的卻是權力的平衡——儘管他們的婚姻並非一夫一妻制，且在年紀很小時便由親人包辦，但女性卻享有頗大的性自由，甚至能追求自己的戀愛。那並不意味著男女關係中不存在暴力，只是它們一般而言並不符合「受害者與施暴者」如此的模式而已。「我個人就曾目睹過許多女人用斧頭或迴旋鏢攻擊自己的丈夫，因此我無法認定她們都是

62 早期有關原住民婦女所遭受「殘暴野蠻行為」的其他描述，來自許多其他聞名的觀察家，如華特金恩·田屈（Watkin Tench）及約翰·韓特（John Hunter）等。（韓特寫道：「性愛的前戲永遠是一頓毒打，而女性似乎總是理所當然地接受。」）這些觀察家說，我們可以從原住民婦女身上的傷疤，找到這種殘暴的證據；但傷疤通常不是殘暴的證據，它們可能是因為悲痛而自我施加的創傷，或為了某些儀式而刻意造成。

63 然而，為避免原住民婦女因此獲得太多的同情，有另一個說辭會抹除她們的人性。康納的書裡記載，愛爾蘭社會工作者黛西·貝茲（Daisy Bates）就敘述了一個特別惡劣的故事——原住民母親都是食人者，她們會殺掉自己的小孩，吃他們的肉，因為她們喜歡那滋味。受西澳政府指派前往原住民部落研究的貝茲，用她在原住民營區附近發現的一個小頭蓋骨來證明自己的理論，但由於訓練不足，她甚至未能辨識該頭蓋骨並不是一個小孩的，而是一隻家貓的。

遭受凌虐的受害者。」卡貝瑞寫道：「妻子若沒有帶回足夠的食物時，她的男人可能會試圖毆打她，但我從未見過一個妻子會因為過錯而乖乖地站在一邊接受懲罰。在爭吵中，她甚至可能率先動手。」當暴力發生時，其程度通常是在該地法律、習俗與儀式等所容許的規範框架內，而那些破壞律法的人則會被叫去說明並接受懲處。[64]

「現代的家庭暴力並非源自未被殖民前的原住民部落」的最佳證據，就是我們對原住民婦女的傳統地位之瞭解。從日常生活來看，原住民婦女基本上並不依賴男性——她們尋找家人所需的大部分食物，每天與其他婦女和自己的孩子們出外去抓魚、獵捕小動物、採集叢林食物及其他物資，如赭土和草藥等。而男人對她們的行蹤及作為也沒有發言權，在外覓食時，婦女與孩童也會盡量先填飽自己，剩餘的才會帶回家給男人吃。光是該能力就足以抑制男人凌駕女人的權力，它意味著丈夫不能指揮妻子白天的行為，也無法用限制食物的方式來懲罰她們。的確，正如卡貝瑞所述的，女性事實上在親密關係中就經常會行使那個權力。例如，「女人會在爭吵後收拾自己的物品和財產，搬到某個親戚的營帳去，直到那個男人醒悟到失去經濟伴侶的嚴重性，並努力尋求和解」。這也是為何像艾特金森這樣的專家會抗拒將傳統原民文化定義為「父權體制」之故，她提議「平等霸權」是一個較準確的術語——也就是一個「受到女性在社會、經濟及精神各領域裡的主權和權威所制衡的」男性權威制度。

在今日，原住民社區裡混亂的家虐情況——因酒精和藥物濫用而更加惡化[65]——並非源自於傳統文化。「如果這些作為就是傳統法律，那麼原住民社會不會到今天還存在。」

瑪西雅・蘭登在二〇一六年於全國記者俱樂部發表演講時說：「假如我們檢視原住民的凶殺率、攻擊和住院治療率、監禁率及原住民兒童移置率等，我們就會看到一個正在迅速崩解的社會。但這不是往昔的那個社會。」

然而，在這些與「文化性」的暴力相關的論辯中，有一點特別令人生氣，那就是有一個昭然的事實似乎從未被提及過——我們現今所瞭解的暴力的確有一個明確的文化傳統，而該文化傳統就在英國。

*

不同於人們對傳統原住民文化中的暴力喋喋不休之爭論，在十八世紀和十九世紀的英國，家虐不僅普遍，且施虐者絕大多數都逍遙法外，這是一個毋庸置疑的事實。在十九世紀中期，英國有許多受虐的婦女因「長期折磨、不斷重複之暴行」而死亡，對此，約翰・史都華・彌爾與哈莉特・泰勒（Harriet Taylor）在《晨紀事報》（*Morning Chronicle*）上寫道：「除了極少數稀有的例子外，她們從未要求過法律的保護。」迥異於連傳教士都讚美

---

64 「澳洲法律改革委員會」在一九八七年鑑定觸犯原住民法律的行為，包括肆意謀殺或人身攻擊，以及親密行為如亂倫、通姦和誘拐或綁架婦女等。

65 雖然尚無數據顯示他們酒精濫用的程度有多普遍，但婦女在懷孕期間因過度飲酒而導致「胎兒酒精類群障礙」卻是一個需要更進一步研究的犯罪促進因素。「胎兒酒精類群障礙」一次又一次地被當作原住民社區暴力的背後因素提出並討論，在某些社區中，它的風險據估高達百分之十二。

其嚴謹的原住民法律，英國管理家虐的法律，其設計目的是為了保護婚姻，而非婦女。嚴重的暴力犯通常會被判無罪、小額罰鍰或極輕的刑責，這並非表示虐待狂是受到鼓勵的，而是，男人被認為要「負責任地」打老婆。在一七〇〇年代後期，德文郡的法蘭西斯・布勒（Francis Buller；英國最資深的法官之一）據說在提出一個建議後，成了有名的「拇指法官」——丈夫在鞭打妻子時，只要他所使用的棍子不超過一拇指寬，便可以免於懲處。布勒法官的「拇指規則」從未成為成文法，但它卻在全英國和美國的法律案件中不斷被重複引用。

在喬治國王和維多利亞女王統治時期的英國，與家虐相關之研究就已相當豐富，但最言之鑿鑿的莫過於英國了不起的女性主義者法蘭西斯・鮑爾・柯柏（Frances Power Cobbe）所發表的論述了。在一八七八年最後一艘監獄船開往澳大利亞的十一年後，柯柏出版了《英國的虐妻研究》（*Wife Torture in England*）一書，詳述了英國勞工階級區慘無人道的家虐情形。對婦女施虐的情況如此普遍，以致已婚婦女的人生「只不過就是對痛苦的忍耐，以及對傷害和野蠻對待的屈服而已」。柯柏寫道：「她們所遭受的待遇比真正野蠻人的妻子還不如。」這種對待光用「毆妻」兩字無法適當地表達，因為毆妻只意味著黑眼圈和瘀青之類的傷害，而這些卻只是「馬兒快跑前的暖身踱步而已」。柯柏所記錄的虐行如此極端且殘酷，唯一能夠用來恰當描繪它的字眼就是「虐妻」一詞。

在所謂的「活躍區」，人們在「黑暗的坑洞和工廠裡、引擎的嘎吱聲和火爐高溫的叮噹作響中」，過著「艱辛、汙穢、機械勞動」的日子。[66]但是，就柯柏的觀察，家虐的根本原因並不是酗酒或人口壅塞，這些因素只是使其惡化而已。她表示其原因，是男人對妻子的態度。「妻子就是丈夫的**財產**，就如同馬是他的財產那般，這個觀念才是無窮無盡的邪惡與悲慘的致命根源。」她寫道：「每一個思維殘暴的男人，以及那些對待自己生命中其他關係人並不殘暴的男人，多少都懷有『他的妻子就是他的**東西**』這樣的想法，並且對那些企圖干預他該如何對待自己妻子的人，都會隨口不屑地反詰說：『我難道不能隨意處置**我的**東西嗎？』」

*

這就是在一七八八年入侵澳洲的文化。那片它宣稱無人居住的土地，其實是七十五萬名來自五百多個不同族群、全都團結在「大夢想」之複雜體制下的人們的家，他們組織嚴密的親戚與氏族制度，對於將要蹂躪他們的那個分裂且階級化的社會而言，是一個對立且深刻的挑戰。

因為從未接觸過席捲英國部分地區的社會亂象，澳洲原住民得以在這塊土地上生活且繁榮了至少六萬五千多年。他們的宇宙論讓他們瞭解到人類的關係充滿動盪，而要在家庭

66 年少者也未被放過。在英國，虐童不但普遍存在，甚至有國家給予背書——年齡小到只有四歲的孤兒和貧窮兒童會被送到工業城鎮，他們會在危險的工廠裡工作，經常被鞭打致死。在整個十九世紀，多數人根本就沒有「兒童也有人權」的概念。當時合法的結婚年齡是十二歲（直到一八七五年改成十三歲），而童妓在倫敦街頭也是司空見慣的景象。

和兩性關係中維持和平則需要付出時間和努力。艾特金森寫道：「原住民關係中的精髓，就是調停在所有人類社群中都會存在的衝突。」這些家族關係（以及與土地的關係）的力量，便是未被殖民前的澳洲原民文化之骨幹。「男人與女人透過儀式——舞蹈、藝術、音樂、戲劇、工藝及說故事等——走到一起……這些就是兩性之間的活動，也是建立聯繫、創造及維持並療癒各種人際關係的活動，其中最首要的美德就是『慷慨與公平交易』及朝著『心的結合與建立次序』的方向努力。」對維持部落的和諧而言，「儀式戰鬥」也很重要。男人之間的正式決鬥在原始澳洲的社會裡是一個慣見習俗，曾在北昆士蘭的莫寧頓島上與原住民部落共同生活許多年的人類學家大衛・麥克奈特（David McKnight）寫道。解決部落內部的衝突時，他們會舉行俗稱為「擺出陣勢」的儀式戰鬥，以終結不同團體之間的敵對。「戰鬥後，他們會舉行舞蹈來表示已經沒有仇恨了。」

這個「異常豐富」的長期關係之社會網路令人類學家威廉・愛德華・漢利・斯坦納（William Edward Hanley Stanner）如此敬畏，他將其形容為「一個崇高境界中的智性與社會性成就」，不亞於發達的歐洲議會政府。

這些讓整個澳洲原住民社區中的家虐現狀更加令人悲痛。在這裡曾經存在過的文化——管理人際關係和親密關係上的獨特技術，歷經數十萬年打造起來的習俗等——如今卻被歐洲白人瓦解並幾乎摧毀。

這不是「天擇」的結果。自一七八八年起，英國殖民者便制定了法律，要摧毀他們相信註定要敗亡的原住民文化，並著手用自己的文化來取代它們。

*

隨著高大船隻抵達雪梨灣的文化，不僅帶有深刻的父權元素，也帶有深刻的性別歧視。歐洲人認為女性天生就是次等的，而在這個次等的平面上有兩種分類——美好、貞潔且值得男性保護的女人，以及男人想怎樣利用或凌虐皆可的婊子。正如文化批評家羅伯特·休斯所陳述，在殖民地家虐的情況很普遍：「夜晚時分，在寨子附近的茅草屋裡都會傳出女人被鞭打的尖叫聲。」位於雪梨和巴拉馬塔之間的隆巴頓農場，其森林看守人羅斯（Rose）將自己的老婆綁在一根柱子上，用一條政府給的九尾貓鞭抽打了她五十下，另一名殖民者則用刀刺傷自己的妻子，然後把她吊在一棵桉樹上；這兩人都未受到任何懲罰。在一八四一年，一名叫做法朗索—莫里斯·拉貝勒爾（François-Maurice Lepailleur）的加拿大罪犯，因反抗英國而被送到澳洲並監禁在隆巴頓，他在日記中寫道：「我們在半夜聽到的女人哭叫聲，比白天在森林裡聽到的鳥鳴聲還多。」這種無所不在且不受拘束的性別暴力，並非只是對殖民地惡劣條件的反應而已，它是一種暴力類型，有如入侵物種般地被引進了澳洲。「英國社會的性別歧視被帶到澳洲來，然後被刑事條件加以擴大。」休斯寫道：「在殖民地，婦女持續遭受殘暴的對待，時間如此之久以致到了一八三〇年代後期，它事實上已經成為一種社會現象。」

對來自該文化的男性而言，性質迥異的原住民女性基本上不具人性。她們充滿自信的性能力——神聖、不受羞恥拘束——讓她們成為了許多入侵的歐洲人眼中的性對象。她們被認為天生淫亂，隨時等待著他們的召喚，她們被剝除了名字，被稱為「黑色天鵝絨」、「金絲」或「露波拉絲」。在澳洲內陸，原住民女性生活在一個「男人的世界裡」。「在牧場上，任何想要品嘗『黑色天鵝絨』滋味的白種男子，不管何時何地，只要高興就可以去掠奪原住民婦女的肉體。」歷史學家亨利．雷諾德寫道。殖民者為了招募工人到偏遠的牧區工作，甚至會用「免費接近原住民女子」作為招聘津貼，誠如來自昆士蘭卡木威的一名警官所述：「原住民婦女被騎著馬的混蛋撞倒，然後被帶回牧場供男人取樂，像性奴隸一般養著。一九〇〇年在卡木威以東的阿爾達克牧場，有九名原住民女子被圈禁在防兔籬網裡，作為該牧場白種工人的性奴隸。她們無處可逃，即便想辦法逃脫了，仍會被追捕、強制帶回，並因企圖逃跑而被殘酷地鞭打。」

白人婦女也參與了對原住民婦女的酷行，她們對於自己的丈夫和兒子對原住民婦女的性掠奪不僅裝聾作啞，身為莊園的「老闆娘」，她們也可能同樣嚴酷，有時甚至更嚴酷。「在許多狀況中，原住民婦女認為白人婦女對待她們的手段更惡劣。」歷史學家兼活動家賈姬．哈金絲（Jackie Huggins）寫道：「尤其是在家事服務的領域裡。」

這樣的殘酷不僅限於內陸牧場，在整個國家，強暴和綁架原住民婦女已經成為了一種娛樂活動。正如麥克葛雷德所述：「『金絲狂歡』和『馴服金絲』這類活動的目的就是盡可能地強姦、致殘，或殺害黑人婦女。」傳教士藍斯洛．綏瑞凱爾德（Lancelot Threlkeld）就曾記錄過這種慣常暴行的駭人例子，他在一八二五年寫道，他曾在午夜時分「聽到大概八、九歲的原住民女孩，被新堡來的惡劣男人強暴的尖叫聲」。

由於當權者對於起訴白人男子強暴原住民婦女沒有興趣，原住民男性便用自己的法律承擔起懲罰施暴者的責任——對綁架及強姦罪，傳統的懲處通常就是死亡，而這又反過來開啟了一個可怕的暴力循環。

＊

透過這些描述便將原住民婦女視為被動的受害者，這樣的歷史閱讀太淺薄，無論是過去或現在，原住民女性都有能力適應自己所處的環境條件。由於被驅離了自己傳統的狩獵場，賣淫成為原住民女性得回自己已失去的經濟力的一個方式（用「性」交換日常用品如麵粉、糖、茶葉、嚼菸或小額金錢等）。有時，這是唯一能夠支撐她們尚存族人的方法，正如原住民學者拉瑞莎・貝赫倫特（Larissa Behrendt）所述：「許多原住民女性利用『金絲狂歡』作為收入的來源。」當然，在邊境也有樂於與歐洲男人產生關係的原住民女子，她們刻意靠近白人男性，以便逃離不想要的包辦婚姻、族裡的懲罰，或藉此獲得歐洲人所擁有的許多迷人的東西。的確，歷史學家安・麥克葛拉絲（Ann McGrath）在一九八〇年代進入北澳研究種族通婚期間，便曾驚訝地聽到幾位年長的原住民婦女**開心地**表示，她們與白種男人所建立過的「較長久的關係」。但貝赫倫特則謹慎地指出，對原住民女性而言，這種男女關係「都是在持續的邊境暴力和性暴力的背景下發生的」。

在十九世紀末時，人道主義者及神職人員們對原住民婦女賣淫的規模，以及她們所遭受的暴力憂心忡忡，於是敦促立法以控制並保護邊境戰爭後的原住民倖存者。每一州、每一區（除塔斯馬尼亞外，因政府堅持該區的原住民必須完全消失）都通過了立法，將純血統的原住民放在「政府的保護」下，並強迫他們集體定居在保留區，以便與白人社區隔離開來。這麼做被認為是一種善意的舉動，是一個能緩和「被認為再幾十年便註定要滅亡的種族」垂死過程的方式。

在邊境持續一百多年的戰爭後，這些保護動作借用人權倡導者米克・古達（Mick Gooda）的話就是：「對原住民和托雷斯海峽島民『分化征服』的第一個真正的嘗試。」在某些州裡，混血的原住民只要放棄家族聯繫及探視親屬的權利（在下獄的威脅下），便可以被免除保護法的嚴格規定，並被容許住在遠離保留區的白人社區裡。原住民的語言和文化都被禁止，甚至連最簡單的傳統（如食用叢林食物）也變成了祕密行動。每一個行為都會被加以管理以符合白人的規範，小到葬禮上應該呈現多少哀傷才算「適當」。布雷沃里納保留區的白人經理在一九五四年時說道：「如果有人慟哭，我就會叫人把他們丟出墓園去……這些土著必須接受行為規範，並學習白人的一切。」由於原住民族群被迫生活在從未有過的壓迫環境裡，因此他們親屬關係間互相義務的精心安排，便在毫無頭緒且通常殘酷的管理者的控制下混亂地瓦解了。

在這個險惡政權的「脅迫型控制」下，一個新的暴力類型滲透了原住民的生活，如流言、嫉妒、霸凌、羞辱、排斥、欺騙和鬥爭等。李察・法蘭克藍德（Richard Frankland）教授解釋道：「這樣的『橫向暴力』來自於被殖民、被侵略，來自於長期被灌輸『你是無價值的』，並被當作無價值之人對待。當然，你不想要落到啄食順序的最底端，於是你便轉而對付自己人。」

該策略的關鍵就是將原住民孩童吸納進白人社會裡，國家對原住民兒童的監護甚至有著更大的控制權——強迫他們住到離自己家族很遠的宿舍裡，將男孩與女孩們都送去做工，當然，全部無酬。在離家幫傭一段時間後，許多原住民女孩會帶著身孕回家。保護委員會對此情況知之甚詳，但他們並不在意，只要這些「結合」所生下的孩子會被帶回由國家控制，那麼他們就只要簡單地協助這個「生物吸收」或「膚色淡化」的過程就好了。西澳保護總長艾歐・納維爾（A. O. Neville；從一九一五年到一九四〇年西澳所有原住民兒童的法定監護人）在一九三七年於某會議發表談話時便說得很清楚：

> 我們的政策就是將他們送進白人的社區裡。若有女孩懷孕了，我們的規定是照顧她兩年，而孩子在出生後就會被帶離自己的母親，有時可能一輩子都不會再見到她。如此一來，這些孩子們便會像白人般長大，對自己的環境毫無所知；兩年到期後，孩子的母親便要回到工作崗位，因此她即使生下半打的孩子也無妨。

原住民兒童被迫與自己的親生父母分離，在十九世紀後半葉是很普遍的事，但此政策一直到一九一〇年左右才由國家正式實施。如果說設置保留區是對原住民「分化征服」的第一個嘗試，那麼強行帶走兒童的政策——後世稱這一群兒童為「失竊的一代」——對原住民的家庭生活而言就是一記重拳。在六十多年之間，有超過五萬名的原住民兒童從自己的家裡被強行帶走。有些兒童被帶離的是貧窮且疏於照顧的家庭，但正如歷史學家印嘉・克雷恩汀南（Inga Clendinnen）所闡述，虐待並非是此政策實施的理由：「孩子被帶走與否取決於他們的膚色——膚色淺的孩子被帶走，其膚色深的手足則被留下……混血的孩子從自己的家裡被送到保護收容所去，直到他們忘了自己黑人的生活方式，並且（不管需要付出什麼個人代價）能夠融入主流社群為止。」通常，膚色較淺的兒童有白人父親。[67]露絲瑪莉・妮爾（Rosemary Neill）對此曾寫道：「澳洲人尚未徹底承認，對原住民婦女的普遍性利用與性虐待如何大量地孕育了『失竊的一代』。」

從一九一〇到一九七〇年，嬰兒和幼童從他們慈愛的母親身邊被竊走，她們尖叫著、哭泣著追在孩子後面跑。[68]那些孩子中有許多會被送到收容所去——有些還在吃奶——在那裡，他們會因為講自己的母語而不斷受到羞辱、懲罰，被迫從事卑下的工作，並遭到性侵或肉體虐待。他們是那些在夜晚哭泣時不會有人理睬的孩子，他們是那些被告知說是母親拋棄了他們的孩子，他們是那些必須用智慧才能生存的孩子。其中一位曾如次描述：「那裡沒有食物，什麼都沒有……夜晚時，我們有時會因為太餓而哭泣。我們必須在街頭的垃圾桶裡翻找，吃過期的麵包，敲碎番茄醬的瓶子舔裡面的殘汁。」他們是那些知道要跟哪個大人保持距離、哪一棵樹後可以躲藏的孩子；他們是那些當白人趴在他們身上起伏時，會躲進自己內心、漂流到一個假想世界，直到自己不再是真的自己的孩子。

在傳統的原住民生活裡，傷害幼童是重罪，會受到嚴厲的懲罰。正如人類學家斯坦納所陳述的，年幼的原住民孩子受到極度的珍愛：「原住民文化會讓孩子幾乎無拘無束到

五、六歲。嬰兒時期，他們會躺在一個平滑、周圍彎起來的「庫拉曼」裡，通風且沒有約束，孩子若爬遠些，它便會搖起來。一個哭聲就會引來大人的關愛。」艾特金森也寫道：「當時西方人對孩子所實施的肉體或情感懲罰的養育方式，對原住民而言是不可思議的。」

澳洲政府只用了六十年就將六萬五千多年傳統的育兒方式瓦解了，並對未來世代的幼兒撫養製造了大浩劫。一名曾在十三歲時被帶到巴拉馬塔女童之家的母親，她在對「失竊的一代．《帶他們回家》（*Bringing Them Home*）全國諮詢會議」上發表談話時說：「另一件我們覺得困難的事情就是，如何給予我們的孩子關愛。因為我們自己從未有過關愛，我們不知道如何告訴孩子我們愛他們。我們所能做的就是保護他們。我甚至無法擁抱我的孩子，因為我從未被擁抱過，唯一的一次就是我被強暴時，而那不是人們所認為的擁抱吧？」

《帶他們回家》做出了一個強烈的結論：「強迫帶走原住民兒童不僅是對人權的惡劣侵犯，它根本就是一個種族滅絕的行動。」

---

67 白人父親與原住民婦女之間有一個關係頻譜——從彼此忠誠的愛戀關係到一次性性交，如性要脅、賣淫或強姦等。

68 對於孩子被帶走，母親都會奮力抗爭，她們會竭盡所能地保護自己的孩子——從向政治人物請願到前往各收容所去尋找他們（幾乎全都徒勞無功，因為管理人員會更改孩子的名字，讓母親找不到）。有些原住民會將她們混血的孩子喬裝成純血統的原住民孩子，某倖存者曾描述：「每天早上我們的族人會打碎木炭，將之跟動物脂肪混合，然後塗抹在我們身上。當警察來時，他們只會遠遠地看到黑皮膚的兒童。」

「假如你說：『讓我們向前看，這些都過去了。』那麼我會說：『對一個被強行從父母身邊帶走，遭受極端寂寞與虐待的孩子（且全都是在一個民主政府的命令下、在法律的規定下），這一切產生了什麼影響呢？』」克雷恩汀南在她一九九九年的演講時質問：「那個荒謬的經驗對那個孩子的孩子又有了什麼影響？之後你再告訴我，它已經結束了。」

＊

這不是一個「過去」和「現在」的故事，它是一個由過去**持續**到現在的故事，一個如艾特金森所形容的「創傷的軌跡」。不同於歐洲罪犯所經歷的創傷——他們在受到殘暴的對待後，最終能夠「占有土地」且自由地生活——原住民的創傷一直都在進行中。自從白人入侵以來，新的、可怕的創傷不斷被施加在這十代原住民中的每一代人身上。在今日，原住民家庭仍然因為孩子被帶走（原因很多，但最常見的就是「忽視」）而致崩潰與摧毀；原住民兒童被帶走的比率比非原住民兒童高出十倍，那些孩子因為絕望而自殺，而他們的父母則悲傷到在地上打滾。（在二〇一八年，自殺的原住民孩童中有三分之一曾遭到性虐待。）自殺並非原住民的傳統習俗，一直到三十年前，它在原住民社區中甚至還不是一個現象。但在今日，年紀從二十五歲到二十九歲的原住民男子，卻有著全世界最高的自殺率。

「在世代相傳中，我們看到太多暴力、痛苦與創傷。」艾特金森寫道：「如同我們靈魂上的疹子，它停留在我們的家族與社區中，將我們摧毀。」這個創傷與悲傷的混合，在原住民孩子的身上世代相傳，繁殖出了「不滿、疏離且憤怒的年輕人」，他們失去了地位、目標和自尊，變成了「偏遠社區裡一觸即發的火種箱」。

在撰寫世代之間暴力的博士論文時，卡洛琳·艾特金森（Caroline Atkinson；茱蒂·艾特金森的女兒）研究了五十九名這類曾因暴力犯罪而入獄的男子，其中有高達百分之九十曾經歷家虐（而有百分之五十九則符合「創傷後壓力症候群」的標準）。

其中一位患有「創傷後壓力症候群」的男子，其童年充滿著我們所能想像的最殘酷的反覆虐待。他對自己如何在受害者與施虐者之間來回穿梭如此描述：

當我大概三或四歲時，我被一位女性親友猥褻。當我五歲時，我被迫在一位男性鄰居身上做性交的動作。同一年，我被迫幫一個人口交，我那時，呃，大概七歲或六歲……當我七歲時，我父親在床上猥褻我。事實上，他性侵了我，他持續了一整晚……那在我心裡留下了一個大傷口。但我不知道，我以為被忽視才是最糟糕的事。我曾試圖告訴別人，但不是很直接。你懂得，因為我害怕。當我住進保留區後，我曾被兩個傢伙輪姦——我們從大門走回家的路上，他們在樹叢裡抓住我。那時我大概九歲。

同時，我也猥褻過住在那裡的一個男孩，在我們一起出去做事的時候，我也曾試圖猥褻過住在那裡的一個女孩……她大概八或九歲吧，我不確定。我當時大概十歲或十一歲，活得像個白痴似的，也許我們像是男朋友與女朋友的那種狀況，我想那樣很蠢。在我被父親性虐後幾個星期，他叫我到街角去，把我的一個表妹抓過來。她很矮小，所以我走過去抓住了她。我父親叫我抓住她後跟她說，我媽媽想看她，要帶她去家裡，所以我們就走回去。當我們進入屋內後，我那天殺的爹站在黑暗裡，他莫名其妙地打了我一耳光，叫我坐下不准動。接下來大約三個小時，我聽到那女孩在房間裡殺豬般不斷尖叫「我要回家」。差不多三個小時她就只是喊著那句話……後來我用一些錢哄那個女孩跟我去散步。我跟她瞎編一些有的沒的故事，跟她走到一片偏遠的灌木叢裡，然後我強暴了她。

（你在強暴她時，她有什麼反應？她有沒有哭叫或打你？）沒有，她昏過去了。（聲音很低地說）

艾特金森所訪談的男人中，有幾位描述了自己目睹某家庭成員、朋友或陌生人遭殺害的經過，以及他們如何將那個痛苦轉變成暴力。其中一位說：

我六歲時，我老子殺了我媽，沒錯，他用槍射殺了我媽，砰一聲射在她腦袋上。他們一整晚都在吵架。他叫我把她噴濺在地板上的腦漿擦乾淨。後來我強暴那女孩時，我覺得我所有的痛苦好像都進入了她身體。她尖叫時，就好像我自己在尖叫。我知道這聽起來很變態，但我真的這樣覺得。事後我看著自己的手，我手上的血和一些噁心的東西，全都黏黏的。我以為我又在清理我媽的腦漿，那感覺一模一樣。

閱讀這些故事既令人作嘔，又讓人很難想像他們到底是如何活下來的。我們也很難想像，一個人怎麼能夠受如此多苦而不惡劣地反應，無論用什麼方式。對他們當中的許多人而言，訴說的機會——尤其是，被沒有批判地傾聽——是他們從未有過的經驗，並且非常具有宣洩效果。一位參與者說：「沒有人想要聽……從未有人這樣問過我（哽咽）……這對我幫助很大，你明白我的意思嗎？我從來沒告訴過任何人發生在我身上的事，就是被強暴……而那好像、好像讓我，怎麼說？把我內心的那些汙穢都釋放了。它再也不是一個祕密了。這讓我覺得好撫慰，真的。」

世代之間的創傷與悲傷，對原住民施虐者所造成的巨大影響必須被徹底瞭解。它告訴我們，為了讓他們改過自新，他們需要先處理自己長期隱藏的創傷與羞恥，這是首要也是最重要的。

但是，解釋不能成為藉口。許多原住民婦女對男性施虐者躲在「被殖民」及「虐童」這些藉口背後一事感到厭煩。這些女人同樣在幾個世代的創傷中活下來，但她們沒有因此就成為性虐犯。她們在自己的社區中呼籲族人說出真相，但受到懲罰的往往不是施虐者，而是要求他們為自己的虐行負責的女人和小孩——透過威嚇、隔離，或甚至暴力等。「想想美芮莉・穆里根（Merillee Mulligan）的例子。」漢娜・麥克葛雷德寫道：「她在對抗並威脅要揭發某個男人性虐女孩的事情後，被那個男人用一塊石頭毆打致死。」原住民作家梅莉莎・盧卡申蔻二十幾年前就曾勇敢地記錄下同樣的暴力模式，當黑人男性被警察剝奪或殘酷對待時，黑人婦女在社區中「大聲批評」國家的不公不義，沒有人會覺得她們這樣做有問題。她在一九九六年寫道：「然而，一提到黑人男性自己應該為之負責的毆打、強暴、謀殺及亂倫等事件時，她們就會被視為極度的威脅。」

在從柏斯打來的電話中，麥克葛雷德的陳述很坦率。「在原住民的世界裡，人們對某些事情願意說出真相，但對於披露婦女與孩童遭受暴力的真相則並非每一個人都覺得自在。社區裡的確出現過真正噤聲的動作。你可能會被邊緣化、被消音……」她頓了一下，又說：「我曾做過很多次披露真相的事。」在原住民人權的世界裡，原住民婦女的認同被遺漏了。「我的問題一直都是…『一旦觸及施加在女性身上的性別及種族暴力時，你願意披露多少真相？』沒有原住民婦女想要呈現出『身體受虐』這樣的刻板印象，那不是我們唯一的面貌，我們所能呈現的遠多於此。然而我們知道，這是一個真實且活生生的問題，在我們已經獲得的所有道歉中，從未有人提及對女性的這個凌虐——這個對黑人女性身體的凌虐。」

*

所幸在整個澳洲，這個沉默正在破裂。在曾被暴力及有權勢之施虐者摧殘的社區裡，男人和女人們為了獲得和平，正同心協力地設想出屬於他們自己的巧妙策略。

其中一個最驚人的例子，來自於位於西澳金伯利區中央偏遠的陽恩葛拉社區。在二〇一七年時，一群由茱蒂・穆里根（Judy Mulligan）所率領的七位原住民婦女成立了一個政務會議，並頒布了由長老訂下的地方法，禁止破壞性的行為，如鬧酒、打架及危險駕駛等。法令很嚴格——在三次警告後，違規者會被趕出社區三個月。

成果非常令人意外。在十二個月中，家虐事件從每週六件降到**零**，犯罪率則下降了百分之六十，而兒童在學校的出席率——從前低到只有百分之五十——如今則高達百分之九十。「暫時驅逐」的威懾足以轉化行為，高級警佐納維爾・芮波（Neville Ripp）在接受《西澳人報》（*The West Australian*）訪問時說：「那些人看到其他人的努力，便會想，**我們最好別再胡作非為，不然就會被踢出社區三個月**。在我服務過的社區裡，我從未看過這樣的事情發生。我們需要授權給這些人，讓他們擔負起自己社區的所有權和責任……大家應該來看看茱蒂的成果。他們都想要和平，而現在他們是一個和平的社區。」獲得和平，並非易事。剛開始時，茱蒂也曾受到威脅和辱罵，但如今她說，大家都很快樂。「我對自己的努力感到驕傲。我們的社區必須是一個安全的環境，尤其對年輕人而言。」

另一個令人印象深刻由社區主導改變的例子，是由電視臺體育節目播報員查理・金恩（Charlie King）所率領的「終止暴力」運動，金恩透過足球運動找到一把解開各種暴力問題的萬能鑰匙。來自愛麗絲泉古林德吉族的金恩是澳洲國家電視臺《大看臺》（*Grardstand*）節目的足球賽評論員，是北澳民眾最熟悉的聲音之一。他在二十幾年前曾做過兒童保護社工，而當時的所見所聞讓他下決心要終止原住民社區中的家虐問題。「終止暴力」運動的前提很簡單——施暴者絕大多數是男性，因此男性應該負起終止它的責任。

但沒有女性的參與，它不可能成功。金恩所率領的運動，其核心就是對性別平等的一個承諾，不僅是因為這麼做是對的，也是因為這麼做**有效**。「我們覺得在進行某種終止暴力的行動前，必須先讓男人與女人達成一個共識。」金恩說：「然後設計一個能夠成功的策略，並經過他們自己的認可。」金恩告訴我他的其中一個成功的故事，發生在阿納姆地一個人口約八百人的瑞明吉寧社區。「這個社區以前總是為了足球比賽而鬥毆，不同的家族會在足球場上彼此報復。」金恩說。然而，鬥毆不會隨著比賽結束而結束：「有人會在街上向對手討公道，接著就會在家裡爆發。情況相當糟糕。」該暴力及其他由運動競賽所引發的暴力，其主要原因都是因為輸隊的支持者感覺丟臉和羞恥。足球場上的怒氣點燃如此多的衝突，以致瑞明吉寧社區乾脆在二〇〇九年禁止足球運動。[69]七年後，他們打電話問金恩：「我們如何才能把它要回來？」

金恩做了如同他在全澳洲運動俱樂部所做的事，他前往該社區並跟他們討論家虐問題，然後敦促他們寫一份「終止家虐行動計畫書」。「在這些計畫書內，我們會寫下一些規則，像是：『教導球員這是一個遊戲，其中一隊贏，另一隊**沒有贏**。』我們把**輸**這個字剔除了。」該計畫書也表示，俱樂部對家虐絕不容忍（包括取消違規球員的參賽資格），並且也選出傑出的球隊以宣揚對「終止暴力」運動的支持，包括在球場上做「團體勾手臂」的動作。然而，每一份「終止家虐計畫書」都是獨特的，在瑞明吉寧社區的計畫書內有一個關鍵的元素——女性。「她們要加入委員會。她們要參加球賽，而我們要支持她們。男人對此的反應則是：『這到底是怎麼回事？』」

在總決賽那天，球場上的氣氛沒有好勇鬥狠，反而像節慶般歡欣。女子球隊開賽前，男子們跳舞慶賀，而輪到男子球隊比賽時，換女孩們跳舞慶賀。開賽前，社區長老會致詞鼓勵，並告訴參賽隊伍，不管發生什麼事，賽事一結束，他們都要將球場上發生的事忘掉，回歸正常生活。「太美妙了——事情很順利。」金恩說。效果再次令人震驚。「三個月後，警察告訴我們，社區中的家暴率降低了百分之七十……為什麼？因為足球賽變成了一場節慶，而非戰爭。」當地警官保羅・凱特利（Paul Keightley）對該計畫讚賞不已：「社區的改變絕對令人難以置信！」

「終止暴力」運動曾受到許多其他同在反家虐運動中深具影響力的領袖人物的讚美，如瑪西雅・蘭登及約瑟芬・卡許曼（Josephine Cashman）等。在「七大運動倫理」、「我們的守護」及「澳洲白絲帶」的支持下，他們甚至計畫要成立一個全國運動與「終止暴力」聯盟。然而，他們雖然非常努力在爭取政府的支持，但到目前為止來自坎培拉的回應很少。

訊息很明確——當權力下放給社區，而非在有權勢的那些少數人的手上時，難以置信之事就有可能發生。坎培拉應該適時體悟，澳洲原住民對於療癒及減少暴力有他們自己細膩的策略。他們所需要的只是政府和警察不要再破壞他們，並且開始支持他們。

69 足球並非只有在偏遠社區引發暴力。「酗酒研究與教育機構」的調查發現，當南威爾斯和昆士蘭在起源州系列賽進行決賽時，家庭攻擊事件飆升了百分之四十，而非家庭攻擊則飆升了百分之七十。「酗酒研究與教育機構」的執行長直言不諱：「顯而易見地，起源州系列賽正導致家庭暴力的激增。它就在全國足球賽上發生，而這些比賽的直接後果就是婦女和兒童遭受暴力傷害。」

第十一章　解決之道

我們有太多的覺悟。
我們已經厭煩了無用的討論。
這不是一條絲帶，不是一個顏色，不是一個井字標籤。
想想今年曾有多少婦女和兒童必須面對他們生命的最後一刻？
那個恐懼。那個凌遲、可恨、拜託一刀給我痛快的時刻。
是啊，你現在要殺我，我明白了。但求你別折磨我。
我怎能毫無作為？

——妮可・李，倖存者／運動家

整整四年我努力檢視家虐現象，想找出完美的文字組合來讓人們尖銳地感受到它，其恐怖如此鮮明，使得人們會強烈地請求（且不斷地請求），領導者們能夠對它採取行動。我曾苦惱於如何才能夠使這些文字彰顯其中之殘酷，並確切到足以說服每一位政客、法官和警察們，讓他們在**當下**竭盡所能，以確保再也沒有施虐者自以為能夠為所欲為。但是，我總有一種強烈的徒勞無功感，一想到本書的結果可能只不過是另一次的「行動呼籲」——搖搖欲墜的書架上再添一本罷了——就讓人想吐。

連提議的解決方案也令人感到徒勞。家虐已是一個「國家級緊急狀態」，而我們對它的回應主旨就是某種「實現性別平等」並「改變社區態度」的計畫，是一種可能需要幾十年才看得見成效的策略。別誤會我的意思——性別平等是非常重要的追求；也許當父權體制終於被推翻時，家虐真的會成為一件往事。但在此期間，絕大多數的施虐者仍隱而不見，繼續從事著其系統化的屈辱與恐怖行動，並犯下逐漸升級成謀殺的罪行。

我們為何一直在容忍？為何不將對抗施虐者作為國家首要的當務之急？我們要如何才能明白，除非我們改變態度並致力於平等，否則要阻止施虐者在今天、明天、今年或明年施虐，根本是空談？

澳洲曾因對公眾健康問題的勇敢回應而聞名全球，從反對菸草工業到用法律規定酒駕為犯法行為等，澳洲政府曾告訴人民，為了挽救人命，他們很願意燃燒政治資本。藉由這些行動，他們曾獲得許多人都認為不可能的成果。假如政府在對付家虐這件事上也能展現同樣的熱忱，將會有怎樣的成效呢？

＊

自女性主義者開張第一間家虐庇護所以來，時間已經過去了半個世紀，從那時起，他們就需要乞求每一塊錢才能保護女性的安全。這些女性的怒聲，近幾年來經常被追逐自我利益的政客竊取——他們滔滔不絕地說著有關終止家虐的漂亮話，最終卻反而提出瑣碎的倡議，破壞原有的基礎服務，並且迫使服務部門向他們懇求基本的資助。不管有多少總理「致力於」終止家庭暴力，此一事實永遠存在——澳洲是一個容忍施虐者對婦女及兒童施虐的富裕國家。

我在二〇一五年時第一次看清了這個真相。在墨爾本某個令人窒息的夏季熱氣中，我與「麥克歐莉婦女社區服務」的執行長喬瑟琳．比格諾德碰面，她告訴我在整個維多利亞州，只有一間二十四小時為家虐受害者服務的危機收容所，而她是該所的負責人。在我們談話時，比格諾德顯然心事重重，她的擔憂有充分的理由——就她所知，「麥克歐莉」將在六個月後的七月一日關閉。她的庇護所及散布全國的其他各家，所面臨的立即威脅是，由工黨政府於二〇〇九年開始實施、被稱之為「全國無家可歸者之合作協議」的原有資金安排將被取消。在聯盟組織於二〇一三年勝選後，它便從合作協議已相當緊繃的一點五九億元澳幣的資金中砍掉了四千四百萬，並宣稱資助只到二〇一五年止。在該年的一月時，服務部門裡沒有任何人被告知他們的資金是否會繼續。「截至目前，我尚未接到任何有關六月三十日後的資金服務計畫的公文。」比格諾德說道，眼裡閃著怒火。

那年一月，當比格諾德憂慮地等待消息之時，二十六歲的蕾拉・雅拉薇正在雪梨西郊奧本區的一間美容院裡當美髮學徒，當時她正展開一個獨立的新生活；幾個月前，她好不容易離開了威脅要殺死她並「好好修理」她親友的暴虐丈夫——莫克達・荷西尼姆瑞（Mokhtar Hosseiniamrei）。她知道他做得到，因為他之前就曾多次企圖殺害她——把她壓在地上，勒緊她的脖子直到她幾乎昏迷，然後用一張毛毯蓋住她的頭臉，再跳到她的身上用力踩踏她。雅拉薇拚盡全力逃離了家，並申請了一張禁暴令，但她仍然害怕荷西尼姆瑞不會放過她，因此開始打電話給家虐庇護所，想找到一個安全的藏身處。但沒有一間庇護所有空房，雪梨沒有，鄰近的區域也沒有。她只獲得一張國王十字架車站附近旅館的住宿券，但在那裡獨自一人住了幾晚後，雅拉薇對該處的環境感到害怕，於是便搬去跟姊姊住。在打了十幾通電話給各庇護所無果後，雅拉薇放棄了獲得保護的希望，並決定回去工作。在僱用她的美容院裡，人人都說她是個親切又慷慨的人；有一次，一位患有癌症的客人讚美她的皮夾很漂亮，她就把自己的東西清空並將皮夾送給了那位客人。

某天，雅拉薇正在幫一名客人剪髮時，她的同事告訴她，荷西尼姆瑞站在外面。雅拉薇不想給美容院招來麻煩，便走出去跟他講話。幾個小時後，她被發現死在她停在某停車場的車子裡，其頭部、頸部、手臂及身上總共被刺了五十六刀。警方事後審問荷西尼姆瑞為何行凶時，他解釋道：「她打破了婚姻契約。」雅拉薇的姊姊瑪麗安・洛特菲（Marjan Lotfi），在她的受害人影響陳述中說她幾乎無法承受失去妹妹的悲傷。「我一直在想，為何沒有人幫助她？為何她不能獲得她所需要的保護？」

在蕾拉・雅拉薇遭殺害身亡的兩個月後，當時的澳洲總理東尼・艾伯特（Tony Abbott）宣布將對家虐的認知運動提供三千萬元澳幣的資金。「我們需要終止這個悲劇性且致命的家虐歪風。」媒體發布說：「重要的是，我們也必須確保所有正在受苦的婦女與兒童們都瞭解，政府絕不容忍家虐，且會給受害者提供支助。」但是，我們仍然沒有聽到與資金相關的任何說法，家虐庇護所也開始為裁減人員做計畫。終於，在二〇一六年三月二十三日（就在資金要告罄前十四週），以及在「無家可歸者部門」面對國家危機談話時，社福部長史考特・莫里森（Scott Morrison）宣布，政府將延長給庇護所及其他無家可歸者服務另外兩年的資金補助。當他被問及為何不提早給服務部門肯定的答覆時，莫里森回答說，這樣的資金決定並不是「一件到提款機提款那樣簡單的事」。

但國家確實有一臺提款機，它叫做「預算」，而當政府有需要時，它絕對沒有找不到錢的問題。例如，當年聯盟政府寧願在澳洲建造十二艘潛水艇，而不願讓它們在日本製造時，就毫無問題地找到了一筆額外的二十億元澳幣。這都是為了幫澳洲人找工作，政府說：「工作機會剛好就在南澳的邊緣地帶。」

然而，一旦提到給予庇護所和社區法律服務資助時，政府不僅哭窮，甚至會編造藉口說，如果這些單位獲得較多補助，那麼其他有需要的單位就會匱乏。正如經濟學家李察・丹尼斯（Richard Denniss）所分析：「對於那些決心要維持現狀的人的政治策略而言，讓婦女團體覺得窮，是很重要的一件事。他們不僅要讓婦女團體覺得窮，他們還要讓那些團體覺得，**要求**資助根本就是貪婪。」

政府（無論是州政府或聯邦政府）有錢，不給資助是他們的選擇——逼迫庇護所拒絕有需要的婦女，是一個選擇，迫使服務部門向政府懇求資助，也是一個選擇。

在二〇一五年，維多利亞州的工黨政府曾為家虐召開一次皇家委員會，那是全球史無前例的舉動。當委員會提出兩百二十七項建議時，州政府宣誓將會執行其中的每一項（四年中將挹注一點九億元澳幣的經費）。

「我們將由下而上檢修我們殘破的支持體系。」維多利亞州工黨總理丹尼爾・安德魯斯（Daniel Andrews）說。我們將懲罰施虐者，我們會傾聽那些倖存者的心聲，我們要改變那個創造暴虐的文化。

這一次，一位政客決心終止家虐的鄭重承諾真的體現了意義。在維多利亞州發生的事，其意義再怎麼強調都不夠。我從未聽過全球有哪個國家，曾這般致力於家暴部門的補助；在澳洲其他地區甚至不曾有過與之相近的努力。

但終止暴力所需的不只是錢，它還需要信念和決心。我們真的相信施虐者可以被阻止嗎？不是在未來的世代，而是現在、馬上？

社會問題經常顯得無法克服，直到它們被克服了。在一九七〇年代，雪梨警察的貪腐十分嚴重，甚至在青天白日的大街上，都能看到他們與皮條客公然交換紙袋。雖然那個景象從國家廣播電臺所在的大樓就能看得見，但是該電臺的新聞記者們卻從未想到要報導它——警察貪腐不過是一件很自然的事情罷了。然而，到了一九九〇年代末期，一切都改變了。伍德皇家委員會公布了數百名貪汙警察的名字，而在警方被政府警告後，那些壞警察就被肅清了。警察的貪腐在伍德之後並未神奇地被根絕，但他們想要逍遙法外已不再如此容易。

當皮條客不時在大街上公然地將紙袋交給警察時，市民們則經常爛醉地開車回家，彷彿酒駕不是需要感到可恥的行為——酒駕者經常喧囂且驕傲地這麼做，甚至堅信淺酌兩杯可令駕駛技術**更優良**。當政府於一九八二年引進「呼氣酒精含量隨機檢查」後，反對聲浪如此澎湃，連酒吧都拒絕本地政客的進入，堅稱那是對男性勞工階級的攻擊。但「呼氣酒精含量隨機檢查」的立即效果不可否認——在兩個月內，新南威爾斯致命的交通事故率就降低了百分之四十八。[70]

如同從前的警察貪腐與酒駕問題，家虐也是一個長久以來隱藏在我們視線外的社會病徵。它看起來似乎很棘手——只是一個悲慘的生活事實——而廣泛的共識也似乎認為短期內沒有什麼辦法能夠阻止它。

並非我們不夠努力。我們已經決定要將家虐當作一種「公共健康」問題來處理，將它與抽菸和愛滋病毒等放在同一個類別裡，而我們也正透過「全國減少對婦女及兒童施虐之計畫」，以一個國家級的規模在對抗它。這個由所有州政府及領地政府共同簽署的國家計畫始於二〇一〇年，旨在達到性攻擊和家虐「顯著且持續減少」的目的。但不同於降低菸害及愛滋病毒之策略的是，這項減少家虐的國家計畫少了一個關鍵元素——明確的目標。

---

70 「呼氣酒精含量隨機檢查」的長期影響雖然沒這個數據亮眼，但仍然深具成效——在引進酒測幾近五年後，晚間單一車輛肇事率逐年降低百分之二十四。

例如，此計畫未曾為「減少家庭謀殺或反覆攻擊率」設定目標，甚至連減少被危機住宿拒絕的婦女和幼童人數的目標設定也沒有。的確，此計畫中的某些成果如此模糊，以致我們很難想像它們是否曾經被完成過，更別說要用可靠的數據來將之呈現。（例如像「社區安全且不再有暴力」及「兩性關係是彼此尊重的」這樣的成果，看起來就不像是減少暴力的嚴肅目標，它們看起來更像是打造一個女性烏托邦的夢想清單。）然而，既然這個計畫已經啟動了，所有政府都要在二〇二二年時遞交出六項「國家成果」。

由於它的成功並不是以暴力的真正減少來評量（儘管那是明確目標），國家計畫中的「減少家虐」其真正樣貌究竟為何也並未有清楚的描述。例如，其首要任務的進展——「社區安全且不再有暴虐之行」——並不是由檢視警方的數據或入院治療率來評量，它是用追蹤社區態度來評量。（例如社區中有多少人瞭解控制也是一種家虐型式？）

這個將家虐當作一種態度問題來處理的方式，在二十幾年前便由美國學者羅芮・赫思（Lori Heise）勾勒出來。「暴力是一種非常複雜的現象，其原因根植於兩性之間的權力不平衡、性別角色期待、自尊及社會制度等，」赫思在她一九九四年影響深遠的論文中寫道：「除非我們正視那個深層的對婦女施虐的文化信念與社會結構，否則這個問題不可能解決。在許多社會裡，女性被定義為次等，而支配她們的權利被認為是男子氣概的本質。因此，要對抗暴力，首先需要重新定義身為男性及女性之意義。」根據此理論，性別不平等就是家虐的根源，而性別**平等**才是解決這個問題的對策。達到該目標的方式便是透過改變社會態度，在運動俱樂部、學校或透過媒體等等。澳洲許多性別暴力領域的領導人物都曾為此方式背書，他們當中有幾個還是「國家計畫」延聘的顧問。但在評量像我們的社區安全這般重要的事情上，調查人員們對暴力的態度究竟該如何做才算適當？為什麼改變社區態度是該策略的中心綱領？

在每一次與專家的訪談中，我都會問一個同樣的問題：「當家虐狀況在**目前**如此緊迫之時，我們為何還要優先選擇「長期的態度改變」這樣的策略呢？」犯罪學家兼創傷專家麥可・梭特爾承認，在家虐的恐怖現實與我們對它的反應之間存在著一個嚴重的斷連。「一方面我們被告知說，它是一個國家級緊急狀況，但另一方面軟綿綿的對策卻逐漸呈現了一個事實——目前正在受害的女性會持續受害，而未來也會有新的女性受害，與此同時，我們又期盼在某個神奇的時刻，我們可以將它結束。」他說：「當你檢視其他公共健康問題，如愛滋病或C型肝炎時，你可以打賭政府絕對會有那些疾病被終止的國家所擁有的眼光。他們知道那些問題的樣貌。但我們怎麼知道我們是何時走到這個地步的？我們真的把終止家虐當作目標了嗎？」

轉變對性別不平等及性別暴力的態度，是值得被讚許的任務，且毫無疑問將產生重要的文化改變。但作為減少家虐的基本策略，該任務卻非常不適當。我們為什麼要接受「減少家虐需要花幾十年，或甚至可能幾個世代」這樣的事？為何長期的預防工作不能與**現在**就竭盡所能地採取各種減少暴力的措施並行？為什麼連續幾個政府都堅稱減少家虐是一件改變態度的事情——或頂多，是一件只能事後補救的事情？政府官員究竟是如何決裁調查社區態度是「檢核減少暴力的策略是否奏效」的最佳方式？當隨機酒測剛採用時，官員們可曾決論說，如果在酒吧裡接受調查的絕大多數男人都贊同酒駕是一件壞事，那麼該政策就會被視為成功？不，他們絕對會被議會一笑置之。能夠證明酒測成功與否的唯一方式，就是衡量其真正的影響——交通死亡事故率的減少。為何一談到家虐，我們的要求總是比較少呢？71

該策略還有另外一個嚴重的問題——社區態度**或許能夠**反映大眾的認知，但它卻不能可靠地預測一個人的行為。就像是對坐在酒吧圓凳上的男人們**進行調查**，想想那些男人中有多少人會勾選「酒駕是愚蠢的」那一欄，最後自己卻仍喝得醉醺醺地開車回家？想歸想，做歸做，我們全都有這個問題。（我自己就是一個例子，我會很樂意地在一項調查中勾選「上床前或睡醒第一件事就查看手機是很糟糕的事」，但我還是會那麼做。）心理學家有一個術語可以形容這個狀況：「言行不一。」陳述的態度不一定符合或能預測陳述者的行為，正如瓊恩・迪蒂翁（Joan Didion）所闡述：「人們常常會成為自己在意識層面上奮力排斥之價值的無意識工具。」我們在施虐者身上便經常看到，他們會在這一刻譴責虐行，卻在下一刻攻擊自己的配偶。輔導施虐者的專業人士對這樣的斷連很熟悉，它只是施虐者的陳述態度及其實際行為之間的諸多分歧之一。

毫無疑問地，與性別有關的破壞性理念——更確切地說是父權體制——便是家虐的問題核心，這一點在前面的章節已闡明，但要重新設定態度和行為卻是好幾個世代的工作。這樣的工作並不能防止婦女和兒童於明天或明年死亡，當然也無法看到家虐在短期內大量減少。這一點我們從最近一次由審計公司在二〇一七年所做的「國家計畫」評估就可以看得很清楚——「國家成果」雖闡明有「重大進展」，但報告裡卻沒有顯示家虐本身已經減少了；事實上，證據披露了正好相反的結果，報告表示：「其發生率與嚴重性正在增加。」

這並非倡議者的錯。沒有他們孜孜不倦的推動和決心，我們甚至**不會有**一個減少家虐的國家計畫，也多虧他們，政府才將家虐的性別特質作為其回應的核心。但終究，這是一個**減少家虐**的計畫，假如虐行仍持續增加，那麼「減少針對婦女與兒童之暴力」的國家計畫，就是失敗了。

*

要抑制公共健康問題並轉變社會行為，需要強大且前後一致的威懾力量，並以正確的聚焦來追求這個目標。如同其他公共健康政策，打擊暴力的「國家計畫」也有三個主要元素——初級預防（透過學校與職場教育、促進性別平等以及宣傳運動等，在事情未開始前遏止它）、第二級預防（藉由新措施，如男性行為改變計畫等，預防暴力加劇），以及第三級預防（透過危機住宿之提供、輔導與宣導，以及對施虐者做出適當的刑事司法處置等，降低暴力之衝擊、恢復健康與安全，及預防暴力之反覆發生等）。

初級預防是國家計畫的骨幹。讓我們開始想像，在二〇二二年前，我們在促進性別平等的目標上已獲得了重大的進展；讓我們再進一步想像，在二〇二二年前，澳洲在性別平

71 如同我們先前所見，家虐數據並不能透露故事之全貌，但部分統計數據卻能夠顯示行動是否有進展——家庭謀殺率就是最明顯的例子。

等上已排名全球第一。不用說，這真是一個超棒的結果。但該結果能夠減少家虐事件嗎？對此，我們至少可以說，證據不明。

我們在第五章曾經闡述，北歐國家（性別平等領先全球的國家）仍然有著驚人的家虐率。根據冰島女性主義者兼人類學教授席格麗鷗・杜娜・克里斯特蒙茲朵特（Sigríður Dúna Kristmundsdóttir）的調查，在冰島（最適合女性生活的地方）的家虐案件似乎越來越多。「也許是因為男性所感受到的焦慮，導致了家虐率的增加。」在回應特別廣播服務公司的節目採訪時，她借用男性觀賞一場他們相信自己的球隊會贏的足球賽，來比喻他們在改變性別規範時的體驗：「現在球落在三到四號球員之間，而他們不確定自己的球隊或女子球隊會贏，因此他們非常害怕，非常焦慮。」在澳洲，我們也觀察到了這個反衝效應，而這告訴我們，假如我們改進性別平等的行動成功了，那麼短期內我們事實上可能看到家虐的情況**惡化**。這也表示，國家計畫的第二級與第三級預防措施，迫切地需要具有實證、相互配合且資金穩固的條件。

但我們並沒有類似的整合策略。「我們一直以來用的都是霰彈槍法，並且隨著每一個預算週期在改變。」拉拉・佛格絲（Lara Fergus）說，她是「我們的守候」（由聯邦政府資助並指定促進初級預防措施的機構）政策與評估部門的前主席。「其中有許多資助只給了臨時計畫，持續時間有限，且這些計畫中也沒有一致或統整的目標。」個人和團體常常成功申請到運動俱樂部的計畫補助，佛格絲說，但通常這類計畫並未附帶專長知識，也未能明顯陳述它們實際上會如何減少暴力。「如果某官僚和部長決定他們喜歡某個計畫案，而且——我敢說——如果那個計畫案引起選民興趣，那麼該計畫就會獲得補助，但那樣做並不能減少針對婦女與兒童的暴力。」

佛格絲說，儘管政客們針對此事侃侃而談，他們仍然不願意在減少針對婦女與兒童之暴力上費心。「他們似乎覺得做一些思慮不周的計畫，然後它就會成功了。它的確會成功——它會在社區和選民身上成功，而那對許多政客而言也許才是重要的。」佛格絲說：「我們一直有一個開關未打開，即使在這個『後羅西・芭蒂』的時代。說實在，這是一個需要我們嚴肅以待的問題。」

雜亂無章的策略令人憤怒——並且反映真實情況——之處就是，我們都知道推動一個成功的公共健康運動應該怎麼做。以香菸為例，自從政府對減低菸害變得嚴肅以來，澳洲已經採取了全世界最強硬的一些吸菸法律，讓香菸變得取得不便、昂貴且不時髦。假如你在非吸菸區吸菸被逮到，最高可被罰鍰兩千元澳幣，而罰鍰並非唯一的震懾，聯邦政府同時還用逐年提高消費稅的方式，讓抽菸昂貴到令人卻步的地步，到二〇二〇年時，一包香菸的價格可能至少要四十五元澳幣。但是，政府並未就此止步，為了讓香菸品牌同質化且看起來不時髦，吉拉德政府勇敢地規定強制性的簡單包裝，讓每個香菸盒都是單調的橄欖綠，而盒面唯一的裝飾就是血淋淋的健康警告圖示。這項領先全球的政策曾讓政府陷入與菸草公司耗費數百萬元澳幣的法律戰爭，但最終澳洲政府還是贏得了勝利。

有些人或許會認為這樣的政府干預太超過，它不僅嚴苛，甚且還呈現了「悄然滋生的社會主義」。但我們依然無法否認其成效卓著，自一九八〇年代以來，澳洲男性的抽菸人口減少了一半；時至今日，相較於全球百分之二十的抽菸人口率，澳洲的抽菸總人口只有百分之十三。降低菸害的國家計畫有明確的目標——在二〇〇八年時，政府訂定了將抽菸人口進一步降低百分之三到十的計畫，並且要在二〇一八年前，將原住民及托雷斯海峽島民的成人每日抽菸率減半。

那麼，我們為何不為家虐設定能夠衡量之目標呢？目前的方式（以其遠距離目標）之所以受到政府青睞，是否因為它可以規避問責？

當我對拉拉．佛格絲提出這個問題時，她停頓了一下，慢慢地說道：「一開始我曾抗拒過妳方才所說的，且覺得事實不是這樣。我們對於初級預防有較多意識形態方面的掙扎，因為我們談及了性別，而沒有人想聽這種事。但我的確看到妳所說的——強迫施虐者負責、建立立法及監督機制，以及讓施虐者不可能繼續施虐等，我們應該卻也一直未嚴肅對待此問題。我們對於解決這個問題有一種在面對其他問題時（例如恐怖犯罪）所沒有的抗拒……我們可以做的還有很多。」

多數的家虐犯都不會被追究責任，他們根本不相信法律會介入他們及其受害者之間。既然我們將家虐視為一種輕微的暴力犯罪，那麼我們就不會用有效的方式來改變這個社會。

那個改變會產生何種樣貌呢？假如我們將施虐者放在我們預防工作的核心，會有何結果？家虐是難以衡量，但有一個可靠的統計數據可以鎖定——現在每週，至少會有一位施虐者殺害其目前或已分手的伴侶。我們為何不致力於降低這個統計數字呢？我們何時才能看到一位勇敢的政治人物走出來說，作為一個國家，我們要將家庭謀殺率降低一半？

想要根絕家虐，我們需要改變社區態度及行為，這意味著我們要對抗並推翻支撐性別不平等的各種偏見，從不平等的工資率到我們對羞恥與焦慮的性別反應等；教導學童互相尊重的關係，並打擊校園霸凌等，也是這些措施中最基本的部分。但是，這些及其他類似計畫的進展很緩慢，而施虐者卻到處都是，他們時時刻刻都在全國的家庭裡對其受害者進行著恐怖的控制，沒有人，也沒有機制來阻止他們。

他們到底能不能被阻止？我訪談過的大多數專家都說，沒有任何策略曾經明顯地減少過家虐。然而，在美國北卡羅萊納州的高點市（High Point City），至少有一個由警方、社區成員及聯邦機構所組成的聯盟。他們同心協力地將「阻止施虐者」作為當務之急，採用了與打擊幫派暴力和槍枝犯罪等基本上同等級的策略。僅僅六年，他們就獲致了難以想像的成果——該城市的家庭謀殺率降低了一半以上，而那是在一個家庭謀殺率曾是全國平均兩倍的地方。

在其他許多地方都失敗的情形下，為何此策略能奏效呢？它能在每個地方都發揮同樣的功效嗎？

*

在二〇一二年二月，高點市發生了一件不尋常的事。對不知情的人而言，它看起來就像是在市政府召開的一場固定會議，鮮豔的橘色椅子上坐滿了當地居民、教會領袖和社區代表人等，各方人士齊聚一堂。但是，讓這場會議不尋常的卻是坐在最前排、身軀扭動不安的那十二名男人。這十幾名躲避與室內其他人眼神接觸的男人都是施虐犯，而這大概是史上第一次，他們被叫喚到公眾的面前。

請全場肅靜後，吉姆・蘇米（Jim Summey）走到麥克風前，對前排的男人說話。他說：「諸位，今晚你們來到這裡，是因為你們一直都涉及了某種形式的家虐。現在，整個社區在這裡聚集，要支持執法單位——我們跟他們是一伙的——要讓你們知道家虐是錯誤的，是無法被接受的。」

蘇米是當地很有影響力的牧師，也是「高點社區對抗暴力組織」的領袖。他是個身材魁梧的男人，肩膀寬闊且留著一把大鬍子。「這跟你們的受害者無關。」蘇米告誡道：「選出你們的不是她們——是我們。但我們也關心你們，不要認為這麼做只是為了貶低你們——不，不是。實際上，這是一個提升你們的機會，因此，請接受它。雖然我們關心你們，但家虐必須停止。如果你們不停止施虐，事情一定會變得很糟糕。」

然後，將近三十名社區成員一個接著一個——受害人支持者、教會領袖、單車騎士與共濟會會員等——走到麥克風前介紹自己並重複了同樣的訊息。「我也反對家虐。」身材高大，穿著一件有鮮亮條紋的灰色背心的黑人牧師薛爾曼・梅森（Sherman Mason）說：「但如果你們願意讓自己的城市更美好，我一定支持你們。」一位梳著包頭、戴著珍珠項鍊的中年女士——格芮塔・布希（Gretta Bush）直率又親切地對那些施虐者說：「『高點社區對抗暴力組織』是一個會幫助你們與社區資源連結的團體。如果你們不需要我們協助，那麼你在今晚離開這裡後就不用再看到我們。」她說：「但如果你們需要，那麼請你們帶著**『我想要改變』**的心態來。我們能夠幫你們做到。我們會幫你們與資源連結。我們愛你們，尊重你們——這就是為何今晚我們請諸位前來的原因。」

當社區成員走下舞臺後，一群執法人員——從當地警察和檢察官，到來自聯邦調查局與菸酒槍炮及爆裂物管理局的聯邦探員等——坐在一排俯瞰全場的位子上，而坐在這一排令人生畏的人物中間的就是高點警察局長，吉姆・菲利（Jim Fealy）。「身為警察局長，我曾宣布家虐是威脅我們社區安全的頭號公敵。」菲利開始道：「之前我們在對付它的工作上並未很成功，但自今晚起，一切將有所改變。因為就從今晚起，我們的團隊便會啟動衝鋒陷陣的模式。」菲利強調，家虐並不僅限於「毆打」，舉凡「推擠、衝撞、拳打腳踢、掌摑、嚇唬、擅闖、破壞家私、破門偷盜及在其受害者身上所耍弄的各種小把戲與小伎倆等等，所有施虐的行為都將觸發我們的行動。」

坐在菲利旁邊的是他的副局長馬爾堤・桑姆納（Marty Sumner），他戴著一副眼鏡，是一個態度溫和、有著一口南方口音的金髮男子。「我們的警官和警探，一定會竭盡所能地找到理由。」他語氣冷靜地對著坐在最前排的那一群男人說：「如果我們聽到你們在虐待自己的配偶，我們不會將之視為輕微的罪行——我們可能會從你手上買毒品，我們可能會賣給你一支手槍，我們也可能會重新啟調你過去曾逃過懲處的案件，讓你受到判刑。」桑姆納的威脅不是隨便說說而已，如果這些男人犯了家虐行為，這一排官員會使用一切手段讓他們受到懲罰。

這就是大家所知的「艾爾・卡彭」（Al Capone）策略，地區檢察官華特・瓊恩斯（Walt Jones）解釋道。卡彭曾是芝加哥勢力最龐大的幫派老大，但警方卻無法逮捕他，因為從未有人目睹他犯罪。卡彭從未因暴力被起訴，但最後他仍然死在監牢裡，他是因逃稅入獄。「從明天開始，坐在第一排的鄉親們都會成為特殊的人——檢察官辦公室特殊的客人——**假如**他們選擇再犯的話。」瓊恩斯說：「現狀將不復存在。我們就等著你們再犯，證明文件都已經準備好了，我們只需要將受害者的名字及其受害日期填進去即可。」然後，一名身材壯碩、下頷線條堅毅的黑髮男子自我介紹說道，他叫道格・瑞茲（Doug Retz），是名聯邦調查局探員。他說如果本地檢察官無法用國家犯罪拘捕他們，那麼聯邦調查局就會介入，並以聯邦案件的層級起訴他們，即便是構陷也在所不惜。「我可以收買線人，購買槍枝、毒品，全天候盯梢。」他說：「資源、手段很多……所以，別將我們的忠告當作耳邊風，請你們去找社區的人們協助。祝各位好運。」每一位官員發言時，似乎都刻意要比前一位聽起來更可怕。對那些坐在前排、未來可能潛逃的人，美國聯邦法警約翰・奧森（John Olson）嚴厲地強調：「就算落跑，我們也會去追捕你們。以往你們從未被標記過，可以逃到另一座城市或另一州去，沒什麼大不了。但現在，你們已經被標記了，天涯海角你們無處可逃。」

最後，在每一位官員闡明他們將如何毀滅那些施虐者的生命後，警察局長菲利起身做了總結。他說，家虐已經不再被視為一種輕罪，警方現在將它視作高點市公共安全的首要威脅，且每一件家虐事件都會被當作重大案件處理。「從今天起，你們都已經被我們的記錄管理系統標記了。」他說，並闡明如果他們因故在鄰近的城鎮被攔下來（即便只是像被開交通罰單那樣的小事），他手下的警官們也都會獲知。「我們不是在請求你們，我們是在**告誡**你們——面對你們的女人時，請控制你們自己。那就是我們所有的要求。善待你們的女人，那麼你們就可以避開我們。」

對高點警察局而言，家虐事件長期以來一直是個嚴重的問題。「以前我們每年都要耗費六千多個小時回應家虐的報案，這還不包括逮捕。」在從高點打來的電話中桑姆納對我解釋道。如同全美國多數的警察局，高點也有「強制逮捕政策」——假如一名警官有理由相信犯罪行為已經造成，那麼他們就必須逮捕犯罪者，但他們也僅能做到那樣。絕大多數的家虐都是輕微犯罪，只需要調停而已。這樣的觀念持續到了二〇〇八年夏天——在僅僅兩個星期中，兩名男子（都是有前科的施虐者）殺害了他們的伴侶，然後自殺。對僅有十萬名居民的城市而言，這兩件時間如此接近的謀殺案是極大的震撼。

這是一個催化時刻，而桑姆納知道他必須抓住它。自二〇〇四年以來，該城市總共有十六件家庭謀殺案件，而那使得家虐成為高點市謀殺案的首要原因。當桑姆納對局長菲利提出建議，將次年的警力集中在減少家虐上時，菲利並不贊同。他說，那就好像要害警察局失敗似的，家虐只是生活中一個悲哀的事實，「是某種在任何社區中都永遠躲在表面下發生的東西」。什麼措施都沒用。大家都知道。

但是桑姆納並未退縮，他不斷思考自己幾年前曾讀過的一篇論文，作者是紐約的犯罪學家大衛・甘迺迪（David Kennedy），他曾向警方推銷一個全新的對抗家虐的方法。那個方法奠基於曾使甘迺迪一舉成名的策略——「集中威懾」（或「拉動槓桿」）。該策略最早在一九九〇年代進行「停火行動」（一場對抗全市青年槍枝暴力的行動）時引進波士頓，前提很簡單——一小群人犯了絕大多數的暴力罪，而他們的犯罪記錄可被作為說服他們停止犯罪的手段。聽起來也許並不特別有效，因為在九〇年代，大眾的認知正好相反——人們認為你無法與暴力犯談條件，因為他們基本上沒有理性。但在甘迺迪的建議下，波士頓找出了該市最危險的罪犯，透過已洗心革面之幫派成員、教會領袖及其他受尊重的地方人士等，給他們發了一條訊息，內容如下：

> 我們要你們改變，因為我們關心你們。我們會幫助你們改變生活方式，如果你們願意讓我們幫助的話。但是，如果你們堅持繼續你們的暴行，那麼你們不可能逃過制裁，而且懲罰會來得迅速且嚴厲。

最嚴酷的可能後果來自於可怕的執法聯盟（警察、檢察官、法官與聯邦探員等），他們發誓將會採取「快速通道審判」並要求處以最高刑罰。該行動的效果不只即時，而且持久。「停火行動」不僅減少了百分之六十的青年謀殺率，在接下來的十年間也減少了百分之二十五的槍枝攻擊率；它也造成了全國謀殺案件與槍枝暴力的大幅減少，是美國最受稱頌的減少犯罪策略之一，它甚至被形容為「唯一證明能夠減少幫派暴力的戰略」。

到了二〇〇〇年，甘迺迪開始思考，如果「集中威懾」對減少槍枝暴力與毒品買賣有成效——不需根除造成貧窮、不平等及種族主義等問題——那麼它是否也能對減少家虐產生效果？

在提出這個建議時，甘迺迪挑戰了人們的觀念——絕大多數家虐，都是沒有犯罪史的「好人」所犯的罪。犯罪統計顯示，那些犯行最嚴重的施虐者中，當地警察或其同事、鄰居及親友等都是知情的，而他們原本可以介入卻沒有，統計數字還呈現了另一個令人不安的事實——在絕大多數的家庭謀殺案中，警察都曾有明確的機會可以保護那些最後被殺害的女人。當桑姆納挖出高點市近幾年所發生的十七件謀殺案的記錄時，他發現每一位家虐犯都曾有犯罪記錄，更令人不安的是，他們的虐行都不是祕密，因為每一名受害者都曾在遭殺害前向警方和支持者求救過。

「集中威懾」並不能根除高點市的所有家虐，有一大群施虐者從來不會在警察到來時出現，那些施虐者在短期之內都不會讓警察找到。但有一群特別嚴重的施虐者——其中有些還虐待過不只一個女人——警察都認識他們，假如他們能夠被阻止，那麼警察至少可以為他們所能看到的暴力盡一點力，同時利用它們作為嚇阻初犯者的例子。

當菲利局長看到層出不窮的家庭謀殺事件背後已確知的罪犯名單時，他不禁開始相信「集中威懾」這個手段也許能發揮功效。他大膽地公開宣誓，要盡一切所能來降低家庭謀殺率，他也希望看到受害者反覆被害的情形減少，以及同樣的人來電報警的次數降低。然而，所謂的成功，絕不是一般報警電話次數的減少，反之，他希望有更多的受害者因此而有勇氣報警。

經過整整兩年的時間，一個由警察、學者專家、檢察官、支持者及社區成員們所組成的聯盟，對於整個計畫有了共識。在深入瞭解犯罪者的資料後，他們區分出了四種類型，並針對各類型設計對策。

列在第一級名單上的都是該市程度最嚴重的施虐者，他們在被鎖定後會立即遭到起訴。定罪的判決不一定是因為家虐——假如受害者不願作證，警察也會找尋其他不相關之罪行來控告施虐者，而且——可能的話——直接就用那些罪行起訴他。桑姆納解釋道：「例如有一個案例——那個男人有兩件竊盜案件待決，於是我們就讓檢察官以快速通道審判的方式，用那兩件竊盜案之名將那傢伙拘役了一百五十天。之後我們告訴他：『很少人因為這個程級的竊盜罪入獄，但你入獄了，原因是你的家虐罪行。』那樣做真的傳達了我們想要傳達的訊息。」

列在第四級的罪犯則是那些因為一通電話而受到警方注意，但並未犯下足以被逮捕之罪行的人。警官會去拜訪他們，並給他們一封信告訴他們，從現在起，他們已經受到警方監控了。

假如列在第四級名單上的罪犯遭到逮捕，那麼他們就會被提列到第三級名單上。警方會派出警探去拜訪他們（到家或是監獄裡），並對他們解釋新的後果——較長的刑期判決，或更嚴苛的緩刑條件等。透過此機會讓他們瞭解施虐的後果不但確定且迅速，並讓他們懂得做「理性的選擇」，不要再犯。他們的名字會被放到警報系統上，因此如果他們再犯，法官就會給他們更嚴格的保釋條件。另外，受害者也會獲得支持——安全計畫人員會與她接觸，警察也會拜訪她。

第三級的罪犯若再犯，便會被提升到第二級名單上。他們必須接受公共召喚出席市議會的會議，就像二〇一二年二月的那十二名第二級罪犯一般。如今被視為高風險受害者的二級罪犯的伴侶，則會收到警方將傳遞給其施虐者的一封信，並詢問其意見以確認內容及用詞是否正確。警方也會找一名「附近的線人」（可能是鄰居或親友）密切關注那對夫妻，若有任何不妥的跡象，便立刻回報警方。

在那十二名第二級罪犯離開市議會前，他們收到了那些信件中的其中一封，信中詳列了再犯後可能面對的判決。當他們回到家後，高點市警方會聯繫他們的配偶並查問相關情形。桑姆納說她們的反應很明確。「喔，他瞭解了。」她們說：「而他一點都不喜歡。」對這些女人而言，最重要的因素是，這個主意顯然是由市政府發動的，不是她們。她們告訴桑姆納：「那對他們而言才是最大的衝擊。」至於被傳喚算不算是公開羞辱，大衛·甘迺迪說「正好相反」，他說：「警方的這種回應，就是將他們視作理性、負責任的成人。」

強烈的司法對策正是家虐犯沒預料到的。正如後來的某項調查所發現，軟弱的司法對策讓施虐者認為他們對犯罪的後果是「免疫的」，也讓受害者覺得「無能尋求協助」。當此信念在施虐者的認知裡一次又一次地被強化後，他們就會更隨心所欲地施虐且不怕刑責。高點市的某警官說：「當你看到一個犯罪者八、九次違反保護令時，你便會覺得——那種事怎麼會發生在我們的司法體系裡？一個人怎麼會被起訴八、九次後——甚至每次的受害者都不同——還能在馬路上大搖大擺、逍遙法外？」

＊

當高點市的工作團隊正在精進其策略時，他們也考慮了兩個恐怖的假設。第一個是，施虐者可能被激怒，然後對他們的受害者展開報復；第二個則是，正如甘迺迪所形容的，「他會把她鎖在地下室裡……那看起來對我們來說好像成功了，因為她再也不會打電話報警」。但是該團隊受害者支持小組的領袖謝依・哈吉爾（Shay Harger），並不害怕這個政策會發生嚴重的錯誤。「嚴重的錯誤早就發生了。」她告訴我：「我們甚至離預防家虐致死還很遠。」而她也不擔心受害者會因為太害怕而不敢報案。「女人早就不報案了，原因很多，而男人則不但危險且未受到監控。至少這個方法能讓他知道，有一個人在盯著他……而他的社區也在告訴他，**我們不會容忍你的暴力和惡劣的行為**。」哈吉爾說道。以前她必須在不確定司法體系會如何處理犯罪者的情況下，與受害婦女共同設計其安全計畫，而現在，政府的對策至少是一致的。

該工作團隊設計了六個明確的目標：

1. 保護最脆弱的受害者，使其遠離最危險的施虐者。
2. 將對抗施虐者的重擔從受害者身上轉移到政府或警方。
3. 將威懾、社區標準、主動出擊與支持等，集中在最危險的施虐者身上。
4. 反擊並避免「經驗效果」，以防軟弱的犯罪司法對策讓施虐者認為他們可以逃離制裁。

5. 利用施虐者所犯的各種罪行（並將其作為理由起訴他們，如果沒有其他選擇）。

6. 避免將受害者置於額外的風險中。

為達此目的，服務提供者及警察都必須從他們各自的小房間走出來，並協力合作。「效果令人震驚！」蘇珊・薩格魯波絲基（Susan Scrupski）說道，身為科技企業主兼記錄片製作人的她，是直接目睹整個過程的人之一。「高點警察局，尤其是局長桑姆納，在整合各方人馬、談判協議以創造出一個可行且有效的系統上所扮演的角色，只有英勇兩個字可以形容。」這就是高點市的成功祕訣——聯合警方、檢察官、受害者支持者、家庭服務、社會服務提供者及社區成員等不同機構，每兩週碰面開會，並持續溝通以討論個別案例和體制的運作狀況。「他們創造的價值難以估量，因為他們所設想並處理的事情太多了。」桑姆納說：「你只要把對的人固定聚集起來，讓他們協力合作，你就可以看到某些成效。」

長期的文化改變很重要，但是公開戳破家虐這個動作，並讓施虐者熟知施虐的後果，其本身就是一個巨大的文化改變。哈吉爾說：「依我之見，心理及文化改變就是將施虐者召喚到市議會來，並讓所有這些人對他們說：『我們不會接受你們的暴力。你們的配偶也許愛你們，也許害怕你們，但我們不怕。她們也許覺得沒有力量對抗你們，但我們有力量。這不再是她們個人的事情，這是我們跟你們之間的事情。』這些話非常有力。」

*

當高點市的計畫在二〇一七年進行評估時，其成果令人讚嘆——親密關係暴力逮捕率減少了百分之二十，受害者受創的案件也有同樣的下降率。在該計畫啟動前的六年間（從二〇〇二到二〇〇八年），高點市曾發生過十八件家庭謀殺案，每年平均三件；而在該計畫啟動後十年，家庭謀殺案則有九件，每年的平均降到不足一件。在犯下那九件案例的施虐者中，有八位未曾受到警方注意，那表示，在警方可以看見並鎖定施虐者的地方，警方已有效地預防未來之謀殺。誠如高點警察隊長提姆西・艾倫伯格（Timothy Ellenberger）所述：「假如我們能『比他們早一步行動』，我們便有較大的機會預防施虐者的虐行惡化。」他們鎖定了兩千三百多位施虐犯，而令人難以置信的是，他們當中只有百分之十六因為再犯而遭到舉報（在使用傳統對策的城市裡，再犯率大約在百分之四十五到六十四之間）。「低再犯率表示，過往大家對於親密關係暴力的認知——也就是暴力無法被預防，施暴者無法被制止——事實上，只是一個迷思。」艾倫伯格說。

美國的其他城市已經開始複製高點市的防暴模式。在南卡羅萊納州，人口三倍於高點的斯帕坦堡市，光在二〇一五年就發生了十四件家庭謀殺案，他們從二〇一七年起開始採用取經自高點的計畫，並在實施一年後，使該市的家庭謀殺率降到百分之三。不管「集中威懾」在何處推動，那裡的家庭謀殺率就會下降，而這也是為何美國聯邦「防止針對婦女施虐」部門，正在提供資助給三座城市的原因——以便它們有經費複製高點的防暴模式。

高點模式能否也在澳洲發揮功效？

來自新南威爾斯「犯罪統計局」的唐・威勒波恩（Don Weatherburn）就是**那個**負責犯罪統計的傢伙，當我在電話上跟他解釋高點市的防暴模式時，我幾乎可以聽到他的注意力變敏銳的聲音。「事實上，那正是新南威爾斯警方此刻正在努力進行的計畫。瞧瞧他們在博爾克做的事。」他說：「多年來，這是第一次家虐攻擊率下降，而那是前所未聞的事。你真的需要同時提供胡蘿蔔和棒子。假如你提高施虐的代價，同時增加**不施虐**的獎賞，那麼你就會獲得一個比光揮動棒子更好的結果。」

＊

人口只有兩千六百人的博爾克鎮位於緊鄰內陸區的達林河畔。夏季時，它的氣溫高到路上的瀝青會黏在你的鞋子上，而雨季來臨時，乾燥、光禿禿的紅土地又會變得綠油油，布滿了春天的野花。但博爾克是一座麻煩的小鎮，在二〇一三年時，《雪梨晨鋒報》登出一則頭條：「博爾克排名第一！比全世界任何國家都要危險的地方。」該說法或許有些誇張，但也並非全然虛構。在整個新南威爾斯州，博爾克鎮有最高的家虐率、攻擊率、闖入率及車輛竊盜率等，假如你想知道博爾克鎮的犯罪統計排名，這座小鎮有全世界最高的「人均犯罪率」。

博爾克鎮的問題並不特別，但它卻有一個特別的歷史背景。這座小鎮的人口中有三分之一是原住民，並且來自二十多個不同的語言族群。在作戰任務的時代，來自數十個部落族群的前線戰爭倖存者，全都被迫在博爾克鎮內或其周圍從事各種任務，並都必須在保護委員會的絕對權威下聽命。當任務在一九六六年結束後，許多過去住在博爾克的居民紛紛搬回來，並建立了很快就因家族和語言不同而四分五裂的社區。誠如某在地居民所描述，他們一代又一代都受到長輩這樣的教導——「我們跟那些人合不來。你們離他們遠一點。」

當地元老阿利斯泰爾・佛古森（Alistair Ferguson）說，這些「傳承問題」就是他骨子裡的本能。他成長於博爾克，一次又一次地目睹自己的社區受到因家虐而破碎的家庭、孩子被帶走安置，以及父母或孩子被判入獄等問題的反覆打擊，而這一切都是在一個「回饋循環」裡發生的。一項研究發現，博爾克鎮的孩子經常於深夜時分在街上遊蕩，因為在街上比在家裡安全——但深夜時分也正是他們幹著犯罪勾當的時候。某位社區的社工就道：「人們總是說：『警察為何不把孩子們從街上趕回家去？』但你如果知道這些可憐的小笨蛋晚上睡在哪裡，你就不會那麼說了。」

「逃離混亂和暴力的家庭」的渴望也促使年輕女孩們與年長的男性發生關係，並開始了下一個依賴與暴力的循環。「女性在年紀尚小時便被男女關係束縛，而當她們說要分手時，那些男人就會壓制她。」另一位社區社工說：「接下來她懷孕了……然後，小問題變成了大問題……最後她就會覺得人生沒有了出路。」

博爾克鎮並非缺乏政府的資助，佛古森看到給大型服務提供商數百萬元澳幣的經費湧入到這座小鎮裡，但那所有的錢在降低犯罪率上卻毫無功效。各種服務的名目被成立，但它們多數都各自進行，極少互相合作，而且會競爭客戶。

早在二〇〇九年，佛古森就帶領社區推動了一項酒精限制計畫，而該計畫成效卓著地降低了暴力攻擊的嚴重性。之後他又與其他社區成員合作，試圖規劃一項降低博爾克鎮犯罪率的對策。佛古森發現美國有一項效果輝煌的計畫時，他們有了現成的範例——這個叫做「正義轉投」的預防模式，將原先計畫用在監獄上的龐大經費轉投到「遏止犯罪源頭」的各種服務及預防施虐者的再犯，而諷刺的是，該計畫是由共和黨在德州推動（德州是美國監禁率最高的州）。他們將原本要購置一萬四千張新牢床的兩億三千萬美元的計畫擱置，將該筆經費轉投到藥物濫用治療、精神健康管理及犯人出獄後的輔導上，其成果令人讚嘆——假釋撤銷率降低了百分之二十五，而監獄人口的成長率比預期低了百分之九十。該計畫不僅幫政府節省了好幾億元的經費，並在該計畫推動五年後，德州有史以來第一次關閉了它的其中一座監獄。

佛古森想知道「正義轉投」是否也能在博爾克成功，便邀請了非營利團體「新南威爾斯正義轉投組織」到社區的市政廳來開會，經討論後，他們決定在三個領域裡成立工作小組，分別為童年時期、八到十八歲的孩童，以及男性角色等。在慈善機構的協助下，他們成立了一個中央工作樞紐叫做「瑪蘭古卡」原住民語，意為「關愛他人」）。二〇一五年時，他們設計了一個創新的戰略，由新成立的博爾克部落會議率領，並由住在博爾克的二十二個原住民語言族群的代表主持。這場會議（佛古森稱之為「協議」）本身就是一個巨大的成就，它在「原住民與托雷斯海峽島民社會正義委員會」當時的專員米克．古達的協助下，將派系間的差異及歷年來的不滿放在一邊。然後，為了將年輕人也包括進來，他們同時成立了一個由當地孩子們自己主持的會議。

佛古森非常堅決——「正義轉投」計畫不會只是另一個外來並強加於博爾克社區的計畫而已，它將是**他們自己主導的**計畫。我曾訪談過的每一位原住民專家都說，略過它對犯罪的影響不講，這種社區建設本身就是一個強而有力的策略，足以克服那些位於家虐核心的混亂與權力剝奪。

高點的計畫只鎖定了已知的施虐者，但在博爾克鎮，介入計畫的開始則提早許多，他們鎖定的是那些有**成為**施虐者風險的男孩和年輕男子。不過，如同在高點市，博爾克的戰略也不能在缺乏數據的情況下開始。為了瞭解博爾克鎮的年輕人是如何（及為何）被逮捕並入獄，「瑪蘭古卡」和「新南威爾斯正義轉投組織」必須收集以前從未被收集過的數據，為他們提供一個自己的城鎮正在發生什麼事的圖像——例如，有百分之六十二的青少年犯罪，都是在晚上六點到凌晨六點之間發生，以及有百分之四十二則是在週末發生等事實。[72]

他們想要在這些數據裡找到能夠阻止男孩們被定罪的「斷路器」，例如清單上排名第一的問題——博爾克鎮在十歲到二十五歲的人口中的交通違規率領先其他城鎮，尤其是無照駕駛；原因很顯然也很令人難過，因為可使用且有牌照的汽車難以取得、因不識字無法通過駕駛筆試，以及沒有足夠的有照駕駛來教導他們駕駛技能等。這個基本問題他們用一個簡單的方案就解決了——「瑪蘭古卡」募款買了一輛汽車，並僱用一名本地人來教導年輕人駕駛技術。當駕駛課的需求激增時，有八位警官自願在下班後來當駕訓教練。此方案在年輕原住民身上所產生的效果無法估量——讓一名警官自願來協助你，而非折磨你——但其他的效果**可以**估量，例如二十五歲以下因無照駕駛被逮捕的人數，因此降低了百分之七十二。

只要看到缺口或問題，「瑪蘭古卡」便會介入解決。為了輔導那些在學校行使暴力或製造破壞的學生，「瑪蘭古卡」與博爾克高中合作，共同推動了一個叫做「我們的家鄉」的計畫，將原住民男孩帶出傳統的學習環境，並藉由實際工作經驗來教導他們識字與識數能力（如建造籬笆和剪羊毛等工作），同時也教導一些文化方面的（如製作樂器吉迪里杜管和場記板等）。其中有些學生也會被指定為青年會議的成員，如此他們就可以成為自己社區裡的眼睛和耳朵，一起想辦法解決影響其家人和朋友的問題。在「我們的家鄉」推動後，博爾克高中學生的出席率提升了百分之二十五，休學率降低了百分之七十九。

「瑪蘭古卡」模式的建立一開始便基於一個理解——沒有任何計畫或方案，可以單槍匹馬地減少家虐或這座小鎮上其他任何棘手的罪行。「瑪蘭古卡正義轉投組織」之創辦者兼執行長的佛古森說：「你必須先解決這些根本原因。所有的問題——從居屋、就業到社區發展機會受限等——沒有其他單位的合作，你一件事都做不了。」

---

72 當然，這幾個小時正是青少年服務中心閉門休息的時間。但有了這些數據，「瑪蘭古卡」就可以如此要求青少年服務中心：「我們希望你們在這幾個小時內工作，這些數據會告訴你們為什麼。」

＊

葛雷格・摩爾（Greg Moore）警司是個忙碌的人，他不僅率領博爾克鎮四十五名強悍的警察，也負責達林河沿岸的命令區——其面積廣達十八萬平方公里，約占新南威爾斯州五分之一。在這片廣袤的土地上，人口只有一萬五千人，並集中在五座小鎮，分別為博爾克、布雷沃里納、柯巴爾、寧根和沃倫。在二〇一六年，這五座小鎮全都在新南威爾斯州家虐攻擊率最高的十五座城鎮的排名裡。「不管在哪個輪班時間，沒有警察不曾因家庭事件而全員出動過。」摩爾說。對摩爾而言，這是當務之急。「說到家虐，我就像跳針似的——家虐問題對我們的社區一直有著巨大的影響……我們看到這些家庭的孩子三更半夜仍在外面遊蕩，不是成為加害者，就是成為受害者。」

雖然原住民和托雷斯海峽島民只占這片土地人口的四分之一，但他們所犯的暴力案件卻占了總暴力案件的百分之九十。摩爾拒絕將家虐視為理所當然，他說：「常有人對我說些相當令人沮喪的話，像是：『喔，那只是黑人的愛。』」

二〇一六年時，摩爾在「瑪蘭古卡」的啟發下看清一個事實——他的警察們不能再做著同樣的事情，卻期待著不同的結果。光回應家虐的報案是不夠的，他們必須在暴力**發生前**就開始預防它。摩爾有一個簡單的理念——他手下的警官們要主動出擊去家訪那些已知的施虐者及受害人，尤其是那些有「高風險」的。他要警察們檢查那些施虐者是否遵守保護令，以及更積極地評估警方能為那些人做什麼，以便改善他們的生活。

如同高點的警方，摩爾也從分析在案的受害人和施虐者的複雜數據開始，歸類出他們認為高風險的人。然而他也知道，要識別最危險的施虐者，光靠原始數據是不夠的。「某個傢伙也許是初犯，但你會有一種感覺——從你的觀察和風險因素判斷——他是一個極度危險的人，而且可能不會遵守保護令。」

一旦掌握數據，摩爾便會派遣他的警察去突襲檢查有保護令的家庭和夫妻（尤其是那些高風險的），在他們訪查時，警察會跟受害者和施虐者談話，以便瞭解他們需要哪些幫助——從找工作、藥物濫用、精神健康治療到育兒援助等——然後，在他們下次回訪時，他們會邀請一個能夠提供所需協助的本地人或服務提供者陪同前往。但為了改變原來的舊模式，摩爾必須教育他的屬下，帶領他們一起前進。「我要做的不僅是告訴他們我們該怎麼做，更要告訴他們我們**為何**要這麼做。」

有一位酗酒且經常毆妻的施虐者，每週都因家虐問題而被舉報。「我們每次出勤排解糾紛的努力根本沒有用。」摩爾說。於是，他邀請一位當地的原住民（博爾克鎮的一位模範青年）在他下一次回訪時陪同前往，而那位青年跟那位施虐者坐下談話時，直接跟他說：「這樣的行為以前一直被容忍，但暴力不能再持續下去了。你已經被本地警察盯上，所以你不可以再鞭打婦嬬了，因為警方不會再容忍你。」摩爾跟那位青年一起查訪那位施虐者幾次。「我們大概讓那個傢伙覺得有點精疲力竭了。他不是個壞人，他只是……對酒精沒有抵抗力。」最後，他同意去參加一個男性戒酒團體，去「瞭解一些事情」；該團體由「瑪蘭古卡」所創始，男人們可以在那裡暢談自己的悲傷和失落，並專心在自己的療癒及與家園的重新連結上。「他們通常有某種未處理過的創傷或之類的，所以對他們而言，它也算是一種團體治療吧！」當摩爾接受我的訪談時，警方已經協助那個傢伙一年多的時間了，而在那段期間，那傢伙從未再犯過任何家虐罪行。

對博爾克警方而言，這不僅是一個全新的運作模式而已，它是一個革命性的改變。摩爾不想要人們等問題發生後才找警察介入，他說：「我們鼓勵人們一旦發現自己有了某些困難或挑戰，就要趕快與外界聯繫並尋求協助。」他們的訊息就是——**我們不想懲罰你們。我們想保護你們**。

＊

那麼，那些在孤立及競爭中工作的服務提供者，情況如何？「瑪蘭古卡」把他們集合起來，並讓他們彼此合作，與高點的工作團隊不同的是，高點的團隊每兩週會碰面開會一次，而「瑪蘭古卡」則更辛苦——他們幾乎每天碰面。「我們現在已經有二十四小時的全天候服務，並特別針對家虐事件。」佛古森說。從星期一到星期三的每天早上九點半，來自「瑪蘭古卡」的工作人員會與博爾克警方在「瑪蘭古卡」的中樞站，一起討論在過去二十四小時所發生的家虐事件及最佳對策——是否需要立即派人去跟施虐者談話？他們是否需要藥物濫用方面的協助？是否需要輔導？是否需要工作？他們的伴侶及孩子發生了什麼事？每一件案例都會被詳細討論，並協力商討出解決方案。重點就是盡早採取行動，以免最後要上法庭。在每個星期四，還會有相關的非營利機構和政府機關來參與；他們就像一個分診的醫療團隊，協力合作以設計出他們共同面對的患者所需的最佳治療方針。「我們已經證明這個方式很成功。」佛古森說：「一旦事情發生，我們幾乎會立即處理，不給它們惡化的機會。」

*

博爾克是澳洲第一座推動「正義轉投計畫」的城鎮，而該鎮所獲致的成果堪稱革命性。當我初看到成果數據時，幾乎無法相信自己的眼睛——截至二〇一七年，博爾克鎮與家虐相關之攻擊竟下降了百分之三十九，這是一個令人驚掉下巴的數字；而其他犯罪率也降低了，例如與吸毒相關之起訴、交通違規事件，與家虐非相關之攻擊等。依此看來，博爾克鎮在其他領域裡的數據提升也就不是巧合，例如完成高中學業的人數上升了百分之三十一。過去幾十年來原住民一直在向政府請求，由他們來自行推動對他們自己社區而言最恰當的措施，而謹慎規劃、實證應用，以及由社區所擁有之自治措施等，的確能發揮了驚人之成效——博爾克鎮就是活生生的成功範例。

博爾克與「瑪蘭古卡」全方位模式結合的「警方運作團結」計畫，毫無疑問地發揮了防範家虐的功效。在整個達林河沿岸的命令區裡，家庭謀殺案件從二〇一五到二〇一六年（「警方運作團結」計畫開始實施該年）的七件案件降到接下來十八個月內的零案件；截至二〇一八年，原本兩倍於州平均的重複受害率也降低了三分之一。受害者對警察的信賴度提高了，願意與警察合作並採取法律行動的人數顯著上升，從二〇一六年的百分之六十八到二〇一八年的百分之八十五。而即使訴訟案增多，定罪率仍然維持在州平均以上的百分之七十五——摩爾將此歸功於他們的檢察官對家虐的理解都曾受過適當訓練之故。

儘管這些成果令人讚嘆，但摩爾並未因此而滿足。「我們也在尋找其他方法，如入院治療率、社福中心與家虐相關之危機津貼，以及兒童帶走安置等。在過去十二個月，博爾克鎮只有一名兒童、整個達林河命令區只有八名兒童被帶走安置。這些數據都創下了歷史新低。」

這一切並未花費政府某筆龐大的預算；「警方運作團結」計畫就不需要額外的經費，它被全數整合到警察的日常任務裡。而這也是「正義轉投」的重點——在短期內花錢以便節省未來更多的經費。據估「瑪蘭古卡」所引領的改變在二〇一七年就節省了三百多萬元經費，如果未來幾年該計畫能維持二〇一七年一半績效，那麼五年下來所節省的經費甚至可能高達七百萬元。

「博爾克鎮曾被指認為全世界最危險的社區之一。」佛古森說：「也許有一天我們會變成全世界最安全的社區之一，這並非不可能企及的野心。」

＊

高點市和博爾克鎮的模式之所以令人振奮，不僅是因為它們減少了家虐事件，這些計畫的成功有四個原因——第一，它們是由社區領導的；第二，它們啟動了各方深度的合作；第三，它們將施虐者視為有能力理性思考並獲得救贖的個人，而最後，它們將保護受害者作為其首要任務。傳統體制都會要求受害者負責保護自己，但高點市和博爾克鎮將那個責任交回給社區和警方。對此，大衛．甘迺迪闡述道：「我們經常面對類似的狀況——我們認識的一名婦女被我們認識的一個男人恐嚇，而這時，我們不應該叫她把自己陷入更大的風險中，反之，我們應該叫那個男人住手。」高點市的模式雖然採取了強硬的犯罪司法對策，但它其實並不想要看到更多的施虐者入獄，它是要那些人**選擇**停止自己的虐行，並維持自由之身。它的訊息很明確——想維持自由之身，意味著他們必須做應該做的事，並停止自己的虐行；假如他們無法做出理性的選擇，那麼，法律的槍火就會對準他們，並展開全力的攻擊。

使這些模式的前景特別看好之處，在於它所強調的緊密合作方式。我們已經在各自為政的計畫上浪費了太多經費，而那麼多的計畫都只是這個盆子裡的小水滴——全部都只接受了幾個月或甚至只有幾星期的補助計畫，在確保受害者及其家庭恢復健康和安全方面，成效不是不佳，就是根本毫無成效。高點市和博爾克鎮的模式不為「頭痛醫頭、腳痛醫腳」的政治循環而存在，它們長期駐守、由社區擁有並管理、各方通力合作，且有一個共同的目標。這不僅是一個減少家虐的完善措施，更是一個對付棘手的社會問題的模式。

然而，這些模式並非一碼通吃，它們是基於地方需求而量身打造的解決方案；換言之，它們必須根據每一座城鎮的特殊狀況來調整。這必須花時間——衝突必須被解決，共同點必須被建立，策略必須被規劃等。毋庸置疑地，曾有許多人對高點市和博爾克鎮的計畫指責或挑剔，並指出將該計畫從轉置到另一地可能面臨的挑戰。但我講述此計畫的用意，並非是暗示我們有一個解決問題的妙方，也並非在暗示這些計畫是唯一值得讚許的計畫。每一個國家都有許多勇敢的人，他們在擴展著可能的範圍，也在收割著不凡的成果。假如我們對終結家虐真的嚴肅以待，並投注其所需的資源，那麼我們一定會有驚人的成果。

對於那些到現在仍不相信家虐有可能減少的人，我想請他們思考——五年前，沒有幾個人能夠想像會有「#MeToo」這樣的運動出現（一個不僅反抗性騷擾，同時也反抗父權體制本身的革命）。就連那位衣衫不整的另類右派文化戰士史提夫·班儂（Steve Bannon；一位擁護法西斯主義者與白人至上者的運動人士）都承認，這是我們這個時代最激進的運動。「一萬年來的歷史該結束了。」他告訴《彭博商業週刊》（*Bloomberg*）說：「革命就要發生。這是真的。」

無法避免時，革命就會發生。

銘謝

致我的靈魂伴侶，大衛·霍勒——對我們兩人而言，撰寫本書是一個改變生命、擴展、黑暗且有時絕望的過程，其中沒有一步是容易的。但即使在**這本書**成為一個負擔時，你仍然挑戰我往哲學的深度和憐憫的路上走。你輔導其他男性並鼓勵他們擁有具體且充滿感情的生活使命，督促我去超越容易的論戰，並鼓勵我去做「努力瞭解」這個更艱難的功課。對男性施虐者的心理，你的洞見是無價的。你對這本書的奉獻有時令我震驚，即使當你整晚不眠不休且疲憊不堪時，你仍然會擠出寶貴的時間來，在我們的女兒睡在你身邊的嬰兒車裡時，為我閱讀並提供改進的建議。感謝你在深夜陪我討論、犧牲週末時光、無止無盡地工作、獨自照顧孩子，以及解決所有我們那些美麗的小災難。我愛你，而且，只有上帝知道，沒有你我會怎麼樣。

我開始寫作本書時，也同時懷孕著，然後在女兒快兩歲時終於完成寫作。女兒的俏皮和魅力讓我們每天都超級開心，一邊寫作又一邊照顧小孩是兵荒馬亂的事。感謝我的祖母琳達·希爾（Lynda Hill），她總是在我有需要時忽然出現，帶來一箱又一箱的好東西，且一待就是好幾天，週週如此。感謝祖父李察・希爾（Richard Hill）每週四的探望和溫暖的擁抱。感謝外婆蘇珊・戴維斯（Susan Davis）堅定不移的支持。感謝貝爾・羅倫・辛彌頓（Bear Lorraine Symington）無私的慈悲使命（尤其在完稿前最瘋狂的幾週）。感謝普瑞恩（Prem）姑媽和達西（Dasi）姑丈神奇又療癒的款待，你們在這段時間帶給我們的愛和驚喜，讓我有更多的時間專心寫作，對此我將永遠感激。沒有你們，這本書無法完成。我也要感謝我的弟弟喬爾（Joel），你對我的作品的熱忱和喜愛，給了我很多動力。（此外，我的電腦在截稿前忽然當機時，幸虧你拯救了我！）愛你，老弟。

感謝《The Monthly》雜誌的尼克・費克，刊登了我第一篇有關家虐的文章，因為你的建議，我所寫的每一個文字都變得更精確到位，我非常感激你長久以來的支持和友誼。我也感謝克里斯・布拉克（Chris Bullock），他堅定的手帶領我理解兩部非常艱難、作為背景資料所需的記錄片。你們兩位都是我覺得需要勇氣時的磐石。

感謝阿薇娃・塔菲爾德（Aviva Tuffield），她是第一個體認這是一本必須著述的書的發行人，當我一次又一次地延後交稿日期時，她展現了天使般的耐心。感謝我在布萊克出版公司的發行人克里斯・費克（Chris Feik）以及編輯克莉絲蒂・茵妮絲威爾——你們對這本書的信心、寬厚，和你們不屈不撓的仁慈和支持，在我有時覺得這本書快讓我崩潰時，是你們讓我能保持毅力並繼續寫下去。

感謝諸多家虐的倖存者——我從你們身上學到太多，我不僅瞭解了何謂家虐，更懂得了何謂愛、承諾和真正的勇氣。能夠敘述你們的故事、認識你們，我深感榮幸。也感謝那幾位我不能披露其姓氏的人——你們在守護自己的孩子以及在支持其他倖存者守護自己的孩子時的奉獻，勇氣可嘉。

在過去幾年，我接觸過許多聰明傑出的人，其中最常聯絡的可能就是麥可・梭特爾——他令人嘆服的睿智在許多時候都是黑暗裡的一盞明燈。我也曾獲得過一群極端聰明的女性的溫暖支持，而其中許多位都是在最前線奮鬥的人：羅彬・卡特瑞兒瓊斯、茱莉・歐柏琳、安・高茲布羅（Anne Goldsbrough）法官、凱爾西・赫加堤、凱伊・舒巴克、薛芮禮・穆迪（Sherele Moody）、凱莉・葛雷（Kylie Grey）、蘇珊・薩格魯波絲基、穆・華特森波爾屈（Moo Watson-Baulch）、譚雅・懷特豪絲、茱蒂・艾特金森、珍娜・普萊絲（Jenna Price），以及改變世界的羅西・芭蒂等。

我特別有幸能得到幾位我非常仰慕的人對本書其中幾章所提供的無價回饋。我對他們致上衷心的尊敬和感激：漢娜・麥克葛雷德、保羅・戴利（Paul Daley）、麥可・梭特爾、克莉絲汀・莉薇卡（Kristine Ziwica）、艾迪・加拉加爾、海瑟・道格拉斯、莉茲・康納、尼爾・韋伯斯戴爾、馬丁・霍吉森、艾咪・麥奎爾、約瑟芬・卡許曼、蘇珊・薩格魯波絲基、凱伊・舒巴克、安・高茲布羅及茱莉・歐柏琳等。還有我的母親、父親和弟弟，他們也針對我的某些章節提供了鋒利的見解。感謝妮琪・史蒂文絲（Nikki Stevens），本書的書名就是她建議的——謝謝妳想出這麼到位的書名。[73]

73 原文版書名直譯為《看看你讓我做了什麼》（*See What You Made Me Do*）。

感謝嘉布莉艾爾・庫柏（Gabrielle Kuiper）、莫妮卡・阿塔爾德（Monica Attard）和娜塔夏・密契爾（Natasha Mitchell），妳們對我的支持意義如此重大，我無法描述。感謝那些在募資平臺支持我的廣大讀者，你們給了我繼續前進並盡力完善這部作品所需的力量。

能夠完成這本書，我還要感謝生命中另外兩位影響我至深的人。儂娜（Nonna），妳讓我相信我們能夠讓混球變誠實，而寫作就是能做到它的方式；我到現在仍無法相信妳已經不在了，妳應該永遠活著。馬克・寇爾文（Mark Colvin），你讓這個世界顯得如此壯麗，並教導我這世界隨時有危險要發生。你告訴我，「人們，就是故事」；我每日都懷念著你的智慧與溫暖，真希望你能在這裡看到這一切。

最後，謝謝女兒史蒂薇（Stevie），我的小火雞——妳的愛和火花，讓我免於陷入這一路上的許多黑洞裡。妳是我的陽光。

參考資料

前言

United Nations Office on Drugs and Crime, *Global Study on Homicide: Gender-related killing of women and girls*, Vienna: UNODC, 2018.

Willow Bryant & Samantha Bricknall, *Homicide in Australia 2012–2014: National Homicide Monitoring Program report*, Canberra: Australian Institute of Criminology, 2017.

Al Tompkins, 'Sexual assault on college campuses often goes unpunished, study finds', *Poynter*, 24 February 2010.

Rebecca Solnit, 'Listen up, women are telling their story now', *The Guardian*, 30 December 2014.

State of Victoria, *Royal Commission into Family Violence: Report and recommendations*, Vol. II, Parl. Paper No. 132 (2014–16), p. 11.

Clare Blumer, 'Australian police deal with domestic violence every two minutes', *ABC News* (online), 21 April 2019.

Australian Institute of Health and Welfare, 'Domestic violence leading cause of hospitalised assault among girls and women', media release, AIHW, 19 April 2017.

Courtenay E. Cavanaugh, et al., 'Prevalence and correlates of suicidal behavior among adult female victims of intimate partner violence', *Suicide & Life-Threatening Behavior*, 2011, 41(4): 372–83.

Rowena Lawrie, 'Speak out speak strong: Rising imprisonment rates of Aboriginal women', *Indigenous Law Bulletin*, 2003, 5(24); Mandy Wilson, et al., 'Violence in the lives of incarcerated Aboriginal mothers in Western Australia', *SAGE Open*, January 2017.

Australian Housing and Urban Research Institute, 'What is the link between domestic

violence and homelessness?' brief, 5 December 2017.
Australia's National Research Organisation for Women's Safety, 'Every fourth woman in Australia a victim of intimate partner violence', media release, ANROWS, 20 October 2015.
Monica Campo & Sarah Tayton, 'Domestic and family violence in regional, rural and remote communities', *Australian Institute of Family Studies*, December 2015.
Gerald T. Hotaling & David Sugarman, 'An analysis of risk markers in husband to wife violence: The current state of knowledge', *Violence and Victims*, 1986, 1, pp. 101–24.
'Mum, two children slain in South Australia farmhouse horror', news.com.au, 1 June 2016.
Monica Campo & Sarah Tayton, *Intimate Partner Violence in Lesbian, Gay, Bisexual, Trans, Intersex and Queer Communities*, Australian Institute of Family Studies, November 2015.
Claire M. Renzetti, 'Violent betrayal: Partner abuse in lesbian relationships', 1992, CRVAW Faculty Book Gallery, 10.
Judith Lewis Herman, *Trauma and Recovery*, New York: BasicBooks, 1997.

施虐者手冊

Albert D. Biderman, *Communist Patterns of Coercive Interrogation*.
Subcommittee on Investigations of the Committee on Government Operations, US Senate, 84th Congress, 2nd session, 19, 20, 26 and 27 June 1956, Washington.
Albert D. Biderman, 'Communist attempts to elicit false confessions from Air Force prisoners of war', *Bulletin of the New York Academy of Medicine*, September 1957, 33(9), pp. 616–25.
Amnesty International, *Report on Torture*, 1 January 1973.
Herman, *Trauma and Recovery*.
Aussie Banter Facebook page, reposted by Clementine Ford, 7 July 2018, www.facebook.com/clementineford/posts/1775390125871407.
Evan Stark, *Coercive Control: The entrapment of women in personal life*, Oxford University Press, 2009, pp. 197, 16.
Evan Stark, 'Looking beyond domestic violence: Policing coercive control', *Journal*

of Police Crisis Negotiations, 2012, 12(2), pp. 199–217.

Interview with Evan Stark, 'A domestic-violence expert on Eric Schneiderman and "coercive control"', *The Cut* (online), 8 May 2018.

Lundy Bancroft, *Why Does He Do That? Inside the minds of angry and controlling men*, New York: Berkley Books, 2002, pp. 64–5.

P. Cameron, 'Relationship problems and money: Women talk about financial abuse', West Melbourne: WIRE Women's Information, 2014, p. 25.

Evan Stark, 'Re-presenting battered women: Coercive control and the defense of liberty' in *Complex Realities and New Issues in a Changing World*, Quebec: Les Presses de l'Université du Québec, 2012.

Isabelle Altman, 'A Dispatch Special Report: The last step before murder', Family Justice Centre Alliance (online), 19 April 2017.

Survivor testimony in Queensland, Special Taskforce on Domestic and Family Violence, *Our Journal: A collection of personal thoughts about domestic violence*, Brisbane: Queensland, Special Taskforce on Domestic and Family Violence, 2015.

Nancy Glass et al. 'Non-fatal strangulation is an important risk factor for homicide of women', *Journal of Emergency Medicine*, 2007, 35(3), pp. 329–35.

A.M. Volant, J.A. Johnson, E. Gullone & E.J. Coleman, 'The relationship between family violence and animal abuse: An Australian study', *Journal of Interpersonal Violence*, September 2008, 3(9), pp. 1277–95.

Stark, *Coercive Control*, p. 258.

David Livingstone Smith, 'The essence of evil', *Aeon*, 24 October 2014.

Lewis Okun, *Woman Abuse: Facts Replacing Myths*, SUNY Press, 1986, p. 128.

地底下

Peta Cox, *Violence Against Women: Additional analysis of the Australian Bureau of Statistics' Personal Safety Survey, 2012: Research report*, Sydney: ANROWS, c2015.

WIRE Women's Information submission to the Senate Finance and Public Administration References Committee Inquiry into Domestic Violence in Australia, p. 6.

Kate Campbell, 'WA cop Stephanie Bochorsky who saved two girls set alight by their dad speaks for first time', *Perth Now*, 20 October 2017.

Kayla Osborne, 'Domestic violence cases on the rise in Camden', *Wollondilly Advertiser*, 19 June 2018.

J.E. Snell & Robey A. Rosenwald, 'The wifebeater's wife: A study of family interaction', *Archives of General Psychiatry,* 1964, 11(2), pp. 107–12.

Paula J. Caplan, *The Myth of Women's Masochism*, iUniverse, 2005, p. 36.

Glenn Collins, 'Women and masochism: Debate continues', *The New York Times*, 2 December 1985, p. 12.

Catherine Kirkwood, *Leaving Abusive Partners: From the scars of survival to the wisdom for change*, SAGE, 1993.

VicHealth, *Australians' attitudes to violence against women. Findings from the 2013 National Community Attitudes towards Violence Against Women Survey (NCAS)*, Melbourne: Victorian Health Promotion Foundation, 2014.

Lenore E. Walker, *The Battered Woman*, Harper & Row, 1979.

Allan Wade, 'Rethinking Stockholm Syndrome', presentation, uploaded to YouTube on 11 October 2015 by the Center for Response Based Practice, www.YouTube.com/watch?v=drI4HFJkbCc.

'What is Stockholm syndrome?', BBC News (online), 22 August 2013.

Terence Mickey, '#13 The Ideal Hostage', *Memory Motel* (podcast), 6 December 2016,

Wade, 'Rethinking Stockholm Syndrome'.

M. Namnyak, et al., '"Stockholm syndrome": Psychiatric diagnosis or urban myth?' *Acta Psychiatrica Scandinavica*, 2008, 117, pp. 4–11.

Wade, 'Rethinking Stockholm Syndrome'.

Courtney Michelle Klein, 'Combating intimate partner violence through policing innovations: Examining High Point, North Carolina's offender focused domestic violence initiative', John Jay College of Criminal Justice, City University of New York, 2014.

Paula Reavey & Sam Warner, *New Feminist Stories of Child Sexual Abuse: Sexual scripts and dangerous dialogues*, Psychology Press, 2003.

E.W. Gondolf & E.R. Fisher, 'Battered women as survivors: An alternative to treating learned helplessness', Lexington, MA, England: Lexington Books/D.C. Heath and Com, 1988.

Lee H. Bowker & Lorie Maurer, 'The medical treatment of battered wives', *Women & Health*, 1987, 12, pp. 25–45.

Linda Gordon, *Heroes of Their Own Lives: The politics and history of family violence*, Boston, New York: Viking, 1988.

Biderman, *Communist Patterns of Coercive Interrogation*.

Kirkwood, *Leaving Abusive Partners*, p. 61.

Leslie Morgan Steiner, 'Why domestic violence victims don't leave', TEDxRainier, November 2012.

Kathleen J. Ferraro & John M. Johnson, 'How women experience battering: The process of victimization', *Social Problems*, 1983, 30(3), pp. 325–39.

Ali Owens, 'Why we stay: A deeper look at domestic abuse', *The Huffington Post*, 6 June 2016.

Investigation by ABC News, edited by Julia Baird and Hayley Gleeson, into religion and domestic violence, 2017–2018.

Herman, *Trauma and Recovery*.

Leigh Goodmark, 'When is a battered woman not a battered woman? When she fights back', *Yale Journal of Law & Feminism*, 2008, 20(1), pp. 75–129.

Australian Bureau of Statistics, 'People in Australia Who Were Born in Afghanistan', 2016 Census QuickStats Country of Birth.

Manpreet K. Singh, 'Indian women are the largest migrant group in Australia to call family violence helpline', SBS Punjabi, 7 February 2017.

Francis Bloch and Vijayendra Rao, 'Terror as a bargaining instrument: A case study of dowry violence in rural India', *The American Economic Review*, 2002, 92(4), pp. 1029–43.

Sylvia Walby & Jonathan Allen, 'Domestic violence, sexual assault and stalking: Findings from the British Crime Survey', Study 276, 2004.

Jennifer Nixon & Cathy Humphreys, 'Marshalling the evidence: Using intersectionality in the domestic violence frame', *Social Politics: International Studies in Gender, State and Society*, 2010, 17(2), pp. 137–58.

Melissa Lucashenko, 'Sinking below sight: Down and out in Brisbane and Logan', *Griffith REVIEW*, 2013, 41, pp. 53–67.

SBS World News, 'Cost of fleeing violent relationship is ＄18,000 and 141 hours,

ACTU', SBS News (online), 13 November 2017.

P. Cameron, *Relationship Problems and Money: Women talk about financial abuse*, WIRE Women's Information, 26 August 2014.

施虐者的心智

Heather Douglas & Tanja Stark, *Stories from Survivors: Domestic violence and criminal justice interventions*, T.C. Beirne School of Law, The University of Queensland, 2010.

John Gottman and Neil Jacobson, *When Men Batter Women: New insights into ending abusive relationships*, Simon & Schuster, 1998.

Emily Esfahani Smith, 'Masters of Love', *The Atlantic*, 12 June 2014.

J.C. Babcock, C.E. Green, S.A. Webb & K.H. Graham, 'A second failure to replicate the Gottman et al. (1995) typology of men who abuse intimate partners . . . and possible reasons why', *Journal of Family Psychology*, 1995, 18(2), pp. 396–400; J.C. Meehan, A. Holtzworth-Munroe & K. Herron, 'Maritally violent men's heart rate reactivity to marital interactions: A failure to replicate the Gottman et al. (1995) typology', *Journal of Family Psychology*, 2001, 15(3), pp. 394–408.

A. Holtzworth-Munroe & G.L. Stuart, 'Typologies of male batterers: Three subtypes and the differences among them', *Psychological Bulletin*, 1994, 116(3), pp. 476–97.

Data from the Gun Violence Archive cited in Sam Morris and Guardian US interactive team, 'Mass shooting in the US', *The Guardian*, 16 February 2018.

Rebecca Traister, 'What mass killers really have in common', *New York Magazine,* 15 July 2016.

Jane Wangmann, *Different Types of Intimate Partner Violence – an exploration of the literature*, Domestic Violence Clearinghouse, October 2011.

David Gadd & Mary-Louise Corr, 'Beyond typologies: Foregrounding meaning and motive in domestic violence perpetration', *Deviant Behavior*, 2017, 387, pp. 781–91.

Quoted in Allan J. Tobin & Jennie Dusheck, *Asking about Life*, Cengage Learning, 2005 p. 819.

Kirsten Tillisch et al., 'Structure and response to emotional stimuli as related to gut microbial profiles in healthy women', *Psychosomatic Medicine*, October 2017, 79(8), pp. 905–13.

Mark Patrick Taylor et al., 'The relationship between atmospheric lead emissions and aggressive crime: An ecological study', *Environmental Health*, February 2016, 15(23).

Corrine Barraclough, 'Domestic violence: Where are the realists?' *The Spectator Australia*, 12 April 2017.

E.W. Gondolf, 'Characteristics of court-mandated batterers in four cities: Diversity and dichotomies', *Violence Against Women*, 1999, 5(11), pp. 1277–93.

S.M. Stith et al., 'The intergenerational transmission of spouse abuse: A meta-analysis', *Journal of Marriage and the Family*, 1999: 62(3), pp. 640–54.

Bancroft, *Why Does He Do That?*.

C.L. Yodanis, 'Gender inequality, violence against women, and fear: A cross-national test of the feminist theory of violence against women', *Journal of Interpersonal Violence*, 2004, 19(6): pp. 655–75; L.L. Heise & A. Kotsadam, 'Cross-national and multilevel correlates of partner violence: An analysis of data from population-based surveys', *Lancet Global Health*, 2015.

The Hon. Malcolm Turnbull MP, Prime Minister, 'Transcript of Joint Press Conference: Women's Safety Package to Stop the Violence', 24 September 2015.

Melanie F. Shepard & Ellen L. Pence, *Coordinating Community Responses to Domestic Violence: Lessons from Duluth and beyond*, SAGE Publications, 1999, p. 29.

E. Pence & S. Das Dasgupta, *Re-Examining 'Battering': Are all acts of violence against intimate partners the same?* Praxis International, Inc., June 2006.

羞恥

Neil Websdale, *Familicidal Hearts: The emotional styles of 211 killers*, Oxford University Press, February 2010.

Bancroft, *Why Does He Do That?*, pp. 151–8.

Helen Block Lewis, *Shame and Guilt in Neurosis*, New York: International Universities Press, 1971.

H.B. Lewis, 'The role of shame in symptom formation' in M. Clynes & J. Panksepp

(eds), *Emotions and Psychopathology*, Boston, MA: Springer, 1988.
R.L. Dearing, & J.P. Tangney (eds), *Shame in the Therapy Hour*, Washington, DC: American Psychological Association, 2011.
Christian Keysers, 'Inside the mind of a psychopath – Empathic, but not always', *Psychology Today*, July 2013.
Katie Heaney, 'My life as a psychopath', *Science of Us*, August 2018.
Donald L. Nathanson, *Shame and Pride: Affect, sex, and the birth of the self*, New York: Norton, 1992.
Robert Karen, 'Shame', *The Atlantic Monthly*, February 1992, pp. 40–70.
Peter N. Stearns, *Shame: A brief history*, Urbana; Chicago; Springfield: University of Illinois Press, 2017.
The Tomkins Institute, 'Nine affects, present at birth, combine with life experience to form emotion and personality'.
D.L. Nathanson (ed.), *The Many Faces of Shame*, New York: The Guilford Press, 1987, p. 21.
Jim Logan, *For Shame: The Current*, UCSB, February 2016.
Brené Brown, 'Listening to Shame', TED Talk, March 2012.
Robert M. Sapolsky, *Behave: The biology of humans at our best and worst*, New York: Penguin, 2017.
Quoted in Jon Ronson, *So You've Been Publicly Shamed*, New York: Riverhead Books, 2015.
Penelope Green, 'Carefully smash the patriarchy', *The New York Times*, 18 March 2019.
James Gilligan, 'Shame, guilt, and violence', *Social Research*, 2003, 70(4), pp. 1149–80.
Alyssa Toomey, 'Nigella Lawson choking incident: Photographer describes scene as "so violent"', E! News (online), 9 January 2014.
James Gilligan, *Violence: Reflections on a national epidemic*, New York: Vintage Books, 1997, p. 111.
Judith Graham, *Bulletin #4422, Violence Part 2: Shame and humiliation*, University of Maine, 2001.
Germaine Greer, *On Rage*, Melbourne: Melbourne University Press, 2008
Michelle Jones, *A Fight About Nothing: Constructions of domestic violence*, PhD

thesis, University of Adelaide, 2004.
D.G. Dutton & S.K. Golant, *The Batterer: A psychological profile*, New York: Basic Books, 1995.
Erich Fromm, *The Anatomy of Human Destructiveness*, Penguin, 1973, p. 323.
N.S. Websdale, 'Of nuclear missiles and love objects: The humiliated fury of Kevin Jones', *Journal of Contemporary Ethnography*, 2010, 39(4), pp. 388–420.
J. Brown, 'Shame and domestic violence: Treatment perspectives for perpetrators from self psychology and affect theory', *Sexual and Relationship Therapy*, 2004, 19(1), pp. 39–56.
Allan G. Johnson, *The Gender Knot: Unraveling our patriarchal legacy*. Philadelphia, PA: Temple University Press, 2005.
Brené Brown, 'Listening to Shame', TED Talk, March 2012.

父權體制

Kathy Caprino, 'Renowned therapist explains the crushing effects of patriarchy on men and women today', *Forbes*, 25 January 2018.
European Union Agency for Fundamental Rights, *Violence Against Women: An EU-wide survey*, Luxembourg: Publications Office of the European Union, 5 March 2014.
Peta Cox, *Violence Against Women in Australia: Additional analysis of the Australian Bureau of Statistics' Personal Safety Survey, 2012*, Sydney: ANROWS 2016.
David Leser, 'Women, men and the whole damn thing', *The Sydney Morning Herald*, 9 February 2018.
Michael Ian Black, 'The boys are not alright', *The New York Times*, 21 February 2018.
Elise Scott & Elise Pianegonda, 'Heterosexual, white men with jobs "aren't included in anything", Canberra Liberal MLA says', ABC News (online), 21 September 2017.
Johnson, *The Gender Knot*, pp. 5–12.
Terrence Real, *How Can I Get Through to You?: Closing the intimacy gap between men and women*, Simon & Schuster, 2010.
Tim Winton, 'About the boys: Tim Winton on how toxic masculinity is shackling men to misogyny', *The Guardian*, 9 April 2018.

Maree Crabbe & David Corlett (dirs), *Love and Sex in an Age of Pornography*, documentary, 2013.

A. Armstrong, A. Quadara, A. El-Murr & J. Latham, 'The effects of pornography on children and young people: An evidence scan', Melbourne: Australian Institute of Family Studies, 2017.

Gail Dines, 'Choking women is all the rage. It's branded as fun, sexy "breath play"', *The Guardian*, 14 May 2018.

A.J.Brieges, R. Wosnitzer, E. Scharrer, C. Sun & R. Liberman 'Aggression and sexual behavior in best-selling pornography videos: A content analysis update', *Violence Against Women*, October 2010, 16(10): 1065–85.

Maree Crabbe, 'Porn as sex education: A cultural influence we can no longer ignore', *The Guardian*, 3 August 2016.

Gail Dines, *Pornland: How porn has hijacked our sexuality*, Beacon Press, August 2010.

Megan S.C. Lim et al., 'Young Australians; use of pornography and associations with sexual risk behaviours', *Australian and New Zealand Journal of Public Health*, June 2017.

Miranda Horvath et al., *Basically . . . porn is everywhere: A rapid evidence assessment on the effects that access and exposure to pornography has on children and young people*, Office of the Children's Commissioner, 2013.

P. Weston, 'New data shows Gold Coast's domestic violence crisis being fuelled by links to pornography', *Gold Coast Bulletin*, 7 October 2016.

bell hooks, *Feminism is for Everybody: Passionate politics*, Pluto Press, 2000.

bell hooks, *The Will to Change: Men, masculinity, and love*, Simon & Schuster, January 2004, pp. 6–7.

Andy Hinds, 'Messages of shame are organized around gender', *The Atlantic*, 26 April 2013.

L. Penny, 2018, at https://twitter.com/PennyRed/status/992396816879628289 and https://twitter.com/PennyRed/status/989070547769323520

Steph Harmon, '#MeToo revelations and loud, angry men: The feminism flashpoint of Sydney Writers' Festival', *The Guardian*, 5 May 2018.

Ann Watson Moore, 'Domestic violence offender: How I decided to kill my wife', *Gold Coast Bulletin*, 8 November 2018.

Michael Salter, 'Real men do hit women', *Meanjin*, Autumn 2016.

Australian Bureau of Statistics, *Causes of Death, Australia, 2017*, Canberra: ABS, 2018.

子女

David Indermaur & Australian Institute of Criminology, *Young Australians and Domestic Violence*, Canberra: Australian Institute of Criminology, 2001.

Australian Bureau of Statistics, *Personal Safety Survey, Australia*, Canberra: ABS, 2016.

Government of South Australia's response to the Child Protection Systems Royal Commission report, *The Life They Deserve*: Margaret Nyland, *Child Protection Systems Royal Commission Report*, Vol. 1 Summary and Report, August 2016.

R. Pilkington et al. *Child Protection in South Australia*, BetterStart Child Health and Development Research Group, School of Public Health, The University of Adelaide, 2017.

Rebecca Puddy, 'Australia facing an "epidemic of child abuse and neglect", according to experts', ABC News (online), 16 September 2018.

Herman, *Trauma and Recovery*, p. 96.

Australian Institute of Family Studies, 'What is child abuse and neglect?' CFCA Resource sheet, AIFS, September 2018.

Megan Mitchell, 'A life free from violence and fear: a child's right', speech given at 2016 International Congress on Child Abuse and Neglect, 29 August 2016.

Ruth Clare, 'Seen But Not Heard', *Meanjin*, Summer 2017.

Rose Cairns et al., 'Trends in self-poisoning and psychotropic drug use in people aged 5–19 years: A population-based retrospective cohort study in Australia', *BMJ Open*, 2019, 9(2).

Mazoe Ford, 'Australian suicide deaths rising among women and teenage girls, ABS figures show', ABC News (online), 29 September 2016.

Paige Taylor, 'Wyatt confronted with stark reminder of youth suicide scourge', *The Australian*, 22 March 2019.

Shalailah Medhora, '"It rips your heart out": Five Aboriginal girls under 15 died by suicide within days', *Hack*, ABC Triple J, 18 January 2019.

Speech by Megan Mitchell, Australian Children's Commissioner, at the 13th Australasian Injury Prevention Network Conference, 13 November 2017.

Australian Human Rights Commission, *Children's Rights Report*, Sydney: AHRC, 2015, p. 99.

Alison Gopnik, *The Philosophical Baby: What children's minds tell us about truth, love, and the meaning of life*, Farrar, Straus and Giroux, 2009.

Wendy Bunston & Robyn Sketchley, 'Refuge for babies in crisis: How crisis accommodation services can assist infants and their mothers affected by family violence', Domestic Violence Resource Centre, The Royal Children's Hospital, January 2012.

AHRC, *Children's Rights Report*, p. 155.

Herman, *Trauma and Recovery*, p. 99.

Eamon J. McCrory, et al., 'Heightened neural reactivity to threat in child victims of family violence', *Current Biology*, 2011, 21(23), pp. R947–R948.

B.D. Perry, 'The neurodevelopmental impact of violence in childhood' in D. Schetky and E.P. Benedek (eds), *Textbook of Child and Adolescent Forensic Psychiatry*, Washington, DC: American Psychiatric Press, 2001, pp. 221–38.

Olga Trujillo, *The Sum of My Parts: A survivor's story of dissociative identity disorder*, New Harbinger, 2011, p. 18.

Ruth Dee, *Fractured: Living nine lives to escape my own abuse*, Hachette, UK, 2010.

Herman, *Trauma and Recovery*, p. 101.

Heather McNeill, 'Perth teen who stabbed step-father to death should not go to prison, court told', WAtoday, 15 February 2018.

Australian Institute of Health and Welfare, *Family, Domestic and Sexual Violence in Australia 2018*, cat. no. FDV 2. Canberra: AIHW, 2018 p. xiii.

Yfoundations, *Slamming the Door: Policy and service gaps for young people experiencing domestic and family violence*, April 2016.

K.M. Kitzmann, N.K. Gaylord, A.R. Holt & E.D. Kenny, 'Child witnesses to domestic violence: A meta-analytic review', *Journal of Consulting and Clinical Psychology*, 2003, 71(2), pp. 339–52.

Bessel A. van der Kolk, *Developmental Trauma Disorder: Towards a rational diagnosis for children with complex trauma histories*, Trauma Center at Justice Research Institute.

The Center for Treatment of Anxiety and Mood Disorders, 'Complex trauma disorder', online at https://centerforanxietydisorders.com/complex-trauma-disorder, 15 September 2017.

Bessel van der Kolk, *The Body Keeps the Score: Mind, brain and body in the transformation of trauma*, Penguin, 2014.

當女人使用暴力

Our Journal: A Collection of Personal Thoughts about Domestic Violence, from the 'Not Now, Not Ever' report by the Queensland Taskforce into Domestic Violence, 2015

Data supplied by the Queensland Department of Justice, February 2017.

T.A. Migliaccio, 'Abused husbands: A narrative analysis', *Journal of Family Issue*s, 2002, 23(1), p. 26.

J. Allen-Collinson, 'A marked man: A case of female-perpetrated intimate partner abuse', *International Journal of Men's Health*, 2009, 8(1), pp. 22–40.

Australians' attitudes to violence against women and gender equality. Findings from the 2017 National Community Attitudes Survey towards Violence against Women Survey by Webster, K., Diemer, K., Honey, N., Mannix, S., Mickle, J., Morgan, J., Parkes, A., Politoff, V., Powell, A., Stubbs, J. & Ward, A.

Both women and men are more likely to experience violence at the hands of men, with around 95 per cent of all victims of violence in Australia reporting a male perpetrator, from K. Diemer, *ABS Personal Safety Survey: Additional analysis on relationship and sex of perpetrator. Documents and working papers. Research on violence against women and children*, 2015, University of Melbourne.

M.A. Straus & R.J. Gelles, P*hysical Violence in American Families: Risk factors and adaptations to violence in 8,145 families*, New Brunswick, NJ: Transaction Publishers, 1990.

R.J. Gelles, *The Violent Home: A study of physical aggression between husbands and wives*, Beverly Hills, CA: Sage, 1974.

S.K. Steinmetz, 'The battered husband syndrome', *Victimology*, 2(3–4), 1977–78, pp. 499–509.

Richard Gelles, 'The missing persons of domestic violence: Battered men', *The*

Women's Quarterly, 1999.

Straus Murray, Sherry Hamby, Sue Boney-McCoy & David Sugarman, 'The Revised Conflict Tactics Scales (CTS2): Development and preliminary psychometric data', *Journal of Family Issues*, 1996, 17, p. 283.

G. Margolin, 'The multiple forms of aggression between marital partners: How can we identify them?' *Journal of Marital and Family Therapy*, 1987, 13, pp. 77–84.

R.P. Dobash & R.E. Dobash, 'Women's violence in intimate relationships: Working on a puzzle', *British Journal of Criminology*, 2004, 44, pp. 324–49.

Michael Kimmel, *Misframing Men: The politics of contemporary masculinities*, Rutgers University Press, 20 May 2010.

A. Tomison, *Exploring Family Violence: Links between child maltreatment and domestic violence*, NCPC Issues No. 13, Australian Institute of Family Studies, June 2000.

M. Kimmel, *The Gender of Desire: Essays on male sexuality*, SUNY Press, 1 February 2012, p. 204.

Michael P. Johnson, A *Typology of Domestic Violence: Intimate terrorism, violent resistance, and situational couple violence*, Boston: Northeastern University Press, 2008.

Theodora Ooms, *A Sociologist's Perspective on Domestic Violence: A Conversation with Michael Johnson, Ph.D.*, from the May 2006 conference sponsored by CLASP and NCSL: Building Bridges: Marriage, Fatherhood, and Domestic Violence.

J.E. Stets & M.A. Strauss, 'Gender differences in reporting marital violence and its medical and psychological consequences' in Strauss & Gelles (eds), *Physical Violence in American Families*.

Ooms, *A Sociologist's Perspective.*

Michael P. Johnson, *Types of Domestic Violence: Research Evidence*, video edited by Michael P. Johnson, published on YouTube, 13 November 2013.

Ooms, *A Sociologist's Perspective.*

N. Frude, 'Marital violence: An interactional perspective' in J. Archer (ed.), *Male Violence*, London: Routledge Press, 1994.

DVConnect, *2017–18 Annual Report*, available online at www.dvconnect.org/wp-content/ uploads/2018/12/DVConnect_AnnualReport_December2018_Digital.

pdf.
Julia Mansour, *Women Defendants to AVOs: What is their experience of the justice system?* Women's Legal Services NSW, 18 March 2014.
Jane Wangmann, *Different Types of Intimate Partner Violence – An exploration of the literature*, Australian Domestic & Family Violence Clearinghouse, October 2011, p. 5.
Katherine Gregory, 'Female domestic violence victims being punished for acting in self-defence, say advocates', *PM*, ABC Radio, 6 July 2016.
Jane Wangmann, *'She said . . .' 'He said . . .': Cross applications in NSW apprehended domestic violence order proceedings*, PhD thesis, Faculty of Law, University of Sydney, 2009.
Kathleen J. Ferraro, *Neither Angels Nor Demons: Women, crime, and victimization* Northeastern University Press, 2006, pp 60.
Susan Miller, *Victims as Offenders*, Rutgers University Press, 2005, p. 78.
'Campbell, Augustina' (pseudonym), 'How Police Policies Allow Domestic Violence Victims to be the Ones Arrested', blog post at brokeassstuart.com.
Katherine S. van Wormer, 'Women's shelters and domestic violence services save the lives of men', *Psychology Today*, December 2010.
Michael Kimmel, 'Gender symmetry in domestic violence', *Violence Against Women*, 2002, 8(11).

緊急狀況

AIHW, *Family, Domestic and Sexual Violence in Australia.*
Brain Injury Australia, *The Prevalence of Acquired Brain Injury Among Victims and Perpetrators of Family Violence*, Brain Injury Australia, 2018.
AIHW, *Family, Domestic and Sexual Violence in Australia.*
Blumer, 'Australian police'.
Safe Steps, *Safe Steps Family Violence Response Centre: A Case for Support*, 2017.
Safe Steps, *Annual Report.*
Naomi Selvaratnam, 'Crisis accommodation shortage leaving migrant abuse victims worse off', SBS News (online), 6 August 2016.
Emily Laurence, 'Housing NSW "re-traumatising" children fleeing violence by using

unsafe crisis accommodation, frontline worker claims', ABC News (online), 4 March 2016.

Hannah Neale, 'Families affected by domestic violence have limited options', *Southern Highland News*, 13 March 2019.

Shelter SA, *Shelter SA Policy Position Snapshot*, 2018

Sowaibah Hanifie, 'Domestic violence crisis housing shortage in South Australia drives victims to sleeping rough in bush', ABC News (online), 13 June 2018.

Council to Homeless Persons, *Fact Sheet: Family violence and homelessness*, 2015.

Emma Partridge, 'Estranged husband stabbed Leila Alavi 56 times because "she did not obey the rule of marriage"', *The Sydney Morning Herald*, 18 August 2016.

Case Review 3223, NSW Domestic Violence Death Review Team Report 2015–17.

Heather Douglas, 'Policing domestic and family violence', *International Journal for Crime, Justice and Social Democracy*, 2019, 8(2), pp. 31–49.

Details from the inquest into Kelly Thompson's death, conducted by the Victorian Coroner, 21 April 2016; Melissa Fyfe, '"I fear he may kill me": how the system failed domestic violence victim Kelly Thompson', *Good Weekend*, 4 December 2015.

Par. 280, Inquest into Kelly Thompson's death, conducted by the Victorian Coroner, 21 April 2016.

Fenella Souter, 'How AVOs Are Failing Our Most Vulnerable Women', *Marie Claire*, July 2014.

M. Segrave, D. Wilson & K. Fitz-Gibbon, 'Policing Intimate Partner Violence in Victoria (Australia): Examining police attitudes and the potential of specialisation', *Australian and New Zealand Journal of Criminology,* 2016, pp. 1–18.

Victoria Police, 'Chief Commissioner Ken Lay speaks at the Royal Women's Hospital White Ribbon Day Breakfast', 23 November 2012.

Jude McCulloch et al., 'Finally, police are taking family violence as seriously as terrorism', *The Conversation*, 19 December 2017.

Victoria Police, *Policing Harm, Upholding the Right: The Victoria Police Strategy for Family Violence, Sexual Offences and Child Abuse 2018–2023*, 2017.

R.B. Felson, J.M. Ackerman & C.A. Gallagher, 'Police intervention and the repeat of domestic assault', *Criminology*, 2005, 43(3), pp. 563–88.

Australian Domestic and Family Violence Death Review Network, *Data Report 2018*, May 2018.

Elizaveta Perova & Sarah Reynolds, 'Women's police stations and intimate partner violence: Evidence from Brazil', *Social Science & Medicine*, December 2016, 174, pp. 188–96.

Kerry Carrington et al., *The Palgrave Handbook of Criminology and the Global South*, Springer, 2018, p. 836.

Domestic Violence Law Reform, *The Victim's Voice Survey: Victim's Experience of Domestic Violence and the Criminal Justice System*, Paladin, Sara Charlton Charitable Foundation and Women's Aid, 2014.

Paul McGorrery & Marilyn McMahon, 'It's time "coercive control" was made illegal in Australia', *The Conversation*, 30 April 2019.

鏡中的世界

Caroline Overington 'Child custody: One mother's bitter lesson in sharing the kids with dad', *The Australian*, 10 November 2017.

Witness statement of Kelsey Lee Hegarty, Royal Commission into Family Violence, August 2015.

Rae Kaspiew, 'Separated parents and the family law system: What does the evidence say?' *Australia Institute of Family Studies*, 2016.

K. Webster et al., *Australians' attitudes to violence against women and gender equality: Findings from the 2017 National Community Attitudes towards Violence against Women Survey (NCAS)*, Research report, 03/2018, Sydney, NSW: ANROWS, 2018.

Nico Trocmé et al., *Canadian Incidence Study of Reported Child Abuse and Neglect*, final report Canadian Incidence Study of Reported Child Abuse and Neglect, National Clearinghouse on Family Violence, Ottawa: Health Canada, 2001.

Nico Trocmé & Nicholas Bala, 'False allegations of abuse and neglect when parents separate', *Child Abuse & Neglect*, 2005, 29, pp. 1333–45.

Harriet Alexander, 'False abuse claims are the new court weapon, retiring judge says', *The Sydney Morning Herald*, 6 July 2013.

F.M. Horwill, 'The outcome of custody cases in the Family Court of Australia',

Family and Conciliation Courts Review, 1979, 17(2), pp. 31–40.

Colin James, *Winners and Losers: The father factor in Australian child custody law, Australia and New Zealand Law and History Society E-Journal*, 2005, citing the following papers: F.M. Horwill & Bordow, *The Outcome of Defended Custody Cases in the Family Court of Australia*, Research Report No. 4, Sydney: Family Court of Australia, 1983. In the United States: P.M. Doyle and W.A. Caron, 'Contested custody intervention: An empirical assessment' in D.H. Olson et al. (eds) *Child Custody: Literature Review and Alternative Approaches*, St Paul, MN: Hennepin County Domestic Relations Division, 1979; Weitzman and Dixon, 'Child custody awards: Legal standards and empirical patterns for child custody, support and visitation after divorce', 1979, 12 UC Davis L Rev 473; in the United Kingdom: J. Eekelaar and Clive, with K. Clarke & S. Raikes, *Custody after Divorce: The disposition of custody in divorce cases in Great Britain*, 1977, Oxford, Centre for Socio-Legal Studies, 1977; S. Maidment, *Child Custody: What chance for fathers?* London: National Council for One Parent Families, 1981.

The Sydney Morning Herald, 5 July 1984, as cited in Colin James, 'Media, men and violence in Australian divorce', *Alternative Law Journal*, 2006, 31(1).

'Family courts –Too much of a revolution?' *The Bulletin*, 17 July 1984, cited in James, 'Media, men and violence'.

The Sydney Morning Herald, 9 July 1984, cited in James, 'Media, men and violence'.

Helen Rhoades, 'Posing as reform: The case of the *Family Law Reform Act*', *Australian Journal of Family Law*, 2000, 14(2), pp. 142, 156.

Family Law Reform Act 1995, No. 167, 1995, s. 68K

Rhoades, Graycar & Harrison, '*The Family Law Reform Act 1995'*.

Murphy & Murphy (2007), pp. 84–6.

Public testimony of Helen Matthews, Principal Lawyer, Women's Legal Service Victoria, Royal Commission into Family Violence, Melbourne, 2015.

Kirsty Forsdike et al., 'Exploring Australian psychiatrists' and psychiatric trainees' knowledge, attitudes and preparedness in responding to adults experiencing domestic violence', *Australasian Psychiatry*, February 2019, 27(1), 64–8.

Dale Bagshaw et al., 'The effect of family violence on post-separation parenting arrangements: The experiences and views of children and adults from families who separated post-1995 and post-2006', *Family Matters*, March 2011, 86, pp. 49–61.

Waleed Aly, 'Shared parenting more a mirage than a breakthrough', *The Age*, January 2006.

Richard Chisholm, *Family Courts Violence Review*, 27 November 2009.

John Philip Jenkins, 'Child abuse' entry, *Encyclopaedia Brittanica* (online).

Before the age of fifteen, 12 per cent (956,600) of women had been sexually abused compared to 4.5 per cent (337,400) of men. Australian Bureau of Statistics *4906.0 – Personal Safety, Australia, 2005,* Canberra: ABS, 2006.

Richard A. Gardner, *True and False Accusations of Child Sex Abuse*, Creative Therapeutics, 1992.

William Bernet and Amy J. L. Baker, 'Parental alienation, DSM-5, and ICD-11: Response to critics', *Journal of the American Academy of Psychiatry and the Law* (online), March 2013, 41(1), pp. 98–104.

Independent Children's Lawyer & Rowe and Anor [2014] FamCA 859, 8 October 2014.

S. Jeffries, R. Field, H. Menih & Z. Rathus, 'Good evidence, safe outcomes in parenting matters involving domestic violence? Understanding family report writing practice from the perspective of professionals working in the family law system' *UNSW Law Journal*, 2016, 39(4), p. 1355.

E.F. Loftus & J.E. Pickrell, 'The formation of false memories', *Psychiatric Annals*, 1995, 25(12), pp. 720–5.

Jess Hill, 'In the child's best interests', *Background Briefing*, ABC Radio National, 14 June 2015.

Myers, 'Towards a safer and more consistent approach'.

Jane Lee, 'Rosie Batty to launch Family Court campaign to help family violence survivors', *The Sydney Morning Herald*, 4 May 2016; Louisa Rebgetz, 'Bravehearts call for royal commission into "dysfunctional" family law system', ABC News (online), 20 June 2016.

'A royal commission into Australia's Family Law System is needed', letter to federal politicians and signatories, Bravehearts

John Pascoe, State of the Nation speech at the 18th National Family Law Conference, Brisbane Exhibition Centre, 3 October 2018.

Dadirri

M. Lucashenko, 'Violence against Indigenous women: Public and private dimensions', *Violence Against Women*, 1996, 2(4), pp. 378–90.

Angela Spinney, 'FactCheck Q&A: are Indigenous women 34–80 times more likely than average to experience violence?' *The Conversation*, 4 July 2016.

Our Watch, Australia's National Research Organisation for Women's Safety (ANROWS) and VicHealth, *Change the Story*: *A shared framework for the primary prevention of violence against women and their children in Australia*, Melbourne, Australia: Our Watch, 2015.

Quoted in Laura Murphy-Oates, 'Vanished: Lost voices of our sisters', *Dateline/The Feed* (no date).

Queensland Premier's Special Taskforce on Domestic and Family Violence, *Our Journal: A Collection of Personal Thoughts about Domestic Violence*, 2015.

N. Biddle, *Indigenous and Non-Indigenous Marriage Partnerships*, CAEPR Indigenous Population Project 2011 Census Papers 15, Centre for Aboriginal Economic Policy Research, Australian National University, 2013.

Royal Commission into Family Violence, Victoria, Community consultation, Melbourne, 7 July 2015.

Inquest into the death of Sasha Loreen Napaljarri Green [2018] NTLC 016.

Inquest into the deaths of Wendy Murphy and Natalie McCormack [2016] NTLC 024

Martin Hodgson, 'Ep 51: From Inside The Community', *Curtain: The Podcast*, 29 March 2018.

Calla Wahlquist, 'Aboriginal woman jailed for unpaid fines after call to police', *The Guardian*, 29 September 2017.

Amy Simmons, '"Over-policing to blame" for Indigenous prison rates', ABC News (online), 25 June 2009.

Quote provided by family lawyer George Newhouse.

IAU interview Connor, 23 October 2014, audio, from: Report on the Response of WA Police to a Part ＩＣＵ lar Incident of Domestic Violence on 19-20 March 2013. Corruption and Crime Commission. 21 April 2016, pars. 56–9.

Mullaley Family, media statement, 8 June 2016.

Natassia Chrysanthos,, '"I haven't been right since": Mother of murdered baby makes discrimination complaint', *The Sydney Morning Herald*, 15 April 2019.

Judy Atkinson, 'Stinkin' thinkin'', 1991, cited in Hannah McGlade, *Our Greatest Challenge: Aboriginal Children and Human Rights* (online), Canberra, ACT: Aboriginal Studies Press, 2012.

McGlade, *Our Greatest Challenge*.

Damien Carrick, 'Customary Law and Sentencing + SPAM', *The Law Report*, ABC Radio National, 22 October 2002.

Louis Nowra, 'Culture of Denial', *The Australian Literary Review, March 2007.*

Atkinson, *Trauma Trails*, p. 41.

Robert Hughes, *The Fatal Shore: A history of the transportation of convicts to Australia, 1787–1868*, Random House, 2010 (1987), p. 24.

Liz Conor, *Skin Deep: Settler impressions of Aboriginal women*, Crawley, WA: UWA Publishing, 2016.

Zoe Holman, *Skin Deep: Reproducing aboriginal women in colonial Australia*, an interview with Liz Conor. Open Democracy, February 2017.

Phyllis Kaberry, *Aboriginal Woman Sacred and Profane,* Routledge, 2005.

A.P. Elkin, Introduction to Kaberry, quoted in Robert Manne, 'The lost enchanted world', *The Monthly*, June 2007.

Kaberry, *Aboriginal Woman*, pp. 142–3.

Jerry D. Moore. *Visions of Culture: An annotated reader,* Rowman & Littlefield, 2018.

Judy Atkinson, *Trauma Trails*, p. 36.

Marcia Langton,. Ending the Violence in Indigenous Communities, National Press Club Address, November 2016.

Quoted in Lisa Surridge, *Bleak Houses: Marital violence in Victorian fiction*, Ohio University Press, 2005, p. 5.

Neil Shaw, 'The Devon judge and his "rule of thumb" on beating your wife', *Devon Live*, 3 November 2017.

Frances Power Cobbe, 'Wife-torture in England', *Contemporary Review*, 1878.

Atkinson, *Trauma Trails,* p. 40

David McKnight, *Of Marriage, Violence and Sorcery: The quest for power in northern Queensland,* Routledge, 2016.

W.E.H. Stanner, *The Dreaming and Other Essays*, Black Inc., January 2011, p. 66.

Hughes, *The Fatal Shore*, p. 261.

Henry Reynolds, *With the White People,* Penguin, 1990, p. 75.

Henry Reynolds, *The Other Side of the Frontier: Aboriginal resistance to the European invasion of Australia,* UNSW Press, 2006, p. 174.

Germaine Greer, *On Rage*, Carlton: Melbourne University Press, 2018.

Jackie Huggins, et al. 'Letter to the Editors', *Women's Studies International Forum*, 1991, 1(5), pp. 505–13.

Hannah McGlade, *Our Greatest Challenge: Aboriginal Children and Human Rights* Canberra, ACT: Aboriginal Studies Press, 2012.

Amy Humphreys, *Representations of Aboriginal Women and Their Sexuality,* University of Queensland, 2008.

Larissa Behrendt, 'Consent in a (neo)colonial society: Aboriginal women as sexual and legal "other"', *Australian Feminist Studies*, 2000, 15(33), pp. 353–67.

Ann McGrath, *Illicit Love: Interracial sex and marriage in the United States and Australia*, University of Nebraska Press, 2015 p. xxiv.

Amy Nethery, Chapter 4 in Klaus Neumann & Gwenda Tavan (eds), *Does History Matter?: Making and debating citizenship, immigration and refugee policy in Australia and New Zealand*, Canberra: ANU E-Press, 2009.

Mick Gooda, 'Unfinished business: Historical justice for Aboriginal and Torres Strait Islander peoples', speech to the Historical Justice and Memory Conference, 2012.

Ruth A. Fink Latukefu, 'Recollections of Brewarrina Aboriginal Mission', *The Free Library,* 22 March 2014.

Chapter 2: Lateral violence in Aboriginal and Torres Strait Islander communities – Social Justice Report 2011. Australian Human Rights Commission.

Margaret Jacobs, *White Mother to a Dark Race: Settler colonialism, maternalism, and the removal of indigenous children in the American West and Australia, 1880–1940.* University of Nebraska Press, 2009.

Inga Clendinnen, Lecture 4: Inside the Contact Zone: Part 1. The Boyer Lectures, ABC Radio National, 5 December 1999.

Rosemary Neill, *White Out: How politics is killing black Australia*. Crows Nest, NSW: Allen & Unwin, 2002, p. 133.

Hannah McGlade, *Our Greatest Challenge: Aboriginal children and human rights* [online], Canberra, ACT: Aboriginal Studies Press, 2012.

Australian Human Rights Commission, *Bringing them home - Community Guide -* 2007 update.

W.E.H. Stanner, *The Dreaming and Other Essays, Melbourne:* Black Inc., January 2011, p. 50.

Confidential evidence 689, New South Wales, Chapter 11, in Human Rights and Equal Opportunity Commission, *Bringing Them Home: Report of the National Inquiry Into the Separation of Aboriginal and Torres Strait Islander Children From Their Families*, Sydney: HREOC, 1997.

Clendinnen, Lecture 4: Inside the Contact Zone.

Calla Wahlquist, 'Indigenous babies being removed from parents at rising rates, study finds', *The Guardian*, 25 February 2019.

Brooke Fryer, 'Indigenous youth suicide at crisis point', NITV, 15 January 2019.

Colin Tatz & Criminology Research Council (Australia), Aboriginal suicide is different: Aboriginal youth suicide in New South Wales, the Australian Capital Territory and New Zealand: towards a model of explanation and alleviation, 1999.

Siobhan Fogarty, 'Suicide rate for young Indigenous men highest in world, Australian report finds', ABC News (online), 12 August 2016.

Judy Atkinson, Violence against young women, Paper presented at the 1994 Queensland Youth Forum Making a Difference, Brisbane: Queensland Government, 1994.

D.F. Martin, Statement made for the Royal Commission into Aboriginal deaths in custody, 29/08/88, Canberra. 1988, pp 15; cited in Caroline Atkinson, *The Violence Continuum: Aboriginal Australian male violence and generational post-traumatic stress*, thesis, Charles Darwin University, 2008.

Atkinson, *The Violence Continuum.*

McGlade, *Our Greatest Challenge.*

Lucaschenko, 'Violence against Indigenous women', p. 149.

Rhianna Mitchell, 'The remarkable women of Yungngora who saved their town', 15 April 2019.

解決之道

Latika Bourke, 'Homelessness agreement between states and Commonwealth extended with ＄115m funding promise', ABC News (online), 31 March 2014.

Tom Dusevic, 'In hot blood', SBS (online), 22 November 2016.

Tony Abbott, 'National awareness campaign to reduce violence against women and children', media release from the Office of the Prime Minister, 4 March 2015.

Judith Ireland, 'Homelessness funding extended for two years under National Partnership Agreement', *The Sydney Morning Herald*, 23 March 2015.

Richard Denniss, 'Money. Power. Freedom.' Speech to the Breakthrough conference, Victoria Women's Trust, 2016.

Daniel Andrews, 'Unprecedented investment to end family violence', Media release, Premier Daniel Andrews, 2 May 2017.

Stephanie Anderson, 'Domestic violence: Daniel Andrews vows to overhaul "broken" support system after commission report', ABC News (online). 30 March 2016.

Ross Homel, Peta McKay & John Henstridge, *The Impact on Accidents of Random Breath Testing in New South Wales: 1982–1992*, Proceedings from the International Council on Alcohol, Drugs and Traffic Safety Conference, 1995, pp. 849–55.

Department of Families, Housing, Community Services and Indigenous Affairs, *National Plan to Reduce Violence Against Women and Their Children: Progress Report 2010–2012*, Foreword, p. 6.

'Gender-based abuse: the global epidemic', *Cad. Saúde Pública* [online], 1994, 10(1), pp. S135–S145.

Lynn Marie Houston & William V. Lombardi, *Reading Joan Didion*, ABC-CLIO, 2009.

KPMG, *Evaluation of the Second Action Plan of the National Plan to Reduce Violence against Women and their Children (2010-2022)*, KPMG, 2017.

White Ribbon Australia, 'What is primary prevention?' fact sheet.

For the ninth year in a row, Iceland was ranked number one on the *Global Gender Gap Report 2017 by the World Economic Forum.*

'Defending gender Part 2: The best place to be a woman', *SBS Dateline*, 10 July 2018.

Smoking in enclosed public places – the Tobacco Products Control Act 2006, Government of Western Australia, Department of Health

Merran Hitchick, 'Australian smokers to pay more than ＄45 for a packet of cigarettes from 2020', *The Guardian*, 3 May 2016.

M.M. Scollo & M.H. Winstanley, 'Tobacco in Australia: Facts and issues', Melbourne: Cancer Council Victoria, 2018.

World Health Organization, 'Smoking prevalence, total (ages 15+)', Global Health Observatory Data Repository, 2016.

Intergovernmental Committee on Drugs (IGCD) Standing Committee on Tobacco, *National Tobacco Strategy 2012–2018*, Canberra: Commonwealth of Australia; 2012.

'High Point 10-79', Big Mountain Data, documentary, in production.

A Different Response to Intimate Partner Violence, e-newsletter of the COPS Office, 7(9), September 2014.

Daniel Duane, 'Straight Outta Boston', *Mother Jones*, January/February 2006.

John Tucker, 'Can police prevent domestic violence simply by telling offenders to stop?' *Indy Week*, 13 November 2013.

'Using a focused deterrence strategy with intimate partner violence', *Community Policing Dispatch*, October 2017, 10(10).

White House Office of the Press Secretary, *Government, Businesses and Organizations Announce $50 Million in Commitments to Support Women and Girls, fact sheet, 13* June 2016.

Rachel Olding & Nick Ralston, 'Bourke tops list: more dangerous than any other country in the world', *The Sydney Morning Herald, 2* February 2013.

Alison Vivian & Eloise Schnierer, *Factors affecting crime rates in Indigenous communities in NSW: A pilot study in Bourke and Lightning Ridge*, Jumbunna Indigenous House of Learning, University of Technology Sydney, 2010.

Council of State Governments Justice Center, *Justice Reinvestment State Brief: Texas*. New York, NY: Council of State Governments Justice Center, 2007.

Greg Moore, *Operation Solidarity – Proactive Approach to Reducing Domestic Violence*, PowerPoint presentation.

New evidence from Bourke, Just Reinvest NSW.

Maranguka Justice Reinvestment Project, *Impact Assessment, KPMG: 27 November*

2018

Caitlyn Byrd, 'In the fifth most deadly state for domestic violence deaths, a new South Carolina program sees first flicker of success', *Post and Courier*, 21 January 2017.

Mike Calia, 'Steve Bannon warns: "Anti-patriarchy movement" is going to be bigger than the tea party', CNBC (online), 9 February 2018.

當傷害以愛為名【澳洲女性文學獎得獎作品】：
社會如何養出隱形的家庭怪物？
人們如何擺脫精神虐待與親密關係暴力？
（原名：See What You Made Me Do: Power, Control And Domestic Abuse）

著　者／潔絲・希爾（JESS HILL）
執 行 長／陳君平　譯　者／吳湘湄　企劃宣傳／施語宸
榮譽發行人／黃鎮隆　美術總監／沙雲佩　國際版權／黃令歡、梁名儀
協　理／洪琇菁　美術編輯／方品舒　文字校對／陳寬茵
總 編 輯／周于殷　企劃主編／蔡旻潔　內文排版／謝青秀

出　版／城邦文化事業股份有限公司　尖端出版
台北市中山區民生東路二段一四一號十樓
電話：（〇二）二五〇〇—七六〇〇
傳真：（〇二）二五〇〇—二六八三
E-mail：7novels@mail2.spp.com.tw

發　行／英屬蓋曼群島商家庭傳媒股份有限公司城邦分公司　尖端出版
台北市中山區民生東路二段一四一號十樓
電話：（〇二）二五〇〇—七六〇〇（代表號）
傳真：（〇二）二五〇〇—一九七九

中彰投以北經銷／楨彥有限公司（含宜花東）
電話：（〇二）八九一九—三三六九
傳真：（〇二）八九一四—五五二四

雲嘉以南／智豐圖書有限公司
（嘉義公司）電話：（〇五）二三三—三八五二
傳真：（〇五）二三三—三八六三
（高雄公司）電話：（〇七）三七三—〇〇七九
傳真：（〇七）三七三—〇〇八七

香港經銷／城邦（香港）出版集團有限公司
香港灣仔駱克道一九三號東超商業中心一樓
電話：（八五二）二五〇八—六二三一
傳真：（八五二）二五七八—九三三七
E-mail：hkcite@biznetvigator.com

新馬經銷／城邦（馬新）出版集團 Cite（M）Sdn. Bhd.
E-mail：cite@cite.com.my

法律顧問／王子文律師　元禾法律事務所
台北市羅斯福路三段三十七號十五樓

二〇二二年十月一版一刷

■中文版■

郵購注意事項：
1.填妥劃撥單資料：帳號：50003021戶名：英屬蓋曼群島商家庭傳媒(股)公司城邦分公司。2.通信欄內註明訂購書名與冊數。3.劃撥金額低於500元，請加附掛號郵資50元。如劃撥日起 10～14日，仍未收到書時，請洽劃撥組。劃撥專線TEL：(03)312-4212 ・ FAX：(03)322-4621。E-mail：marketing@spp.com.tw

國家圖書館出版品預行編目資料

當傷害以愛為名【澳洲女性文學獎得獎作品】：社會如何養出隱形的家庭怪物？人們如何擺脫精神虐待與親密關係暴力？ / 潔絲・希爾 (JESS HILL) 作；吳湘湄譯. -- 1 版. -- 臺北市：城邦文化事業股份有限公司尖端出版：英屬蓋曼群島商家庭傳媒股份有限公司城邦分公司尖端出版行銷業務部發行, 2022.10

面；　公分

ISBN 978-626-316-483-3 (平裝)

譯自：See What You Made Me Do: Power, Control And Domestic Abuse

1. 家庭暴力 2. 婚姻暴力

544.18　　110021296